杉《すぎ》山《やま》城

小高い山に折れ歪《ひず》みをともなった横堀《よこぼり》が廻り、技巧的な城として古くから知られている。戦国大名北条《ほうじょう》家による築城と考えられていたが、最近では16世紀前半に関東管領山内上杉《かんとうかんれいやまのうちうえすぎ》家が築いたと指摘されている（嵐山町提供）。

南3の郭《くるわ》の切岸《きりぎし》と屏風《びょうぶ》折《おり》

本《もと》佐《さ》倉《くら》城

15世紀後半以降、下総国千葉《ちば》家の本城となった城館。戦国時代最末期には戦国大名北条《ほうじょう》家が改修し、拠点としていた。城館の遺構や地名の広がりが関東地方の戦国時代の都市を浮かび上がらせている（酒々井町教育委員会提供）。

石《いし》垣《がき》山《やま》城

南郭南東の隅石垣（上）と井戸《いど》曲《ぐる》輪《わ》の石垣（下）。天正18年(1590)、一夜にして出現したかのように装い、北条《ほうじょう》家を驚愕させた伝説が著名な城館。井戸曲輪などにのこる雄大な石垣は、権力者豊臣秀吉《とよとみひでよし》の威勢を十分に語りかけている。

滝《たき》山《やま》城

中の丸と本城を結ぶ引橋《ひきはし》（上）と虎口《こぐち》の石畳（下）。関東地方の戦国大名北《ほう》条《じょう》家がいかなる城館を築いたか。このことを語る代表事例。永禄12年（1569）には武田《たけだ》信玄《しんげん》の猛攻をもしのいでいる。大規模な堀が随所にのこる。発掘調査では本城虎口内に石畳も確認された（上、滝山城跡群・自然と歴史を守る会提供。下、八王子市教育委員会提供）。

峰岸純夫・齋藤慎一［編］

関東の名城を歩く 南関東編

埼玉・千葉・東京・神奈川

吉川弘文館

刊行のことば

本書は、『関東の名城―北関東編―』に続く姉妹編である。対象となる、埼玉・千葉・東京・神奈川の戦国時代の歴史を振り返ると、鎌倉《かまくら》公方《くぼう》（後に古河《こが》公方）足利氏と関東管領《かんとうかんれい》上杉《うえすぎ》氏が対立・抗争する享徳《きょうとく》の乱に始まり、その余波の戦乱を経て、北条《ほうじょう》氏が、武田《たけだ》信玄《しんげん》・上杉《うえすぎ》謙信《けんしん》らと戦国絵巻を繰り広げながら関東をほぼ統一するものの、天正十八年に豊臣《とよとみ》秀吉《ひでよし》の小田原攻めによって滅亡するという流れがある。

したがって、今回挙げた名城の多くは埼玉の鉢形《はちがた》城・天神山《てんじんやま》城、東京の滝山《たきやま》城・八王子《はちおうじ》城、神奈川の玉縄《たまなわ》城・小田原《おだわら》城など上杉・北条氏関連の城が多い。いずれも複雑な縄張をもち、城郭ファンならずとも当時の土木技術の高さに心を奪われるものと思う。

編者は、現在東京近郊に住んでいるが、春や秋のよい季節にしばしば八王子城などを訪れ、山中に施設などを築いた戦国武将や動員された住民の苦労や、交通の要衝に築かれた小さな支城などで戦闘を交えたであろう光景を思い描きながら散策している。その一方で、道端の植物や樹木、鳥の声など季節の移り変わりを感じながら、よい空気を吸って山道をかき分けようやく天守（山頂）に上りつめていくと、富士山を始め関東各地の美しい山々の眺望が待ちうけている。城めぐりの楽しみは何ともさまざまなのである。

また、本書には、築城者の歴史的な逸話とともに、考古学的な調査データが多く掲載されていることに気付かれると思う。近年、論争になっている埼玉県の杉山城の項を読んでいただければ、年代比定の難しさをご理解いただけるだろう。読者のみなさんが城郭探訪をより深く楽しんでいただくため、本書が心強いパートナーとなることを願ってやまない。

平成二十三年五月五日

峰岸純夫

目次

名城をより深く学ぶ

峰岸純夫

【城（城郭）とは何か】「お城へ行ったら城はなかった」という話をよく聞く。その場合、城というのは高い石垣に囲まれて白壁の天守閣がそびえる城が多くの人の念頭にある。このような城は、姫路《ひめじ》城・松山《まつやま》城・彦根《ひこね》城・熊本《くまもと》城などが有名で、南関東では江戸《えど》城・小田原《おだわら》城などがこれに当たる。これらは安土《あづち》城にはじまる近世の城郭で、穴生《あのう》流の石工の技術によって一〇メートル余の反りをもった高石垣と重層的な美しい瓦葺《かわらぶき》の白壁作りの建物からなり、大名の権威の象徴として世に知られていた。

それ以前の中世の城郭は、堀と土塁によって囲まれ、立地する地山《ぢやま》から石材が得られる場合に石垣が築かれる場合もあるが、せいぜい三メートルほどの高さに石積をして、その上に平場《ひらば》を造り出しさらに二段、三段と重ねて構築する。櫓台《やぐらだい》や建物なども当時はあったが、現在では消滅している。史跡などに指定されて発掘調査などのデータにもとづいて建物復元がされる場合もあるが、それらのほとんどが平屋であった。

ここに中世城郭と近世城郭の相違がある。近世城郭は一国一城の制（大名藩主の一城に限定）があるので数は少ない。これに反して中世の城郭は、大小さまざまであり、数も膨大で、その形態も多様である。中世の城郭は、諸時代において地域を支配する武士（武装集団）が、自己の生命・財産、あるいは政治的支配力を維持・防衛するために築いた軍事的施設である。戦乱が起こり、あるいはそれが予想される場合に構築される。そして、本城を中心にしてその周辺に一族・家臣の支城を配置して防備を固めた。このようにして全国各地で多くの城郭が築かれた。

【さまざまな城郭とその構造】　城郭は、武士たちが立て籠《こ》もる場所である。「立て籠もる」の語源は、「楯籠もる」で武士が携行していた矢を防御する木製板の楯を並べて山や丘陵の一角を囲み、そのなかに駐屯して敵の侵攻に備えて陣《じん》を張ることから始まった。この立て籠もった場所が城となる。一時的な城もあれば、それが恒常的な城に転化する場合も多い。さらに戦闘の体験から防備のための堀とその内側に土塁（あるいは石垣）を廻らし、出入口の門（虎口《こぐち》）などを厳重に固める。城は丘陵などの立地条件によって、平《ひら》城・平山《ひらやま》城・山《やま》城などと区分されるが、山城の場合、尾根筋に断続的に郭を築き、それを通路でつないで連結し、また所々を堀切《ほりきり》によって切断する構造の連郭《れんかく》式山城が出現した。

武士たちの日常的な住居（屋敷）を館《やかた》という。館は、その地位の上下によって規模の大小はあるが、立地条件が許せばほぼ方形に平地や台地上に築かれ、堀や垣根・土塁によって区画されていた（方形館、「堀内」ともいう）。この館が戦乱の中で、堀を深め土塁を高くし、門（虎口）を固め、さらに縄張《なわばり》を周辺に拡大して城郭化する場合が多い。このような城郭化した館を「館城《やかたじろ》」と称しておく。一方、当主の引退・没後に、すでに独立して別の館を構築して移っていた子息が、父の菩提《ぼだい》を弔うために父の館を寺にする場合もある。これを「館寺《やかたでら》」と称しておきたい。現在は寺となっているが、かつて館あるいは城であったところも多い。

また、館の背後の山に城を築き、日常と非日常の変化に対応して武士はここを往復していた。この背後の城を「詰《つめ》の城」という。大名クラスの武士の場合に、あらかじめ麓《ふもと》の館を政庁にし、背後の山上の城を築いてセットにする場合もあり、八王子《はちおうじ》城などはその典型的な例である。また、戦乱の恒常化に対応して、山上の城内に館を築きそこに常住した城主も多かった。いずれの場合でも城郭内には必ず守護神が神社に祀られて宗教的に城を守った。

城の敵は、攻め寄せる敵の軍隊だけではなかった。初夏梅雨時の長雨や秋に襲来する台風（暴風雨）などである。それによって、城の要所が崩落してしまう危険に常にさらされていた。この災害に備えるため、城内に貯水池（生活用水も兼ねる）や排水設備を構築して、施設を保全しつつ水を排出する。また自然の樹木や草類なども崩落防止に役立つ。これらによって自然災害に対する城の安全確保がなされていたので、城郭平面や展望台の櫓周辺は除いて樹木は自然のままに生い茂らせていた。「城郭に樹木なし」、城郭の整備には樹木の皆伐《かいばつ》が必要などと説く論者も少なくないが、これは城のよって立つ自然条件を理解しない見解といってもよいと思う。

【当時の地域住民にとっての城郭】　侵攻する軍隊は地域住民に対しても襲いかかり、人や物の略奪を行なうものであったから、領主はそれを防護する責任も負わされていた。それ故、山城の一部の郭などに住民の避難場所（「村の城」）を設けた。そのことで、城は住民の生命財産を守る場所としても意識化されていった。その結果、城普請《しろぶしん》に住民が納得して動員できる状況になっていった。城郭に立ってみると比較的防備の緩やかな空間をそのような地区としてみていく必要があると思う。

また、村の有力者（土豪《どごう》）に武器をもたせ、年貢の一部免除のうえに軍役に結び付けて支城などに「郷《ごう》一揆衆《いっきしゅう》」などとして立て籠もらせる場合もあった。また侵攻が予想される敵対勢力との境界領域の交通路の要衝には、「境目《さかいめ》の城」として密集して城が形成される。あるいは、敵城を攻撃する前線拠点として「付城《つけじろ》」が構築される場合がある。城をみる場合にその機能と立地をあわせて考える必要がある。

【城郭研究の現在】　城は諸時代の政治状況によって変化発展する。現在みられる城郭遺構はその最後の姿を示している。時代を遡って変化の様相を知るには、縄張の精査、文献や発掘調査の成果などによって想定する以外にない。一九七〇年代以降、城郭に分け入って遺構調査を実施し縄張図を作成するという方法での縄張研究が盛んになって大きな成果を収めた。その後、史跡指定などとからんで考古学的な各地の発掘調査も進展し多くの報告書が刊行されて、縄張・考古学・文献などによる三位一体の研究が行なわれ城郭史研究が著しく進展した。本書は、このような総合的研究の成果でもある。近年、埼玉県の杉山《すぎやま》城をめぐって縄張研究と考古学研究の年代観に約半世紀近くズレを生じて大きな論争になっているが、それぞれの方法論のメリットと限界を意識して広い視野から相互に検討を加え有効な論争を展開していけば、研究の新たな地平を開くことになると思う。

南関東の名城を概観する

齋藤慎一

南関東の城を概観すると、まず突き当たるのは戦国大名北条《ほうじょう》家の城館となる。これはまず間違いないだろう。戦国大名を代表するとして知られる北条家がどのような城を構えたか。興味のあるところである。ところが近年になってようやくわかり始めたが、この探索は容易なことではない。なぜか。そもそも北条家の多くの城館は前代の上杉《うえすぎ》家が使用した城館を再利用している。また江戸時代に至っても継承された城館が多くある。つまり、北条家独自の城館を見極めるのは難しいのである。この厳密な意味さえ注意すれば、北条家が利用した城館は南関東には多くある。南関東の城館を概観することで、戦国大名北条家について片りんを味わうことは可能であろう。

しかし北条家関連の城館という視点だけではなく、ほかにも多様な楽しみ方が南関東の城館にはある。本書からそのような楽しみ方が導き出せるかもしれない。

【近年に話題となった城館】 まず近年でもっとも話題となったのは**杉山城**《すぎやま》であろう。国史跡に指定された城館であるが、指定以前まで北条家の典型的な城館と思われていた。発掘調査での年代は予想より古く、山内《やまのうち》上杉家段階の城という評価であった。その後、追い打ちをかけるかのように関連する古文書も出現し、山内上杉家が関係する城館と考えられるようになった。縄張《なわばり》の研究者にとっては〝杉山城ショック〟といえる状況が起こったのである。これをうけて、戦国時代前半の城館とはどのようなものか。北条家の城館とはどのようなものか。このような活発な議論が巻き起こった。城郭研究を一新するホットな勢いをもたらしたのが杉山城である。

そして、何と〝映画界に進出〟する城館も出現した。「のぼうの城」＝忍《おし》城である。公開を前に地元ではすでに盛り上がりを見せている。とかく北条家の城館は豊臣家の勢いに潰されるというイメージがあるが、石田三成《いしだみつなり》勢を一泡吹かせる描写は関東人にはとても心地がよい？　多くの人が訪れる城館になることは間違いない。

【北条家の城館】　さて、本題の戦国大名北条家の城館とはどのような城館があるだろうか。本城である**小田原《おだわら》城**のほか、有力な支城では**玉縄《たまなわ》城**・**三崎《みさき》城**・**小机《こづくえ》城**・**津久井《つくい》城**・**滝山《たきやま》城**・**八王子《はちおうじ》城**・**江戸《えど》城**・**鉢《はち》形《がた》城**・**松山《まつやま》城**・**岩付《いわつき》城**・**小金《こがね》城**などということになろうが、多くは江戸時代に改修されており、戦国時代そのままではない。そのなかにあって滝山城と八王子城はお勧めであろう。とりわけ滝山城は北条家が得意とした丘陵の縁《ふち》に構えられた城館であり、北条家の城館をイメージするのに重要な城館である。

これらのなかでは、八王子城と鉢形城の整備が進められている。八王子城の調査・整備事業は関東地方においては先駆的な事業であり、後の整備にも影響を与えている。両城とも現地での解説も多く、一日を十分に楽しめる。

【境目の城】　また、北条家は巨大な領国を築き上げたため、関東地方の諸領主と異なり、城館のネットワークをかなりしっかりと廻らしていた。支城はもとより、領国の境界には大小の「境目《さかいめ》の城」が配置されていた。**金鑽御嶽《かなさなみたけ》城**・**檜原《ひのはら》城**・**足柄《あしがら》城**・**河村《かわむら》城**・津久井城などが、これに当たる。

北関東でも天正十年代を中心に松井田《まついだ》城や五覧田《ごらんだ》城などがあったが、南関東ではいくつかの年代の段階に分けて考えることができる。永禄末年頃から元亀年間には金鑽御嶽城や足柄城・河村城が、豊臣《とよとみ》家との対峙を意識した天正十年代には檜原城・足柄城・津久井城などである。これらは戦国大名の領国意識を考えるうえで、重要な城館であろう。

【上杉家の城館】 北条家に先行する城館としてはどのような城館があるか。相模や南武蔵は扇谷上杉《おうぎがやつうえすぎ》家が勢力を張り、関東管領山内上杉《かんとうかんれいやまのうちうえすぎ》家は北武蔵を中心に基盤をもった。北条家との争いが激化した天文年間よりは、それ以前の一五世紀後半からの年代を視野とすると、かなりの城館が登場する。そもそもこの時代、両上杉家は関東地方の主役だったのである。扇谷上杉家では**大庭《おおば》城**・**七沢《ななさわ》城**・**青鳥《おおどり》城**・**稲付《いなつけ》城**・**茅《ち》ヶ崎《さき》城**が、山内上杉家では鉢形城・**浄福寺《じょうふくじ》城**・**菅谷《すがや》城**などがあげられるであろう。彼らはこれらの城館を拠点として、関東地方を治め、北条家と対決していたのだった。

扇谷上杉家関連の城館のなかでは、**深大寺《じんだいじ》城**が特殊なものである。同城は北条家との抗争の中で、繋ぎの城そして境目の城として機能していた。

【戦国時代の拠点】 無論、南関東には両上杉家や北条家以外の領主も拠点の城を構えている。例えば、埼玉県では**別府《べっぷ》城**・**岡《おか》の城山《しろやま》**・**花園《はなぞの》城**であり、東京都では**中野城山《なかのしろやま》居館**、神奈川県では**新井《あらい》城**・**真田《さなだ》城**である。領主の勢力範囲に広狭があるが、これらの城館は地域支配の拠点として位置付けられる。

そして千葉県では里見家の関連など、その事例は多い。**本佐倉《もとさくら》城**・**臼井《うすい》城**・**真里谷《まりやつ》城**・**坂田《さかた》城**・**稲村《いなむら》城**・**小糸《こいと》城**・**土気《とけ》城**・**万喜《まんぎ》城**・**東金《とうがね》城**などである。このうち、稲村城は保存運動が活発に展開した城館として記憶に新しい。

千葉県は両上杉家や北条家などの国を越えて広域的に展開する大名に取り込まれず、伝統的な領主層が個々に本城を構えていた。この点は北関東の栃木県北部と類似点をもっており、遺構ののこり具合がよいことからも、今後に両地域で城館の比較をすることができそうである。

【交通に関係する城館】　北関東でも指摘したが、城館のなかには、江戸時代の関所のような交通の要所を把握する城館がある。片倉《かたくら》城・高月《たかつき》城・深大寺城・湯坂山《ゆさかやま》城・御所山《みとこやま》城などがその事例である。峠や河川の渡河点《とか》などに存在して、交通上の要衝を監視したり、「口留《くちどめ》」などと文献資料には登場する「国境閉鎖」を行なった施設と考えられる。これらの事例はまだ少なく、他地域で比較する際の好事例であろう。

【戦乱の城】　無論これらのなかにも戦場となった城館はある。太田道灌《おおたどうかん》が攻め落とした石神井《しゃくじい》城を始め、上杉謙信《うえすぎけんしん》が攻めた臼井《うすい》城、武田信玄《たけだしんげん》が攻めた滝山城である。

また、小田原合戦で豊臣勢が攻撃対象とした忍城・鉢形城・八王子城・小田原城である。なかでも小田原城は秀吉のほかに、武田信玄や上杉謙信も攻め込んでいる。北条家の関連城館では中核的な城館が戦場となっている。

【合戦の陣・陣所】　合戦の際に陣所《じんしょ》はつきものであるが、南関東には文献資料で「陣」の語がいくつか確認される。「椙山陣《すぎやま》」「五十子陣《いかっこ》」「大庭陣」である。このうち「椙山陣」は杉山城ではないかとして議論の的となった。同様な事例で「大庭陣」があるが、これは大庭城と考えられる。

「五十子陣」は政治史上で重要な陣であるが、その実態はよくわからない。類似の事例では本書では扱っていないが「入間川陣《いるまがわ》」などもある。いずれにせよ、概念での陣所と城館遺跡、そして史料語彙の「陣」の関係について、今後を考える重要な事例であろう。

【戦国時代以前の城館】　南関東地方では戦国時代以前と考えられる城館には、どのようなものがあるだろうか。残念ながらあまり数が多くない。足利基氏《あしかがもとうじ》館と呼称される城館は鎌倉公方《かまくらくぼう》足利基氏が陣所としたと伝えられる。しかし周辺の景観も含め、地域支配を展開した領主の南北朝期から室町時代頃の拠点と考えられる。また**河越館**《かわごえ》は近年に発掘調査および整備事業が展開しているが、河越氏の本拠である。両遺跡とも秩父平氏《ちちぶへいし》の関連の拠点と考えられている。秩父平氏の関連では豊島氏《としま》や葛西氏《かさい》なども議論されることが多く、両遺跡は鎌倉時代から南北朝期にかけての武家の本拠として比較できる素材であろう。

【石垣の城】　南関東の特徴のひとつとして、戦国時代の石垣の城が多数見られるという点がある。この多くは埼玉県西部で、石材は結晶片岩という特徴がある。**腰越城**《こしごえ》・**青山城**《あおやま》・**天神山城**《てんじんやま》・**千馬山城**《せんばやま》・**小倉城**《おぐら》などである。結晶片岩は板碑《いたび》の素材として知られており、板碑製作の職人が城館の石垣を築くようになったという古典的な説が再検討されるべき状況である。また石材は異なるが花園城・鉢形城もこの地域に近く、同じ職人が関わっていたことが予想される。

さらに八王子城は関東地方の石垣をもつ代表的な城館として知られている。ただし、山城と御主殿では積み方に相違があり、今後に興味深い視点を残している。

そして豊臣秀吉が陣所とした**石垣山城**《いしがきやま》は織豊城郭として使用年代が明らかな貴重な事例である。とかく土作りの城の地域と考えられがちな関東地方であるが、石垣の研究を行なううえでも重要な事例が多い。この点は特筆されるべきであろう。

【豊臣期以降の城館】　そして、今ひとつ重要な視点として近世の城館の事例がある。

この事例の代表格は何といっても江戸城ということになろう。徳川将軍家の居城として、日本列島の城郭史において頂点に位置付く城であることは論を俟《ま》たない。このほかにも本書では忍城・岩付城・**大多喜城**《おおたき》・**久留里城**《くるり》・**関宿城**《せきやど》・鉢形城・小田原城・石垣山城などを扱った。

とりわけ注意しておきたいのは、小田原合戦以降で江戸幕府開府以前の状況である。いわゆる豊臣政権下であり、徳川家康も一大名であった時代である。およそ一三年もの時間があり、かつ西国の技法や技術などの築城術が急激にもたらされた時代である。北関東では唐沢山《からさわやま》城や笠間《かさま》城でその状況が確認されているが、南関東では石垣山城がのこり、発掘調査によって小田原城で確認される程度で事例が少ない。文献資料によれば徳川家康ほか豊臣勢が接収した鉢形城や八王子城で再普請《さいふしん》が想定されるが、今後の課題である。

【身近な城館】 本書でとりあげられたほかにも、多くの人に親しまれている城館が多数ある。例えば千葉県では佐倉《さくら》城・館山《たてやま》城、埼玉県では川越《かわごえ》城・騎西《きさい》城・大蔵《おおくら》館、東京都では世田谷《せたがや》城、神奈川県では岡崎《おかざき》城など。これらの城館を訪れ、自分なりのあたらしい知見を感じてみることも、歴史の味わい方でしょう。

●各県別名城マップ

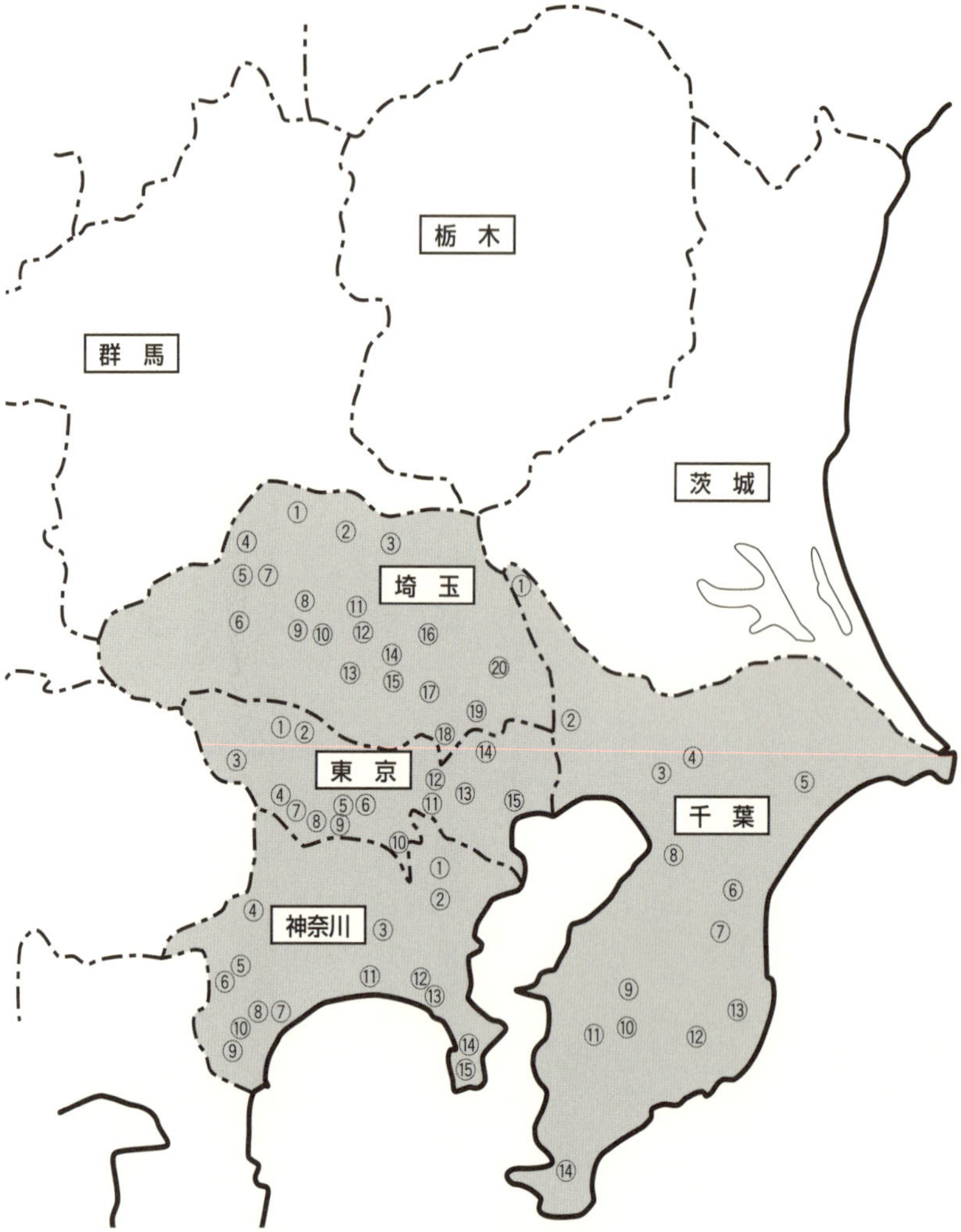

〔埼玉〕
① 五十子陣
② 別府城
③ 忍城
④ 金鑚御獄城
⑤ 天神山城
⑥ 千馬山城
⑦ 花園城
⑧ 鉢形城
⑨ 腰越城
⑩ 青山城
⑪ 杉山城
⑫ 菅谷城
⑬ 小倉城
⑭ 青鳥城
⑮ 足利基氏館
⑯ 松山城
⑰ 河越館
⑱ 滝の城
⑲ 岡の城山
⑳ 岩付城

〔千葉〕
① 関宿城
② 小金城
③ 臼井城
④ 本佐倉城
⑤ 坂田城
⑥ 東金城
⑦ 本納城
⑧ 土気城
⑨ 真里谷城
⑩ 久留里城
⑪ 小糸城
⑫ 大多喜城
⑬ 万喜城
⑭ 稲村城

〔東京都〕
① 勝沼城
② 今井城
③ 檜原城
④ 戸倉城
⑤ 高月城
⑥ 滝山城
⑦ 浄福寺城
⑧ 八王子城
⑨ 片倉城
⑩ 三輪城
⑪ 深大寺城
⑫ 石神井城
⑬ 中野城山居館
⑭ 稲付城
⑮ 江戸城

〔神奈川〕
① 茅ヶ崎城
② 小机城
③ 七沢城
④ 津久井城
⑤ 河村城
⑥ 足柄城
⑦ 小田原城
⑧ 石垣山城
⑨ 御所山城
⑩ 湯坂山城
⑪ 真田城
⑫ 大庭城
⑬ 玉縄城
⑭ 新井城
⑮ 三崎城

◆埼玉県

〜鉢形城・石垣

●埼玉県のみどころ

埼玉県は城館の宝庫である。平安時代から活躍する秩父平氏《ちちぶへいし》の畠山《はたけやま》氏・河越《かわごえ》氏などの本領は県内にあった。戦国時代には山内上杉《やまのうちうえすぎ》家と扇《おうぎ》谷《がやつ》上杉家が争い、そして両上杉家と北条家が戦っている。多くの武将が登場したこの地に、数えきれないほどの城館が築かれたことは想像に難くない。そもそも山内上杉家の本城は鉢形《はちがた》城だった。また松山城の攻防戦には上杉謙信《うえすぎけんしん》や武田信玄《たけだしんげん》も参戦している。もはや歴史の背景がわからなくなった山城も少なくない。しかし、遺構はすばらしくよくのこっている。“中世城館の教科書”と称えられたのは杉山《すぎやま》城だった。関東地方にはめずらしい石垣がのこる中世城館も多数ある。県内各所にのこる城館を訪れることで、中世の息吹を身近に感じることができるだろう。

五《い》十《かっ》子《こ》陣《じん》

●享徳の乱における上杉氏方の本陣

〔所在地〕埼玉県本庄市東五十子・西五十子近辺
〔比　高〕不明
〔分　類〕陣
〔年　代〕康正元年（一四五五）頃以降、文明九年（一四七七）まで
〔城　主〕山内上杉氏
〔交通アクセス〕国道一七号線から徒歩五～一〇分・駐車場なし

【利根川に規定されて構築】 本庄市の市街地の東南部、国道一七号線とJR高崎線、女堀《おんなぼり》川と小山《こやま》川に囲まれた広い範囲に、この陣があったと想定される。陣は関東が戦国期的な様相となる享徳三年（一四五四）の享徳《きょうとく》の乱勃発後に間もなくして構築され、文明九年（一四七七）頃まで機能していた。享徳の乱は、東上野《ひがしこうずけ》・下野《しもつけ》・下総《しもうさ》・上総《かずさ》・安房《あわ》などの利根《とね》川よりも東を勢力圏とした古河《こが》公方足利成氏《くぼうあしかがしげうじ》方と、西《にし》上野《こうずけ》・武蔵《むさし》・相模《さがみ》・伊豆《いず》などの利根川よりも西を勢力圏とした関東管領《かんとうかんれい》上杉氏方との争いであった。その間の上杉氏方の本陣として、この陣は構築された。

五十子陣の立地条件を考えるうえで重要なのは、利根川である。すなわち、西関東（および越後）を南北に連携する必要のあった上杉氏方は、利根川の渡河の関係で幹線道路となっていた鎌倉街道上道《かみつみち》および分岐線を活用できる位置にあり、かつ、本国の上野に移動するために安全に利根川を渡河できる地点を掌握する必要があった。加えて、旧利根川（現広瀬川）が両陣営のおおむね勢力圏境であったので、拠点はその近辺である必要もある。ただし、利根川の氾濫原《はんらんげん》上での長期の在陣は不安定である。そのため、本庄台地の東北端に位置する五十子が選地されたのだろう。そうすることで、陣の北側は低地と台地との境界が防御のための崖ともなり、さらに南～東側にかけては小山川や志戸《しど》川が流下しているため、陣として好適な条件にあったと考えられる。

【五十子陣の陣容】 近年になって五十子周辺の発掘調査が進

んだ結果、西五十子台遺跡《にしいかっこだい》、東五十子城跡遺跡《ひがしいかっこしろあと》、西五十子《にしいかっこ》大塚遺跡《おおつか》、六反田遺跡《ろくたんだ》、東五十子遺跡《ひがしいかっこ》、東五十子赤坂遺跡《ひがしいかっこあかさか》、東本庄遺跡《ひがしほんじょう》などが五十子陣に関する遺跡であることが明らかになってきた。その分布は、おおよそ東西二キロ弱、南北一キロ強の広範囲にわたっている。これを裏付けるように、文献史料では、文明九年（一四七七）一月に上杉氏方が五十子陣から撤退した際、放火した煙が三日間止まなかったと記されている（『松陰私語《しょういんしご》』）。

陣の内部構成については、守護管轄下の武士をそれぞれ動員した、越後《えちご》・山内《やまのうち》・扇谷《おうぎがやつ》の各上杉氏によって成り立っていた（「御内書案《ごないしょあん》」）。京都からの援軍や伊豆堀越公方《いずほりごえくぼう》の軍勢も在陣していたが、大きくは上記の三軍勢によって構成されていた。

【享徳の乱の展開と五十子陣】　享徳三年（一四五四）十二月に享徳の乱が開始されてから後に、成氏は古河《こが》へ移動し、栗橋《くりはし》・関宿《せきやど》・騎西《きさい》などの拠点に諸城を取り立てていった。対する上杉氏方は、松山《まつやま》・河越《かわごえ》・岩付《いわつき》・江戸などに諸城を築城し、五十子に本陣を築いた。また、上杉氏方を支援していた京都室町幕府は、長禄二年（一四五八）に将軍足利義政《あしかがよしまさ》の弟の足利政知《まさとも》を関東に下向させている（堀越公方《ほりごえくぼう》）。そのため、同年九月頃には、京都下りの軍勢や上杉氏方の軍勢が五十子に集結している。

文明三年（一四七一）四月、五十子陣から出撃した上杉氏方は新田荘から足利荘を攻め、六月には成氏を古河から追った。しかしながら、翌同四年二月には古河は成氏によって回復されており、逆に同五年十一月には五十子陣は成氏方に攻められ、扇谷上杉政真《まさざね》が死去している。同八年六月、山内上杉氏の家宰職《かさいしょく》を継げずに不満を持っていた白井長尾景春《しろいながおかげはる》が蜂起したために、攻撃を受けた陣は崩壊した。

【五十子陣と武士】　長期にわたって五十子陣に動員された武士にとって、そこは軍役奉仕《ぐんやく》の場であるとともに、自らの所領等について守護に訴える場でもあった。

上野《こうずけ》の善《ぜん》・山上《やまがみ》両氏は、三年間五十子に在陣して軍役に励むとともに、奪われた所領へ復帰できるように山内上杉氏に願い出ていた（「由良文書」）。また、越後守護上杉氏によって動員された中条・黒川両氏は所領について争っていたが、両者ともに五十子に在陣して軍功に励むとともに、係争地についての守護への取り次ぎを求めていた（「中条家文書」）。こうした詫言《わびごと》や訴訟が持ち込まれたのは守護が在陣していたためであり、さらに京都からの錦御旗《にしきのみはた》が翻《ひるがえ》り、京都の武将も在陣していたため、五十子は大きな政治的求心力を有していた。

【五十子陣に集まる人々】　五十子陣には合戦に参加した戦闘

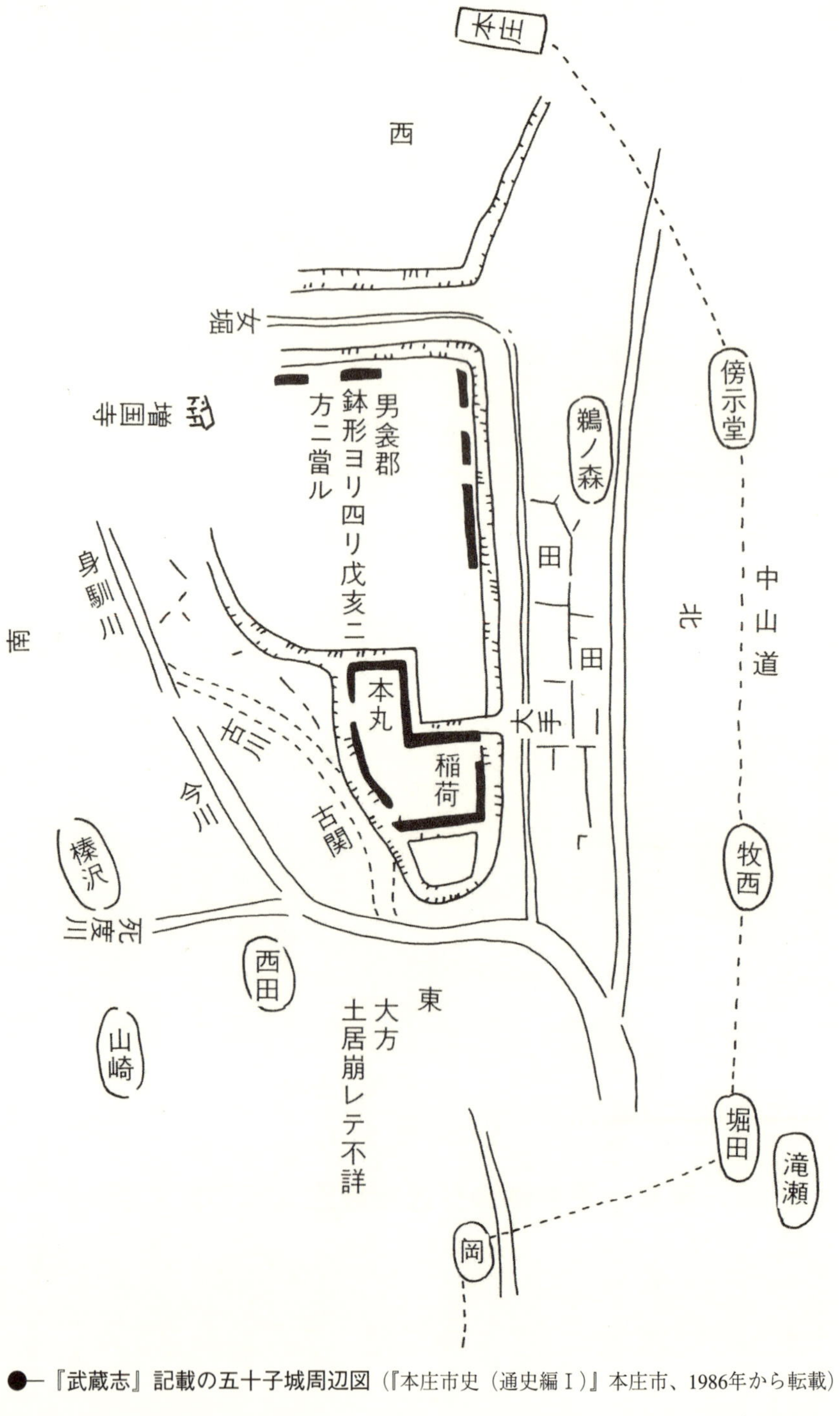

●—『武蔵志』記載の五十子城周辺図（『本庄市史（通史編Ⅰ）』本庄市、1986年から転載）

●―増国寺

員のみではなく、合戦とは直接関係のない人々も在陣することがあった。長禄四年（一四六〇）十二月、前年四月に鎌倉の鶴岡八幡宮若宮別当《つるがおかはちまんぐうわかみやべっとう》に還補された弘尊《こうそん》は、還補の謝意を兼ねて五十子に赴いた（「香蔵院珎祐記録《こうぞういんちんゆうきろく》」）。また、寛正二年（一四六一）八月、越後国善照《ぜんしょう》寺の寺僧である増珎《ぞうちん》は五十子陣において、越後守護上杉房定《うえすぎふささだ》の判物《はんもつ》を得ている（「善照寺文書」）。

文正元年（一四六六）九月頃、連歌師の宗祇《そうぎ》が五十子陣を訪れており、山内上杉氏家宰《かさい》の白井長尾景信《かげのぶ》の主催による連歌会に参加している（「萱草《わすれぐさ》」）。さらに、年次は未詳であるが、五十子では千句連歌会が行なわれている（「萱草」）。このことから、千句の行なわれた江戸や河越と同じように、五十子は文化の中心地の一つであったことになろう。

文明八年（一四七六）六月、長尾景春の乱が勃発したことで、「五十子陣下へ出入ノ諸商人《しょしょうにん》之《の》往復《おうふく》通路ヲ指塞」がれ、「糧道《りょうどう》」を絶たれて、上杉氏方は陣から撤退した（『松陰私語』）。そのため、五十子陣は交通の要衝に位置し、商人が出入りしていたことがわかる。

文明四年（一四七二）頃、岩松《いわまつ》氏が上杉氏方を裏切るとの噂が五十子陣に広まったため、岩松氏重臣の横瀬《よこせ》氏は「足弱《あしよわ》（老幼婦女子）」を五十子陣下に人質として差し出した。翌朝には、「足弱以下幼稚《ようち》・幼若《ろうにゃく》之《の》子葉孫枝《しようそんし》」が五十子陣下に送られているように（『松陰私語』）、陣には人質も在陣していた。

（森田真一）

【参考文献】齋藤慎一『中世東国の道と城館』（東京大学出版会　二〇一〇年）、森田真一「文書・記録からみた五十子陣（二）」（平成十九年度科学研究費補助金研究成果報告書『中世考古学のための日本中世・近世初期の文献研究』研究代表者　矢田俊文　二〇〇八年）

●武蔵武士別府氏ゆかりの城

別府城《べっぷじょう》

〔埼玉県指定史跡〕

〔所在地〕埼玉県熊谷市東別府七七七
〔比　高〕〇メートル
〔分　類〕平城
〔年　代〕一五世紀中葉〜一六世紀後半
〔城　主〕別府長清？
〔交通アクセス〕ＪＲ「籠原駅」下車、徒歩二〇分　駐車場なし

【別府氏の城館】　この別府の地には三ヵ所の城跡が伝承されており、そのひとつが県指定史跡別府城である。この別府城に隣接する香林寺《こうりんじ》境内には別府氏館跡の伝承があり、さらに、五〇〇メートル西方に、西別府館跡が伝承されている。これらの城館は、いずれも別府氏ゆかりの城館と伝えられている。

別府氏は、成田助高《なりたすけたか》の次男成田二郎行隆《じろうゆきたか》が別府の地に住み別府《べっぷ》氏を名のることに始まるとされている。元久元（一二〇四）年、行隆の子の別符太郎能行《たろうよしゆき》と別符次郎行助《じろうゆきすけ》が領地の配分について争い行隆は二人が別府郷を半分ずつ知行するように遺言したと伝えられている。惣《そう》田数二五二町歩余とされ、別府行隆は相当な領主であったことが伺える。

別府城は、行隆から能行に引き継がれ、戦国時代の長清《ながきよ》まで数代にわたり住したと伝えられている。隣接する別府氏館跡も別府氏に関わる城館と伝えられているが、堀や土塁の痕跡は確認できず実態はよくわからない。西別府館は、行隆の次男の次郎行助が居住したとされる城館で、最近まで土塁や堀が確認されたといわれていたが、今は認めることはできない。

【古代遺跡と別府氏】　西別府館の西には古代の幡羅《はら》郡の郡衙《ぐんが》跡とされる幡羅遺跡があり、この郡衙に向かって交通網が整備されていた。遺跡の北側は低地となり、穀倉地帯が広がっていたことはもとより、台地際には水路が発達していたとも推測されている。この別府周辺の地は生産性も高く、さらに交通の要所であったことは、中世に至っても変わることがな

●—土塁と堀

かったであろう。この地に別府氏が居を構えたことは、このような歴史的背景があってのことと推測される。

【戦国の別府城】　現在、堀と土塁が方形に廻っており、その規模は東西が約九〇メートル、南北が約八〇メートルを測り、北側と西側の堀と土塁が比較的よくのこっている。郭《くるわ》のなかは、ほぼ平坦となっており、現在は東別府神社や集会所が建っている。

地形図から観察すると、この方形の外側にも現在の郭を囲むように郭があったと推測できる。

築城の年代などは明確にできないが、近隣の城館との構造比較などから、堀や土塁の構築は一五世紀中葉から一六世紀のことと思われる。

また、松陰私語には「太田道灌入道武州別符張陣之上金山招上事」『松陰私語目録』とあり、太田道灌が布陣した「別符陣」とは、この別府城もしくは西別府館跡を指すのではなかろうか。

別府城と別府氏館跡は混同される場合が多い。東別府神社が所在し、堀と土塁を良好にのこす城が県指定史跡「別府城」である。香林寺に伝承される遺跡は「別府氏館跡」という遺跡名で熊谷市では登録を行なっている。

（浅野晴樹）

●北武蔵支配の中心「忍の浮城」

忍城《おしじょう》

〔所在地〕埼玉県行田市本丸六三五他
〔比　高〕〇メートル
〔分　類〕平城
〔年　代〕一五世紀後半～明治初年まで
〔城　主〕成田氏、近世松平氏、阿部氏、松平（奥平）氏
〔交通アクセス〕秩父鉄道「行田市駅」下車、バス「行田市役所前」か「行田市博物館前」下車・駐車場有（市役所、博物館）

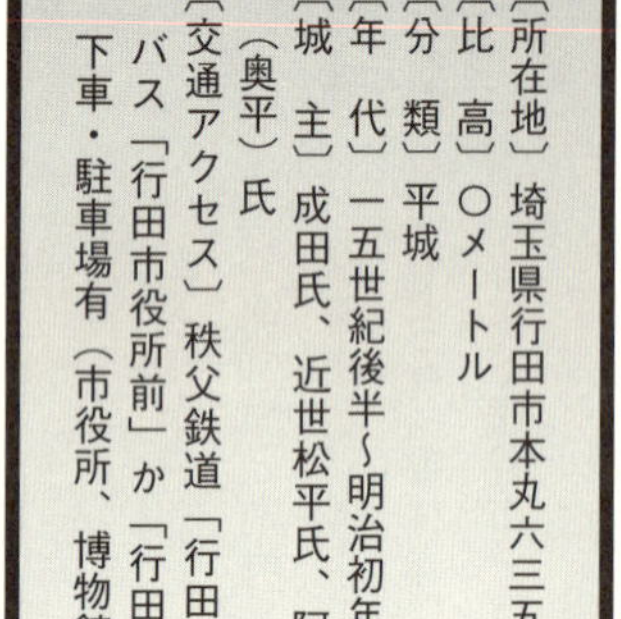

【城の特色】　近世には「忍《おし》の浮城《うきじろ》」と称されたように、中世戦国大名成田《なりた》氏の本拠を守る重要な城郭。沖積地に築かれた水城「忍城」は天正十八年、小田原本城落城後まで戦い抜き、石田三成《いしだみつなり》により水攻めされた城として有名。

【湿地帯の中に築城】　この城は、利根《とね》川と荒《あら》川に挟まれた沖積地にあり、起伏のほとんどない平坦な地形に立地している。標高は二〇メートル前後で、城地は一面湿地帯であったと考えられる。

忍城域の築成は中近世の時代から南方の埼玉《さきたま》古墳群の古墳盛り土を運ぶなどして行なわれたと考えられ、昭和に入っても引き続き行なわれ市街地が整備された。現在は忍の浮城といわれた往時の面影は見られず、市役所や城跡公園となっている。永正六年（一五〇九）連歌師《れんがし》宗長《そうちょう》が成田氏の館に立ち寄った時のようすを『東路《とうじ》の津途《つと》』に次のように記した。

「武州成田下総守顕泰《あきやす》亭にして（略）水郷《すいごう》也、館のめぐり四方沼水幾重《いくえ》ともなく芦《あし》の霜がれ二〇余町四方へかけて水鳥おほく見え渡りさまなるべし」

城地や城下の造成は沼地の掻き上げや埋め立てによって行なわれたと考えられるが、本丸の発掘調査で地盤補強材には竹を筏《いかだ》状に組んだものを使用し、法面《のりめん》保護にも使用していることが確認されている。城跡については文政年間作成の絵図が全体像を知る唯一のものである。絵図に見られる忍城は四方を沼に囲まれた連郭《れんかく》式（郭が団子状に連なっている）の城郭で東側に水堀の中に長方形の出郭を配し、大手門を置いて

いる。搔き上げ道（湿地を掘り上げて土盛りし作った通路）を伝わって三の丸へと連なる部分に徳川家康《とくがわいえやす》により褒められたと伝える縄張が見られる。

博物館建設に伴って近世の本丸部分が発掘調査され、いくつかの新たな知見が得られている。発掘調査は本丸と諏訪《すわ》曲輪にわたって行なわれ、絵図に見られる堀と橋を確認し、本丸門城内からの排水を出すための板碑《いたび》によってふさがれていた暗渠《あんきょ》排水溝も確認した。また、土塁裾や切岸面にあった筏状の竹束の発見など、多くの出土遺物とともに白紙に近かった忍城の実像を浮き彫りにした。木杭の残存によって確認された橋は一五世紀末〜一六世紀の掛け橋、天正十八年忍城開城後のものなどが認められている。特に二回目の橋は堀を埋めて堀幅を狭くして架橋している。南堀では一五世紀末から一六世紀初頭、一六世紀末、一八世紀の三回の橋の付け替えが確認されたという。また、二の丸西堀の調査では障子堀などが認められている。出土品は一五世紀末から一七世紀初頭の土器、陶磁器を中心として多くの板碑《いたび》、漆器、曲物《まげもの》、下駄のほか近世の瓦などがある。中でも大形

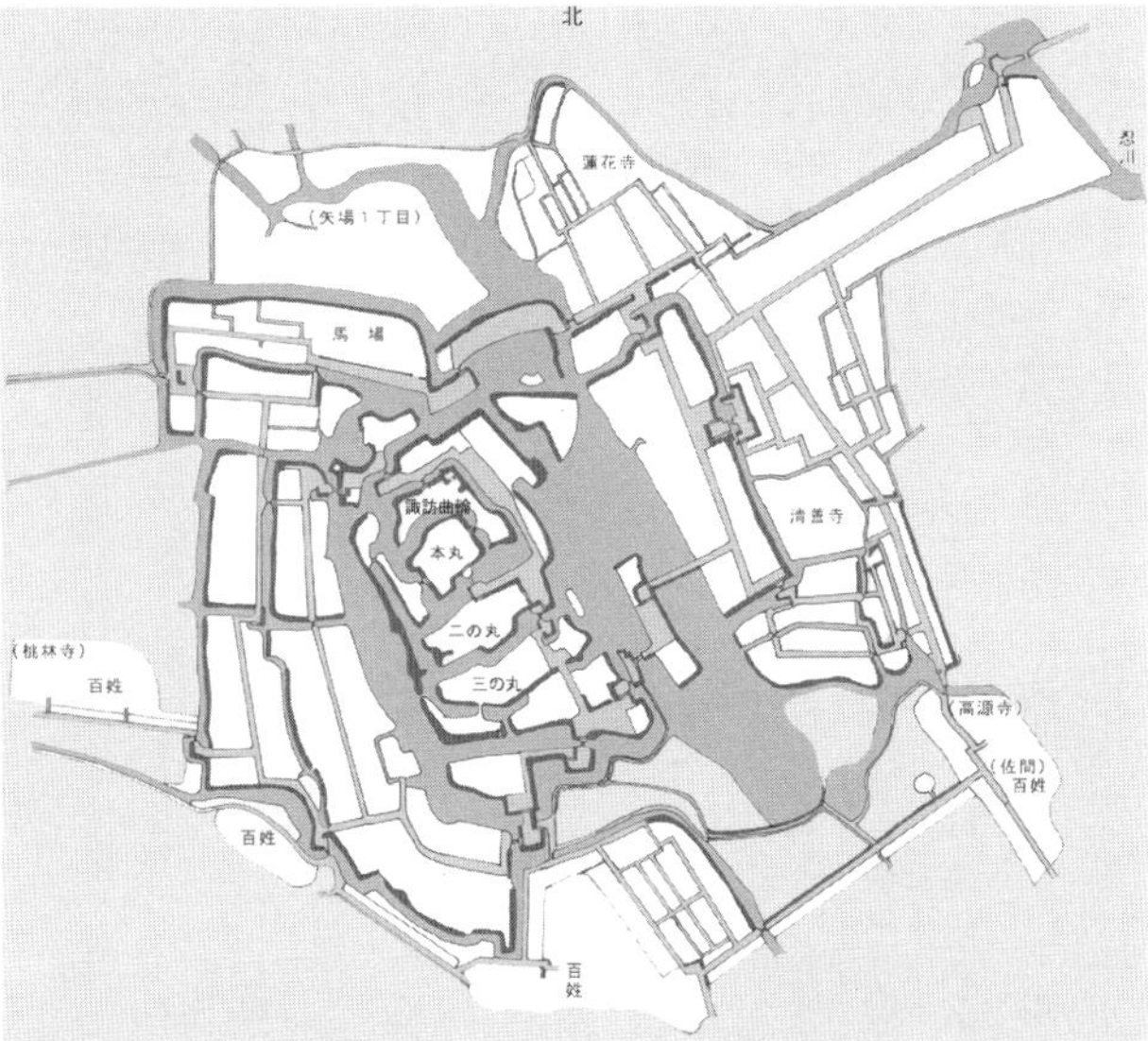

●—近世忍城絵図（学習院蔵版—埼玉県史付図から転載）

●—本丸橋脚出土状況
（写真提供：行田市郷土博物館、『行田市郷土博物館研究報告』第１集写真13を引用）

のアワビの殻の出土は興味深い発見であった。忍城の歴史や成田氏の説明とともに出土品は城内本丸跡に建てられた行田市立郷土博物館で見ることができる。

【城主成田氏】　成田系図によれば平安時代に武蔵国守藤原基忠《ふじわらもとただ》を祖とし、その後騎西《きさい》郡や幡羅《はら》郡域に勢力を拡張した一族で成田大夫助高《だいぶすけたか》の子から別府《べっぷ》・奈良《なら》・玉井《たまい》の各氏が別れたとされる。成田氏の鎌倉時代の活躍は、寿永二年（一一八三）に木曾義仲《きそよしなか》追討の源 義経《みなもとのよしつね》に従った五郎助忠《ごろうすけただ》（行田《ぎょうだ》氏祖）や承久三年（一二二一）に宇治川合戦で討ち死にした資泰《すけやす》らが知られる。

熊谷市成田を本拠としてこの地域を支配した成田氏は、その後忍に本拠を移し、室町・戦国時代を通じて埼西郡域の支配者として君臨した。忍城については享徳《きょうとく》の大乱の中で古河公方足利成氏《こがくぼうあしかがしげうじ》が別府宗幸《べっぷむねゆき》に文明十一年（一四七九）に送った書状によって知られ、成田顕泰が忍城にあってその防備の任についていたことが理解される。忍城については成田氏拠点の城郭として一五世紀末に整備されたことが出土品の年代等から指摘されているが、上杉顕定《うえすぎあきさだ》が後北条氏に備え、忍・鉢形《はちがた》両城の備えを堅固にするよう永正七年（一五一〇）に足利長尾景長《かげなが》に宛てた書状もあり、この頃が一つの視点となろう。

成田親泰《なりたちかやす》は延徳元年（一四八九）に忍大丞《だいじょう》の館を襲い一族を滅ぼし、領内を統一し、忍城を延徳三年に完成させたことを示す記録もある（龍淵寺蔵『成田記』）。親泰は永正七年（一五一〇）の権現山《ごんげんやま》合戦に参戦し、上杉朝良《ともよし》とともに相模権現山城を攻略している。以後、長泰《ながやす》、氏長《うじなが》と三代にわたって支配するが、永禄二年（一五五九）の『小田原衆所領役帳《おだわらしゅうしょりょうやくちょう》』に成田氏は他国衆として記載される。一方、永禄三年（一五六〇）の上杉景虎《うえすぎかげとら》関東出陣に伴う『関東幕注文《かんとうまくちゅうもん》』には成田幕として成田下総守親泰等の名前が見られる。いったん旧主に服したものの、永禄四年（一五六一）の鶴岡八幡宮における関東管領就任の席で上杉輝虎《てるとら》から辱めを受け忍に帰城し、成田氏は再び上杉氏と手切れをし、永禄九年には後北条氏に服した。北条氏康はこの成田氏の姿勢を高く評価し、本領を安堵、成田氏を重んじ成田領として独立させ、後北条領国に組み込むことはなかったという。

ちなみに永禄六年（一五六三）に上杉謙信《うえすぎけんしん》によって攻略された騎西《きさい》城の城主小田朝興《おだともおき》は成田長泰の弟である。成田領の成田氏支配は天正十八年（一五九〇）七月十六日の開城をもって終焉を迎えた。最後の忍城主成田氏長は開城後蒲生氏郷《がもううじさと》に預けられ、豊臣秀吉《とよとみひでよし》から烏山《からすやま》三万八〇〇〇石を賜り、文禄《ぶんろく》の役に参陣、釜山《ぶさん》城の普請《ふしん》にあたり、文禄四年（一五九五）に京に没している。江戸時代に入ってからは松平忠吉《まつだいらただよし》がはいり、寛永十六年（一六三九）以降は、阿部《あべ》氏が文政六年（一八二三）までの一八四年間にわたって在城した。その後は、松平（奥平）氏が桑名《くわな》から移封され、幕末まで在城した。

【水攻め】　忍城にまつわる歴史上の事件の筆頭は石田三成《いしだみつなり》を総大将とする天正十八年の豊臣軍による忍城攻めであろう。周囲を沼地に囲まれ、忍の浮き城といわれる難攻不落の名城を、攻めあぐねた石田軍は、埼玉古墳群の丸墓山《まるはかやま》古墳墳頂に陣を張り、埼玉古墳群などの多くの古墳を削平したりして堤を築き、忍城の水攻めを敢行した。天正十八年六月十三日の浅野弾正《あさのだんじょう》・木村常陸守《きむらひたちのかみ》あての書状では、その水攻めの状況を報告している。荒川の水と利根川の水を引き込む大堤は今も「石田堤《づつみ》」として、行田市内や、吹上町内にのこり、今も北鴻巣駅からさきたま古墳群に延びる「さきたま緑道」沿いで見ることができる。

（梅沢太久夫）

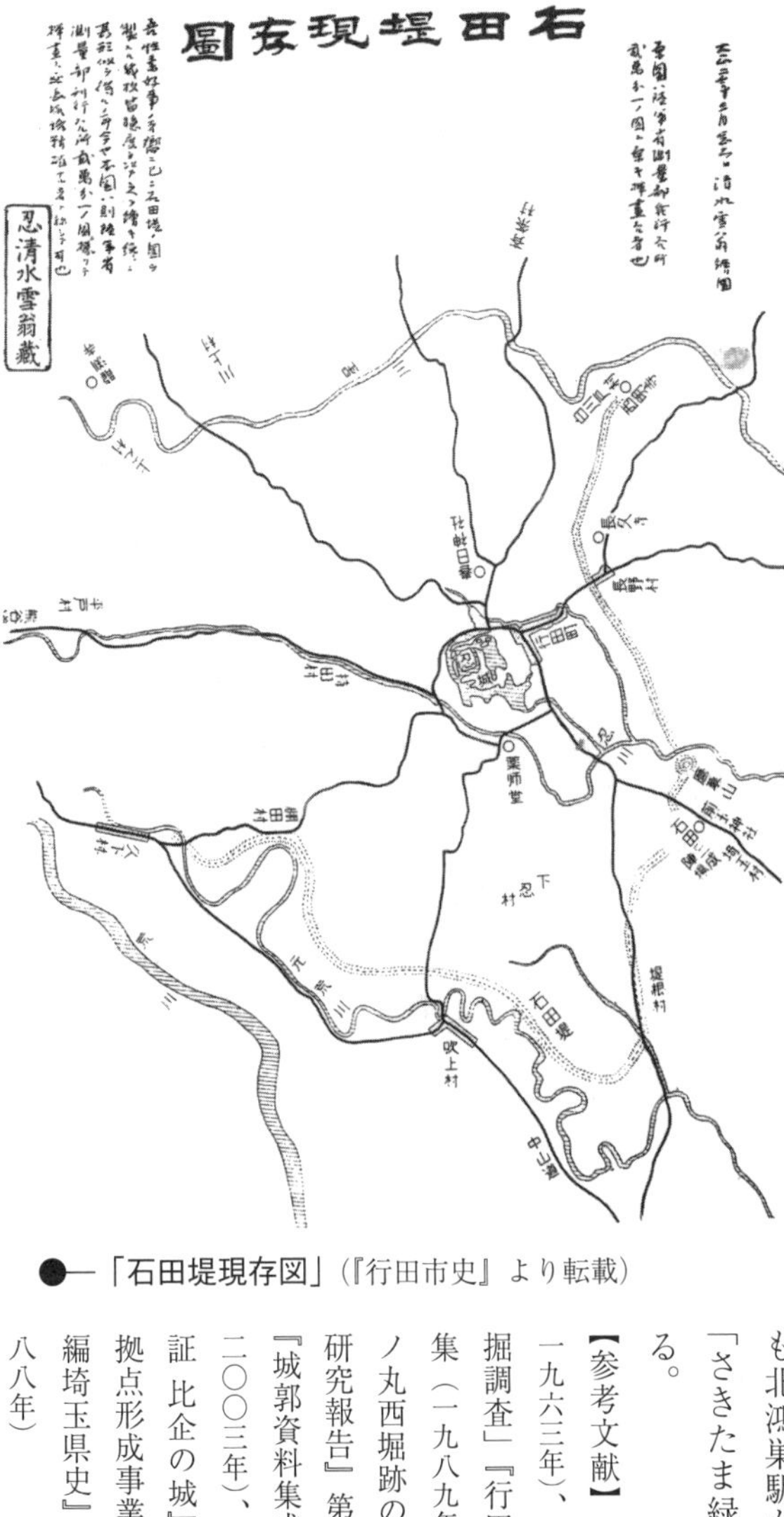

●—「石田堤現存図」（『行田市史』より転載）

【参考文献】　山口平八『行田市史』（行田市　一九六三年）、行田市郷土博物館「忍城跡の発掘調査」『行田市郷土博物館研究報告』第一集（一九八九年）、行田市郷土博物館「忍城二ノ丸西堀跡の発掘調査」『行田市郷土博物館研究報告』第三集（一九九五年）、梅沢太久夫『城郭資料集成　中世北武蔵の城』（岩田書院　二〇〇三年）、浅野晴樹「資料編忍城跡」『検証　比企の城』史跡を活用した体験と学習の拠点形成事業実行委員会（二〇〇五年）、『新編埼玉県史』通史編二　中世（埼玉県　一九八八年）

●激戦が行なわれた上武国境の城

金《かな》鑽《さな》御《み》嶽《たけ》城《じょう》

〔所在地〕埼玉県児玉郡神川町大字渡瀬一四一〇（金鑽神社拝殿裏の御神体の山）
〔比　高〕一九七メートル
〔分　類〕山城
〔年　代〕一六世紀後半
〔城　主〕安保氏、平沢（長井）氏、武田氏、後北条氏
〔交通アクセス〕JR八高線「児玉駅」下車、西約六キロ。武蔵二の宮・金鑽神社・駐車場有（金鑽神社）

【城の特色】　本城は、上武国境の境目にある。西上野を支配した武田氏と天文二十一年、山内上杉氏との戦いに勝ち、上野進出をもくろむ後北条《ごほうじょう》氏との間で行われた激しい攻防戦の舞台。また、永禄十二年から元亀二年には甲相《こうそう》同盟破綻に伴う、武田勢と後北条氏との攻防戦の主たる舞台となった城郭である。

【ヒトデ状の狭い尾根に築城】　山頂の本郭と山頂下の谷頭に置かれた屋敷地と思われる平場を中心に狭い五本の尾根を数多く掘切って造られる城郭である。

【本城最大の郭・二の郭】　本郭北の鞍部に設けられた幅六メートル、深さ四メートルの堀切1を挟んで北側に本城最大の二の郭が置かれる。二の郭は最大幅二〇メートル、奥行き五八メートルほどあり、北端に土塁がある。この下方の崖部に岩盤を掘抜いた堀切2を置き、その下に腰郭1がある。この尾根にはさらに切落しを加えながら三段に腰郭が配置される。北東部に延びる尾根には二の郭の土塁西端に造られた虎口からの通路が見られ、露出する岩盤をうまく利用したと見られる切落しや、堀切《ほりきり》を配置し、北側の尾根先端部に比高三メートルほどの高台がある。これは西尾根のあり方や、東尾根のあり方と同じであるので、櫓《やぐら》台を意識した造りと考えられる。また、北東尾根の付け根には切岸を補充したと見られる幅三メートル、高さ五〇センチの石積が存在する。主郭に向かってのぼる痩せ尾根には堀切が三ヵ所配置され、本郭下の堀切5は一〇メートルの規模で切り落とされる。

●—護摩壇からみた本郭近景

【本郭】　本郭は二〇メートル×三〇メートルで標高三四三・四メートルの御嶽《みたけ》山頂上にある。山腹斜面部は切岸となり、急崖で、のぼり詰めることはできない。南尾根は岩盤が各所に露出する狭い尾根であるが、本郭下は二メートルほど切り落とされ下部に三ヵ所の平場がある。これらは腰郭《こしぐるわ》か、修験に伴う祠跡か判断できない。本郭西下七メートルには幅三メートルほどの帯郭が置かれ、西尾根方面と北尾根の2の郭へつながる。

【大手筋・西尾根】　西尾根は腰郭から狭い鞍部を通じて西に延び、鞍部は六メートル切り落とされ堀切8となる。その先は幅六～九メートルの緩やかな平坦地で、腰郭として整形された痕跡がある。両サイドは切り落とされ、急斜面になる。さらに尾根中央部付近に二ヵ所の堀切があり、一つは七メートルに切り落とされる規模の大きい堀切10である。尾根先端部には幅一四メートル、長さ二四メートルの西郭が置かれ、尾根先端部は丸く、比高八メートルほど高くなっているが、櫓台として整形された痕跡はない。

西郭の南側は緩やかな斜面で、渡瀬地区からの大手筋とみられる。坂道両サイドは高さ一～一・五メートルの段築が九段ほど構築される。この造りは花園城に類似する。

本郭西の谷には一部に石積を伴う大きな平場があり、いず

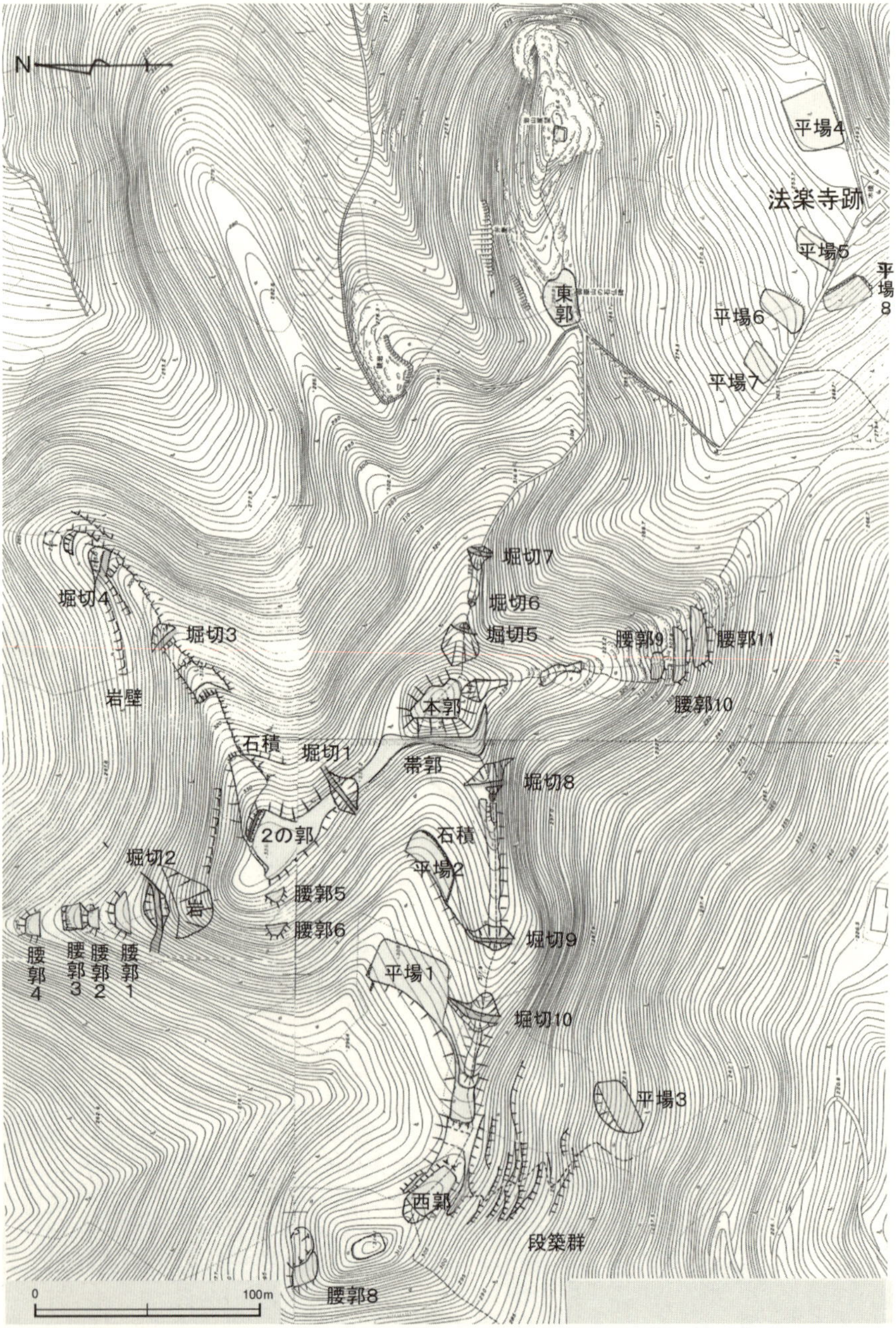
N
平場4
法楽寺跡
平場5
平場8
東郭
平場6
平場7
堀切7
堀切4
堀切6
堀切3
堀切5
腰郭9
腰郭11
岩壁
本郭
腰郭10
石積
堀切1
帯郭
堀切8
2の郭
石積
堀切2
平場2
腰郭5
岩
腰郭6
堀切9
腰郭4
腰郭3
腰郭2
腰郭1
平場1
堀切10
平場3
西郭
段築群
0
100m
腰郭8

●—金鑽御嶽城縄張図

れも堀切10、9につながっている。屋敷地であろう。

【法楽寺跡】　金鑚《かなさな》神社から登った谷の中に水場があり、ここが江戸期に活躍した本山派《ほんざんは》修験《しゅげん》聖護院《しょうごいん》末《まつ》法楽《ほうらく》寺跡である。ここ以外には城内に水場は見られない。寺跡の存在を示す平場が五ヵ所あり、上部には墓地も存在する。墓地内には戦国期と見られる五輪塔の空風輪《くうふうりん》、地輪《ちりん》、宝篋印塔《ほうきょういんとう》の笠部、台石などが散在する。

【後北条氏との間で行なわれた境目の攻防戦】　本城は上武国境の境目の城として一六世紀後半には激しい争奪戦が行なわれている。記録される最初の合戦は天文二十一年（一五五二）一月～三月の金鑚御獄城合戦で、安保泰広《あぼやすひろ》の守る金鑚御獄城を北条氏康《うじやす》が攻略した。身延文庫《みのぶぶんこ》蔵『仁王経科注見聞私《にんおうきょうかちゅうけんぶん》』奥書には「天文二十年の冬北条氏康が北関東へ出陣をもくろみ、翌年二月には金鑚の御嶽城を攻め、三月十五日には金鑚神社を含め全山を焼き討ち、三月には落城させた。城主安保信濃守入道泰広（全隆《ぜんりゅう》）と息子の中務大輔《なかつかさのたいふ》泰忠《やすただ》は降参して助けられたが、残りの数千人は一人も残さず討ち死にした。雑兵数千人は水の手を絶たれて乾死した」とその壮絶な戦いの様子が記されている。

●―安保全隆寄進の金鑚神社多宝塔
（重要文化財）

　なお、城主安保全隆が天文三年（一五三四）に金鑚神社に寄進した多宝塔《たほうとう》（重要文化財）が金鑚神社に現存している。永禄五年（一五六二）には乙千代は秩父左衛門尉に用土新左衛門の御獄城普請に合力し、忠節を尽くすよう指示している（『新編埼玉県史資料編』六―三五六）。

　永禄十二年、武田氏は西上野から北武蔵地域へも進軍し、五月には橋頭堡を確保するために武田氏の派遣した浅利右馬助とともに上武の境目に向城（斎藤慎一は高山城に比定）を築いた。また、『甲陽軍鑑《こうようぐんかん》』には高崎市の山名城と鷹巣城の間に新しく築城と記されるなど、武田氏が対後北条戦を意識して、軍事的基盤の確保を図っていたことを類推させる記録がのこされる。この時、金鑽御嶽城は、後北条氏の持城で平沢（長井）豊前守政実が城主として置かれていたらしい。しかし、後北条氏のこの処置に対して、浄法寺氏が異議を唱え、平沢（後長井を名のる）政実は、人質を鉢形城に入れ、金鑽御嶽城に後北条の軍勢を入れるよう申し出た。氏康は金鑽御嶽城の中枢をなす中城・本城に氏邦の軍勢を入れている（戦北一二七二）。後北条軍入城は、鉢形勢のみではなく、後北条氏として対処したようで、北条氏照の金鑽御嶽城番衆に対する感状ものこされている（戦北一二七八）。

【武田軍侵攻】 この時期、秩父には立沢筋や阿熊・三山における武田勢の侵入が記録されるので、西上野からの武田軍の動きは上武国境全体で展開していたのだろう。武田軍は改めて九月九日に、金鑽御嶽城を攻撃し、十日は鉢形城へも総攻撃をかけ、北条氏邦《うじくに》に「手負死人無際限」（新編埼玉県史資料編六—五九四）といわしめるほどの多くの被害を被っている。その後、武田軍は永禄十二年十月十九日から二十六日まで秩父に在陣し「人民断絶」と記す。元亀元年伊豆侵攻を終えると、武田信玄はその矛先を北武蔵に向け、六月五日には金鑽御嶽城を攻略した。すぐに普請《ふしん》を行ない武器兵糧を移し、数千人の兵を在城させている（新編埼玉県史資料編六—五七四）。この時太田氏の調略によって武田氏に付いた長井政実《ながいまさざね》は金鑽神社に「今度当城之儀、如存分達本意」（新編埼玉県史資料編六—六五九）として社領を寄進している。

元亀二年十二月の甲相一和を受け、元亀三年十一月八日金鑽御嶽城は後北条氏に武田氏から返還されている。天文二十一年の金鑽一帯の焼き討ちをはじめとして、金鑽御嶽城をめぐる攻防戦は永禄・元亀年間を通じて上武国境境目の要衝であるが故に激しいものであったことが知られる。

●—平場1の東石積み現況

【小屋に籠る】 先の伊勢崎市宮柴にあった満善《まんぜん》寺光琳房《こうりんぼう》の住

●―堀切2の現況

職であった実然《じつねん》が書き記した『仁王経科注見聞私』には「光琳房の近辺に利根川の中に一つの小嶋あり、此近辺の人はこここに、小屋をさして数千人籠る、（中略）此間に少し静まれば光琳に帰り、動けば又、嶋に入る」ということも記され、兵による略奪を避けるため、民衆が利根川の中州の中に避難小屋を設け、合戦のたびに避難したことを伝える。このことは、北条氏邦が持田《もちた》四郎左衛門にあてた『北条氏邦掟書《おきてがき》』に「人の売り買い一円致しまじく候。若《も》し売買いたすについては、其の郷の触口をもって相違なく申し上げ、商売致すべき事」と記されるように公然と行なわれていた人身売買などを含め、軍勢の略奪被害からの民衆の避難行動があったことを如実に示している。

（梅沢太久夫）

【参考文献】宇高良哲「安保氏の御嶽落城と関東管領上杉憲政の越後落ち―進出資料身延文庫蔵「仁王経科註見聞私」奥書の紹介を中心として―」『埼玉県史研究』第二二号（一九八八）、黒田基樹「第四章二後北条・上杉・武田三氏の攻防と賀美郡」『上里町史』通史編（一九九六年）、梅沢太久夫『城郭資料集成　中世北武蔵の城』（岩田書院　二〇〇三年）、武田氏研究会編『武田氏年表　信虎・信玄・勝頼』（古志書院　二〇一〇年）

●秩父郡主藤田氏の本拠

天神山城《てんじんやまじょう》

〔所在地〕埼玉県秩父郡長瀞町岩田字城山一八七一
〔比　高〕八六メートル
〔分　類〕山城
〔年　代〕一五世紀後半〜一六世紀末
〔城　主〕藤田氏、北条氏邦
〔交通アクセス〕秩父線「野上駅」下車。荒川を渡り県道を北進（駅から約二キロ）、駐車場有（白鳥神社向かい公会堂）

【城の特色】 永禄四年後北条《ほうじょう》氏の秩父《ちちぶ》侵攻に伴って記録上初めて登場する城郭で、秩父郡主を名乗る藤田康邦《ふじたやすくに》の持城として有名な秩父随一の城郭。

【石積みのある山城】 天神山城は荒川右岸に横たわる低位の残丘性の山の上に築かれる。最高所は標高二二一・八メートル。本郭《ほんぐるわ》には観光開発で築かれた白亜の櫓《やぐら》が今は朽ちて崩落寸前になっている。山裾《やますそ》と川の間には狭い段丘面があるが、荒《あら》川によって、上州方面に連なる左岸段丘とは隔てられている。この城からは仲山《なかやま》城が眺望されるのみである。本郭のほかに、尾根上に二の郭、三の郭を配置し、荒川に面した西側斜面部には多段に腰郭を置き、東斜面部には「出城《でじろ》」（『秩父志』）が置かれている。尾根上の各郭は、堀切で分断される。本郭と二の郭の間にある幅約七メートル、深さ四メートルの堀切以外は観光開発で削平される。一九七二年の山崎一氏の調査記録によれば二の郭南端部に堀切《ほりきり》が二本描かれているので、従前の調査者に倣《なら》い記入した。堀切部に当たる東肩部には石積と堀の切り込みが残存し、おおよその位置は確認できる。

【白鳥神社から本郭へ】 本郭は尾根北端部の幅狭い平坦地に二段に造られ、中心部に観光開発による方九メートルほどの櫓が築かれている。北側の残存する平坦部には幅二メートル程に掘込まれた小さな虎口《こぐち》状の窪地がみられ、さらにいくつかの腰郭《こしぐるわ》や堀切が斜面下方に配され北の備えとしている。山麓の白鳥《しらとり》神社からの登り口がある。西側斜面部には、重要な施設の構築が見られる。中腹以上に小さな腰郭が置かれ、途中に一ヵ所大きな横堀が置かれている。本郭直下の腰郭は大きく造られている。このルートは南側を大きな竪堀《たてぼり》に、北側は急斜面によって区切られるもので、搦手口《からめてぐち》らしき構造が読みとれる地点である。

●—天神山城遠景

【破壊された郭】　二の郭は造成による改変が大きいと考えるが、現状では最大幅約三〇メートル、長さ一一〇メートルほどの規模を有する。この郭西斜面には基本的に三段に腰郭が置かれている。腰郭と腰郭の間には竪堀が置かれる。二の郭肩部には各所に石積がある。これは肩部の補強として築かれたと見られ、山内で産出する片岩《へんがん》と荒川の川原石を使用して築いているのが特徴である。石積の築き方は鉢形城《はちがた》の三の郭土塁のものと変わらない。

二の郭西下部には腰郭と竪堀、横堀が置かれ、土塁には折りが見られるなど、ここが主要な通路であった可能性を示す。竪堀を南方面へ下ると、いわゆる「大手桜《おおてざくら》」に到達できる。この郭西下の腰郭には各所に径二〇センチほどの川原石が散乱しているのが目に付く。合戦に伴う投石用として荒川から持ち上げたものだろう。このような川原石の存在は、永禄十二年（一五六九）の秩父三山《さんやま》合戦で活用されたと伝える小鹿野町三山の「石打砦《いしうちとりで》」伝承地にもあった。

【出郭状の造り・三の郭】　三の郭は尾根の南端部に突出してあり、東西一三メートル、南北二二メートルほどの広さをもつが、郭中央部は滑石の採掘で破壊されている。南側は五メートル下に「鉢巻き状」に半周する横堀が置かれる。その東に竪堀と腰郭が置かれる。三の郭東斜面部、腰郭下には井戸状の窪地が二ヵ所見られる。三の郭に登る小道も存在するので、滑石採掘時の可能性も否定できないが井戸跡であったと考えておきたい。

【出城】　出郭は二の郭下の東側中腹にある。『秩父志《ちちぶし》』に記

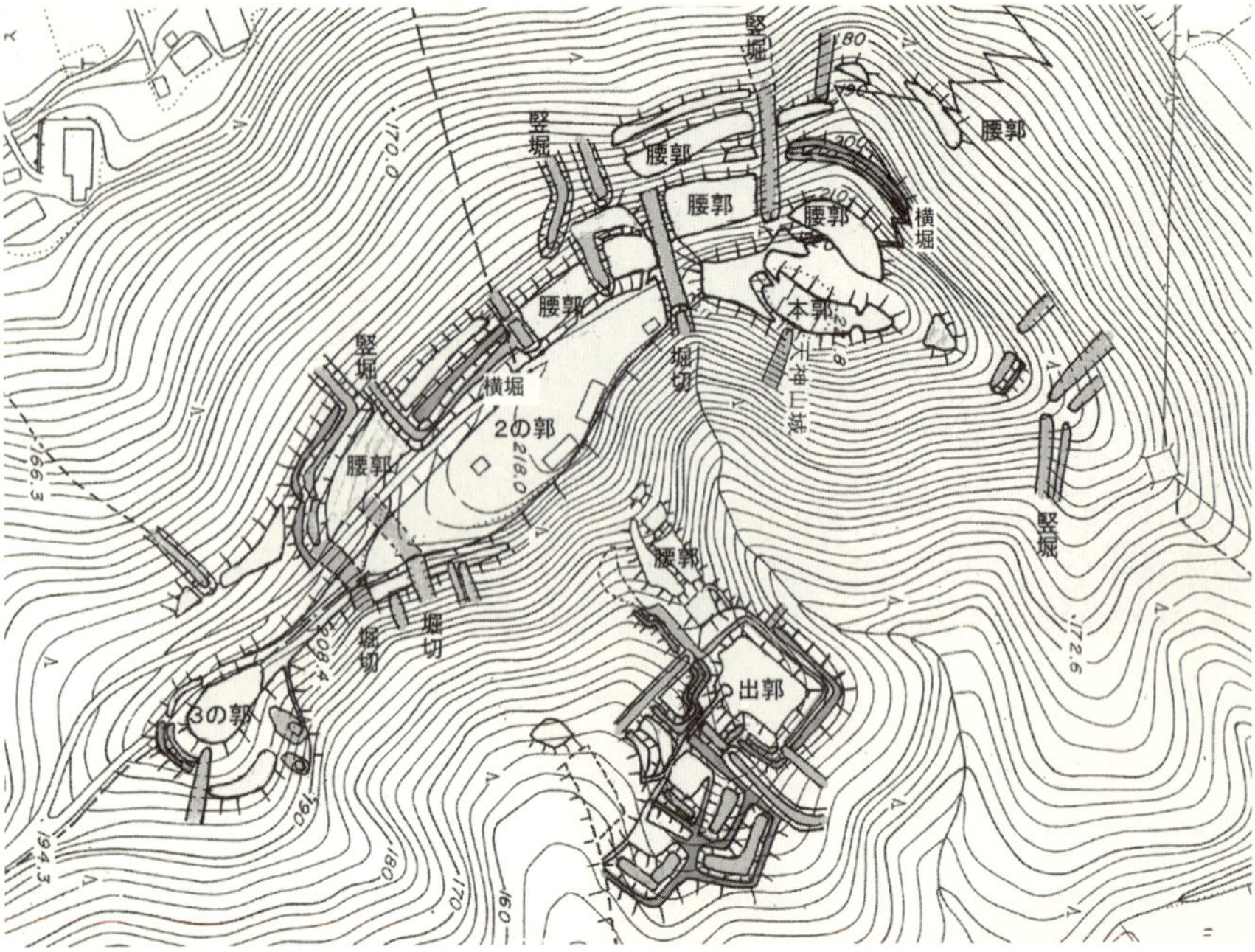

●—天神山城縄張図

載されている「出城」で、山麓部に二五メートル×一九メートルの方形な郭が造られる。この郭は深さ二メートルほどの堀切で分離され、約二から六メートル下の周囲に横堀を置く。出郭南部の斜面部に通路があり、前面を横堀で防備している。この出郭部分は天神山城でも造りが異なり、方形に造られた居館跡とみられる興味深い地点である。

【武蔵武士丹党白鳥氏の本拠地に】 城の南側丘陵内、法善《ほうぜん》寺裏等には、天然の銅を産出する地点もあり、古くから、武蔵七党の一つ丹党白鳥氏の根拠地として、そして、中世室町期には阿保《あぼ》氏、あるいは岩田《いわた》氏の支配地として開発が行なわれた地域である。法善寺は藤田康邦《ふじたやすくに》を開基と伝え、康邦の墓と称する寄せ集めの五輪《ごりん》塔も所在する。

一方、永禄元年『北条家朱印状《しゅいんじょう》』（戦北 五九三）に「天神山御ろう母」と藤田右金吾業繁《うきんごなりしげ》の妻の在城が知られる。あるいは藤田業繁が泰邦《やすくに》（祖繁）に家督を譲った後に移り住んだ居城であったのだろうか。『新編埼玉県史』資料編六の№三五九の文書「乙千代《おっちよ》判物」にみられる「今度高松自檜山罷《まかり》出候《いでそうろう》面々」からは、氏邦への家督譲渡後も藤田日山《ひやま》の館に住していた泰邦と妻、子邦房が、泰邦が天文二十三年（一五五四）に没した後、永禄三年の長尾氏出陣に際して、藤田邦房《くにふさ》を主体とする日山や天神山の藤田本流が随陣したことが考えられる。

【北条氏邦の天神山城入城】『秩父風土記《ちちぶふどき》』には天文年中には猪俣能登守兼帯《いのまたのとのかみけんたい》、後に藤田右衛門《うえもん》にゆずる。明治初期に秩父の医師が記録した『秩父志』には天正の初め北条氏邦《ほうじょううじくに》室居城。『関八州古戦録《かんはっしゅうこせんろく》』に天文十七～十八年頃「秩父郡井戸天神山ノ藤田右衛門佐邦房《くにふさ》一番ニ旗ヲ巻テ降人トシテ出来レリ」、『豆相記《ずそうき》』には天文二十年北条氏康《うじやす》の旗下となるとそれぞれ記されているが明確なものはない。

●―出郭横堀現況

●―二の郭西斜面肩部の石積現況

一方、永禄三～五年（一五六〇～六二）と見られる秩父衆の高松城立てこもりがあった「秩父一乱」時には、永禄四年と推定される北条氏康書状によれば北条氏康は山内上杉《やまのうちうえすぎ》氏の配下にあった大石氏の一族、三田氏の辛垣《からかい》城を落城させた後に秩父に進軍し、日尾城とともに重臣藤田《ふじた》氏の拠点の城郭、天神山城を攻略したことを記している。天神山城への北条氏邦入城の年代について明確にできないが、この頃が一つのポイントとなろう。さらに、氏邦はその後鉢形城に移っているが、その年代は氏邦が朱印を使用し、永禄五年に終息した「秩父一乱」を乗り越え、北武蔵西北部を支配下に置いた永禄七年頃と推定される。

（梅沢太久夫）

【参考文献】梅沢太久夫『城郭資料集成　中世北武蔵の城』（岩田書院　二〇〇三年）、福島正義「北条氏邦と鉢形領支配」（『寄居町史』通史編　一九八六年）

●後北条氏秩父進出の拠点となった要害

千《せん》馬《ば》山《やま》城《じょう》

（別称　竜ケ谷城跡）

〔所在地〕埼玉県秩父郡皆野町三沢字茗荷沢
〔比　高〕一五〇メートル
〔分　類〕山城
〔年　代〕一六世紀中頃から末
〔城　主〕用土氏
〔交通アクセス〕秩父線「親鼻駅」下車、徒歩二・三キロ。三沢行きバス「強石」下車、強石谷津に入り、集落手前の左尾根筋をのぼる。「竜谷園」裏山山頂。駐車場なし

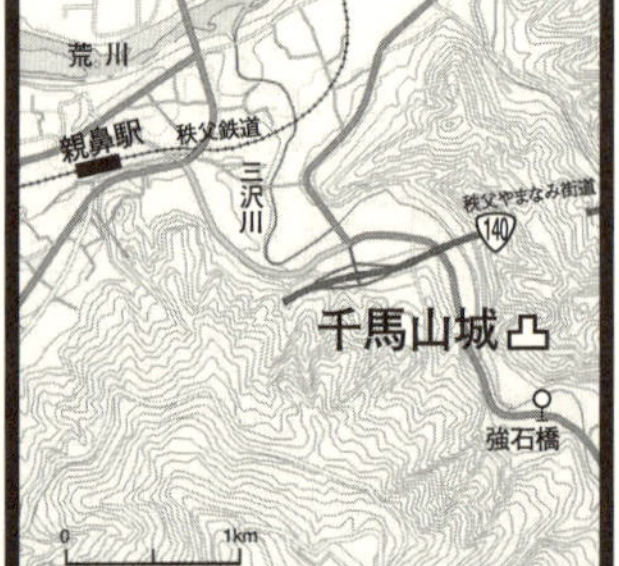

【城の特色】　永禄三年（一五六〇）から五年（一五六二）の後《ご》北条《ほうじょう》氏における秩父進攻段階において、後北条氏の先兵を務めた用土新左衛門《ようどしんざえもん》の居城として重要な役割を占めた。

【根古屋を備える要害】　この城は、字戦場《あざせんば》の川向うにある妙音寺《みょうおんじ》跡から尾根伝いにのぼり詰めた山頂にあり、三沢《みさわ》川に面した三の郭西側斜面は急崖となる。尾根筋は掘り切られており、北東部の尾根は四メートル切落され、深さ一・五メートルの二本セットになる堀切《ほりきり》を置く。基本的には切落しによって郭を構成している城郭である。

　本郭は山頂に設けられ、北斜面側は垂直に近い急崖となる。妙音寺側の北尾根筋側三メートル下には堀切を置き、さらに腰郭を連続二段に配置する。本郭の東から南斜面部には主たる郭が配置され、本郭を巻くように二の郭がつくられる。本郭端部は切り落とされ深さ五〇センチの横堀がL字状にめぐる。二の郭は幅一二メートルで外縁に深さ一・四メートルの横堀が置かれ、東側の尾根の堀切となる部分では片岩《へんがん》を一・四メートル掘り窪めている。堀の外側に高さ一メートルの土塁がある。幅一三メートル、奥行き六メートルの腰郭一との落差は約四・五メートルある。

　本郭、二の郭、三の郭下部のほか本郭東南直下の尾根に横堀を置き、その上段にも食い違いに横堀が置かれる。ここの防備は段切りとあわせ厳重である。深さ一メートルほどの竪《たて》堀《ぼり》と深さ一・二メートルほどの横堀を組み合わせ、その間に奥行き三〜四メートルの腰郭を高さ三〜四メートルに階段状

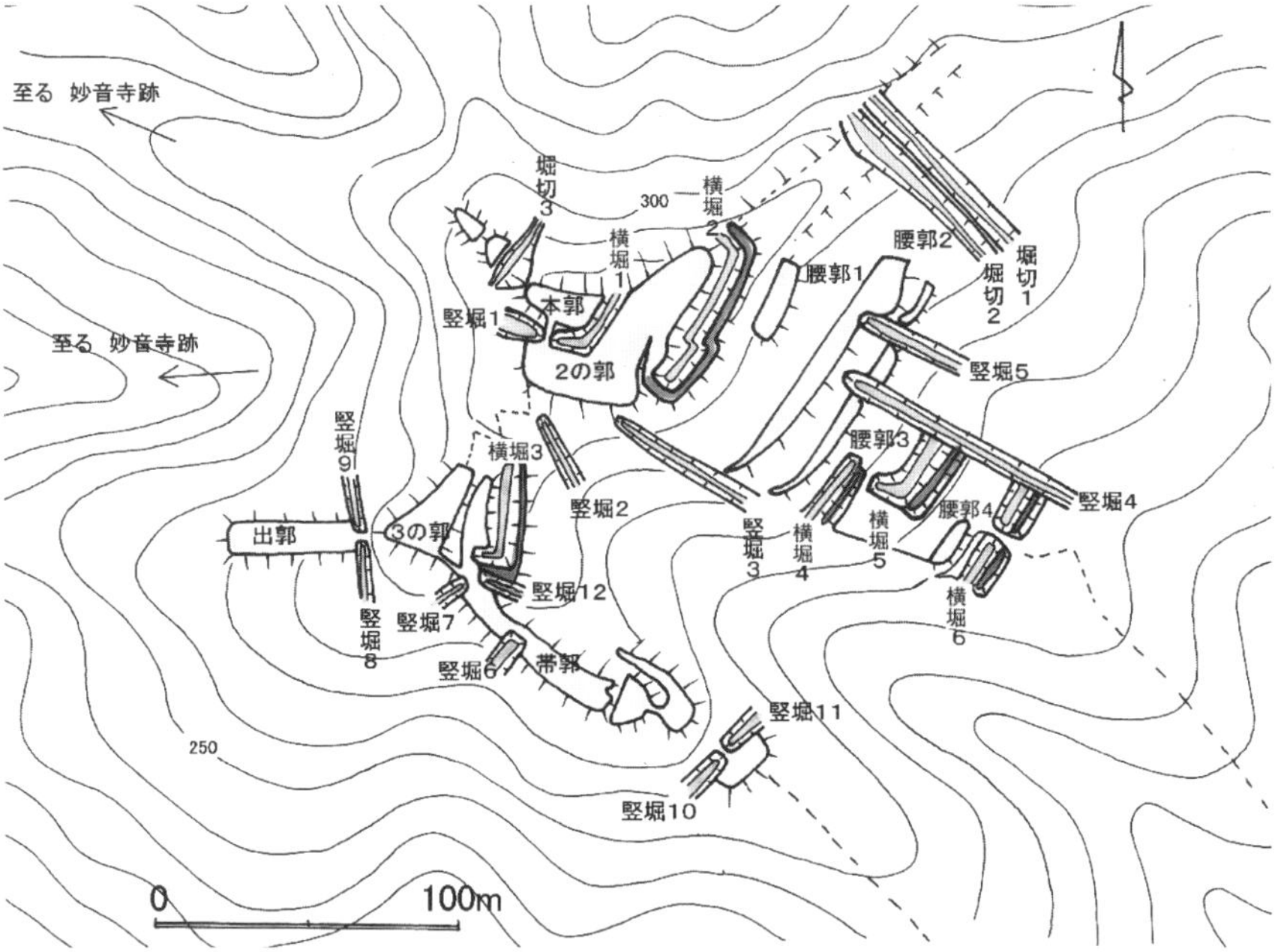

●—皆野町千馬山城縄張図

に配置する特色ある縄張を示す。横堀の手前には土塁状のものが設けられるが、これは掘りあげた土を盛ったものと見られる。腰郭四の下に高さ四〇センチの石積みがある。三の郭は南西にのびる痩せ尾根上にあり、それは一段下がっての堀切と横堀によって守られている。中央の段築部に造られた腰郭三には桝形《ますがた》虎口《こぐち》が認められる。土橋《どばし》はいずれも掘り残しとなる。三の郭に至る強石集落からの上り道が主と考えられる。千馬山城は竪堀、横堀を多く用いる城郭であるが、本郭の規模が一〇〇平方メートル位で図示するように大きな郭は形成されない。極めて限定された詰めの城であったと考えて良いだろう。

【妙音寺跡は根古屋】 千馬山城を考えるうえで落とすことのできないものは西方尾根裾河岸段丘面に形成される皆野町妙音寺跡であろう。寺院跡は三沢川の右岸の段丘上に高さ五メートルの段丘崖に守られ、五〇メートルから三〇メートルの幅で、長さ約三〇〇メートルにわたってみられる大規模なものである。ここには戦国期の五輪塔《ごりんのとう》と自然石にキリーク(阿弥陀仏の梵字)を刻んだ供養《くよう》塔が存在し、間口二一・六メートル、奥行き一五メートル、高さ一・九メートルの小口積みの石積をもつ屋敷地等が少なくとも四ヵ所認められる。この他、屋敷地の裾には緑泥石《りょくでいせき》片岩を六メートルほどの方形

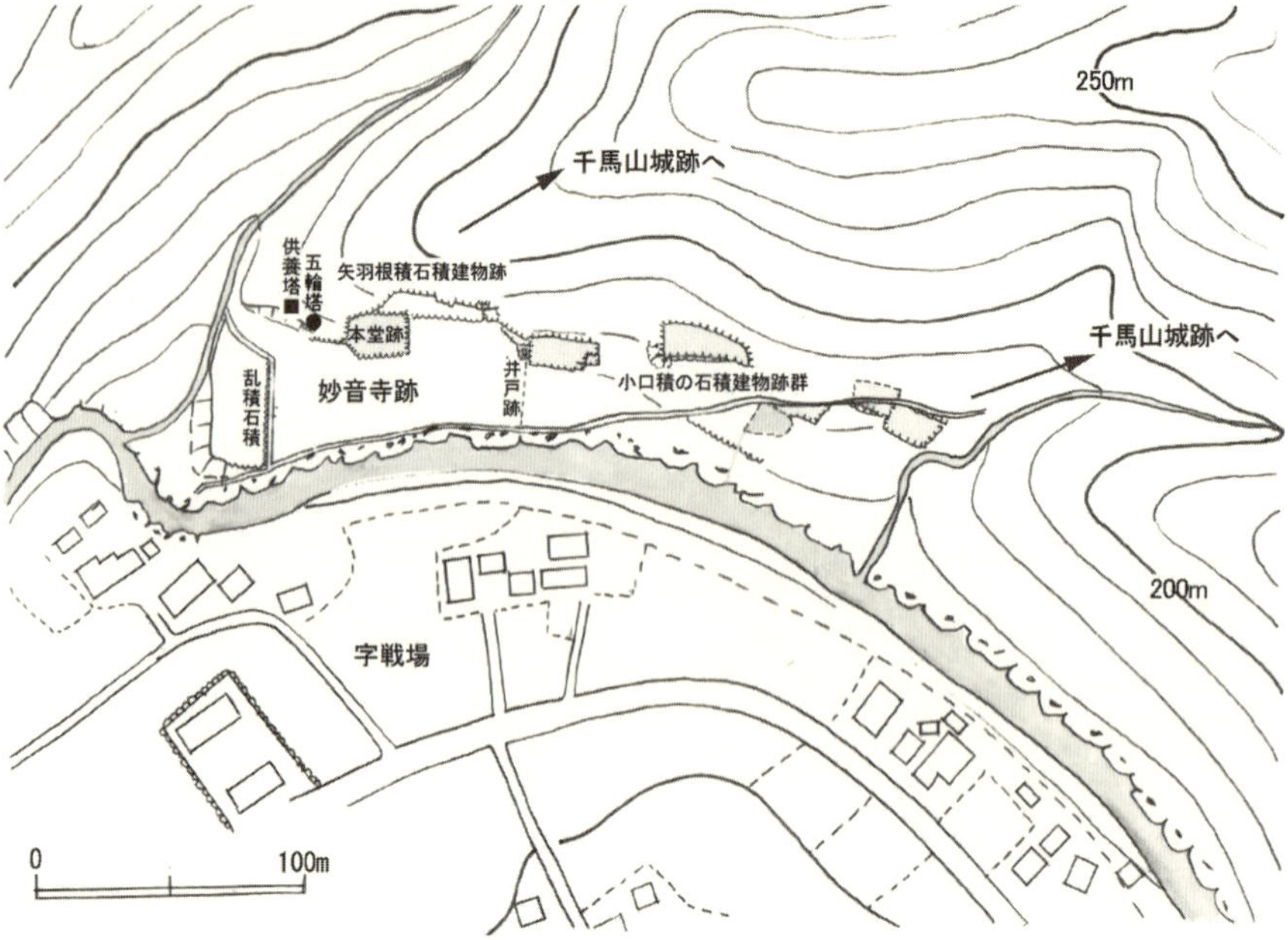

●—妙音寺略図

に敷石した一辺九〇センチほどの方形井戸も現存する。小口積みによるこのような石積みはときがわ町の小倉城に多用されるが、鉢形《はちがた》城秩父曲輪《ちちぶぐるわ》の石積みにも共通する特色をもっている。敷地内には千馬山城を載せる尾根から流出する水量が豊かな水源があり、水源を外部から絶たれる心配はない。この地点は寺院跡というより、千馬山城の根古屋地区と考えられる可能性が高い。

【北条氏の先陣を勤めた用土氏】 千馬山城は『新編武蔵風土記稿』に用土新左衛門正光《まさみつ》が居し云々とあるのみで詳しくを伝えない。城眼下の三沢川左岸段丘上に開ける耕地を「戦場《せんば》」といい、合戦の伝承がある。鉢形から荒川を渡らないルート「金尾《かなお》—岩田《いわた》—戦場—三沢《みさわ》—高篠《たかしの》—横瀬《よこせ》」の筋を押さえる要害の地に有る。

永禄三年頃の北条氏邦《ほうじょううじくに》（幼名乙千代《おっちよ》）による秩父地域支配の重要な拠点と考えられ、用土新左衛門が居城している。永禄四年（一五六一）と推定される乙千代文書では「今度、高《たか》松《まつ》や檜山《ひやま》（日山）より罷《まか》り出《いで》し候面々、本知行《ほんちぎょう》相違べからず候、証人千馬山に出し、用土新左衛門尉に申合せ、走廻るべし、忠信《ちゅうしん》により持扶加えるべき者也」と記され、長尾景虎《ながおかげとら》関東出陣に呼応して高松城に立て籠もった秩父衆や日山《ひやま》からの藤田氏らの武将に対して、旧領を安堵《あんど》し、恭順《きょうじゅん》の証として人質を千馬山城の用土新左衛門に差し出し、北条側に立って働けば扶持の加増をも約束している。用土氏は天文五年（一五三六）九月寄居町熊野《くまの》神社寄進の鰐口銘文《わにぐちめいぶん》に「用土新三郎小野業国《なりくに》」と記している。『管窺武鑑《かんきぶかん》』に藤田康邦《やすくに》が養子北条新太郎《しんたろう》を安房守重氏《しげうじ》と改め氏邦に家督を譲り、用土に城を構えて新左衛門と改め、用土氏を名乗ったとあるが、『秩父風土記』に記されるように「用土新左衛門は藤田の分家」であったと考えるのが妥当のようである。『管窺武鑑』や『藩翰譜《はんかんふ》』をよりどころとして藤田氏の系譜が語られてきた。用土氏を分家筋と考えれば天文十九年（一五五〇）に用土氏が氏康から「武州高山知行《たかやまちぎょう》之内、神田川よけの郷」を宛行《あてが》われることや、永禄四年「証人を千馬山に出し、用土新左衛門尉に申合せ、走廻る可く」などの天文後半から永禄初期の北武蔵の政治・軍事情勢を理解できることになる。しかし、この用土氏は永禄七年（一五六四）用土新六郎宛て「（秩父市吉田）久長内、天徳寺門前従り出る船役壱艘之分、免許令しめる者也、仍如件、」の氏邦発給文書を最後に北武蔵から姿を消した。上野沼田城にて氏邦に毒殺されたという弥八郎重連《やはちろうしげつら》。天正八年に武田氏に従属した藤田弥六郎《やろくろう》能登守信吉《のぶよし》と連なる家系であったようである。

（梅沢太久夫）

【参考文献】梅沢太久夫『城郭資料集成　中世北武蔵の城』（岩田書院　二〇〇三年）、黒田基樹「用土新左衛門尉と藤田信吉」『戦国史研究』二八（一九九四年）、福島正義「北条氏邦と鉢形領支配」『寄居町史』通史編（寄居町　一九八六年）、埼玉県立歴史資料館編『埼玉の中世寺院跡』（埼玉県立歴史資料館　一九九二年）

●—妙音寺屋敷と石敷井戸

●—二の郭横堀現況

●藤田氏の本拠にある山城

花《はな》園《その》城《じょう》

〔埼玉県選定重要遺跡〕

〔所在地〕埼玉県大里郡寄居町末野字城山
〔比　高〕八〇メートル（標高二〇〇メートル）
〔分　類〕山城
〔年　代〕一五世紀から一六世紀
〔城　主〕藤田氏か
〔交通アクセス〕関越自動車道「花園ＩＣ」から秩父方面へ約六キロ。ＪＲ八高線・東武東上線・秩父鉄道「寄居駅」下車、北西へ約二キロ

【城の歴史的背景】　花園山（城）の初見史料は、今のところ、天正十七年（一五八九）正月三日付、「北条氏邦印判状写《ほうじょううじくにいんぱんじょううつし》」（『埼玉県史資料編』六、一四五二号）で、氏邦が、二〇人の飛《ひ》脚《きゃく》・末野《すえの》の「かね打」に屋敷と「花園山」を安堵《あんど》したことである。

　そもそも花園城あたりは藤田《ふじた》氏の所領内にあった。藤田氏は武蔵国藤田郷（現在の埼玉県大里郡寄居町）を本拠に鎌倉時代以来存在した一族である。一六世紀、後北条氏が武蔵へ進出するに際して、藤田康邦《やすくに》は北条氏康《うじやす》の三男氏邦を婿に迎え、以後藤田の嫡流は氏邦が継ぎ、康邦の実子らは用土《ようど》氏を名乗るようになる。

　氏邦は、永禄年間（一五五八～七〇年）頃には、花園城から南東二・五キロにある鉢形《はちがた》城（大里郡寄居町）に入り、藤田氏の旧領を対象に検地《けんち》を実施し、本格的な鉢形領支配が進められた。そのさい、花園城も氏邦の支配下に入ったとみられる。しかし天正十八年（一五九〇）五月、豊臣秀吉《とよとみひでよし》軍の進撃に伴い、鉢形城は落城しているので、花園城も同様の運命にあったのではないかと思われる。

【花園城の景観と縄張】　花園城は、寄居町末野字城山に所在し、標高約二〇〇メートルの山頂を利用した山城である。城から北には山並みが連なり、南には荒《あら》川が流れている。城の北側の山腹は急な勾配《こうばい》を有するのに対して、南側はなだらかな山腹となっている。

　山頂の尾根には、岩盤をくりぬいた五つの堀切《ほりきり》によって、

東西方向に、四つの郭が存在する。堀切はクランク状に配置され、上幅約五〜七メートルという大規模なもので、なかには、南側斜面にある竪堀《たてぼり》と連結するものもある。山頂から山裾まで続く竪堀は、四本確認でき、そのなかには二重堀もみられ、最大幅約一六メートルである。

城への登り口はいくつか想定されるものの、現状では善導《ぜんどう》寺の西にある神社の裏手から登るのが容易である。

本郭は東西約六〇メートル、南北約一五メートルの不整形で、内部には高低差が認められる。本郭の東と二の郭の間には、岩盤を掘削した堀切がみられる。二の郭は、東西約二七メートル、南北約一五メートルの広さ、三の郭は、東西約三一メートル、南北約一五〜三〇メートルの広さで、東へ行くほど狭くなっている。東の郭は整形が明確ではない。

山上の郭から南には、幅約一・五〜二メートルの腰郭が階段状に多くみられ、そこには石積が多用されている。また、石積により、桝型《ますがた》状の動線が設けられているところもある。

石材は結晶片岩系であり、小型石材を小口積みして最頂部に大型石材を平積みしている。石材は、堀切・竪堀の造作に伴って、山内の岩盤から切り出したものを利用したと思われる。大規模な岩盤掘削の状況から、専門の石工（やその系譜をひく者）による造作と推測される。ただし、埋没しているところもあり、虎口《こぐち》・郭内部にも石積みが発見される可能性がある。いまだ山上、山腹の発掘は行なわれていないので、後北条氏による鉢形城の整備に伴い、花園城も改修されたのか、それとも放置されたままだったのか不明である。今後の調査が待たれるところである。

【周囲の景観】 山裾南には藤田氏ゆかりの善導寺、東へ約一キロ行ったところには正龍寺《しょうりゅう》がある。特に正龍寺には、藤田康邦夫妻・北条氏邦《うじくに》夫妻の宝篋印塔《ほうきょういんとう》による墓が存在している。

城の南、荒川左岸の段丘面には、伝藤田氏館がある。大きさは一町四方で、土塁が一部残り、その外側に堀跡と考えられる幅約三メートル、深さ約一・五メートルの小川が流れている。土塁と河川との比高差は約三メートルある。

藤田館跡の東隣にも中世の館跡である、箱石《はこいし》遺跡が見つかっている。断面V字形で上幅約二〜三メートル、深さ約一・二メートルの溝が見つかっていて、藤田館よりは規模の小さな方形の館跡と考えられる。かわらけ・青磁などの出土遺物から、一五世紀中葉から後半の存続期間が想定されている。背後の花園城の築城も同時期と考えれば、居館と詰めの城の関係が浮かびあがってくる。

加えて、藤田館の北には、現在国道一四〇号線が東西に走っているが、その沿線には「小下宿《こしもじゅく》」・「下本宿《しもほん》」・「上本《かみほん》宿」・「上宿《かみ》」という宿地名、その近くには「拾人小路《じゅうにんこうじ》」なる字名《あざめい》ものこっている。この道が藤田館とともに成立していたのか、それともその後に整備されたものか今のところ不明である。近年、一六世紀になって鉢形《はちがた》城を起点とした山《やま》の辺《べ》の道（鉢形・毛呂《もろ》・勝沼《かつぬま》・当麻《たいま》を結ぶ道）が、鎌倉街道上道《かみつみち》に代わって重要な道となることが解明されており、花園城周辺も遅くとも一六世紀までには宿の発展がみられるようになったことだろう。そう考えれば、国道一四〇号線沿いの宿地名は、後北条氏による新たな宿立ての結果ともみなされよう。

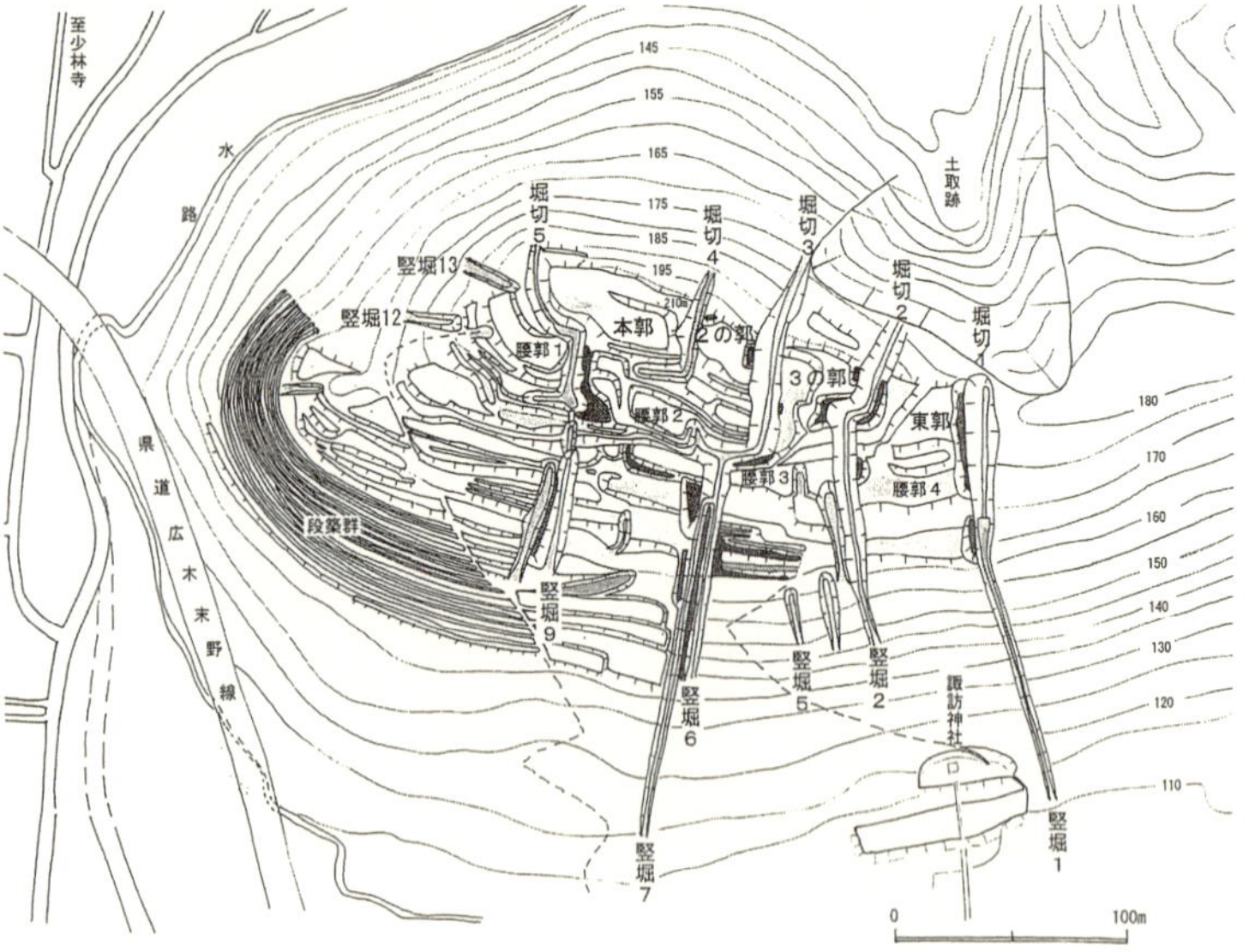

●―花園城全体図（埼玉県埋蔵文化財調査事業団調査報告書付図に加筆）

【今後に向けて】　花園城は、いままで鉢形城を含めた文献的研究を主に進められてきた。しかし、山上・山腹への発掘調査やそれに伴う整備がなされていないのが現状である。今後は、調査成果に基づいた保存・整備・活用がなされることを期待したい。少なくとも、雑木・雑草の伐採、登山道や案内板の整備さえなされれば、戦国期の貴重な山城跡としてさらに注目されることだろう。

（落合義明）

【参考文献】　中田正光『秩父路の古城址』（有峰書店新社　一九八九年）、『（財）埼玉県埋蔵文化財調査事業団報告書第二一一集　大里郡寄居町城見上・末野川・花園城・箱石』（埼玉県埋蔵文化財調査事業団　一九九九年）、梅沢太久夫『中世北武蔵の城』（岩田書院　二〇〇三年）、石川安司「北武蔵の城郭石積み」『中世東国の世界三　戦国大名北条氏』浅野晴樹・齋藤慎一編（高志書院　二〇〇八年）、齋藤慎一『中世を道から読む』（講談社　二〇一〇年）

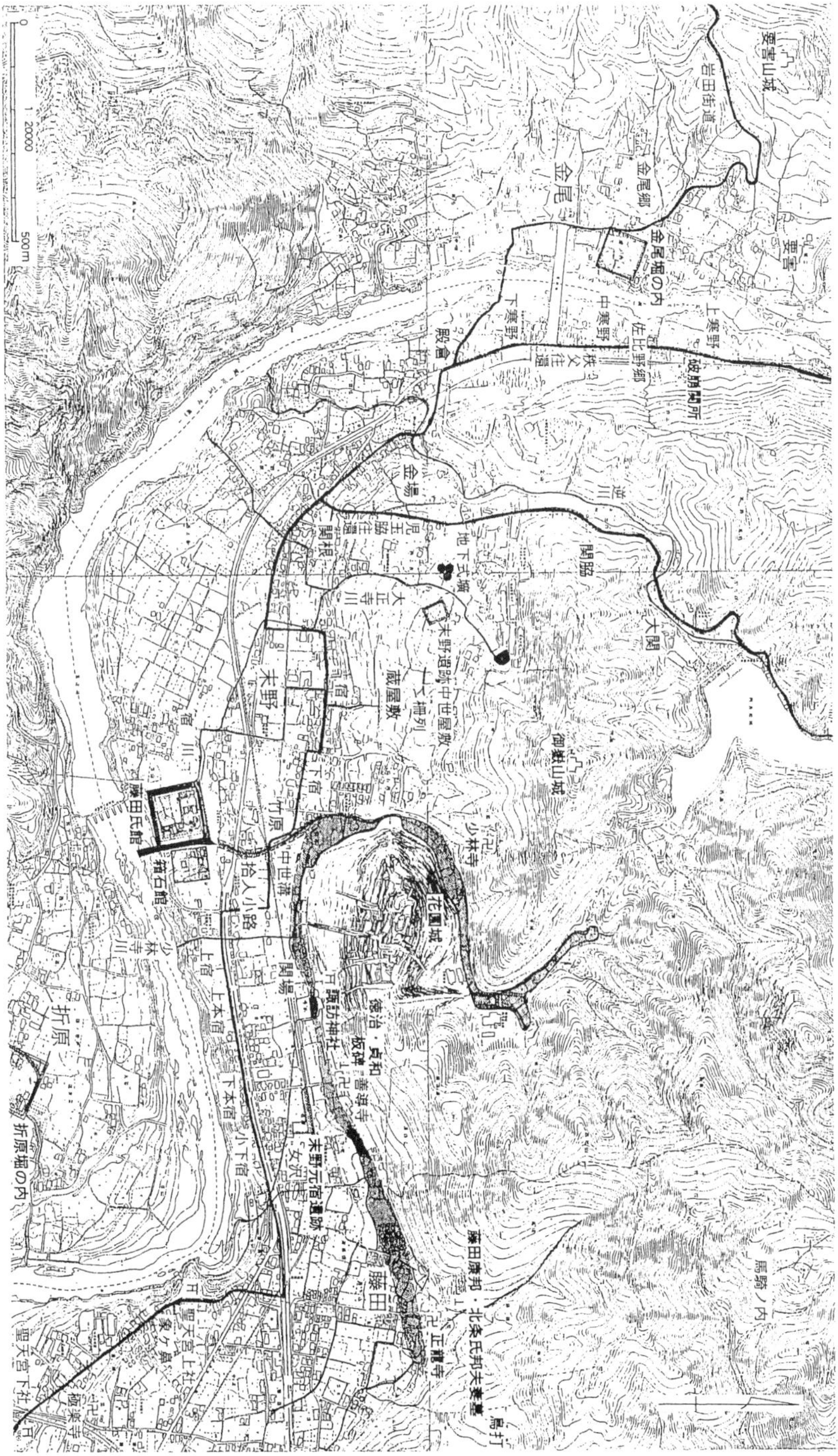

●―花園城周辺図（『箱石遺跡Ⅱ』埼玉県埋蔵文化財調査事業団 2011より転載）

●北武蔵最大規模の要害

鉢《はち》形《がた》城《じょう》

〔国指定史跡〕

〔所在地〕埼玉県大里郡寄居町鉢形
〔比　高〕大手、本郭（約四メートル）
〔分　類〕平山城
〔年　代〕一五世紀後半～天正十八年（一五九〇）
〔城　主〕長尾景春、北条氏邦
〔交通アクセス〕ＪＲ八高線、東武東上線、秩父鉄道「寄居駅」下車、徒歩約二五分・駐車場有

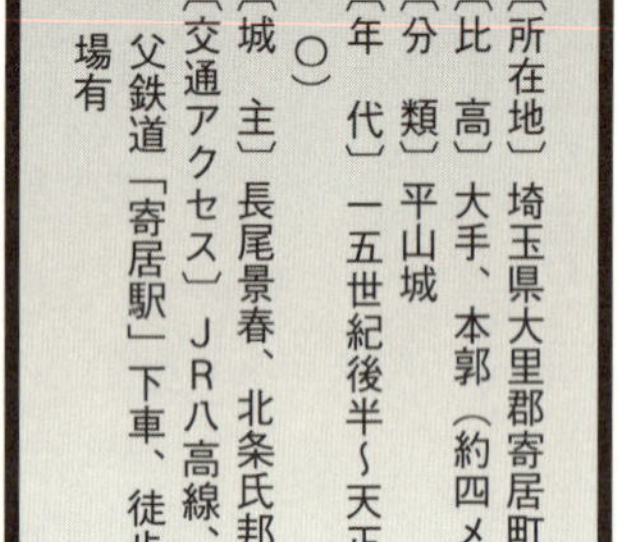

【荒川と鉢形城】　秩父山地を縫うように流れてきた荒川は、大里郡寄居町で関東平野へと注ぎ込む。

上流の長瀞《ながとろ》町野上《のがみ》に産出する緑泥石片岩《りょくでいせきへんがん》は、古墳の石材や中世の板碑《いたび》の材料として切り出され、荒川を利用して運び出されたものと推測されており、荒川の水運の発達は古くから盛んであった。江戸時代においても江戸に向けての材木や薪炭の輸送のために荒川の舟運が盛んに利用されたことが知られており、各時代を通じて、この地が交通の要所として重要な役割を担っていた。

城は、荒川を臨む切り立った断崖と、支流の深沢川に深くえぐられた渓谷に挟まれた河岸段丘上に形成されている。時代が下がるとともに周辺地域に郭《くるわ》を拡大するとともに寺町や城下町などが形成されていった。

現在、中核部分は国指定史跡にふさわしい整備が進められている。本郭周辺は、以前埼玉県農林総合研究センターの圃《ほ》場《じょう》があったことから、さまざまな樹木が植栽されており、四季折々の彩を味わうことができる。郭の一角には鉢形城歴史館が作られ、鉢形城の紹介を行なっている。

【長尾景春】　鉢形城が歴史のうえで明らかになるのは、文明八年（一四七六）六月に長尾景春《ながおかげはる》が、鉢形城で主君上杉顕定《うえすぎあきさだ》に反旗を翻した時であった。このような歴史事象から、鉢形城の本郭などの主要部分は長尾景春により築かれたとされる。景春が鉢形城を本拠地とした理由には、武蔵、上野の両国を支配するのに適した位置にあるとともに、景春の従兄《いとこ》の

所領が秩父に存在するなど秩父と景春と結びつくところが多く、その接点としてやはり鉢形の地が重要な位置であった。鉢形城に拠点を構えた景春は、その後五十子陣《いかっこじん》の上杉顕定を襲い、上杉顕定、上杉定正《さだまさ》らを上野に退去させた。しかし、

●―鉢形城遠景（北から望む。寄居町提供）

定正の家宰太田道灌《おおたどうかん》が各地の景春軍を鎮圧し、文明十年（一四七八）には、道灌により鉢形城は攻略され、景春は秩父に逃れ、鉢形城には上杉顕定が入ることとなる。この頃以降、鉢形城は山内《やまのうち》上杉氏の拠点となり、扇谷《おうぎがやつ》上杉氏の拠点である河越城との間に戦いが展開されることとなった。

両上杉氏の抗争も、北条氏の勢力拡大のなかで次第に様相を変えて行き、鉢形城もその渦中のなかで変貌を遂げて行く。

【北条氏邦】 天文十五年（一五四六）山内上杉憲政《のりまさ》と扇谷上杉朝定《ともさだ》は、北条氏康《うじやす》と河越において衝突し、両上杉氏は退廃することとなった。そのころ、鉢形城は、上杉氏の家臣である藤田氏が管理していたとされる。藤田氏は武蔵七党の一つである猪俣《いのまた》党の出で、山内上杉氏の重臣であった。河越合戦後、北条氏に服属し、北条氏康の子氏邦《うじくに》を養子に迎えた。氏邦は当初秩父の天神山城に入り、その後鉢形城に移ったとされる。その時期は永禄六、七年頃とも永禄十一年（一五六八）頃ともいわれている。氏邦は鉢形城の城主となると大改修を行い、本曲輪、二の曲輪、三の曲輪（秩父曲輪）など上杉氏以来の曲輪の改修を行うとともに、周辺の外曲輪、逸見《へんみ》曲輪、大光寺《だいこうじ》曲輪と拡大を行なったと思われる。

現在、目に見える鉢形城の土塁や堀の大半は氏邦段階の造成によるものであろう。

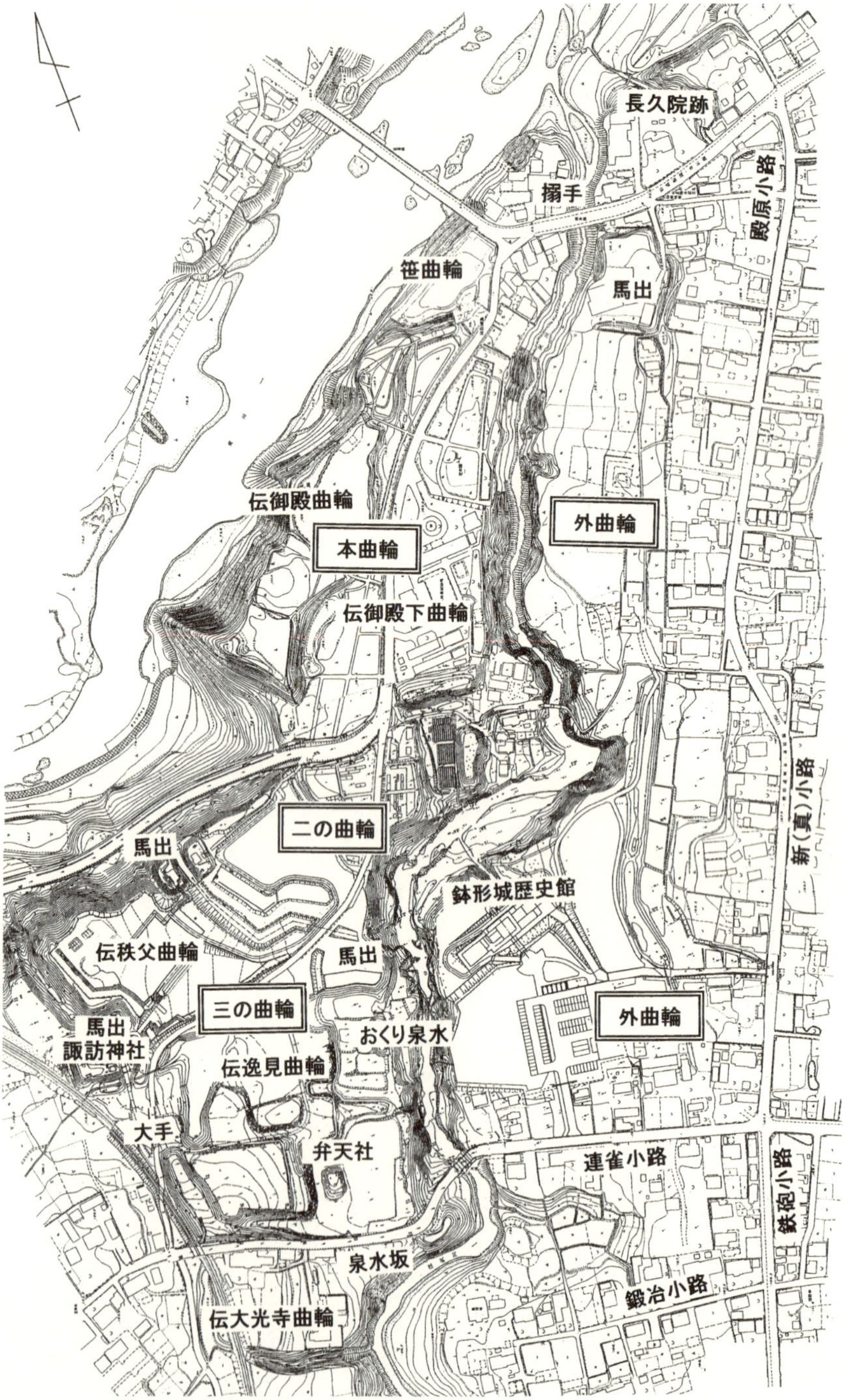

●―鉢形城全体図（「史跡鉢形城跡」から転載）

氏邦は、鉢形城の落城後は、前田利家に預けられ能登に赴いた。そして、慶長二年（一五九六）に五七歳で没した。

【鉢形城とその外郭】 鉢型城の中核部分は、本曲輪、二の曲輪、三の曲輪と連なっており、その南に大光寺曲輪が位置する。その後、深沢川を越えて曲輪が広がって行った。大手を南に構え、城外の立原小路《たちはらこうじ》へ続く。立原小路の先は急峻な渓谷となっており、城の西側の構えとなっていた。立原小路の南には寺町があり、六ヵ寺が集まっていた。

大手から東に向かうと連雀《れんじゃく》小路、新《あら》小路、殿原《とのはら》小路、内《うち》宿《じゅく》、甘粕《あまかす》小路、御弓《おゆみ》小路と続く。そしてその先には関山《せきやま》川が流れており、鉢形城の東の構えとなっていた。南側は車《くるま》山などの山々が連なり、自然の防御線を形成していた。

鉢形城は、県内の岩槻城のような明確な総構は確認できていないが、これら自然地形による閉塞空間をなしていたと思われる。

【鉢形城と周辺】 大手からは、立原小路、下小路へと連なり、安戸《やすど》（東秩父村）を経て、小川方面に至る。小川周辺には腰《こし》越《ごえ》城、青山《あおやま》城、小倉《おぐら》城が所在する。さらにその先、入間郡毛《も》呂《ろ》、現在の八王子市由井《ゆい》・椚田《くぬぎだ》、相模川中流の當間《とうま》宿を経て、小田原に至る道筋が、当時の文献などから明らかになってきた。この道は小田原城、八王子城、鉢形城を結ぶもので、北条領国において軍事的のみならず政治的・経済的に極めて重要な役割を担った街道といえる。

一方、鉢形城の搦《から》め手《て》の先は、鉢形城下の内宿、甘粕小路を通過して、南東に向かえば鎌倉街道となり奈良梨《ならなし》、菅谷《すがや》（嵐山町）へと至る。一方、下船渡《しもふなと》・立ヶ瀬《たてせ》付近で荒川を渡り、その先で鎌倉街道上道に接続し、児玉を経て上野方面に至ることができた。

鉢形城は、北条氏の分国を守る北武蔵の拠点であった。比《ひ》企《き》・大里《おおさと》・児玉《こだま》・秩父《ちちぶ》等に分布する城郭の多くが北条氏邦の家臣達の城郭と伝えられており、それらとの繋がりも鉢形城とあわせて考えていく必要がある。

【発掘された遺構】 今までに笹曲輪、二の曲輪、三の曲輪の調査が行なわれた。三の曲輪の調査では、現在の地表から一メートルほどの深さまで遺物と遺構が発見され、二面ないしは三面の生活面があることが確認された。このような重層的な状況は、長尾景春の頃から北条氏邦の頃までの間に、いく度も地形《じぎょう》が重ねられた結果といえよう。

二の曲輪からは、数多くの柱穴が確認されいく棟もの掘立柱建物があったことがわかった。また、井戸に石敷きの流しが伴う遺構が確認された。このような生活を匂わせる遺構とともに、鍛冶工房《かじこうぼう》の跡も確認されている。

三の曲輪は、北西部分が最も高い位置にあり、東に傾斜する地形となっており、大きく三つの空間に分けられる。最も高い空間からは池遺構や掘立柱建物跡が確認された。池遺構などの存在などから「ハレ」の場としての空間が想定される。その東側の空間からは柱跡、柵列が多数確認された。この空間とさらに東側の低位置との間には、石組溝、柵列、門跡、石階段などの施設が確認された。門の内側の空間は居住空間と推測される。門の外側の空間には、門に向かう石段と馬出《うまだし》(諏訪神社)に向かい通路と虎口《こぐち》となっている。

【堀と土塁の発掘】 堀と土塁の発掘調査では、現在の状況とは大きく異なる姿が明らかになった。

二の曲輪と三の曲輪を区画する堀の調査では、堀底には畝状の高まりがある畝堀《うねぼり》であることが分かった。

伝御金蔵《ごきんぞう》曲輪は、北条氏系城郭の特徴とされる「角《かく》馬出」で馬出の内側は石積の段造りとなっている。

三の曲輪北側の土塁は、土のみで造成されたものと考えられていたが、内側に二〜四段の階段状の石積が造られていた。

石積の土塁を始めとして門、階段、溝など随所に河原石が多用されていることが分かった。角馬出、畝堀など北条氏に関連した城郭に共通する遺構が確認されるとともに、石を多用した築城は注目される。この石積については、北条氏に関連する城郭の発掘調査では、その事例が増えており、北条氏の築城技術を考えるうえで重要な要素のひとつといえよう。

笹曲輪の調査では、一メートルほどの石材を使用した石垣が確認されており、同様な石垣は大手付近の馬出でも認められている。この石垣は三の曲輪で多用された小形河原石とは異なるものであり、徳川期に入城した成瀬氏によるものであろう。

【出土遺物に見る鉢形城】 発掘調査では多くの土器や陶磁器が確認された。その中から特徴のある二つの遺構の出土遺物をみてみよう。

三の曲輪で確認された堀からは、大量の炭化物とともに熱を受けた土器、陶磁器が出土した。そのような状況から火災処理の廃棄物を堀に投棄したものと推測される。遺物は、かわらけ(土師器皿)・瓦質《がしつ》土鍋《どなべ》・瓦質擂鉢《すりばち》・瓦質火鉢、古瀬戸《こせと》擂鉢などで、その年代は一五世紀後半頃のものと思われた。永正九年(一五一二)に上杉顕定の養子である上杉顕実《あきざね》が長尾景長《かげなが》に攻められ鉢形城は落城、山内上杉氏の拠点は平井《ひらい》城に移るとされる。この堀の遺物は、この頃までの間の戦いにおいて投棄されたものと思われる。

二の曲輪流し状遺構からは、瀬戸美濃製の天目《てんもく》茶碗・擂鉢、静岡県の初山《しょさん》窯製の大皿が確認された。いずれも天正十八年

●―整備された秩父曲輪

頃に生産された陶器であることから、天正十八年の廃城にさいして一括に廃棄されたものと推測される。

このようなふたつ遺構の出土事例は、鉢形城の歴史の節目を特徴付ける貴重な資料である。

城内から出土した土器、陶磁器を概観すると、最も多く確認されたのは食膳具の碗や皿で、なかでも土師器皿が全体の九割以上を占めていた。土師器皿は大半がロクロ製品であったが、わずかであるが手づくね皿が確認された。この手づくねの皿は、小田原城や小田原城下の発掘調査で多くみられる土器で、鉢形城同様に北条氏に関連する八王子城、岩槻城などから出土している。

【鉢形城の最後】　北条氏邦は小田原城中で行なわれた豊臣軍に対する作戦会議で出撃論を主張したが、籠城派に破れて、鉢形城に帰って籠城したという。天正十八年（一五九〇）五月十三日から鉢形城は前田利家・上杉景勝らにより攻撃が開始され、その後、浅野長吉らも攻撃に加わり、六月十四日に降伏し、鉢形城は開城する。徳川家康の関東入国後には成瀬正一氏が入城したが、その後あまり時期を置かないで廃城になったと推測される。

（浅野晴樹）

【参考文献】　齋藤慎一「鎌倉街道上道と北関東」（中世東国の世界1　北関東　二〇〇三年）、寄居町教育委員会「史跡鉢形城跡　第一期保存整備事業発掘調査報告」（史跡鉢形城調査報告書第三集　二〇〇六年）

●比企上田氏奥津城を守る城

腰《こし》越《ごえ》城《じょう》

〔埼玉県指定史跡〕

〔所在地〕埼玉県比企郡小川町腰越
〔比　高〕約八〇メートル（一一〇メートル）
〔分　類〕山城
〔年　代〕一五世紀末〜一六世紀
〔城　主〕上田氏・山田氏
〔交通アクセス〕東武東上線・JR八高線「小川町駅」下車、徒歩八〇分　同駅発バス（本数少）「パトリアおがわ」下車徒歩二〇分・パトリアおがわ駐車場利用可

【槻川に拠った要害の地】　外秩父《そとちちぶ》山塊を源とする槻《つき》川は、東秩父村大字白石に発し皆谷《かいや》、坂本《さかもと》と北流する。大字落合《おちあい》にて東へ流れを変え御堂《みどう》、安戸《やすど》を過ぎると蛇行しながら小川《おがわ》盆地へ至る。腰越城は、槻川が盆地に入る小川町大字腰越の西端に所在し、西隣に東秩父村大字安戸との行政境を控えた標高二一六メートル地点を中心とする山城である。地元では、根古屋《ねごや》城、安戸城とも呼ばれる。城に向かうには、車またはバスにて町総合福祉センター（パトリアおがわ）を目指す。同施設の駐車場が利用でき、案内板も充実し迷うことなく山頂まで辿り着ける。

この城は、槻川の大きな蛇行により形成された丘陵に占地している。したがって、山腹から頂上に要害《ようがい》部分を普請《ふしん》し、東西南の三方を槻川が巡っている。さながら川を水堀に見立て山裾の平地を外郭に擬したごとくで、まさに天然の要害に拠った城といえる。興味深いのは、川の蛇行により城地の三方を囲み、丘陵先端でなく基部に郭を普請している点である。谷と堀切で途切れるが北尾根続きには城より高い峰が続き、城頂部からは小川盆地と安戸方面の一定の方向しか見晴らしがきかない。これらの要素は、いずれも下流約六キロに位置する、ときがわ町小倉城に共通する。築城に当たっての最もベースとなる城地選択、すなわちグランドプランを小倉城と共有する点は、優れた遺構をのこすといわれる比企地方の謎の城郭群を理解するうえで重要な視点となる。

【二つの頂に】　この城は、泥岩《でいがん》を中心とする石灰岩・チャー

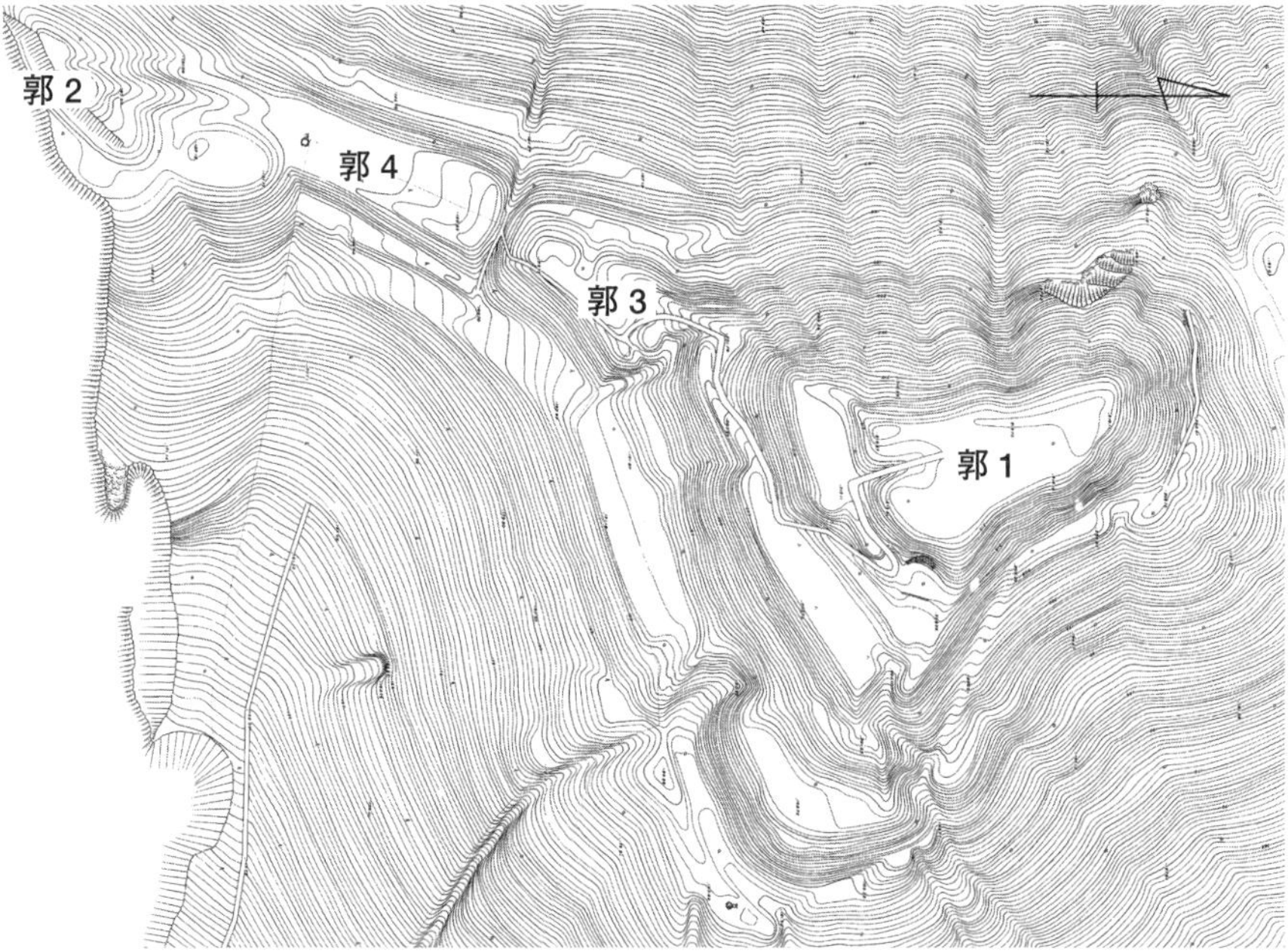

●—腰越城平面図(小川町教育委員会提供原図に加筆、転載)

ト・角礫《かくれき》岩からなる混成岩層を主体とする岩山に所在している。そのため特に近代には盛んな石灰岩採掘が行なわれた。本来は郭2の南側にも遺構が存在していた可能性が高いのだが、その部分は大きく掘削されていて、現在では旧状を明らかにし得ない。

しかし、聞き取り等によると、この部分は岩盤が露出する岩山で「巌石《がんせき》突シテ獣類モ走ル事不能」とたとえられるほど、険しい崖地で井戸跡などがあったとされている。平面図を見ると、現在北側の郭1が最も高く標高二一六メートルで、次第に南に標高を下げ郭3で一九五メートル、堀切の対岸郭4は一九〇メートル、そして南に向かい再び標高を上げ採掘のおよぶ手前付近では一九八メートルである。明らかに郭1を最高所とする郭群に対し、堀切を隔てた対岸にもう一つのピークが存在したことが見てとれる。すなわち、この城は二つのピークを中心にそれぞれに腰郭《こしぐるわ》を配した並郭《へいかく》式の構造を採っていたことが予想されるのだ。現地に関しては、寛政四年(一七九二)の「腰越村川欠見取絵図」が残され腰越城にあたる部分は頂部が平らな二つの山として描かれ、掘削《くっさく》前の貴重な情報を知ることができる。二つの頂を中心とする構造も、小倉城と共通する。この城の理解としては、現在のこる郭1近辺の遺構のみを検討するのではなく、より広い範囲を

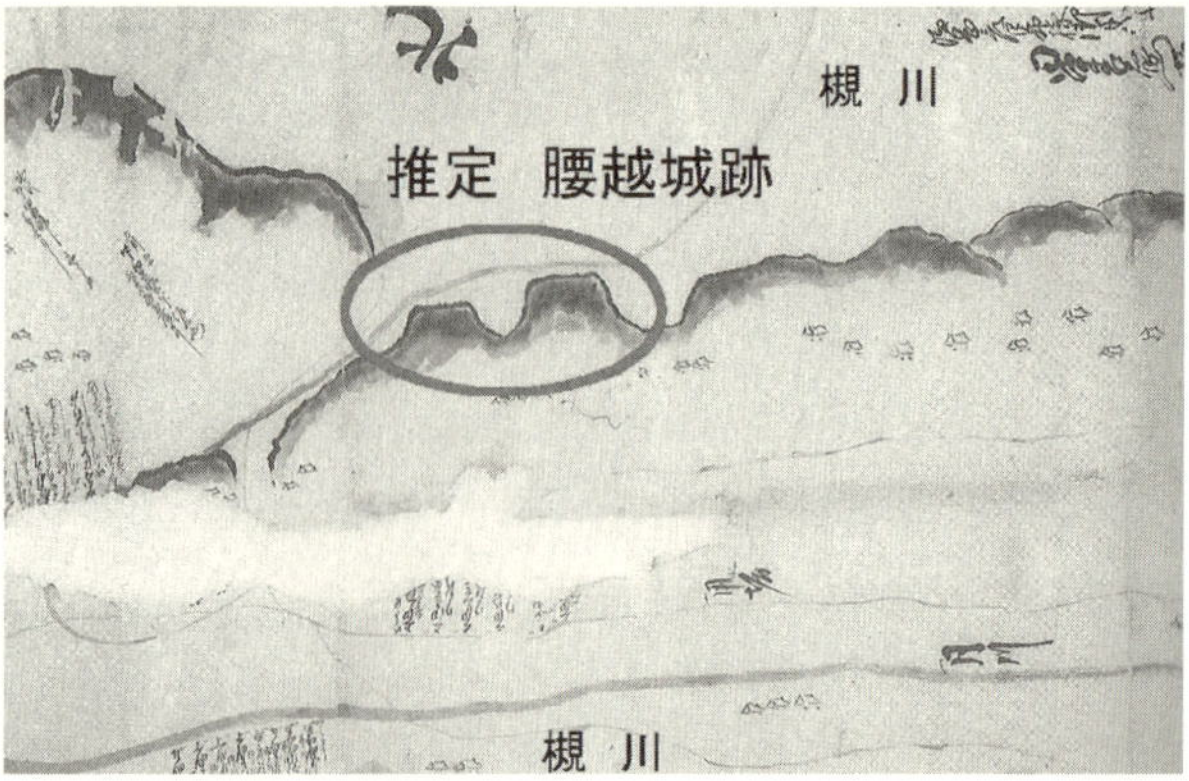

●—腰越村川欠見取図
（小川町教育委員会提供絵図に加筆、転載）

見つめ直す必要があるように思う。

【比企上田氏の奥津城に】　腰越城も『関八州古戦録《かんはっしゅうこせんろく》』に青山城《あおやま》とセットで登場し、同様の理由で上田氏の持城の一つと考えることが最も合理的な理解である。ここで注意しなければならないのは、浄蓮寺《じょうれん》（東秩父村）の存在である。浄蓮寺は、小川盆地の西に連なる御堂《みどう》の谷に所在する日蓮宗の名刹《めいさつ》である。上田氏はすでに一四世紀末には日蓮宗《にちれん》に帰依し、その熱烈な支持者となっていった。その故あって、現在の東秩父村周辺は皆《かい》法華《ほっけ》の地とされ、寺は比企上田《ひきうえだ》氏により精神的な拠り所として取り立てられ松山城主の菩提所となった。境内には、上田《うえだ》政広《まさひろ》、朝直《ともなお》、長則《ながのり》三代の宝塔《ほうとう》形墓石が整備されている。腰越城は、この浄蓮寺の前面を塞ぐがごとき位置にあり、浄蓮寺側の西山麓には上田氏重臣の山田氏に関わる山田屋敷とその墓地、そしてゼーケ《在家》の地名が、反対の東山麓には根古《ねご》屋《や》の小字《あざ》がのこり広範に関係地名が確認でき城下構造の一端を伺うことができる。この城は、比企上田氏の拠点松山城に対し、奥津城《おくつき》の地浄蓮寺一帯を死守する、最後の楯として位置付けられるのだ。

【石積み遺構と石山城】　腰越城の基盤層が、岩盤であることはすでに述べた。城はいわば石山に築かれている。戦国期関東の石積みをもつ城は、必ず直下または直近に石の産出地がある。原則、石材を中長距離に求め運搬はしない。腰越城もこの法則に合致する城であり、約束通りの石積み遺構が確認されている。紛らわしいのは、比較的新しい時期に積まれた地点があることだが、よく観察すれば埋没状況などで判断がつく。城に伴う石積みが確認できるのは、郭1の南東の外法《のり》面《めん》とその下段小平場の法面《のりめん》である。いずれも大部分埋没しているが、特に前者は覗いている石積み立面の位置関係が前後にずれている。その位置関係から雛壇《ひなだん》状にセットバックして積まれている可能性と、入り角を意識して逆ハの字状に積んでいる可能性がある。また郭1の虎口周辺には崩落した大量の石材が散在しており、この周辺にも石積みが存在したことを伺わせる。川原石も見られることから他所から山上に持ち込まれたものもある。

興味深い資料がある。太田資武《おおたすけたけ》書状である。同書状には「上田闇礫斎《あんれきさい》之筋者、檜皮山之上田トテ諸子ニて候、総領をハ上田左衛門ト申、武州松山之近所石山ト申候《もうしそうろう》之城主にて候へとも、この筋絶テ久罷成候故、（後略）」には、松山城に近い場所に「石山」と呼ばれる城があったことが知られる。この城の名称が岩場・石場など石に関わる山の名称に由来するのであれば、腰越城は現地の状況からいって有力な候補地となる。筆者は、出土遺物の年代観から小倉城を指す可能性も視野に入れているが、文脈など客観的に分析すると腰越城を指すと考える方が優勢であろう。今後注意深く分析を進める必要があろう。

【縄張と発掘調査】 腰越城は所在する山自体が急峻で、造成しても大きな平地が確保できず、中腹から山頂にかけてまとまった面積の郭は確保できない。地形的制約から、この城は中小規模の郭が多いのが特色である。また縄張構成として、特徴的なものに、虎口まわりの技巧性がある。すなわち、郭1と郭3の虎口の前に小郭を配し、小郭で九〇度折れて主体部へ進むもので、青山城にも同様の構造が見られる。また、しっかりとした二重堀切《ほりきり》が見られる点と、比企地方では例がない長く伸びた竪堀の使用も注目される。竪堀《たてぼり》はどうやら通路としても使用されていたようで折れ曲がって腰郭に直接繋がっている部分もある。

平成十九年（二〇〇七）には郭1と虎口前の小郭で発掘調査が実施された。確認された遺構で大注目なのが、郭1西辺に所在した低土塁の内側に発見された石積み遺構である。出土した遺物の年代は一五世紀末から一六世紀第一四半期に近い前半と報告されこの遺構の廃絶時期を知らせる。遺構と年代を総合すると、石積み遺構については、石材2から3石を積んだ一段の石積みで土留め的要素ものこし、小倉城や鉢形城で確認されている土塁内側の雛壇状の石積みの先行形態である可能性を秘めている。今後の研究の進展が大いに期待される。

（石川安司）

【参考文献】 高橋好信『町内遺跡発掘調査報告書―埼玉県指定史跡腰越城跡―』（小川町教育委員会　二〇〇八年）、『武蔵腰越城』（腰越城保存会　一九九〇年）、石川安司「比企西部の石積みを持つ戦国期城郭」（比企丘陵文化研究会　二〇〇五年）、梅沢太久夫「比企西部の3城について―特に小口に見られる共通性―」『研究紀要』第一一号（埼玉県立歴史資料館　一九八九年）

●水陸の隘路を見下ろすミニ石積み山城

青《あお》山《やま》城《じょう》

〔小川町指定史跡〕

〔所在地〕埼玉県比企郡小川町青山・下里
〔比　高〕約二五メートル（一六〇メートル）
〔分　類〕山城
〔年　代〕一六世紀
〔城　主〕上田氏
〔交通アクセス〕東武東上線・JR八高線「小川町駅」下車、徒歩六〇分。同駅発バス（本数少）「愛宕公園下」下車、徒歩四〇分。「下里」下車、徒歩八〇分　駐車場（みはらしの丘公園）

【水陸の交通路】

荒川《あらかわ》水系に属する槻川《つき》は外秩父《そとちちぶ》山塊に源を発し山稜地帯を東へ流下する。やがて小川盆地を経て下里《しもさと》、遠山《とおやま》、小倉《おぐら》と隘路《あいろ》をへて景勝地武蔵嵐山《らんざん》渓谷付近で関東平野に接する。青山城は、槻川が小川盆地を抜けまさに下里に至る大字下里字城山と大字青山字立厳との境に所在する山城で別名割谷《わりや》城とも呼ばれている。

この城の立地は、西側がときがわ町との峠境から伸びる谷、東側も槻川の蛇行により浸食された谷となっている。また南北はそれぞれ千元《せんげん》山（小川町）・物見《ものみ》山（ときがわ町）との尾根続きとなり、双方が接する標高二六五メートルの小ピークを選地して城地としている。直線距離一・六キロ東方には、ときがわ町に小倉《おぐら》城が所在し二つの城には多くの類似点が指摘できる。

西眼下には、かつて八王子―鉢形《はちがた》そして上州を結んだ江戸時代の八王子―上州道が通っている。この道は、戦国時代前期には軍勢移動にも使用されたことが文献から知られ、中世の重要な幹線道であったことが近年明らかにされている。実際この隘路周辺のルート沿いには、鎌倉時代末期以降に隆盛した円光《えんこう》寺、円城《えんじょう》寺（いずれも小川町）、円通《えんつう》寺（ときがわ町）などが建ち並んだ。

一方東眼下には槻川が蛇行しながら隘路を形成している。槻川（下流で都幾《とき》川）はその水運において、武蔵型板碑《いたび》およびその素材運搬の大動脈として中世前期段階からの利用が確実視される注目の水系だ。

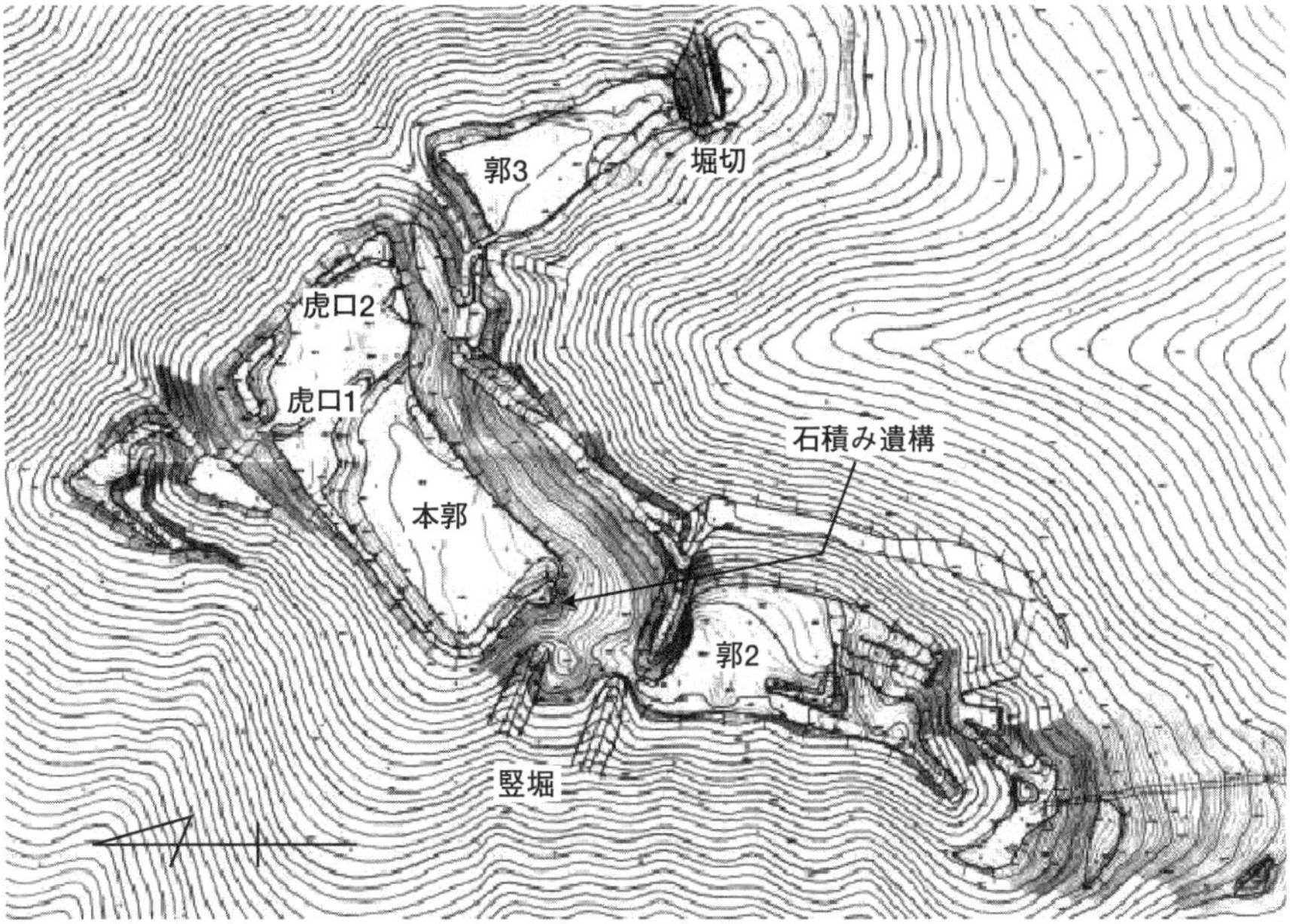

●—青山城平面図（小川町教育委員会提供原図に加筆、転載）

青山城は小川盆地南の出入り口を扼《くびき》する位置にあって水陸の動脈を隘路として控えた地に築城されている。この点は、近年注目される交通を絡めた城郭立地論から見て重要な要素となる。

【板碑のふるさとの地に】　青山城のある小川町は、縄文時代の石器に始まり、板碑から近代の建物基礎までさまざまな形で利用されてきた緑泥石片岩《りょくでいせきへんがん》の一大産地で武蔵型板碑の「ふるさとの地」といえる。特に青山城直下の割谷の谷では、近年大量の板碑未製品が発見された。そして、この地点で板碑素材の切り出しおよび粗成形などが行なわれていたことが明らかとなり、「下里割谷板碑石材採石遺跡」として登録されたのである。青山城内でも、鑿《のみ》跡などをのこす石材が散在していることから、板碑生産から城郭石積みへの変遷過程を示す情報がこの城の地下に埋没している可能性もあるのだ。この城は小なりといえども中世東国世界では大変に重要な問題を孕んでいる城なのである。

【上田氏の城？】　比企《ひき》戦国史に欠かすことができない存在が上田氏である。上田氏は南北朝の動乱期を経て扇谷上杉《おおぎがやつうえすぎ》氏の先兵として比企地方に入部してきた可能性が高く、太田道《おおたどう》灌《かん》状には「上田上野介在郷の地小河」が登場し、その信仰するところの日蓮《にちれん》宗寺院を東秩父村浄蓮《じょうれん》寺に担保し奥津城とした。小川盆地から西の大河原《おおがわら》谷と呼ばれた地域は比企地方の拠点城郭松山城と並んで上田氏が特別な場として意識していた地域と考えられるのである。

ただし、この城に関する戦国期の同時代資料はいっさい確認されていない。また発掘調査も実施されていないことから、比企地方に所在する謎の城の一つでもある。唯一、江戸期に成立した軍記物『関八州古戦録《かんはっしゅうこせんろく》』では「上田暗礫斎《あんれきさい》同上野介朝広《ともひろ》を往還せしめ青山腰越《こしごえ》の砦《とりで》とともに堅固に合守らせ」と記載がある。書物の性格から記事をただちに鵜呑みにすることはできないが、戦国期にこの周辺が上田氏の勢力下にあったことは諸資料から伺えるところで、状況証拠から上田氏が関わった城の一つとして考えざるを得ないのが実情である。したがって築城の子細は当時の政治情勢から推測する以外なく、この城の醍醐味は現地に凝縮された縄張・石積み遺構に見出されることとなる。

●―青山城本郭石積み（上―北より、下―西より）

【縄張の妙】　城には三方向から登ることができる。はじめに全体の概観について確認しておこう（前ページ図）。

青山城は大きく三つの郭と付随する腰郭《こしぐるわ》、虎口《こぐち》、土橋《どばし》、地山《じやま》の岩盤を掘削した堀切《ほりきり》、竪堀《たてぼり》、そしてこれらに規制された通路などからなる。本郭は二つの尾根が交わる中心に位置し、登城通路は折れを多用しながら、それぞれの尾根方向から本郭に求心するよう設定される。郭の平面形には大きな折れは目立たない。本郭は上下二段構成となり、小倉城の本郭、郭2と同じ構成となっている。

それでは城へ向かおう。主なアクセスは愛宕公園下バス停やみはらしの丘公園駐車場方面から城跡へ向かうルートと割谷の谷から登るルートがある。三つのルートともまず城の南西、郭3に至る。初めに姿を現すのが郭3の手前に普請《ふしん》された堀切である。この堀切は地山の緑泥石片岩の岩盤を掘削したもので、風化しているとはいえ当時の鑿痕が観察でき、緑色に苔《こけ》むした壁面は時の経過を伺わせる。見所の一つである。同じ鑿痕がやはり小倉城にも見られる。城内にはまだ数ヵ所同様の遺構が確認できる。やや造成のあまい郭3に至り、そのまま進むと正面に一段高く本郭が見えてくる。しかし本郭には直接進めないよう、ここは凝った作りとなっており縄張の妙を示している。

本郭虎口は、尾根が伸びる三方向に開口することが確実で、南西方向が改変を受け今ひとつ判然としないが、北西の虎口1と南東の虎口2は保存が良好だ。いずれの虎口でも前面に小郭を配しさらにその前を堀切・竪堀によって通路を限定するとともに、小郭内で一折れして虎口へ向かう構造で、縄張上の大きな見せ場となっている。特に、虎口1は、虎口前の小郭前面に鍵手《かぎて》状に塹壕のような堀と土塁が順に普請され、馬出《うまだし》のようで、より手の込んだ造りとなっている。

【石積み遺構】　この城には、石積み遺構が所在する。基本的には埋没しており全容は未だ不詳であるが、本郭南西の土塁に緑泥石片岩による石積み普請が確認される。この城を紹介する諸本等では石敷き、石貼り土塁・石塁などと記載されている部分なのだが、紹介されている土塁をおおう石材のほとんどは後世に再配置されたものと見て間違いなく誤りである。

当初の石積み遺構がのこるのは土塁が小さな折れをもって南西に突出する部分などごくわずかである。普段は上面が枯れ葉に隠れよく観察しないと分からないし、下部は埋没していて判然としないが、緑泥石片岩を長手積みで平積みにしている小倉城と同タイプである。他の地点にも埋没していると見て良いが、貴重な遺構であり保存の観点から見学者にはマナーを守ってご確認頂くことを切に望みたい。

青山城は、小規模ではあるが、石積み遺構と優れた縄張をもつ極めて特色のある城である。

（石川安司）

【参考文献】梅沢太久夫「比企西部の3城について―特に小口に見られる共通性―」（埼玉県立歴史資料館　一九八九年）、埼玉県立歴史資料館『戦国の城』（高志書院　二〇〇五年）、石川安司「比企西部の石積みを持つ戦国期城郭」（比企丘陵文化研究会　二〇〇五年）

●戦国期城郭の最高傑作

杉《すぎ》山《やま》城《じょう》

〔国指定史跡〕

〔所在地〕埼玉県比企郡嵐山町大字杉山字雁城
〔比　高〕約四五メートル
〔分　類〕平山城
〔年　代〕一六世紀初頭から前半
〔城　主〕不明。椙山之陣において古河公方足利高基・関東管領山内上杉憲房在陣か。
〔交通アクセス〕東武東上線「武蔵嵐山駅」下車、徒歩五〇分。関越自動車道嵐山小川ＩＣから五分・駐車場なし

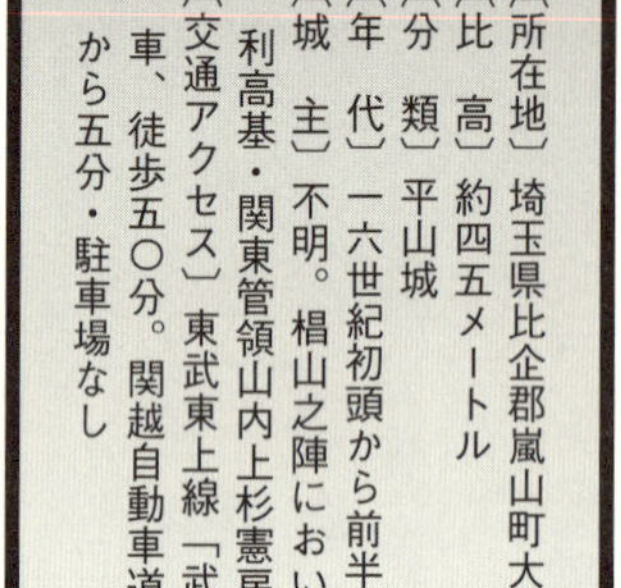

【鎌倉街道上道を望む】　嵐山町は鎌倉街道上道《かまくらかいどうかみつみち》が南北に縦断している。この鎌倉街道に沿うように市野《いちの》川の左岸には南北に丘陵が連なり、杉山城はその丘陵の尾根上に鎌倉街道を見下ろすように位置している。

古くより地元で保護されてきたため、郭《くるわ》のある主要部から丘陵裾までほぼ完全に保全されており、里山の景観のなかに戦国期城郭の最高傑作といわれる技巧的な城が浮かびあがる。季節ごとに菜の花、桜、ヤマユリなどが目を楽しませてくれるが、この城を訪れるのであれば雑木の葉が落ちて複雑な郭の構造の見通しがきき、西に外秩父《そとちちぶ》山地、北に赤城《あかぎ》山・日光男体山《にっこうなんたいさん》、南に広がる関東平野が一望でき、立地を実感できる冬が最適である。

【杉山城の構造と特徴】　杉山城の縄張《なわばり》は本郭を中心に三方向に張り出す尾根上に展開する。南東の大手に向かって井戸《いど》郭《くるわ》、南二の郭、南三の郭、馬出《うまだし》郭、外郭の順に並び、大手前面には出郭がある。東北方向には東二の郭、東三の郭が、北西方向には北二の郭、北三の郭を経て搦手口《からめてぐち》となる。各郭の虎口《こぐち》は、桝形《ますがた》・食違《くいちが》い・比企《ひき》型など多様な形態をとり、それぞれに強力な横矢掛かりによる防御がされ、敵に対しては侵入ルートが明確に規制される反面、城方にとっては各郭は横堀や帯郭、堀底《ほりそこ》道によって緊密に連携しあうという特色がある。また、各郭の平面形は折れが連続するなど、高度な城郭技術を執拗なまでに盛り込み、「技巧的すぎる」とさえいわれるコンパクトにまとめられた山城の教科書のような城

である。

【発掘調査の成果】 杉山城は、高度な城郭技術による形態と北武蔵での歴史的背景から後北条氏による築城で、年代は天文年間後半から永禄年間前半（一五四〇年代〜一五六〇年代）

●—杉山城郭主要部遠景（北東から。嵐山町提供）

とされてきたが、史跡指定に伴う学術発掘調査が平成十四〜十八年（二〇〇二〜二〇〇六）にかけて実施された。

調査は、本郭・井戸郭・南二の郭・南三の郭において実施され、遺構面は一面のみで造り変えはなく、この面の上から四六四九点の遺物と二五〇〇点以上の焼けた壁土・炭化物などが出土した。遺物の年代は、陶磁器、在地土器の組成から一五世紀末〜一六世紀第1四半期におさまる前半に位置付けられ、かわらけには山内上杉《やまのうちうえすぎ》氏関連の遺跡で出土する大口径で薄手のかわらけが含まれている。火を受けた遺物が多く、本郭東虎口《こぐち》の石積みは崩されていたことなどから、一六世紀初頭に近い前半に極めて短期間にのみ使用された城であり、これまで考えられていた年代観・築城背景と大きく異なる結果となった。

【築城技術の粋を目の当たりに】 杉山城を訪れると連続する折れの切岸や郭を囲い込む横堀に目を見張るが、注目すべきは虎口形態である。平入りの虎口はほとんどなく、直線的に侵入できないように繰り返し方向転換を強いられる。その際たるものが北二の郭の北虎口で、北三の郭から侵入しようとすると四度も直角に曲がらなければならず、その間は絶えず横矢がかけられる。虎口に伴う横矢掛かりはほぼ全ての虎口に設けられており、一見平虎口のように見えてもわずかに土

●―郭配置図
（嵐山町提供『杉山城跡第1･2次発掘調査報告書』2005年より転載）

塁がゆがんでいたり、上段の郭からの横矢がかかるなど防御の意識は執拗である。それぞれの虎口の外側から、また郭内からは横矢の位置に立つことで技巧的な築城技術を実感することができる。

【椙山之陣】 これまで杉山城に関する文献資料は全くないとされてきたが、近年になり「足利高基《あしかがたかもと》書状写」という史料が再検討され、そこに示された「椙山之陣《すぎやまのじん》」が杉山城に比定された。史料の内容は、古河公方《こがくぼう》足利高基が毛呂《もろ》土佐守に対して「椙山之陣」以来、関東管領《かんとうかんれい》山内上杉憲房《やまのうちうえすぎのりふさ》を援護していることを賞しているというものである。史料に年号は記されていないが、高基と憲房が連携する時期、毛呂氏が上杉氏方から北条氏方へ変わった時期、山内・扇谷両上杉氏が敵対する時期などの検討から、杉山に陣が構えられたのは大永元年から同四年正月（一五二一〜一五二四）に限定されている。この文献史学からの検討結果は、考古学による年代比定とまさに一致することとなった。

●—本郭東虎口と前面の石積み
（嵐山町提供）

【杉山城築城の背景】 発掘調査成果や文献史学の成果から、杉山城は長享《ちょうきょう》の大乱以降、扇谷・山内両上杉氏に古河公方を巻き込んだ戦乱の前線に位置する比企《ひき》地域において、その対立を象徴するように築城された合戦のための臨時的な城であり、築城主体は出土遺物とその位置から山内上杉氏であり、いわゆる在地領主による築城ではないと思われる。このことは発掘調査の成果が極めて短期間であることや、その後に使用された痕跡がないことからもうかがえる。対扇谷上杉氏ということで扇谷上杉氏の武蔵国における本拠の河越《かわごえ》城や比企地域における拠点の松山城に対峙する城であったと思われる。執拗にまで盛り込まれた築城技術は、実戦のための城であると同時に、古河公方や関東管領という地位を象徴するようなある意味「見せつける城」であったかもしれない。

（村上伸二）

【参考文献】 竹井英文「戦国前期東国の戦争と城郭—『杉山城問題』によせて—」（千葉史学第五一号　二〇〇七年）、齋藤慎一「戦国大名北条家と城館」『中世東国の世界3』（高志書院　二〇〇八年）、藤木久志編『戦国の城』（高志書院　二〇〇五年）

●畠山重忠館の伝承をもつ広大な平城

菅谷城《すがやじょう》

〔国指定史跡〕

〔所在地〕埼玉県比企郡嵐山町大字菅谷字城
〔比　高〕約六メートル
〔分　類〕平城
〔年　代〕一五世紀後半〜一六世紀前半
〔城　主〕不明。須賀谷原合戦後に菅谷旧城再興。
〔交通アクセス〕東武東上線「武蔵嵐山駅下車」、徒歩一三分。関越自動車道東松山ＩＣ・嵐山小川ＩＣから一〇分

【凝縮された中世空間】　菅谷城は嵐山町の南部、地形が丘陵から台地へと変換し、都幾《とき》川が川幅を広げ緩やかな流れになった左岸の断崖上に位置する。城の東側に隣接して鎌倉街道《かまくらかいどう》上道《かみつみち》が都幾川を渡河し、対岸には大蔵《おおくら》宿があり、大蔵館跡をはじめ、集落、市、寺院など鎌倉時代から続く中世の遺跡群が密集する。菅谷城の北西には須賀谷原《すがやがはら》合戦の際に山内《やまのうち》上杉《うえすぎ》氏方の太田資康《おおたすけやす》が陣を敷いた平沢《へいたく》寺があり、菅谷城を中心に凝縮された中世空間を体感することができる。

菅谷城の三の郭内には埼玉県立嵐山史跡の博物館があり、埼玉県北西部の中世を主体とした展示や解説がなされており、比企地域の中世城館を訪れる際のメインガイダンス施設となっている。

【菅谷城の縄張】　菅谷城は台地上に築かれた平城であるが、本郭・南郭・二の郭・三の郭・西郭の五つの郭が本郭を中心に扇形に配されている。

菅谷の地名の語源は、スゲの生い茂る原で谷津が入り組んだ地形から付けられたとされる。菅谷城の北側は湿地帯の、南側は都幾川左岸に接する断崖となり、城の東西はこの都幾川へと注ぐ小河川による狭く角度をもつ谷が入り、こうした自然の要害を巧みに利用した立地となっている。

この城の縄張《なわばり》の特徴は、各郭が広いことが挙げられ、総面積は約一三万平方メートルにおよぶ。各郭の面積は、本郭・約五五〇〇平方メートル、二の郭・約一万三九〇〇平方メートル、三の郭・約二万七一〇〇平方メートル、西の郭・約八

二〇〇平方メートル、南郭・約四四〇〇平方メートルである。こうした各郭の広大な面積から、菅谷城は大量の兵馬を駐留できる兵站基地の意味あいがあったのではないかと考えられている。

また、郭の面積に比例して、土塁の高さ、堀の幅と深さも規模が大きくなり、本郭北側では土塁高約四メートル、堀幅約一七メートル、堀底から土塁頂部までは約九メートルと圧倒的な防御を見せる。規模が大きいため、杉山城のように技巧を畳み掛けるような感はないが、横矢掛《よこやが》かりや塁《るい》線の折れ、桝形虎口《ますがたこぐち》などの技巧も随所に見られ、二の郭から本郭虎口の侵入に対しての横矢や西の郭北側の連続する塁線の折れなどは見所の一つである。さらに現況では見ることはできないが、発掘調査などで三の郭から西の郭へかかる橋梁の斜面部分や、西の郭北側土塁裾の内側などに石敷きのような遺構が確認されており、杉山《すぎやま》城・腰越《こしごえ》城・小倉《おぐら》城・青山《あおやま》城とともに比企地域における《石》を持つ城のひとつとして注目される。

【須賀谷原合戦】　関東中を戦乱に巻き込み、二九年間の長きにおよんだ享徳《きょうとく》の乱が文明十四年（一四八二）に終焉した。この乱により台頭してきた関東管領《かんとうかんれい》上杉氏であるが、同族の山内上杉顕定《あきさだ》の讒言《ざんげん》により文明十八年（一四八六）に太田《おおた》道灌《どうかん》が主家の扇谷上杉定正《おうぎがやつうえすぎさだまさ》に殺害されたことにより、山内・扇谷両上杉氏の対立が本格化していった。そして翌、長享《ちょうきょう》元年（一四八七）から永正二年（一五〇五）にかけて長享の乱が再び関東を戦乱の場にした。長享元年（一四八七）、相模の実蒔原《さねまきはら》合戦に続き、長享二年六月に須賀谷原の合戦が、同年一一月には高見原《たかみはら》の合戦（小川町）が関東中の武士を集めてこの地で繰り広げられた。比企地域で二度も大きな合戦が行なわれたのは、山内上杉氏の本拠である鉢形《はちがた》城（寄居町）と扇谷上杉氏の武蔵国での拠点・河越《かわごえ》城（川越市）が対峙する中で比企地域が両陣営の境目として位置付けられていたからと思われる。

須賀谷原の合戦は、扇谷上杉定正が古河公方足利成氏・政《まさ》氏《うじ》、長尾景春《ながおかげはる》と結び山内上杉氏の領域に侵攻してきたもので、死者七百余、馬もまた数百匹倒れるほど激しいものであり（『梅花無尽蔵《ばいかむじんぞう》』）、主家の扇谷上杉氏に父を殺された太田道灌の嫡子・太田資康は山内上杉方に組していた。合戦は当初山内上杉氏方が押していたものの、盛り返した扇谷上杉方が優勢で山内上杉方が撤退して終結したとされている。

【須賀谷旧城再興】　新田家純《にったいえすみ》の陣僧、松陰《しょういん》は須賀谷原の合戦の後、家純に対して扇谷上杉氏の拠点・河越城に対して山内上杉氏方としては須賀谷の旧城を再興し、鉢形城を普請して堅固にするように進言している（『松陰私語』）。

●―郭配置図（埼玉県立嵐山史跡の博物館提供）

須賀谷原の合戦との位置関係から、この須賀谷が畠山重《はたけやましげ》忠《ただ》の居館・菅谷館《すがややかた》を示すものと思われ、再興されたのが現在の菅谷城ではないかとされる。過去の五次にわたる発掘調査では一四～一五世紀の墓域の後、一五世紀後半～一六世紀前半に城として機能し、一六世紀後半が空白となりふたたび一七世紀の遺物が出土しており、このことも須賀谷旧城は菅谷城であることを裏付けることとなっている。

菅谷城は旧城再興の後、北条氏により整備・拡大されたとも考えられているが、須賀谷原の合戦後も両上杉氏の対立による境目の緊張状態が続く中で築城された。大永四年（一五二四）の北条氏による江戸城奪取後、一六世紀中頃になり両上杉氏と古河公方の連携による対北条氏という構図へと移り変わり、さらに、戦乱の場は武蔵国東部から南部と相模国へと移り、武蔵国北西部では主戦場は河越城《かわごえ》―松山城《まつやま》という拠点間の点的かつ直線的な動きへと集約していく。

さらに天文十五年（一五四六）の河越合戦後、上杉氏は松山城、平井城《ひらい》、さらには越後へと退くこととなる。一六世紀中頃以降、河越城―松山城―鉢形城ラインから外れた菅谷城は、北条氏の領国支配下となった後には北条氏の拡大する支配圏の境目はさらに北方および東方へと大きく移ったためにその役割を終えることとなったと思われる。

（村上伸二）

【参考文献】藤木久志編『戦国の城』（高志書院　二〇〇五年）

●―菅谷城空撮（埼玉県立嵐山史跡の博物館提供）

●石積みの城
小《お》倉《ぐら》城《じょう》〔国指定史跡〕

〔所在地〕埼玉県比企郡ときがわ町大字田黒
〔比　高〕七〇メートル（標高約一三七メートル）
〔分　類〕山城
〔年　代〕一五世紀末～一六世紀
〔城　主〕伝承として遠山氏、上田氏。
〔交通アクセス〕東武東上線「武蔵嵐山駅」下車、南西三キロ。またはＪＲ八高線「明覚駅」下車、北へ三・二キロ。関越自動車道「嵐山小川ＩＣ」下車、国道二五四号線嵐山渓谷入口交差点経由一五分

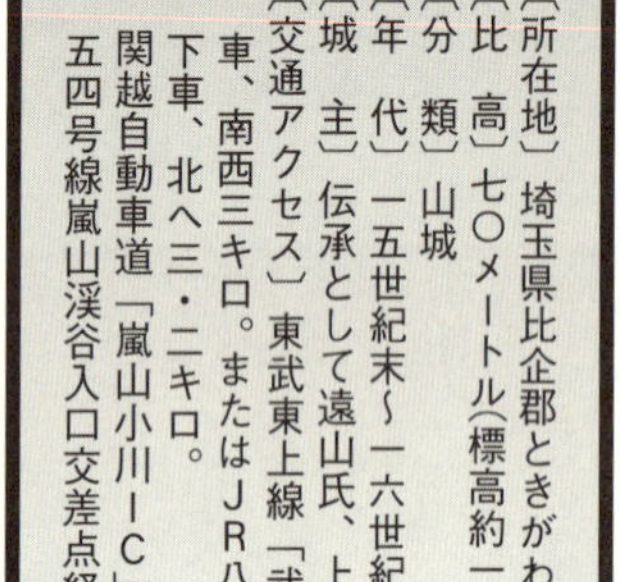

【歴史的背景】　一五世紀の関東では、鎌倉《かまくら》公方・関東管領の対立から惹起《じゃっき》した、享徳《きょうとく》の乱（一四五四～八二）、上杉氏内部の対立から拡大した、長享《ちょうきょう》の乱（一四八七～一五〇五）と戦乱が継続していった。その際、山内上杉《やまのうちうえすぎ》氏が鉢形《はちがた》城（埼玉県寄居町）を、扇谷《おうぎがやつ》上杉氏が河越《かわごえ》城（同県川越市）を本城としたことから、比企《ひき》郡は両城の境界地域となった。特に長享二年（一四八八）には、小倉《おぐら》城近くの須賀谷原《すがやはら》（現在の埼玉県嵐山町）と高見原《たかみはら》（同小川町）で両上杉氏の合戦があり、いずれの合戦でも扇谷上杉軍が勝利している。そうした戦乱の中で、比企郡には多くの城郭が構えられることになる。

しかし今のところ、小倉城築城当時の文献史料が発見されていない。よって当時の城主などは不明なままである。ちなみに、一九世紀初頭に編纂された『新編武蔵風土記稿』では、後北条《ごほうじょう》氏の家臣遠山《とおやま》氏を城主としているが、『風土記稿』と前後して成立した『武蔵誌』では、天文十六年（一五四七）以降、同じく後北条氏家臣となった上田氏を城主としている。

遠山氏は、永禄十一年（一五六八）三月、後北条氏の比企郡野本《のもと》（東松山市）支配に干渉しており、一六世紀中頃以前まで遠山氏が比企郡に一定の影響力をもっていたことは確かめられる（『埼玉県史資料編』六、五一六号）。一六世紀半ば以降、後北条氏の武蔵国進出が本格的になり、小倉城周辺も次第にその影響力がおよんでいったと考えられる。

【小倉城の景観と縄張】　小倉城は、ときがわ町・嵐山《らんざん》町・小川町の境界付近に位置している。外秩父《そとちちぶ》と関東平野の境界に

あたり、槻《つき》川の先端に城が構えられている。槻川は鎌倉時代以来、武蔵型板碑《いたび》の石材搬出に利用されたと推測されている。また城は鎌倉街道上道《かみつみち》と山根筋《やまねすじ》（八王子―鉢形を結び上州へ抜けるルート）の中間にあたるという、中世の幹線道路と河川交通を意識したところに立地している。

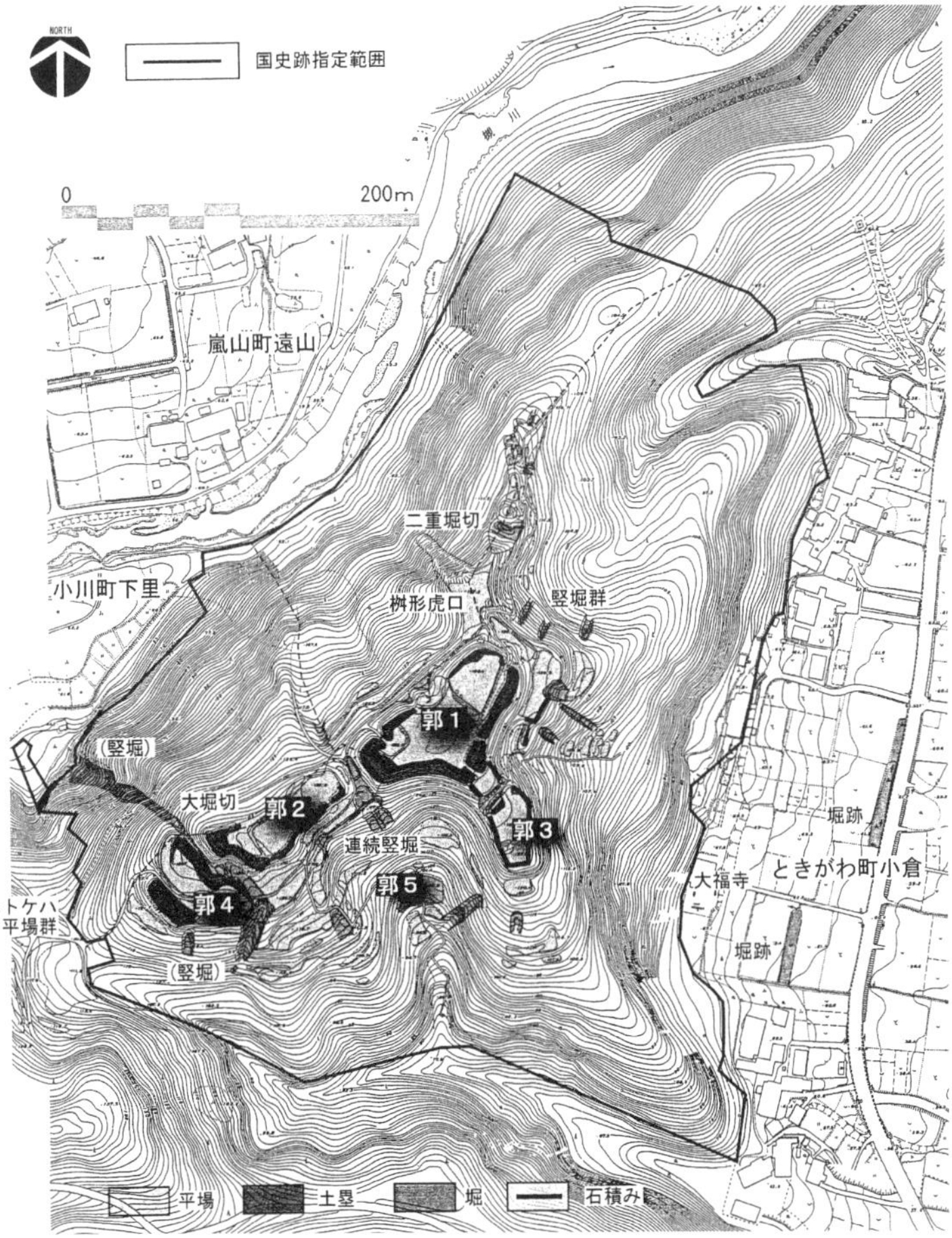

●—小倉城縄張図
（『小倉城跡保存管理計画書』ときがわ町教育委員会　2010より転載）

縄張《なわばり》は、山頂から中腹にかけてみられ、主に南北に走る尾根に沿って、郭が四つ確認されている。郭1から東南（郭3）・南西（郭2・4）・北の方向に郭があり、南東山麓部に大福《だいふく》寺が所在する。大福寺の前面には堀跡が確認され、寺のあたりは根小屋あるいは居館があったところと想定される。現在、郭4、または大福《だいふく》寺裏から、郭3・郭1へと向かって登れるようになっている。

郭1は、標高約一三七メートルの地点に位置し、土塁《どるい》の規模、虎《こ》口《ぐち》の構造から他の郭とは異なり、動線がこの郭に集まるようになっていることから、郭1は本丸に相当しよう。郭1の広さは、東西約九〇メートル、南北約四〇メートルで、内部には一メートルほどの段差があり、上下二段に分かれている。下段からは、建物跡四棟が発掘されている。

【城の特徴】　城内には、鍵の手状に組み合わせされた竪堀《たてぼり》・横堀《よこぼり》、郭間に大堀切《おおほりきり》が確認できる。郭1・3・4には動線を側面に迂回させて防御を強化したとされる、比企型虎口といわれる出入り口が見られる。

小倉城最大の特徴は、総延長約一〇〇メートルわたって、郭1・郭3に石積みが見られることである。これは武蔵国では他に類をみない城といえよう。郭1の南虎口から東虎口へ続く土塁内側には、三段にわたって雛壇《ひなだん》状に積まれている。郭3の外側には、東・西・南三面に高さ五メートルほど積まれている。特に郭1の石積みは他の場所より大きく粒のそろった石材を使用しており、見た目を重視した石積みといえる。基本的に結晶片岩系の石材を切り出して使用しており、厚さ一〇センチ前後の板状の石材をレンガ状に積んでいる。

郭を囲む土塁内に雛壇状に積むという技法は、小倉城から北へ約一二キロ行った鉢形城にもみられる。遺物の年代から小倉城のほうが先行することから、この石積み技法は、小倉城から鉢形城へと伝播された可能性がある。緑泥片岩《りょくでいへんがん》の産地小川町下里が小倉城の近くにあり、出土品にも製作途中の板碑がみられることから、城の石積みにさいしても、専門の石工集団の関与が考えられる。

【発掘の成果】　郭1では発掘調査が行なわれている。遺物からは二時期判明しており、一期は一三世紀から一四世紀、二期は一五世紀末から一六世紀後半と想定されている。

一期からは、板碑・古瀬戸合子《こせとごうす》などが出土しており、この時期、山は板碑が立つ聖地であって、山裾の大福寺と関わる宗教的空間として利用されていたと考えられる。

二期からは、在地土器・輸入陶磁器・かわらけ・碁石《ごいし》・硯《すずり》など生活道具が出土している。石積みの時期も、十六世紀中葉から後半とされているので、この時期には、要害《ようがい》（城郭）として普請《ふしん》され、人々が生活していたと考えられる。この時期の建物跡は、柱間の寸法の違いや焼土・壁土の有無などから、焼失後、整地された可能性があり、時期差が考えられる。この時期差を後北条氏の武蔵進出以前と以後とに想定できるかもしれない。

【今後へ向けて】　小倉城は、菅谷館《すがやのたち》跡・松山《まつやま》城跡・杉山《すぎやま》城跡とともに、比企城館群の一つとして平成二十年（二〇〇八）に国指定史跡になった。ただ現在、この城の最大の特徴となっている石積み部分は崩落が激しく、応急処置がとられている状態である。平成二十年より小倉城跡保存管理計画策定委員会が設立されたので、今後は、さらなる保存・整備・管理体制が充実していくと思われる。

（落合義明）

【参考文献】松岡進『戦国期城館群の景観』（校倉書房　二〇〇二年）、梅沢太久夫『中世北武蔵の城』（岩田書院　二〇〇三年）、石川安司「石造りの山城　小倉城」藤木久志監修・埼玉県立歴史資料館編集『戦国の城』（高志書院　二〇〇五年）

●―郭1内　1号土塁（『小倉城跡保存管理計画書』より、ときがわ町教育委員会提供）

●―郭1　北虎口（『小倉城跡保存管理計画書』より、ときがわ町教育委員会提供）

●―郭3　東斜面（『小倉城跡保存管理計画書』より、ときがわ町教育委員会提供）

●低湿地を望む台地上に拡がる平城

青鳥城《おおどりじょう》

〔埼玉県指定史跡〕

〔所在地〕埼玉県東松山市大字石橋字城山
〔比　高〕約五メートル
〔分　類〕平城
〔年　代〕一五世紀後半～一六世紀後半
〔城　主〕不明
〔交通アクセス〕東武東上線「東松山駅」下車、徒歩三五分。関越自動車道東松山ＩＣから五分

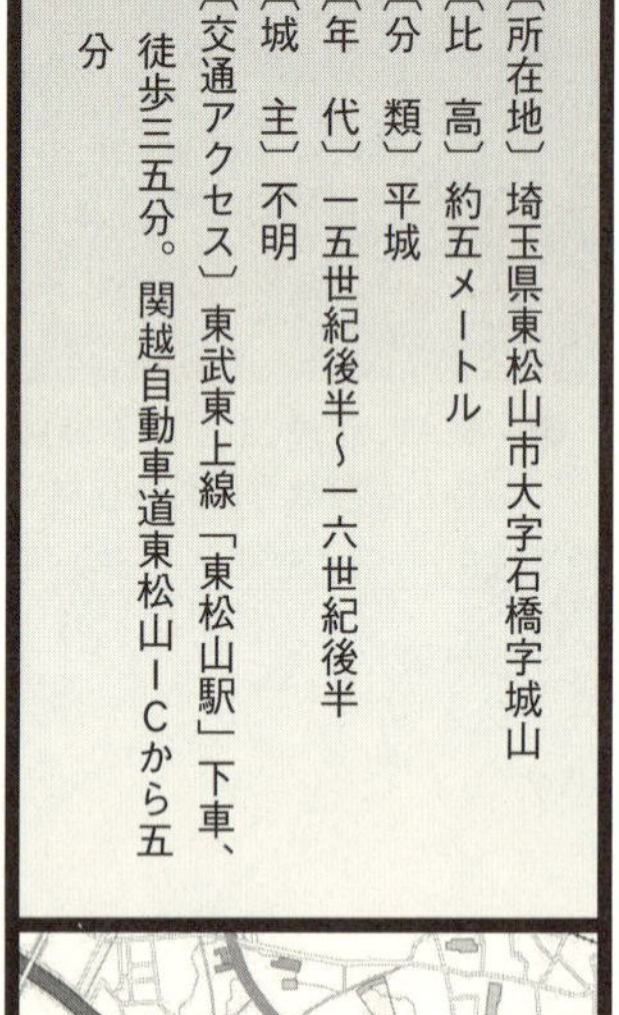

【高速道路の喧騒の隣に拡がる静寂な空間】　青鳥城は台地上に立地し、城の南方には都幾《とき》川が東西方向に流れている。都幾川左岸から城の南端にかけては低位台地が広がっていて、城の位置する台地とは約一〇メートルの比高差がある。かつてこのあたりは水田が拡がっており、自然の防御となっていた。

城の東端には関越自動車道が南北に、南に接しては国道二五四バイパスが東西に走り、交通量の多い道路に挟まれているが、青鳥城の内部に入ると静寂な空間が拡がる。宅地も多いが、意外と城域の空間は平坦な台地の中でその広大さを実感することができる。敷地の大半が民有地であり、城を訪れるには民家の脇や畑の中を通ることになり、地元の方を見かけたら一声かけるマナーを心がけたい。

【青鳥城の概要と構造】　青鳥城は本郭の北側に同心円状に二の郭・三の郭が配される。県指定史跡であるが指定範囲は二の郭の内側のみで、二の郭内には宅地が多いものの遺跡となっている三の郭部分を含め、全体的に遺存状態は良好である。

本郭は台地端の崖線上に立地する。一辺約一〇〇メートルの方形で、東北西の三方を土塁《どるい》と堀に囲まれるが、低位台地に向かう南方には土塁がない。現状は畑で内部の見通しは良く、東西の中央で土塁が切れており、虎口《こぐち》の可能性があろう。

二の郭は本郭の北側に位置し、東西約五〇〇メートル、南北約二〇〇メートルの長方形を呈し、本郭同様に東北西の三方を土塁と堀により区画される。現況では堀はかなり埋もれ

ているが、東端部分では関越自動車道の発掘調査の際に上幅一〇・五メートル、下幅四メートルの箱薬研堀《はこやげん》が確認され、堀底から土塁頂部までの比高差は六・六メートルであった。

●—青鳥城・東方から（東松山市教育委員会提供）

西端部に二重土塁が、また現在でも堀の北に接して西半には低い土塁が確認できることから、かつては全体に二重土塁であった可能性がある。二の郭の北西隅部からは建物跡と思われる遺構が検出され、板碑《いたび》、輪宝墨書土器《りんぽうぼくしょどき》、瓦などが出土し寺院跡とも推定されている。橋口定志氏はこの北西端の一町程が古い館跡であろうとしている。

二の郭の北側に三の郭が位置する。遺構としては、おため池の東一〇〇メートルに東端の土塁が現存しているのみで、北側と西側の境界は現況では確認できない。二の郭西方の岩の上遺跡の調査で、土塁は伴わないが北東から南西に延びる上幅三メートル、下幅〇・四メートル、深さ一・五メートルの箱薬研の溝が検出されており、三の郭の西方を区画する溝であるかもしれない。いずれにしても三の郭の北方には平坦な台地が続き、区画施設がないとすればあまりに無防備であり、現在は失われた土塁と堀があったと思われる。また、三の郭の東南端部での調査では土塁下から一五世紀から一六世紀前半までの夥しい土葬墓、火葬墓群が検出され、三の郭の造成に関しては一六世紀以降であり、このことから青鳥城は長期もしくは複数期にわたり使用された可能性があろう。

【伝承と文献史料】　青鳥城に直接言及した文献史料はないが、青鳥・石橋《いしばし》といった地名に関わる史料は多い。『源平盛衰記《げんぺいせいすいき》』

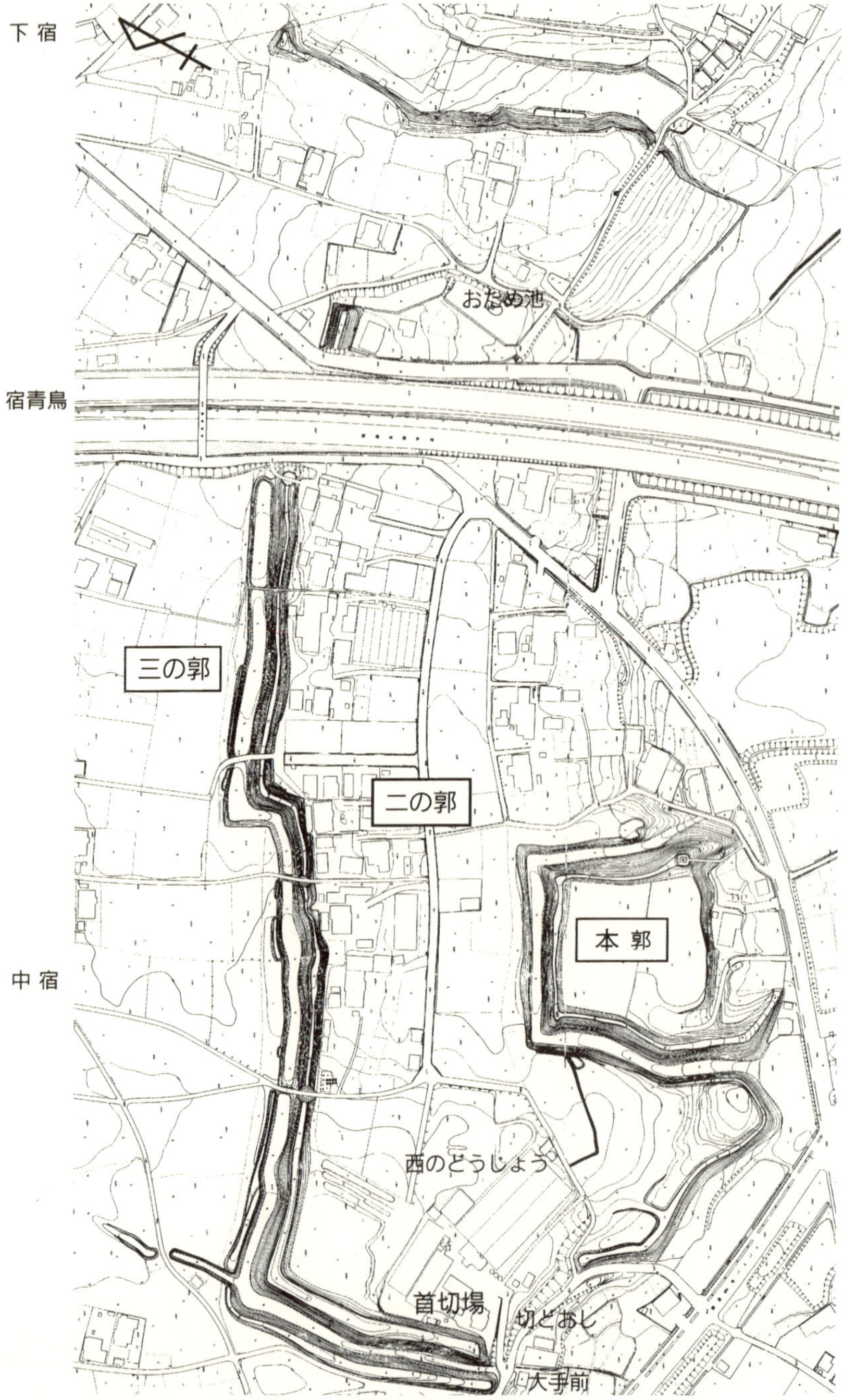

●—青鳥城・郭と地名（東松山市教育委員会提供図に加筆）

に寿永二年（一一八三）源《みなもとの》頼朝《よりとも》が在陣したというのが最も古く、『鎌倉大草紙《かまくらおおぞうし》』『公方九代記《くぼうくだいき》』などに永享十二年（一四四〇）結城合戦《ゆうきかっせん》の際に上杉憲実《うえすぎのりざね》が「唐子・野本に逗留」したという記述や、「太田道灌《おおたどうかん》書状」には文明十二年（一四七八）扇谷《おうぎがやつ》上杉定正《うえすぎさだまさ》、太田道灌が青鳥に在陣したとあり、『小田《おだ》原衆所領役帳《わらしゅうしょりょうやくちょう》』には「狩野介《かのすけ》四〇貫比企郡青鳥居」とある。また天正十八年（一五九〇）の「前田利家《まえだとしいえ》書状写」には「石橋と串村、上之村に古城有之、陣取《じんとり》に相定《あいさだめる》」とあり、この古城が青鳥城を指すのではないかとも思われる。

【周辺の地名】 文献史料からは築城の背景がなかなかみえてこないが、周辺の地名から青鳥城近辺の様相を類推すると、城域内では本郭の小字《こあざ》が城山、二の郭が内青鳥という小字で、二の郭西端には「西のどうじょう」「首切場《くびきり》」という地名がある。この「首切場」の南方、崖線の下方には「切どおし」、その南西には「大手前《おおてまえ》」という地名であり、本郭の南西、二の郭の南西端に大手の虎口があった可能性があろう。三の郭の北方には中宿・宿青鳥・下宿という小字が西から東に続く。この小字の並びから青鳥城の北側に東西方向の街道が通り、城の前面にあたる北方に宿が形成されていたと思われる。

青鳥城周辺の街道としては鎌倉街道上道の上野線が西方四キロ、下野線が東方二・五キロにあり、それぞれ南北に通る。宿《しゅく》をもつ街道が東西方向に通っていたとすればこの両街道を結ぶ意味をもつ街道ではなかったかと思われ、この東西方向の直線上には東に松山《まつやま》城、西に菅谷《すがや》城が位置している点も興味深い。青鳥城は鎌倉街道上道の上野線・下野線のほぼ中間に位置し、両街道を押さえるとともに、両街道間の松山城・青鳥城・菅谷城・小倉《おぐら》城そして杉山《すぎやま》城などに繋がる街道を押さえる意味があったのではないだろうか。

【青鳥城の背景】 青鳥城は、主要街道を押さえる意味で永《えい》享《きょう》の乱や結城合戦《ゆうきかっせん》の頃には主は不明だが館として成立した。その後、享徳《きょうとく》の乱、長享《ちょうきょう》の乱、永正《えいしょう》の乱と一五世紀後半から一六世紀前半にかけて続く戦乱において古河公方《こがくぼう》と上杉氏、また扇谷《おうぎがやつ》・山内《やまのうち》両上杉氏の対抗の中で、比企《ひき》地域が境目の戦場となった背景のもと、やはり街道を押さえ、また両陣営が対峙する意味で城として拡張された。その後は北条氏の領域下ではいったん空白期間があり、最終的に天正十八年（一五九〇）の松山城攻めの際に陣として使われた可能性があろう。

（村上伸二）

【参考文献】 埼玉県教育委員会『青鳥城跡』（一九七四年）、東松山市『東松山市の歴史　上巻』（一九八五年）、齋藤慎一「中世東国の街道とその変遷」『戦国の城』（高志書院　二〇〇五年）

●鎌倉公方の陣

足《あし》利《かが》基《もと》氏《うじ》館《やかた》

〔東松山市指定史跡〕

〔所在地〕埼玉県東松山市大字岩殿字油免
〔比　高〕六メートル
〔分　類〕館
〔年　代〕一三世紀〜一四世紀
〔城　主〕足利基氏か。
〔交通アクセス〕東武東上線「高坂駅」下車、西方三キロ。関越自動車道「東松山ＩＣ」から約四キロ、こども動物自然公園の信号を右折。

【館の規模】 館《やかた》は南斜面を囲うように、北・東・西の三方に空堀《からぼり》と土塁《どるい》が築造されている。その土塁は堀の内側にあり、上幅約三〜四メートル、高さ約二・五メートル、空堀の幅は約一〇メートル、深さ約二〜三メートルの大きさで現存している。斜面地に展開する館の範囲は、南の位置を現在の道とすると、東西約一八〇メートル、南北約八〇メートルと想定されるが、さらに南に行った九十九川《つくも》までとする可能性ものこされている。

かつて、館の北にあるゴルフ場内が一部発掘されているが、調査成果の詳細は不明である。堀の規模などから一三世紀後半から一五世紀前半と推定される。また、館の西にある阿弥《あみ》陀《だ》堂墓地からは、人骨が充填《じゅうてん》した一三世紀の常滑《とこなめ》焼の蔵骨《ぞうこつ》器が見つかっている。さらに墓地前面の弁天沼《べんてんぬま》周辺からは中世瓦が採集されていて、かつて瓦葺きの建物が周囲にあったことが推測できる。以上の点から、基氏館周辺には鎌倉期以来の生活の痕跡が確かめられるのである。

【歴史的背景】 貞治二年（一三六三）八月、芳賀《はが》高貞《たかさだ》ら宇都宮一族と足利基氏軍は、岩殿《いわどの》山で対戦した。当該の館跡は、その合戦の際に、基氏が陣した場所として伝承されてきた。しかし現存の館の規模や基氏の在陣期間などから察するに、短期間に構築した遺構とはみられず、以前から使用されていた在地武士の館を、合戦時に陣に利用したと考えたほうがよいだろう。

とすると、当時このあたりに勢力を扶植していたのは、平一揆《たいらいっき》の一員高坂氏《こうさか》である。平一揆とは、河越氏・高坂氏をはじめ、平姓の武士集団のことである。中でも高坂氏重《うじしげ》は当時基氏と「笙《しょう》」の芸能を通じて親密な関係にあった。この岩殿山合戦では、鎌倉府軍となっていた平一揆に対して、氏重が軍忠状に証判を与えており（『集古文書』）、事実上、この合戦では高坂氏重がリーダー的存在であった。

基氏が、鎌倉街道上道《かみつみち》を外れた岩殿山付近で敵をわざわざ待ち構えていたのも、高坂氏の本拠高坂郷が岩殿山より東南へ約一・五キロという近さにあったからであり、高坂氏（平一揆）を味方として必要としたからだろう。

館の南約一キロには古代以来の霊地岩殿山《いわどの》があり、その南麓には坂東《ばんどう》三十三札所の一つ、正法寺《しょうほう》が所在する。ここには元亨二年（一三二二）四月九日銘の梵鐘《ぼんしょう》がある。梵鐘の銘《めい》文《ぶん》は読みづらく、鋳物師《いもじ》名が不明なものの、特徴から物部《もののべ》鋳物師の作例と想定されている。檀那《だんな》の名前も解読できず不明だが、物部鋳物師は鎌倉の北条氏に関わる寺院に梵鐘をのこしており、北条氏《ほうじょう》との関わりが予想される。

●―東松山市応安板碑
（写真提供：齋藤慎一『中世武士の城』より）

この点で建武二年（一三三五）以前から、高坂氏が鎌倉の浄光明寺《じょうこうみょう》に借地料を払って寺の周辺に宿所を確保していることは注目される。この寺は赤橋北条氏の保護を得た寺であって、高坂氏と北条氏との関係がうかがえる。そう考えれば、高坂氏は遅くとも鎌倉末期から北条氏との関係をもち、都市鎌倉での生活から、「笙」の芸能に勤しみ、正法寺にも鋳物師を招いて梵鐘を製作させたとみられる。

しかし高坂氏は、応安元年（一三六八）六月、平一揆とともに鎌倉府に反抗し、武蔵国河越館で滅ぼされている。同年七月、鎌倉府は高坂氏の所領武蔵国比企郡戸守《ともり》郷を没収し、下野国鑁阿寺《ばんな》に寄進している（『埼玉県史資料編』五、四七〇号）。後日、高坂郷も京都鹿王院《ろくのういん》に寄進されてしまうのである。

阿弥陀《あみだ》堂墓地には現在、応安元年八月二日の日付をもつ、高さ二六〇センチの板碑が建っている。上部には、胎蔵界大《たいぞうかいだい》日如来《にちにょらい》の種子が刻まれ、庵主朗明《あんじゅろうめい》・明超《めいちょう》上人ほか、五〇人の人たちが結縁《けちえん》したことも刻まれている。平一揆の乱直後の期日から想像すると、高坂氏の没後、その関係者が館の西に

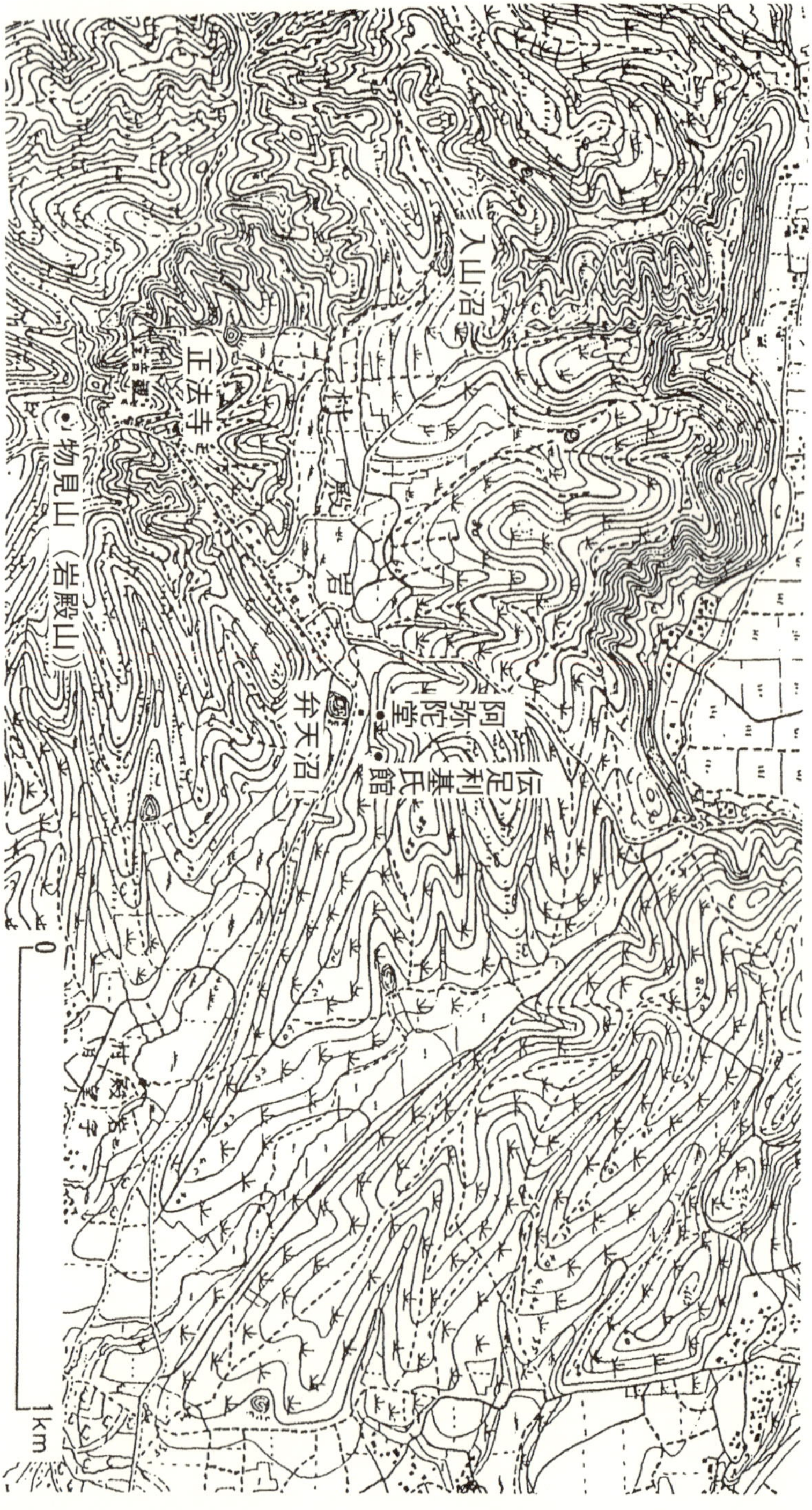

●—岩殿周辺図（『中世武士の館』齋藤慎一　吉川弘文館）

供養塔を建てたと考えられようか。

【浄土庭園】 館の西には正法寺の阿弥陀堂があり、背後の墓地には多数の中世板碑が散在していて、中世以来の墓地と考えられる。加えて、阿弥陀堂の前面には現在約六五メートル×五〇メートルの弁天《べんてん》池が存在するが、かつてはさらに広い池であったとすれば、中世の浄土庭園を想像させる。こうした浄土庭園の形成は高坂氏の時代（一四世紀）以前に遡ろう。

というのも、岩殿山は古墳時代以降、居住の場ではなく、葬地として利用されてきたからである。岩殿山東側、高坂台地に住む人々からみれば、岩殿山はまさに真西にそびえる丘陵にあたり、夕陽が沈む、浄土の世界と認識されていたといえよう。

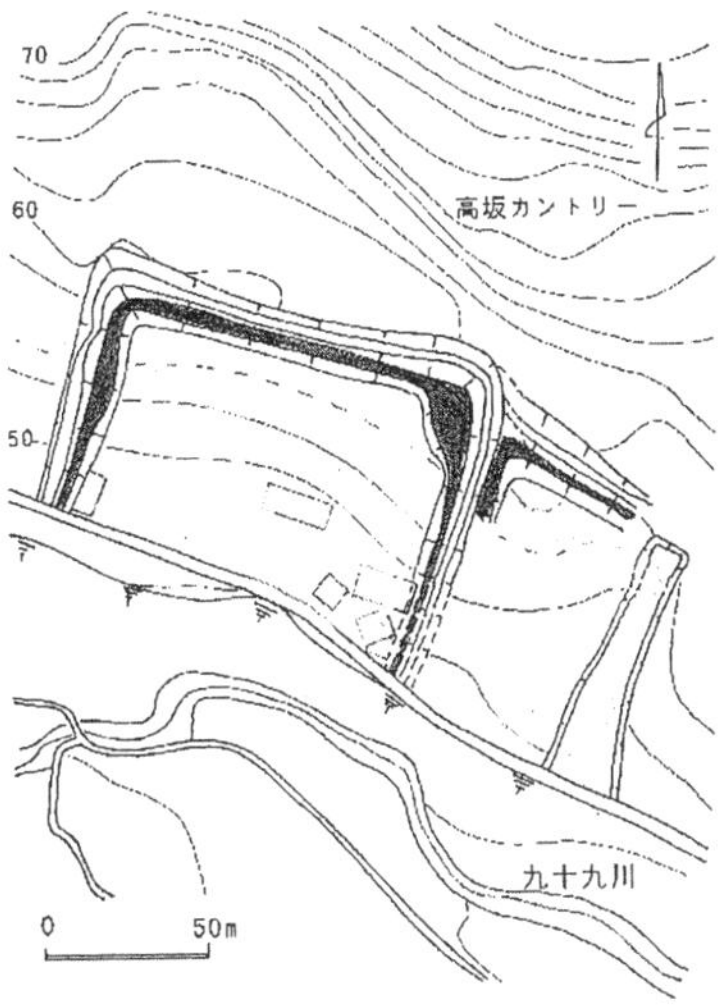

●—足利基氏館遺構図
（『東松山市史』考古資料編第1巻）

そして、江戸期の『坂東十番武蔵国比企郡岩殿山之図版木』には弁天沼の横に「比企判官《ほうがん》旧地」とあり、正法寺観音堂は比企能員《よしかず》が再興したとの伝承ものこっている。今のところ、比企氏の館は確認されていないが、東国の浄土庭園の定着には、文治五年（一一八九）の奥州《おうしゅう》合戦が影響しているのではないかとの指摘がある。確かに、比企能員は北陸道大将軍として参戦しているし、同じ武蔵武士の畠山重忠《はたけやましげただ》の本拠にある、平沢《へいたく》寺にも浄土庭園が存在したといわれ、重忠も同じく大手軍の先陣として参戦している。彼らが奥州藤原氏の平泉文化に感銘をうけ、それを本拠に再現するようになったと考えられるかもしれない。

近年、東国武士の本拠には、館の西方に来世への安穏《あんのん》を願う場があり、南には観音などが置かれるというモデルが存在したことが解明されつつある。まさに基氏館周辺はそれに合致するものであり、現在まで残された貴重な景観である。今後は館内の発掘調査をはじめ、さらなる保存・整備されることを期待してやまない。

（落合義明）

【参考文献】 齋藤慎一『中世武士の城』（吉川弘文館　二〇〇六年）、峰岸純夫監修・埼玉県立嵐山史跡の博物館編『東国武士と中世寺院』（高志書院　二〇〇八年）

●境目として絶えず戦場となった城

松《まつ》山《やま》城《じょう》

〔国指定史跡〕

〔所在地〕埼玉県比企郡吉見町大字北吉見
〔比　高〕約四〇メートル
〔分　類〕平山城
〔年　代〕一五世紀後半〜一七世紀初頭
〔城　主〕難波田弾正・太田資正・上杉憲勝・上田朝直・上田長則・上田憲定・松平家広
〔交通アクセス〕東武東上線「東松山駅」下車、徒歩三五分。関越自動車道東松山ＩＣから一〇分・駐車場あり（吉見百穴前）

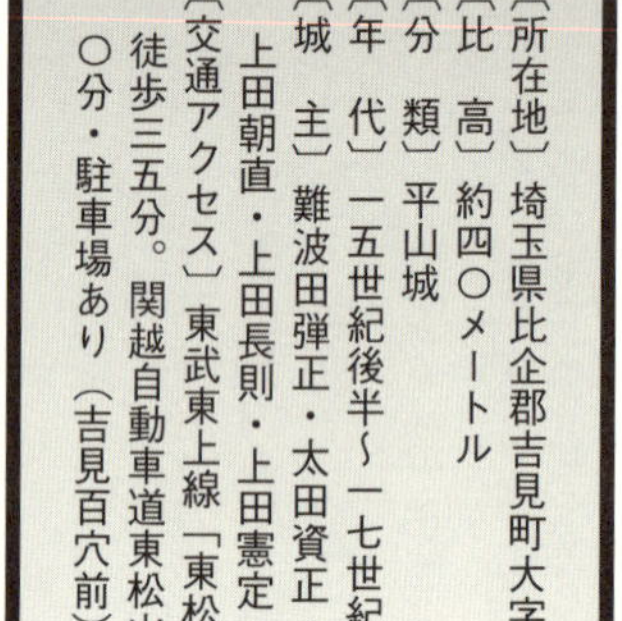

【大きく蛇行した市野川に守られる】　松山城は丘陵先端部に位置する。北方から南流してきた市野川が城のある丘陵端にぶつかり、回りこむように西側に大きく蛇行した後に南東に向かい、城の北から西、南東方向にかけては、この市野川が形成した広大な低湿地帯に囲まれる自然の要害となっている。

松山城の北西に接して駐車場完備の国指定史跡・吉見百《よしみひゃく》穴《あな》があり、隣接する吉見町埋蔵文化財センターでは松山城から出土した土器などが展示されている。

【戦国時代を通じて合戦の場】　松山城に関する文献資料は豊富だが、そのほとんどは戦記物であり築城の起源・詳細は明確でない。しかし一五世紀後半から一六世紀初頭にかけて扇谷《おうぎがやつ》上杉《うえすぎ》氏と山内《やまのうち》上杉氏の抗争の中に「松山張陣」「武州松山之儀」などの語がいくつか見られ、この頃に扇谷上杉氏の勢力圏のなかで築城されたと思われる。

天文六年（一五三七）に武蔵国へ侵攻してきた北条氏が松山城を攻め、その後も北条《ほうじょう》氏と長尾景虎《ながおかげとら》（上杉謙信《うえすぎけんしん》）と結ぶ上杉氏方が数度にわたりこの城を奪い合い、武田信玄《たけだしんげん》も甲相駿河盟のなかで参戦するなど、松山城をめぐって激しい戦いが繰り広げられた。永正六年（一五六三）に松山城が落城して北条氏による支配が確立したが、天正十八年（一五九〇）の豊臣秀吉《とよとみひでよし》による小田原攻めのなかで前田利家《まえだとしいえ》・上杉景勝《うえすぎかげかつ》らの北国勢に攻められ開城した。このように戦国時代を通じて松山城は絶えず合戦の場となった城であり、いかにこの城が重要な位置付けをされていたかがうかがわれる。

【松山城の縄張と特徴】 松山城の郭構成は、西から東に向かって本郭・二の曲輪・三の曲輪・曲輪四が一直線上に並び、それらを取り囲むように笹曲輪《ささぐるわ》・太鼓《たいこ》曲輪・兵糧倉《ひょうろうぐら》跡・惣《そう》曲輪を始め大小さまざまな腰郭が配置されている。三の曲輪の北東に根古屋虎《ねごやこ》口《ぐち》が位置し、この虎口の北東側は根古屋であったとされる。また、三の曲輪の南には馬出《うまだし》が配され、さらに城の南東は現在、武蔵丘短期大学となっているが、かつて「御林《おはやし》」と呼ばれ、広大な外郭が存在していた。

●—松山城 南西から（吉見町教育委員会提供）

それぞれの郭の周囲には大規模な空堀と折れをもつ切岸がめぐるが、各郭には土塁がほとんど見られず、郭間の見通しがいい点で比企周辺の城のなかでは特異的である。

松山城の縄張をみると郭の折れ、横矢掛《よこやが》かり、馬出などの技法が見えるものの、現地に立つと杉山《すぎやま》城や小倉《おぐら》城のような「技巧的」な面は強く感じられない。何よりも感じるのは縦横にめぐる広大な堀の圧倒的な威圧感であろう。

城の領域である丘陵頂部、約二七〇〇〇平方メートルのうち、堀と切岸の面積は二分の一強を占める。さらに各郭の土塁などを除いた実際に使用できる平坦面は約九〇〇〇平方メートルと全体の三分の一にすぎず、大量の兵力により備えることよりも、より実戦的に城の構造そのものにより守備するという意図がうかがわれる。

この堀を活かすためか、二の曲輪の折れをもつ堀を隔てた北側の帯郭は幅五メートル・長さ五〇メートルほどと細長く、兵が守備する帯郭というより根古屋虎口方面から二の曲輪へ直線的に侵入させない、また見通させないための巨大な壁のようであり、堀を活かすために郭の面積さえ削っているようすを見ることができる。

【発掘調査】 松山城は豊富な文献資料からその歴史的背景は多くが明らかとなっているが、これまで発掘調査は実施され

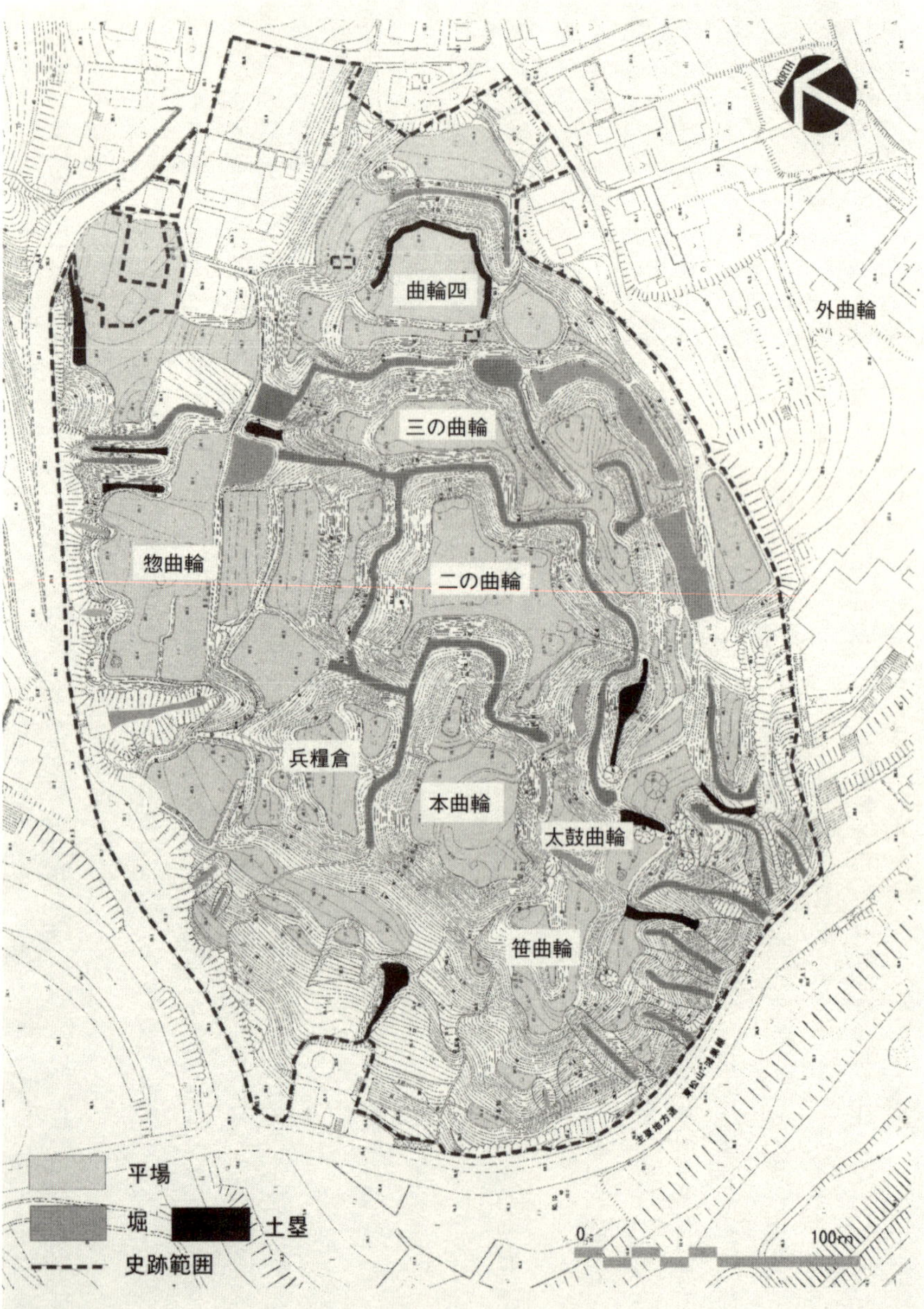

●—郭配置図（吉見町教育委員会提供）

ておらず、それらの裏付けの意味も含めた史跡指定に伴う調査が平成十五・十六年（二〇〇三・二〇〇四）に本曲輪と惣曲輪で実施された。

本曲輪・惣曲輪とも面的な調査ではなかったが、本曲輪では二回の造成と三面の生活面が、惣曲輪では一回の造成と二面の生活面が確認され、それぞれその造成土には大量の焼土が含まれていて、火災があり、その後の整地に伴う造成面であることがわかり、戦記物などの資料にみえる多くの戦闘に伴う火災とその後の復興を想定させるものであった。

出土遺物は船載陶磁器・国産陶器・在地土器のほか短刀や鉄砲玉などがあり、関東地方では出土例の稀な朝鮮半島産の粉青沙器《ふんせいしゃき》など威信財の出土は、松山城が軍事的だけでなく政治的にも中核的な城であることを裏付けるものであった。

遺物の時期は一五世紀後半から一六世紀中頃のものが多く、扇谷・山内両上杉氏の争乱から北条氏が関東に進出した時期と一致する。また、比企地域周辺の城で出土する遺物の時期とも一致し、この時期に比企地域一帯が数多くの城が必要とされる激しい戦闘地域であったことがわかる。

一方で北条氏段階以降から徳川《とくがわ》氏による最終段階の遺物は少ないが、調査面積は郭全体から見ればわずかであり、史実からみて、今後の調査によりそうした時期のものが出土することが想定できよう。

【関東三雄の覇権争い】 戦国時代を通して数々の合戦が行なわれた松山城であるが、最もその攻防が激しかったのは天文末～永禄六年（一五四五頃～一五六三）にかけての北条《ほうじょう》氏綱《うじつな》・氏康《うじやす》と関東を追われた関東管領《かんとうかんれい》・上杉憲政《うえすぎのりまさ》に頼られた長尾景虎《ながおかげとら》（以下上杉謙信《うえすぎけんしん》）、また氏康と連合して参戦した武田《たけだ》信玄《しんげん》との戦国時代を代表する戦国大名三雄による覇権争いであった。

天文十五年（一五四六）四月の河越夜戦により扇谷上杉氏は滅亡した。上杉方の太田資正《おおたすけまさ》は松山城から上野へ逃れたが、同年八月には松山城を奪回し、上杉憲勝《のりかつ》を城主に、上田朝直《うえだともただ》を城代とした。しかし、北条氏はふたたび松山城を攻め、その際に上田朝直が北条方に寝返ったため、再び北条方の城となるなど、松山城の支配をめぐって激しく攻守が入れ替わった。

弘治元年（一五五五）、北条氏康が比企《ひき》郡などに検地《けんち》を行ない、永禄二年（一五五九）に小田原衆所領役帳《おだわらしゅうしょりょうやくちょう》で松山衆知《ち》行《ぎょう》役高などが定められ、北条方の支配が安定したかにみえた。

しかし、越後に逃れた上杉憲政は上杉謙信に上杉氏の名跡と関東管領職を譲って北条氏討伐を要請し、謙信は永禄三年

（一五六〇）に挙兵した。上杉軍には反北条の関東諸将が参陣し、軍勢は九万六〇〇〇人余の大軍となり、小田原城を包囲した。謙信の帰陣後、太田資正が永禄四年（一五六一）九月に松山城を攻め取り、上杉憲勝《のりかつ》を城主としたが、同年十一月には氏康・氏政と武田信玄の同盟軍が松山城を包囲した。翌永禄五年（一五六二）ふたたび北条・武田連合軍五万五〇〇〇が松山城を包囲すると資正の籠城軍数千は苦戦し、謙信に救援を求めた。謙信はただちに出陣し、永禄六年には武蔵国石戸《いしと》（北本市）まで着陣したが、二月四日に北条・武田軍の猛攻に耐えかねて二年におよぶ籠城の末、松山城は降伏した。

松山城の攻防をめぐり、北条氏康・武田信玄・上杉謙信の三雄が軍を進めていることは、いかに関東の覇権を争うなかでこの城のもつ意義が重要であったかをうかがうことができる。

【松山城と松山宿】　松山城の根古屋《ねごや》は城の北東に位置し、ここに足軽《あしがる》衆による集落があり、この根古屋から城の南東の山の根にかけてが本来の松山城の城下であった。松山城と市野《いちの》川を隔てて北西約一キロメートルに位置する松山本郷《ほんごう》は、南へは河越《かわごえ》・江戸《えど》へ、北へは村岡《むらおか》で荒《あら》川を、長井《ながい》の渡《わたし》で利根《とね》川を渡河し太田《おおた》、足利《あしかが》に通じる街道上にある。これはかつての鎌倉街道上道下野線《かみつみちしもつけ》が入間《いるま》川付近から分岐して北上したルートの一部が戦国時代に入り江戸・河越・松山といった政治的・軍事的重要拠点を結ぶ幹線道路として整備されたものである。その位置・距離関係からもわかるように本来は松山城とは別に発展・形成されていた宿場・町場であったが、北条氏の支配下となり松山城が境目の《点》としての城から領域として地域を支配する拠点となるに伴い、松山本郷が城下として松山城と一体に組み込まれていくこととなった。

その後、上田氏が城主として領域を支配していく中で経済の中心地として統制を進め、さまざまな諸役の免除・保証・禁止・法度などの文書が出され、天正十三年（一五八五）には松山本郷が手ぜまになったため、新たに宿を造らせたが、この新宿は松山城の南方、市野川の対岸に位置し、このことからより城下として管理・監督しようとした意図がうかがわれる。

天正十八年（一五九〇）二月には城主・上田憲定は小田原詰《づ》めを命じられた。豊臣軍との対決が色濃くなると松山宿には夜盗、前科者、負債のある者でも参陣し奔走すれば罪を許すという動員の制札《せいさつ》が掲げられ、緊迫した状況となる。そして松山宿中の者は松山城危急の際は籠城し防備すると決意を申し出、それに対し憲定は長年この松山宿で生活してきたからには、松山のために奔走するのは当然の務めである、松山

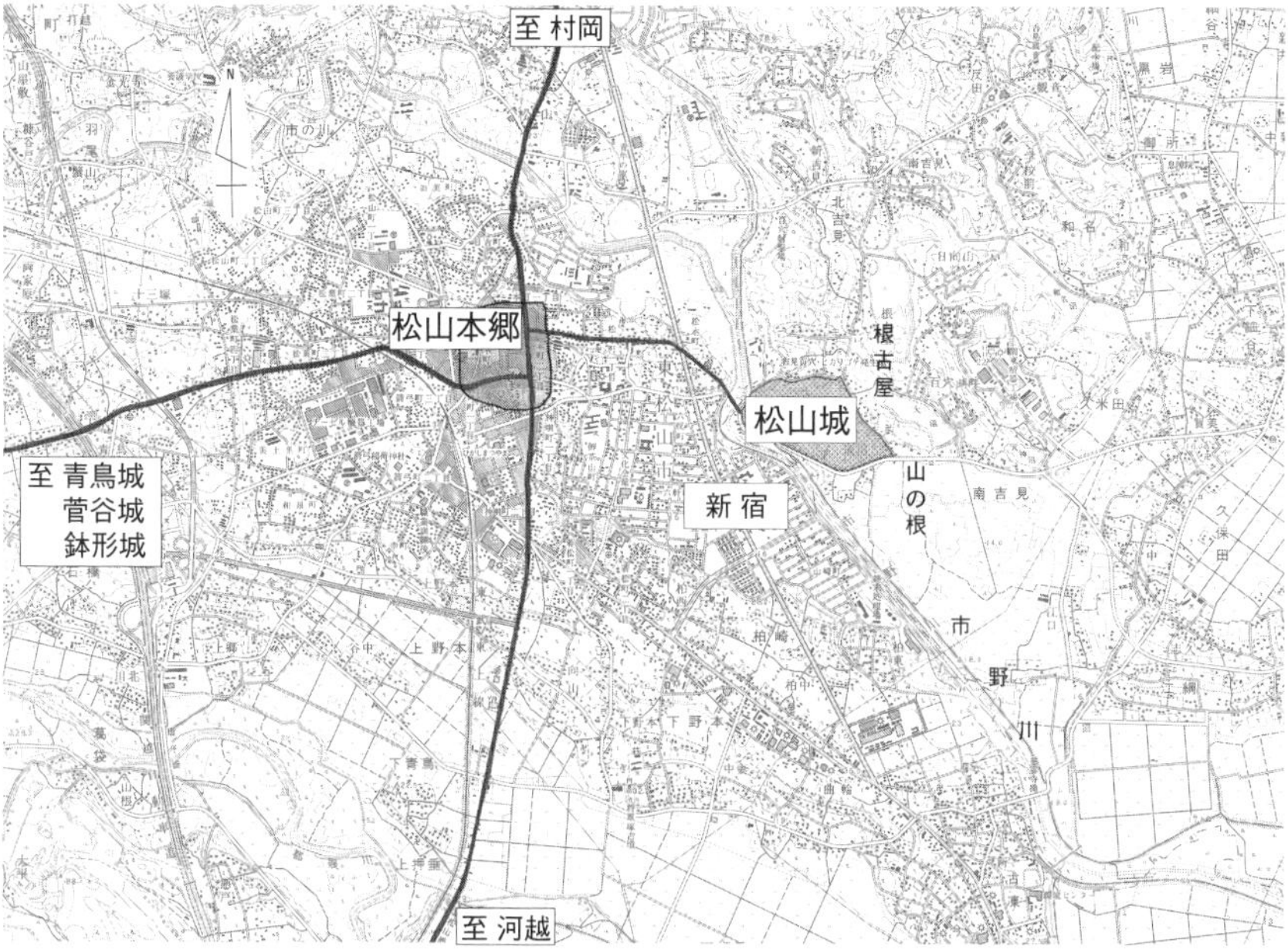

●—松山城と松山本郷（国土地理院1/25000図に加筆）

城に籠城し奔走したものは自分が帰城のさいは望みどおりに引き立てようと約束している。

松山城の興亡は松山宿にとってもその興亡を左右し、城と宿がこの緊迫した状況の中で一体化したのである。

【松山城の終焉】 天正十八年（一五九〇）、豊臣秀吉の小田原討伐の際に松山城主の上田憲定は小田原城に詰めていた。松山城は城代の上田河内守など約二三〇〇名が籠城していたが、前田利家・上杉景勝らの率いる北国勢に包囲されて落城した。

徳川家康の江戸入封後は松平《まつだいら》家広《いえひろ》（桜井《さくらい》松平家・母は家康《いえやす》の異母妹）が松山城主となり松山藩となり一万石を領した。その後、家広の死去により相続をした弟の忠頼《ただより》が慶長六年（一六〇一）に浜松へ転封となることに伴い松山城は廃城となり、松山藩は川越藩に組み入れられ、戦国時代を通じて激しい攻防が繰り広げられた松山城は終焉を迎えた。（村上伸二）

【参考文献】『東松山市史　資料編第二巻』（一九八二年）、藤木久志編『戦国の城』（高志書院　二〇〇五年）、齋藤慎一『中世を道から読む』（講談社　二〇一〇年）

●甦える武蔵武士の夢のあと

河越館《かわごえやかた》

〔国指定史跡〕

〔所在地〕埼玉県川越市上戸・鯨井
〔比　高〕〇メートル
〔分　類〕館　陣所
〔年　代〕平安時代末〜応安元年（一三六八）
〔館　主〕河越氏、山内上杉氏
〔交通アクセス〕東武東上線「霞ヶ関駅」下車、徒歩一五分・駐車場有

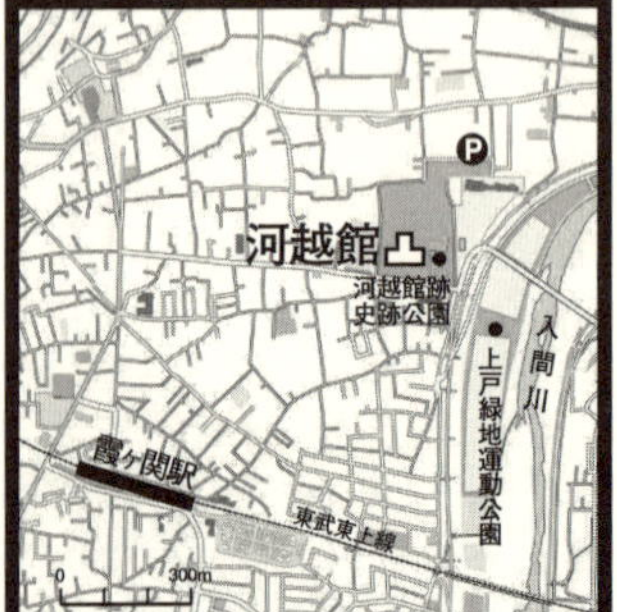

【入間川に面した低台地の先端】 河越館跡は、入間《いるま》川と越辺《おっぺ》川の支流の小畔《こあぜ》川に挟まれた飯能《はんのう》台地の北東端に位置する。入間川は江戸初期の瀬替《せが》えで荒川と合流されるまでは直接江戸湾に注ぎ、古くから物流の大動脈となっていた河川である。台地は館跡付近で低台地化し、北に続く水田面の沖積低地とは比高差がほとんどない。

河越館跡は、中世武蔵国を代表する武士河越氏が構えた屋敷跡として国指定史跡となっている。平成二十一年、第一期の史跡整備が完了し一般に公開されている。

河越館跡がある台地上にはすでに弥生時代から大集落が営まれ、館の南には的場古墳群《まとばこふんぐん》が展開するなど、古くから人々が集住し地域の拠点となっていた。最近の研究では、律令《りつりょう》期に河越館跡の南西方向に入間郡家《いるまぐうけ》が置かれ、武蔵国府と東《とう》山道《さんどう》を結ぶ東山道武蔵路が郡家の西を貫通し、その駅家《うまや》が入間川近くにあったことがわかってきた。河越氏は、このように古代より政治的中心地でかつ水陸交通の要衝の地であった現在の上戸《うえと》・鯨井《くじらい》に平安時代の末に進出し、屋敷を構えた。その後、南北朝時代に平一揆の乱で敗れ去るまでの間、嫡流またはその関係者が屋敷を構えていたと考えられる。河越氏が歴史の表舞台から姿を消した後は、河越氏の持仏堂《じぶつどう》から発展したと伝わる常楽寺《じょうらくじ》が寺域を広めたようである。戦国時代、長享《ちょうきょう》の乱で山内上杉顕定《やまのうちうえすぎあきさだ》は扇谷《おうぎがやつ》上杉持朝《もちとも》の拠点川越城を攻めるために明応六年（一四九七）頃から永正二年（一五〇五）までの一〇年足らずの間、陣を構えている。

●─「史跡の広場」

その後天文六年（一五三七）、川越城が小田原北条氏の本城となると河越館跡周辺は、北条氏の重臣大道寺《だいどうじ》氏が整備したとされる。現在常楽寺の墓所に大道寺駿河守政繁《まさしげ》の宝篋印《ほうきょういん》塔《とう》が立つ。

【河越館跡の構造と変化】 河越氏の祖とされる重隆《しげたか》が久寿二年（一一五五）の大蔵《おおくら》合戦で敗れた後まもなく、その孫にあたる重頼《しげより》は、現在の上戸・鯨井の地に進出し河越を名乗ったと考えられる。その頃の館の景観は、これまでの発掘調査で十分に明らかにされていないが、検出されたわずかな遺構の状況から、上幅が一メートル位で断面箱型の堀によって方半町程度に区画された屋敷割が、道路を介しながら何区画か寄り集まるように展開するような景観であったろうと想定される。鎌倉後期から南北朝時代頃になると、指定地の中央辺りに幅が三〜四メートル近くの断面薬研《やげん》の堀で、一辺が一町近い方形区画があらたに出現してくる。その一方で周辺部には、前時代的な小規模な堀区画ものこるようである。この時期までの方形区画内側に土塁の痕跡は今のところ確認できていない。

河越氏亡き後は、室町時代の前半、常楽寺等がそれまでの屋敷割を改修したようであるが、その区画は河越氏の時代の区画を基本的には踏襲している。この時代には、館跡と日枝《ひえ》

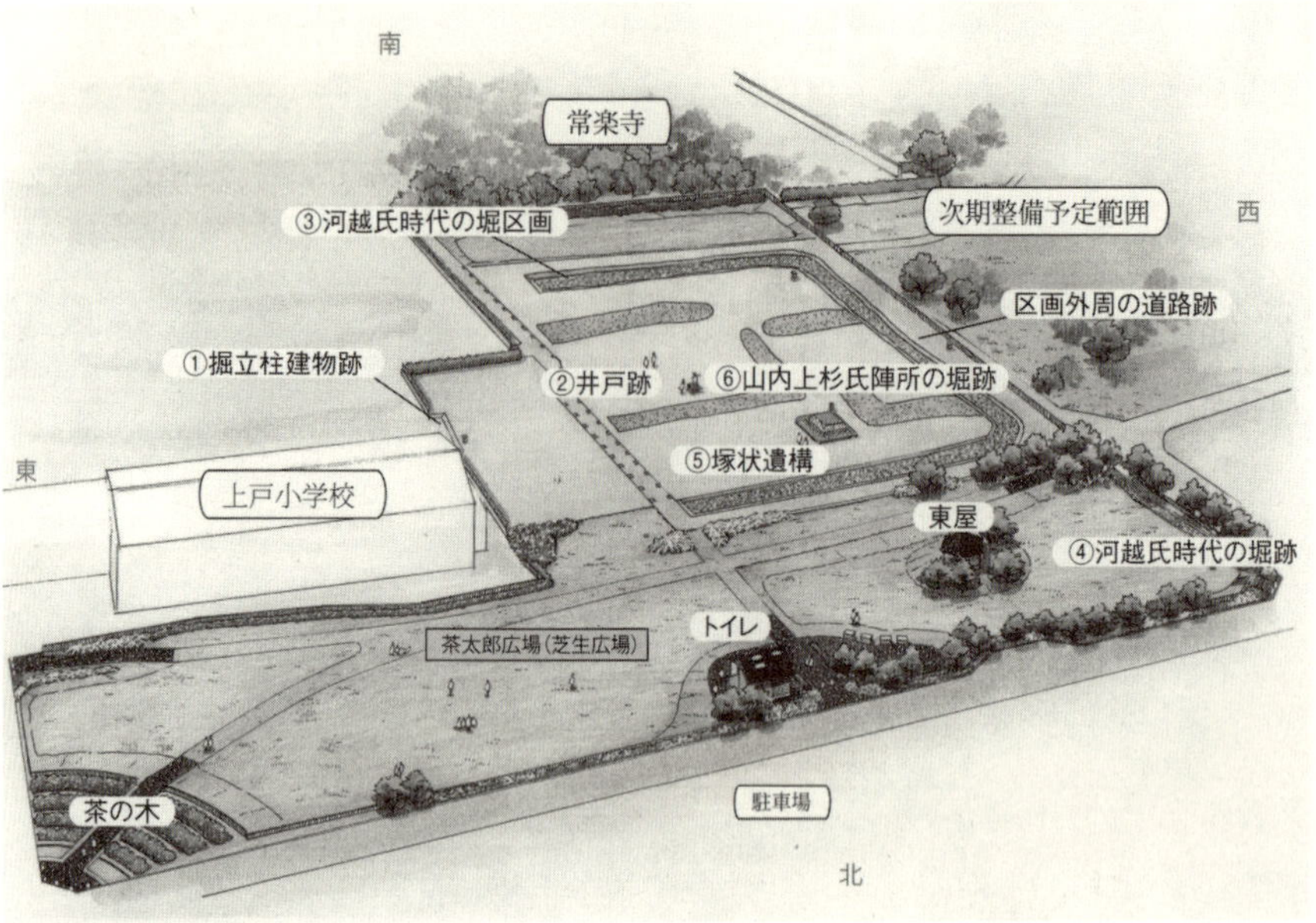

●—河越館整備鳥瞰図
（川越市教育委員会提供。市立博物館2010年開催『よみがえる河越館跡』より）

神社をつなぐ東西道路沿いに市や宿が展開した可能性がある。それは、現在の道路に沿って見つかった盛んに改修された中世の道跡からこの時期の遺物を多く出土していることと、館跡と神社の中間地点で市神とも想定できるような神社建物風の遺構が検出されていることからである。日枝神社は、重頼が河越に進出しその所領を後白河上皇《ごしらかわじょうこう》の新日吉社《いまひえしゃ》に寄進した際に屋敷の西約五〇〇メートルに勧請した神社である。

明応六年頃山内上杉氏が対川越城の陣所として構えた「上戸陣」は、現在の常楽寺を中心に一キロを超える範囲に展開していることが発掘調査によってわかっている。本陣が張られたと推定される常楽寺周辺では幅五メートルを超え土塁を伴う堀が折れを多用しながら縦横に展開している。その一〇年足らずの間に縄張もいく度か改修を受けている。発掘調査では破片数で四ケタを超える板碑《いたび》片が出土し、特に出土量が多い一五世紀中頃から後葉は紀年銘に断絶が見られないが、文献から知られる上戸陣の年代の一四九七〜一五〇五年までの板碑は現在までのところ知られていないことから、文献が示す年代が考古資料で追認できている。山内上杉氏が退陣した後、ふたたび板碑の造立が始まるが、堀が大きく改修された痕跡は認められないことから、江戸後期の地誌が語るよう

●—塚状遺構　礫が流れ込んだ溝（川越市教育委員会提供。市立博物館2010年開催『よみがえる河越館跡』より）

●—塚状遺構の出土遺物（川越市教育委員会提供。市立博物館2010年開催『よみがえる河越館跡』より）

な大道寺氏の整備の痕跡は、発掘調査では確認できていない。

河越氏の時代の出土品を特徴づけるのが、青白磁の梅瓶や型押文様《かたおしもんよう》の白磁皿などの高級中国製磁器や素焼きのかわらけである。特にかわらけは一三世紀中頃まで京都系の手づくねかわらけがロクロかわらけと共伴して出土し、鎌倉後期から南北朝時代までは鎌倉系のロクロかわらけが大量に出土する。また特別な儀礼等に使われた思われる京都系の白かわらけや大阪府枚方市産の瓦器坏が少量ながら出土することは有力な在地武士河越氏の館跡を示す遺物といえる。

【河越氏の歴史的変遷】　河越氏は、もともとは桓武平氏《かんむへいし》を祖とし、一一世紀に武蔵国の秩父に下向し、分脈していった秩父平氏の一氏族で、豪族的武士団である。

治承四年（一一八

〇）、源頼朝《みなもとのよりとも》が伊豆《いず》で挙兵すると、河越氏ははじめ敵対したが、後に御家人《ごけにん》となって平氏討伐軍に参戦している。この頃の河越氏の勢力は、重頼の娘が頼朝の弟義経《よしつね》の妻に選ばれていることからも推し量ることができる。『吾妻鏡《あずまかがみ》』によれば輿入《こしい》れの日重頼の娘は家の子二人と郎従三〇余人を伴って都に向かって屋敷を出発したという。ところが、後に頼朝と義経の仲違から、義経縁者であることが禍して、河越重頼と嫡子重房《しげふさ》は誅殺される。これを機に河越氏が勢力を失う一方で、頼朝は畠山重忠《はたけやましげただ》を重用する。ところが重忠も元久二年（一二〇五）、北条氏との対立から二俣《ふたまた》川で謀殺されると、その戦いに参加した重時《しげとき》・重員《しげかず》が畠山氏に代わりふたたび勢力を回復する。

一三世紀後半、経重《つねしげ》の頃になると、河越氏は皇族将軍頼経《よりつね》の下向に供奉する立場まで回復し、文応元年（一二六〇）には将軍の傍に控える昼番衆《ひるばんしゅう》に加わっている。また経重は同年（河越荘が新日吉社領となってちょうど一〇〇年目）、新日吉《いまひえ》山王宮《さんのうぐう》に梵鐘《ぼんしょう》を寄進している。

さらに文永九年（一二七二）に安達泰盛《あだちやすもり》に協力して高野山町石を建立している（経重の最後の記録）。鎌倉幕府が滅亡する時には、河越貞重《さだしげ》は幕府軍に加わり奮戦するが、その一方で新田《にった》軍に参戦する河越氏もいた。南北朝時代になると、直《ただ》重《しげ》が足利尊氏《あしかがたかうじ》に重用される。文和二～貞治元年（一三五三～一三六二）の足利基氏《もとうじ》の「入間川御陣《ごじん》」では河越氏と高坂《こうさか》氏が中心となった平一揆が重要な役割を果たしている。その功もあって直重は、相模守を補任《ぶにん》し尊氏の「薩埵《さった》山体制」を支えていた。しかし尊氏が没し、反尊氏派の上杉憲顕《うえすぎのりあき》が復活すると、基氏が没した翌年応安元年（一三六八）、平一揆は河越館に立て籠もり鎌倉府に叛旗する。しかし呆気なく敗れ去り、河越氏は歴史の表舞台から姿を消していく。このように東国の首都鎌倉の主であった源氏・北条・足利と仕えてきた河越氏は、その勢力範囲が鎌倉に近いがために、時の権力者から常に勢力の伸長を抑制され、常に微妙な立場に置かれていた。まさに武蔵国の地理的な宿命を負った武士である。

【京姫伝説】 源義経の女性として静御前の名は、世によく知られるが、その正妻として義経と最期をともにしたのが、河越太郎重頼の娘であったことは、あまり知られていない。彼女は一七歳で親元を離れ京都の源義経に嫁ぐが、不慣れな都の生活に慣れる間もなく頼朝・義経の対立に巻き込まれ、最期は遠く奥州の地で義経と四歳の幼子とともに自害して果たことを『吾妻鏡』は伝えている。この河越太郎重頼の娘は、地元では京姫《きょうひめ》と呼ばれている。その薄幸な生涯は、地元の人々の憐憫《れんびん》を誘い次のような伝説を生んで今に語り継がれて

●―義経・京姫供養塔

いる。

郷土誌によれば「上戸の常楽寺の南方、入間川の土手に近い所に、かつて『京塚《きょうづか》』と呼ばれる小高い塚があり、小さな森となっていた。源義経の正室京姫の霊を慰めるための塚であったと言われる」「京姫は、頼朝の目を避けて義経主従とは別に夫の後を追う。やっと懐かしい川越まで来たが、生家を訪れることもできない。それどころか久しぶりの故郷に気がゆるんだためか、急に重い病気にかかってしまった。熱が高く、食べ物は全くのどを通らない。そのうち、うわ言をいうようになってしまった。ただ一人、姫に付き添ってきた乳母が涙ながらに、いい残すことはないかと尋ねると、姫は苦しい息の下から『平泉へ行きたい』とかすかに答えたという。こうして京姫は二二歳の短い生涯を閉じた。京塚は、この京姫を葬る墓だといい伝えられた」。

平成十八年、常楽寺の檀家により、京姫とその夫義経、父重頼の菩提を弔うための供養塔が建立されている。（田中信）

【参考文献】岡田精一編『河越氏の研究』（名著出版　二〇〇三年）、落合義明『中世東国の「都市的な場」と武士』（山川出版社　二〇〇五年）、企画展図録『よみがえる河越館跡　国指定史跡河越館跡の発掘―その成果と課題』（川越市立博物館　二〇一〇年）

●台地縁辺に築かれた繋ぎの城

滝《たき》の城《じょう》

〔埼玉県指定史跡〕

〔所在地〕埼玉県所沢市大字城
〔比　高〕二五メートル
〔分　類〕平城
〔年　代〕一五世紀後半〜一六世紀末
〔城　主〕大石氏、後北条氏
〔交通アクセス〕JR武蔵野線「東所沢駅」下車、徒歩約二キロ。関越道所沢ＩＣから所沢方面、亀ケ谷交差点左折、次に本郷交差点を左折、城交差点を右折、東所沢病院・滝の城址公園を目指す。駐車場（城内に若干）有

【城の特色】　北条氏照《ほうじょううじてる》が岩付《いわつき》領と滝山領の境目の番城として置いたと考えられている城郭である。本郭などの主体部と外郭との構造に大きな違いが認められ、城造りを考えるに格好の城郭。

【二つの異なる城づくり】　この城は、柳瀬《やなせ》川左岸の台地縁辺部に築城されている。城の主要な部分は埼玉県指定史跡として保存されているが、方形を示す外郭部は宅地化され元の姿をとどめていない。この城郭の見所は大きく二つに分けて構成される城づくりであろう。第一は本郭《ほんぐるわ》を中心とし、その北側に連なって配置される二の郭、三の郭とその中間の本郭虎口《こぐち》前に置かれた馬出《うまだし》とを合わせた滝の城主郭部分、第二は北側台地部に大きく張り出して作られる約一・三ヘクタールほどの広さをもつ方形を基本とする外郭《そとぐるわ》と、大手の桝形《ますがた》虎口正面背後に置かれた出郭であろう。

　平面的な縄張《なわばり》から見ても、この二つの違いは歴然としている。前者の縄張に、後から外郭を追加して防御を強固にしたと観察できる。外郭では市教育委員会の発掘調査によって、虎口部で障子堀《しょうじぼり》が確認された。これに対して、本郭などは折りを多用した屏風《びょうぶ》折りの土塁《どるい》・空堀《からぼり》によって縄張が規定され、複雑な外郭線を構成する。土塁に比べて空堀は大きく幅広で、堀底も畝《うね》などを置いて高低差をつけ、水が溜まるように造られていることがわかる。二の郭の土塁は基底部幅四メートルの小規模なもので高さは一〜二メートルしかない。三の郭も同様であるが、土塁が虎口部を除いて明瞭にならな

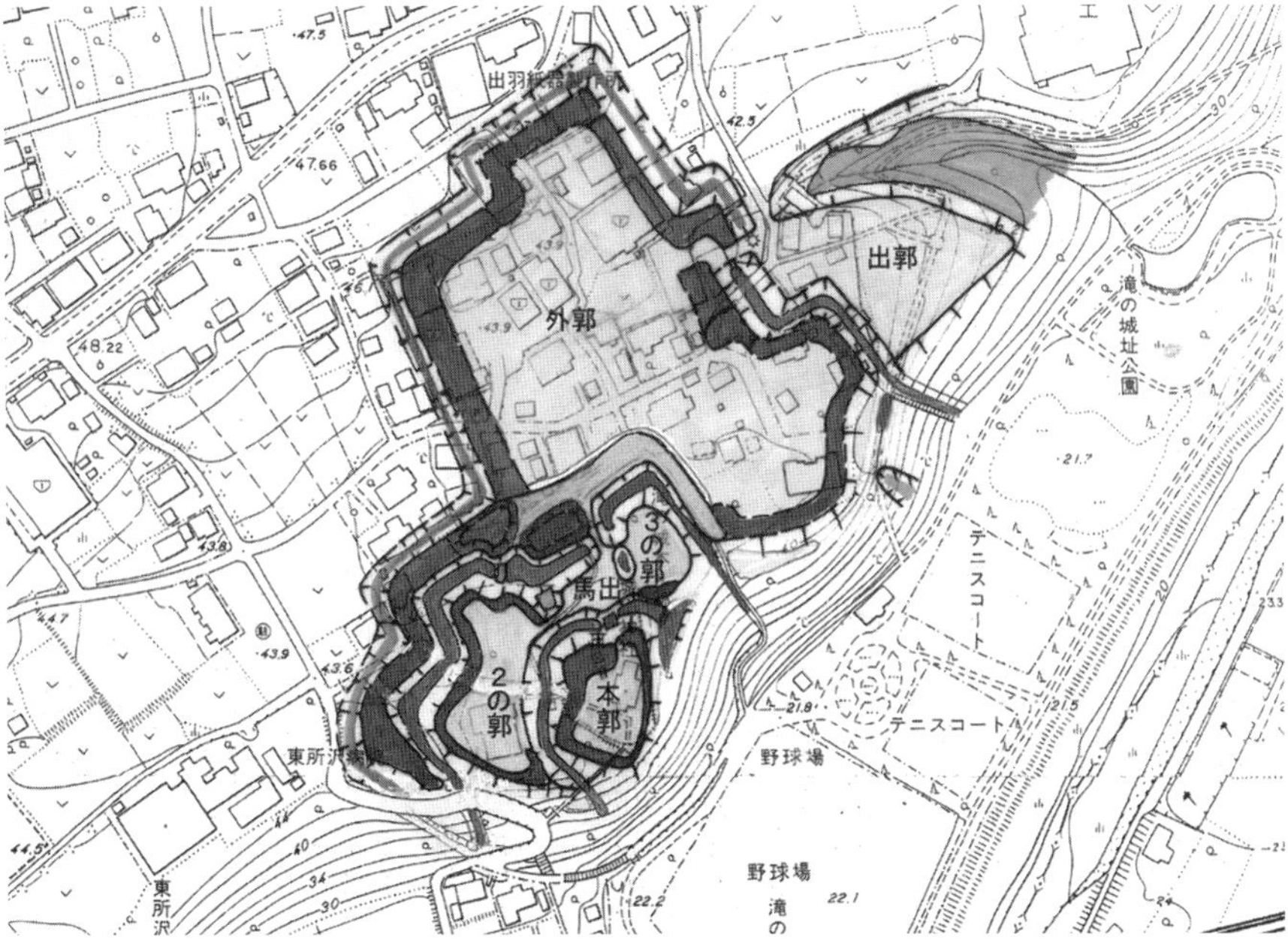

●—滝の城周辺図（所沢市都市計画図により復元作製）

い。内部は窪んでいるように観察され、東部では土塁の手前が掘り窪められ、見かけ上土塁の高さを保っている。

【本郭虎口と馬出】　本郭虎口は神社裏に土塁裾に石積みを伴う四脚《しきゃく》門跡が発掘調査された。空堀は深さ約八メートルと深い堀になっているが、虎口前では堀底に三メートルの高さをもつ障壁が築かれる。この障壁面から本郭虎口面まで、さらに四メートルほどの高さがあるので、本郭へは橋脚利用の木橋が想定される。本郭内は虎口西に高さ三メートルほどの櫓《やぐら》台と見られる高台があるほか、土塁は掘りのこし状に高さ五〇センチ～一メートルの規模をもってめぐる。本郭虎口手前・二の郭と三の郭中間に空間があるが、これは馬出の機能をもった郭であろう。馬出正面の北側には空堀を挟んで幅二〇メートル、高さ三メートルほどの土塁があり、障壁となっている。ここには「瀧見《たきみ》櫓跡」の古い石碑が建てられている。

　二の郭、三の郭の空堀の外側に接してもう一つ大規模な土塁と空堀が存在する。土塁は幅一〇メートルほどの大規模なものである。外郭空堀の回り方を把えると、これらは外郭構築に際して新たに付け加えられたものと考えている。

【外郭】　外郭は東側中央部に土塁・堀によって桝形《ますがた》に作られる虎口が市教委の発掘調査で確認された。桝形を構成する空

●—本郭四脚門発掘（所沢市立埋蔵文化財調査センター提供）

●—大手門前障子堀発掘
（所沢市立埋蔵文化財調査センター提供）

堀は深く大規模なもので、障子堀であった。

このほか、外郭の空堀が住宅開発に伴って発掘調査されたがいずれも障子堀が確認されており、外郭の空堀はすべて障子堀に造られていると考えてよいだろう。この他柳瀬川に面する南斜面中段部に二つの腰郭《こしぐるわ》が存在し、二の郭下にも小規模なものがあり、これらの繋がりを考えるとこの斜面部には柳瀬川方面からの通路が存在していたとみることができる。これまでの発掘調査では時期を決められる土器類の出土はなく、本郭門跡の発掘調査で鉄砲丸玉、鉄滓《てっさい》、飾り金具片、角釘二〇点などが出土した。

本郭等の中心部と外郭部との間に認められる造り方の違いは永禄の初め北条氏照が入城し、武田勢の侵攻に備えて再整備した八王子市滝山城本郭部と外縁郭部との縄張に見られる造りの違いと基本的に同じと考えられる。

【城主大石氏】 城主について福島正義氏は『所沢市史』上で大石氏とし、築城年代については室町時代後期前半としているが詳しいことは不明である。大石顕重《おおいしあきしげ》は長禄二年（一四五八）に高槻《たかつき》城主（八王子市）となったが、『太田《おおた》道灌《どうかん》状』によると長尾《ながお》景春《かげはる》の乱の時（一四七七〜一四八〇）には大石駿河守が景春与党として二宮《にのみや》城に籠城している。『関八州《かんはっしゅう》古《こ》戦録《せんろく》』によると大石氏や藤田氏は河越夜戦後の天文十八年（一五四九）頃までには北条氏に従属したと伝え、『豆《ず》相《そう》記』では藤田氏が天文二十年に帰順と記すので、管領山内《かんれいやまうち》氏の没落に伴って大石氏も後北条氏の軍門に下ったと考えられる。大石綱周（憲重《のりしげ》）は北条氏《うじ》康《やす》三男氏照を養子とし、氏照は以後大石氏の旧領を襲封したという。

●—二の郭北西部の内部空堀と外部土塁現況

【境目の防御地点清戸番所】 この清戸番所在番の記録は永禄七年（一五六四）五月二十三日に北条氏照の辛垣山城攻略で後北条氏傘下に入った三田谷土豪衆に宛てたもので、三田治部少輔《じぶのしょう》以下三八人四五騎を三番衆とし、六月五日から二番衆に代わって在番するよう申し付けている。このとき「境目《さかいめ》大切《たいせつ》之番所」と改めてその役の重要性について念を押している。

この番所の位置については、確定されていないが、清瀬市教育委員会は滝の城南の柳瀬川右岸に位置する下宿《しもじゅく》内山《うちやま》遺跡（古代〜近世の遺跡）で中世の掘立柱建物、井戸、柵、建物跡、旧河川敷を利用の堀跡等を発掘し、清戸番所であった可能性が高いとした。

他方、滝の城の位置や外郭等の構造から見て滝の城に清戸番所が置かれたとする説もある。清戸番所は八王子から羽根倉を通って岩付へ通じる重要な交通路に置かれたもので、関連すると考えられる滝の城は入間《いるま》川を挟んで太田岩付領に対峙する境目を守る重要な城郭であった。

（梅沢太久夫）

【参考文献】 伊禮正雄「滝山城について」『多摩考古』一二号（一九七二年）、倉員海保「滝山城と八王子城」『武蔵野の城館址』（名著出版 一九八四年）、福島正義ほか『所沢市史中世史料』（一九八一年）、所沢市教育委員会『滝の城跡（第四次）』ほか（一九九〇年）、梅沢太久夫『城郭資料集成 中世北武蔵の城』（岩田書院 二〇〇三年）

●江戸と河越をつなぐ城

岡《おか》の城《しろ》山《やま》

〔埼玉県選定重要遺跡〕

〔所在地〕埼玉県朝霞市岡三丁目
〔比　高〕約一四メートル
〔分　類〕山城
〔年　代〕不明（一六世紀中頃か）
〔城　主〕不明（太田道灌築城伝説および太田康資城主説あり）
〔交通アクセス〕東武東上線「朝霞台駅」、JR武蔵野線「北朝霞駅」下車、徒歩一五分。市内循環バス「城山公園前」下車、徒歩一分・駐車場有

【舌状台地に構築】　朝霞市の中央を北に流れる黒目《くろめ》川は、やがて流路を東に向けて新河岸《しんがし》川に注ぐ。その黒目川に向かって突き出した舌状《ぜつじょう》台地を利用して城が築かれている。一部の研究者や城郭を紹介した書籍では「岡城」と記されることが多いが、正式名称は伝わっていない。地元では昔から「城山」と呼んでいた（小字名は「城戸《きど》」という）が、明治二十二年の市制・町村制によって現在の市町村の基となる膝折《ひざおり》村が誕生すると、村内に二ヵ所の城山が存在することとなり、両者を区別する意味から所在するところの大字名を冠して「岡の城山」と呼ぶようになった。

　太田道灌《おおたどうかん》築城と伝えられるこの城は、一六世紀中頃に江戸太田氏の居城であったと推定されているが、それ以外のことはよくわかっていない。戦いの記録や形跡が見られないことから、秀吉《ひでよし》の小田原攻め以前に廃城になったか攻撃の対象とはならなかったようだ。

　江戸時代以降は山林となっており、戦前には麓にある縄文時代の貝塚の貝を採掘して鳥の餌としていたことや、昭和四十年代後半から始められた道路工事・公園造成により、城の一部が削られてしまった以外は、土塁や空堀などの遺構がよくのこり、現在では「城山公園」として市民に親しまれている。

【城の構造】　岡の城山は、東に延びる舌状台地を利用した城郭で、東端から一の郭、二の郭、三の郭、四の郭と呼ぶ四つの郭が直線的に並ぶ構造をしている。一の郭は一辺約五〇メ

●—郭遺構

ートルのほぼ方形を呈しており、周囲には土塁を廻らしている。東南隅には「櫓台《やぐら》」跡と伝えられる遺構がある。西側の二の郭とは空堀をもって隔てられており、空堀の規模は土塁上部で一五〜二〇メートル、空堀《からぼり》と土塁《どるい》上部との比高差は現状で約五メートルを測る。空堀は直線ではなく、東側に折れ曲がる「屏風《びょうぶ》折り」となっている。二の郭は四つの郭の中でも一番広く、東西約八〇メートル、南北約六〇メートルの規模である。西側に土塁が設けられているが、東側には土塁の痕跡はみられない。

二の郭の土塁は一の郭のそれよりも規模が大きく、敷も広いことから高さもそれなりだったと思われる。南西隅が西側に突出する「出隅《ですみ》」となっている。三の郭とは約二〇メートル間隔の空堀で区画される。

三の郭は東西約二〇メートル、南北約三〇メートルで、二の郭の出隅の影響で北西に細長い形となっている。土塁は認められない。西側の四の郭とは溝程度の浅い空堀で隔てられている。

四の郭は東西に細長く、約五〇メートルを測る。南北は約二〇メートルで、土塁は認められない。西側は尾崎坂と呼ばれる堀切で本仙寺《ほんせん》のある台地と区切られている。

本仙寺に隣接する旧家は「ネゴヤ」の屋号を有し、城との関連性が注目される。なお、四の郭は現在の城山公園造成時に削平され、遺構のほとんどを失っている。

【広沢郷と城山】　岡の城山を中心としたほぼ現在の朝霞市域は、平安時代末期以来中世を通じて「広沢郷」と呼ばれていた。広沢郷については、木曾義仲の父帯刀先生《たてわきせんじょう》源義賢《みなもとのよしかた》とその甥にあたる源義朝《よしとも》の嫡男悪源太《あくげんた》義平《よしひら》が武蔵国大蔵《おおくら》で戦った「大蔵合戦」で活躍した波多野《はたの》余三実方《よぞうさねかた》が、その恩賞としてこの地を与えられた。その地名を取って広沢氏を名乗ったと伝えられ、鎌倉時代を通じて広沢氏が支配していたようである。広沢氏の動向は鎌倉時代の記録である『吾妻鏡《あずまかがみ》』などで知ることができるが、『とはずがたり』という文学作品にも登場している。

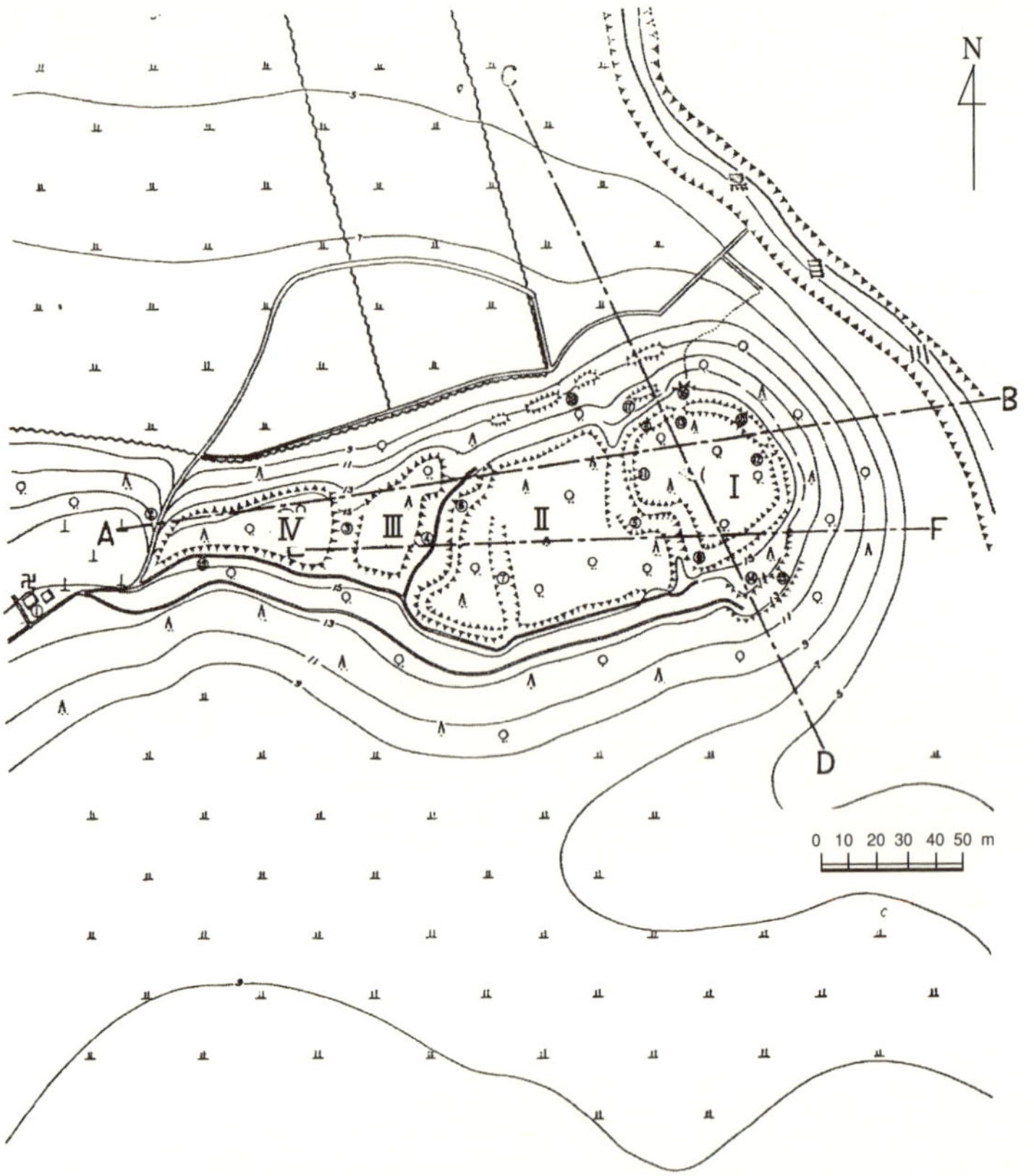

●—岡の城山全体図（郭番号はⅠ～Ⅳのように示した。小室栄一著『中世城郭の研究—関東地方に於ける築城遺構の実測調査とその諸問題—』人物往来社より）

南北朝時代以降は、広沢氏からやがて扇谷上杉《おうぎがやつうえすぎ》氏の支配領域になったようである。その経緯については全く不明であるが、朝霞市内には板碑や宝篋印塔《ほうきょういんとう》をはじめとする中世遺物が数多く見られる。金石文《きんせきぶん》の年号表記から北朝に属していたことがわかる。なお、『新編武蔵風土記稿』には「本丸《ほんまる》ト覚《おぼ》シキ所ヲ字シテ二條ト云フ」とあり、この記述と本仙寺の創建伝承（『武蔵国郡村誌』

に記載されているもの）や宝篋印塔の紀年銘などから、城山の築城をこの時期とし、後の時代に改修などが行なわれたので「一條」なる地名がついたと考える説がある。

文明十年（一四七八）正月二十五日、石神井城《しゃくじい》（練馬区）の豊島泰経の叛乱をおさえるため、扇谷上杉氏の家宰《かさい》太田道灌が岡の城山の南東約二・五キロメートルの膝折宿（朝霞市）に着陣し、陣容を整えたと『太田道灌状』は伝える。この時点で城山は確実に扇谷上杉氏の支配下に入っていたことがわかる。それは背後が不安な地に陣を張るとは考えにくいからである。その後、道灌の謀殺、後北条氏の武蔵進出にしたがって、後北条氏の支配下に入り、江戸衆に組み入れられた。永禄二年（一五五九）に作成された『小田原衆所領役帳』には、江戸衆の一人で太田道灌の曾孫でもある太田新六郎康資《やすすけ》の筆頭領地として「江戸　広沢三ケ村」が記される。この記録によって城山の城主の一人が判明する。しかし、康資の広沢郷知行も長くは続かなかったようである。

【第二次国府台合戦後の城山】　岡の城山の城主として唯一想定できる太田康資は、永禄七年（一五六四）に江戸太田氏の再興を期して後北条氏に叛旗を翻した。しかし、事は直前に漏れ、止むなく下総国国府台《こうのだい》（市川市）で戦った（第二次国府台合戦）ものの敗れ、常陸に逃れた。そして、佐竹《さたけ》氏や安房《あわ》の里見《さとみ》氏を頼って再起をかけたが、安房の地で客死した。

康資謀反後の城山については、記録や伝承ものこされていない。江戸時代には村民持ちの山となり、やがて道灌築城伝説を生んだ。この伝説については、『新編武蔵風土記稿』新座郡岡村東圓寺《とうえんじ》の項に詳しい。

公園造成前には考古学的な調査が行なわれ、若干ではあるが遺物も出土している。しかしながら、調査成果についてはは公になっていない。また、この調査とは別に茶臼が出土しており、今後の精査によっては、正確な築城時期などが判明するものと期待する。

（栗原和彦）

【参考文献】小室栄一『中世城郭の研究―関東地方に於ける築城遺構の実測調査とその諸問題』（人物往来社　一九六五年）、埼玉県立歴史資料館編『埼玉の中世城館跡』（埼玉県教育委員会　一九八八年）、朝霞市教育委員会市史編さん室編『朝霞市史』通史編（朝霞市　一九八九年）、朝霞市博物館編『第十七回企画展「広沢郷の時代～中世の朝霞を探る～」展示図録』（朝霞市博物館　二〇〇五年）、朝霞市博物館編「ギャラリー展示　地域の遺跡を訪ねて～水・川・そして人～Ⅰ　岡の城山」（朝霞市博物館　二〇〇八年）

●長大な大構が守る城

岩付城《いわつきじょう》

〔埼玉県指定史跡〕

〔所在地〕埼玉県さいたま市岩槻区太田内
〔比　高〕約五メートル
〔分　類〕平城
〔年　代〕文明年間
〔城　主〕成田氏、太田氏、渋江氏、北条氏
〔交通アクセス〕東武野田線「岩槻駅」下車、徒歩二三分・駐車場有

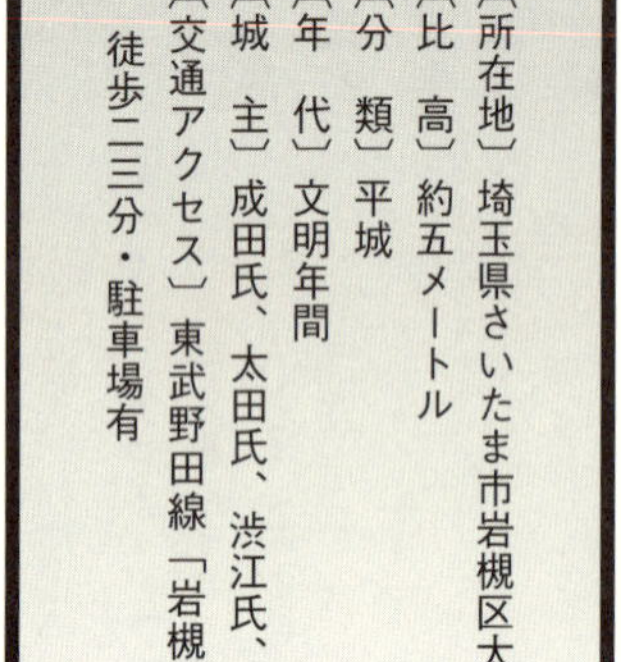

【沖積平野の平城】 別名白鶴《はくつる》城と呼ばれる岩付城は、元荒《もとあら》川と綾瀬《あやせ》川にはさまれた西北から東南へと細長く伸びる洪積台地の東縁に城の中心部（主郭部）を構えている。一六世紀末までには、主郭部台地の南北対岸にも城域を拡張している。岩槻の地は、鎌倉期の奥大道《おくのおおみち》の系譜を引く街道の荒川（現在の元荒川）渡河《とか》点に当たり、水陸交通の要衝であったことから、早い時期から市場・宿が形成されていた可能性が考えられる。

【築城から現在まで】 この城は、従来、長禄元年（一四五七）に扇谷上杉《おうぎがやつうえすぎ》方の城として太田道眞《おおたどうしん》が築城したとされてきたが、近年は文明年間に古河公方《こがくぼう》方の成田正等《なりたしょうとう》により築城されたとする説が有力になっている。一六世紀前半には岩付太田氏の居城として史料に現れ、小田原北条氏との攻防・同盟・離反を繰り返しながら、永禄十年（一五六七）三舟山《みふねやま》合戦（千葉県富津市）で太田氏資《おおたうじすけ》が戦死するにおよび、北条氏が直接支配するところとなる。

その後、天下統一を目指し関東へ進出する豊臣秀吉《とよとみひでよし》と北条氏が対立、天正十八年（一五九〇）浅野長吉（長政）ら豊臣方の総攻撃を受け、岩付城は落城する。北条氏が滅びると徳川家康《とくがわいえやす》が江戸に入り、岩付城も徳川の重臣高力清重《こうりききよしげ》が二万石で城主となる。江戸時代になると岩槻城は江戸北方の守りの要として重要視され、青山《あおやま》・阿部《あべ》・板倉《いたくら》氏・戸田《とだ》氏・藤井《ふじい》松平《まつだいら》氏・小笠原《おがさわら》氏・永井《ながい》氏ら幕府要職の譜代《ふだい》大名の居城となる。明治維新後は廃城となり、城の建物は各地に移され土

地は払い下げられて、およそ四〇〇年続いた岩槻城は終焉を迎えた。現在では城跡の南端の新曲輪・鍛冶《かじ》曲輪跡が県指定史跡となり、岩槻城の城門と伝わる「黒門」「裏門」も移築保存され、岩槻城址公園として市民の憩《いこ》いの場所となっている。

【城の構造】 岩付城は、一五世紀後半に築城されてから、いく度かの改修を経ているが、特に天正十八年の小田原攻めの直前には大きな改修がなされた。江戸時代の絵図から、城は本丸・二の丸・三の丸などの主郭域、その周囲を取り囲む沼の北側に位置する新正《しんしょう》寺曲輪域、南岸に位置する新曲輪域という三つのブロックから構成されていたことがわかる。新曲輪と鍛冶曲輪からなる新曲輪域は、一五八〇年代に秀吉の関東侵攻に備え、主郭域の南方の防備を固めるために造られた出丸で、土塁《どるい》・空堀《からぼり》・馬出《うまだし》など戦国期の岩付城の遺構がよくのこされている。近年の発掘調査では北条氏が得意とした築城技術である障子《しょうじ》堀が見つかっている。障子堀は、堀の底に畝状の障害を設けた特徴的な堀で、新曲輪では見つかった畝はその間隔が約九メートルあり、それを復元したものを現地で見ることができる。

　城の西側および南側の一帯には、戦国時代から江戸時代にかけて武家屋敷と町屋、寺社地からなる城下町が形成された。秀吉の関東侵攻が現実味を帯びるようになると城主北条氏房は、父氏政の小田原と同様に、城とその城下を「大構」で取り囲み備えた。長さ約八キロにもおよぶ大構は、町側に土塁を築き、その外側に堀を設けたもので、城と城下は巨大な防御施設によって守られる一つの大きな空間となった。大構は、その後失われ現在ではその全貌を知ることができないが、城

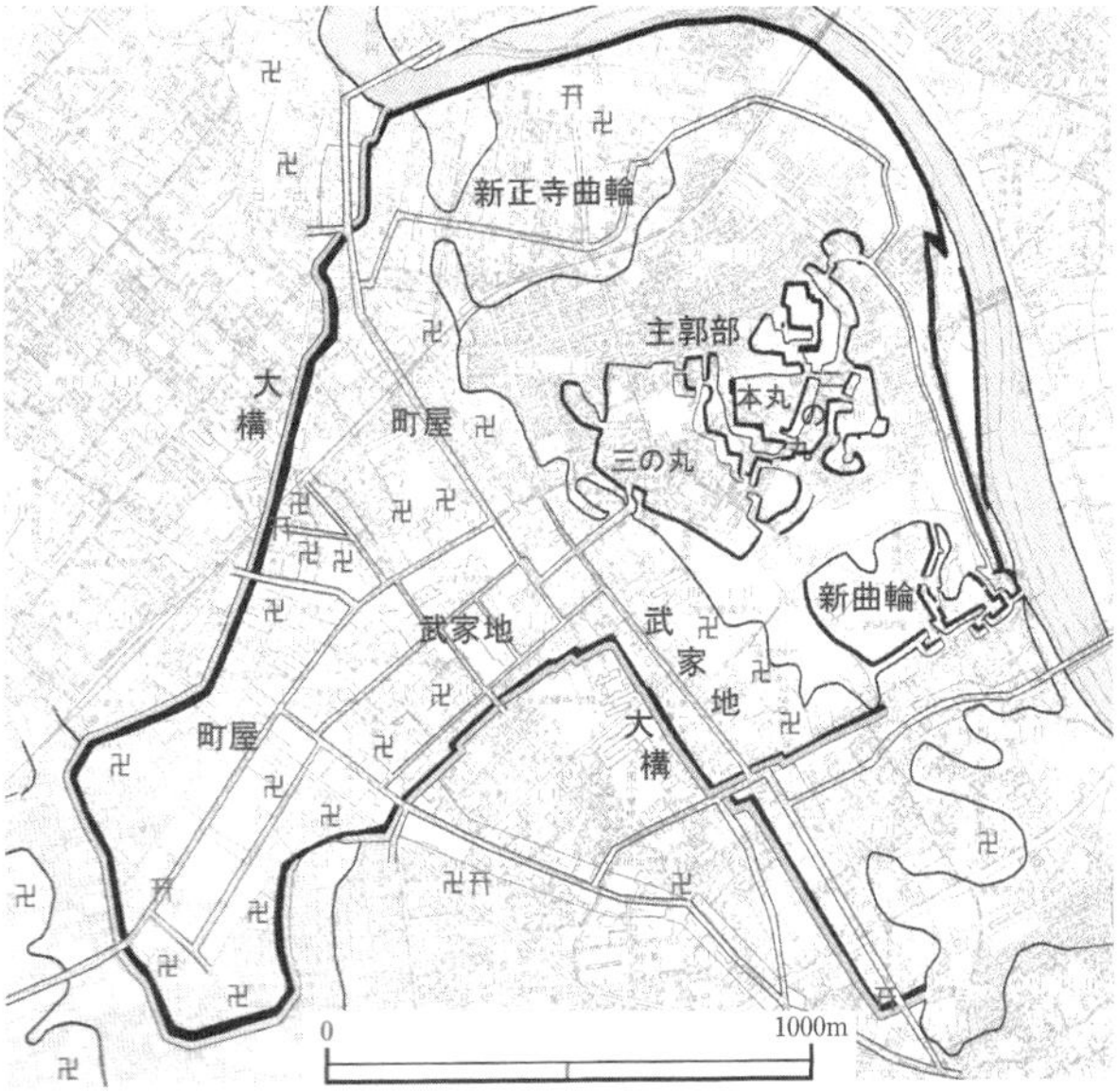

●―**岩付城の概要**（さいたま市立博物館提供、さいたま市・岩槻市合併記念事業特別展図録『戦国時代のさいたま』平成17年より転載）

●—愛宕神社（さいたま市立博物館提供、さいたま市・岩槻市合併記念事業特別展図録『戦国時代のさいたま』平成17年より転載）

下町の西、現在の岩槻駅の北東にのこる小高い山は、戦国時代の大構の威容を今に伝える唯一の場所で、江戸時代の初期に愛宕神社が祀られたため大構がわずかにのこされた。

また城の北に鎮座した久伊豆《ひさいず》神社は、太田資正《おおたすけまさ》が天文十九年（一五五〇）に岩付城の鎮守として創建した神社である。境内には岩付城主が乞雨祈願《あまごいきがん》に使用したという「雨乞いの井」や県内でも有数の大サカキ（県指定天然記念物）の大木がある。神社境内はかつての岩付城の一部で、元荒川を臨む社叢は埼玉県自然百選に選ばれている。

【城主の変遷と逸話】文明年間に岩付城を築城した成田氏は、永正六年（一五〇九）までには本拠忍城に戻り、その後を古河公方奉公衆と推定される渋江氏が城を守っている。一方で永正の乱の中で古河公方足利政氏の最大の支援者となった扇谷上杉氏が岩付城をその支配に組み入れるようになる。

岩付城の勢力図が、扇谷上杉氏方と北条氏方との間でめまぐるしく入れ替わるようになるのは、北条氏綱が武蔵へ侵攻を開始してからである。大永四年（一五二四）江戸城にいた太田資高が主人扇谷上杉朝興の留守に乗じて離反し、江戸城を北条氏綱に落とさせると、岩付城でも朝興の重臣太田資頼が氏綱に内応し、渋江右衛門大夫の岩付城を落とすことになる。この時が岩付太田氏の始まりとされる。すぐに朝興は甲斐武田氏の援軍を得て岩付城を奪回し、資頼は朝興に帰参させられるが、翌年には、資頼に没落させられた渋江右衛門大夫の子三郎が北条氏綱を頼り岩付城を攻撃、資頼は石戸城（北本市）に後退させられる。享禄四年（一五三一）、資頼は再び岩付城を攻め渋江三郎を討って岩付城主に返り咲き、旧領の比企郡三保谷郷に加え、足立郡のほぼ全域および崎西郡南部にわたる支配領域を形成することになる。その二年後、資頼は隠居し家督を嫡子資顕に譲る。

武蔵への北条勢力の伸張が著しくなると、資顕は扇谷上杉氏から離れて行く。天文十五年（一五四六）、山内上杉・古河公方・扇谷上杉氏の連合軍は、河越合戦で北条氏康に破れ太田氏の主家扇谷上杉家は滅亡するが、その絶対的優位の軍勢の中で上杉方が北条氏に敗れたのは資顕が北条方に付いた結果ともいわれる。一方上杉方にあって上野新田領高林に逃れていた資正は、北条氏の里見攻めの隙を衝いて松山城を奪取、翌年兄資顕（全鑑）が亡くなると、岩付城を手中に収め岩付太田家の家督を継承し、松山城には上田朝直を置いて再び北条氏に敵対する。ところが朝直がすぐに北条に内応したため、松山城は北条の手に落ち、続いて岩付城も包囲され、資正は北条氏康に従属することとなる。

　永禄三年（一五六〇）、上杉謙信《うえすぎけんしん》の関東侵攻に伴い、資正をはじめかつての反北条勢力は上杉方につき、北条の勢力は後退を余儀なくされる。しかし謙信がいったん帰国すれば再び北条が侵攻するという繰り返しの中で、扇谷上杉方の重要拠点であった松山城も、岩付太田氏と北条氏との間で激しい争奪戦が繰り広げられた。この松山城をめぐる攻防戦の中で生まれたとされる逸話が次の「三楽の犬の入替」である。

　岩付太田氏の中でも勇将として知られる資正（三楽斎道誉）は、軍用犬を初めて使った武将とされる。太田資正が北条氏康と争奪戦を繰り広げた松山城は、資正のいる岩付城と三十里余りも離れていた。ところが氏康率いる北条方が松山城を攻撃すると必ずといってよいほど岩付から即時に後詰が到着して、氏康を苦しめた。それは、資正が岩付城と松山城の両方に飼いならした犬を配置していて、敵が襲来したらすぐさま、援軍を依頼する文書を犬の首に付け放って連絡取り合っていたためであったと『関八州古戦録』には記されている。

　松山城が北条方の手に落ち、さらに岩付城周辺を北条勢力が取りかこむようになる永禄七年（一五六四）、資正・景時父子が里見方として国府台合戦に参戦している隙に、資正の子資房が北条に内応し資正は岩付城を追われることになり、岩付城は完全に北条勢力の城となる。

　北条氏に従属した太田資房（後に氏資）が亡くなると、岩付城は北条宗家の直接支配に置かれ、その後氏政の子源五郎、次いで北条氏房の支配する城となるが、天正十八年、豊臣秀吉の関東侵攻により落城、長大な大構に守られた城・岩付城は中世城郭としてのその役割を終える。

（田中信）

【参考文献】黒田基樹『扇谷上杉氏と太田道灌』（岩田書院　二〇〇四年）、岩槻市教育委員会『岩槻城と城下まち』（二〇〇五年）、さいたま市立博物館、さいたま市立浦和博物館　特別展図録『戦国時代のさいたま』（二〇〇五年）

お城アラカルト

「搬入された陶磁器類」

浅野晴樹

鎌倉幕府が開かれた後、西国を中心にさまざまな物資が鎌倉にもたらされた。やきものをみると、東海地方の瀬戸《せと》や常滑《とこなめ》周辺で生産された碗《わん》・皿《さら》・甕《かめ》・鉢《はち》、中国製の青磁《せいじ》や白磁《はくじ》の碗・皿類、備前《びぜん》産の擂鉢《すりばち》、東播磨《ひがしはりま》（兵庫県）産の擂鉢など中国や西国各地のやきものが鎌倉市中の遺跡から確認される。鎌倉はまさに消費都市であった。その傾向は相模や南武蔵周辺の遺跡においても量の差はあれ、鎌倉同様に東海地方などから搬入されたやきものを主に用いていた。

鎌倉政権が滅んだ後は、東京湾沿岸の品川《しながわ》などの湊《みなと》が海上交通の拠点となり、東海地方や西国の物資が搬入された。

中世前半から戦国時代に至る時期、南関東のなかでも相模《さがみ》・南武蔵《みなみむさし》の城館の出土遺物の特徴のひとつが、在地産の擂鉢・土鍋《どなべ》がみられないことである。在地産の擂鉢や土鍋は、常滑や古瀬戸の鉢や鉄鍋の代用品として発達したものである。そのような遺物がないことは中世全般を通して、常滑や古瀬戸さらには中国陶磁が多くもたらされていたことを物語っている。

戦国時代の城館の遺物をみたとき中国陶磁などの貿易《ぼうえき》陶磁《とうじ》や瀬戸・美濃製品は、北関東に比較するとその出土割合は高い。北関東の騎西城では貿易陶磁と瀬戸・美濃製品を合わせて一〇パーセントほどであったのが、小田原城下では、貿易陶磁は遺物全体の二一パーセント、さらに八王子城では貿易陶磁が遺物総数の七一パーセントを占めていた。

このような出土遺物の質量の差は、太平洋沿岸地域と内陸という条件の異なりによる流通形態の差、遺跡の階層的な違いによる消費の格差があったと考えられる。特に戦国城郭《せんごくじょうかく》の中枢部《ちゅうすうぶ》からは骨董的《こっとうてき》な高価なやきものが出土する場合もある。

◆千葉県

〜本佐倉城・東虎口（酒々井町教育委員会提供）

●千葉県のみどころ

千葉県には規模の大きな城館がいっぱいというイメージがある。真里《まり》谷《やつ》城・万喜《まんぎ》城・小糸《こいと》城など。これらの多くは、千葉一族をはじめ里見《さとみ》家や武田《たけだ》家などの武士たちが築いた本城である。むろん、小金《こがね》城・本《もと》佐倉《さくら》城・本納《ほんのう》城のように戦国大名北条《ほうじょう》家の息のかかった拠点もある。北条氏康《うじやす》をして一国と同じ価値といわせたのは関宿《せきやど》城だった。このような地域支配の拠点が群在するのが千葉県の中世城館のイメージである。あるいは那須《なす》氏の一族が盤踞《ばんきょ》した栃木県北部の様相と似ているのかもしれない。北条家に飲み込まれることなく、独自の領域を確保し続けた武士たちが、はたしてどのような城館を築いたのだろうか。千葉県の城館の見どころであろう。

●一国に匹敵する価値をもつ城郭
関《せき》宿《やど》城《じょう》

〔所在地〕千葉県野田市関宿三軒家
〔比　高〕三メートル
〔分　類〕平城
〔年　代〕康正元年（一四五五）〜明治四年（一八七一）
〔城　主〕簗田氏、松平康元、小笠原氏、板倉氏、牧野氏、久世氏
〔交通アクセス〕東武野田線川間駅から境車庫行バス「台町」下車、徒歩二〇分・駐車場有

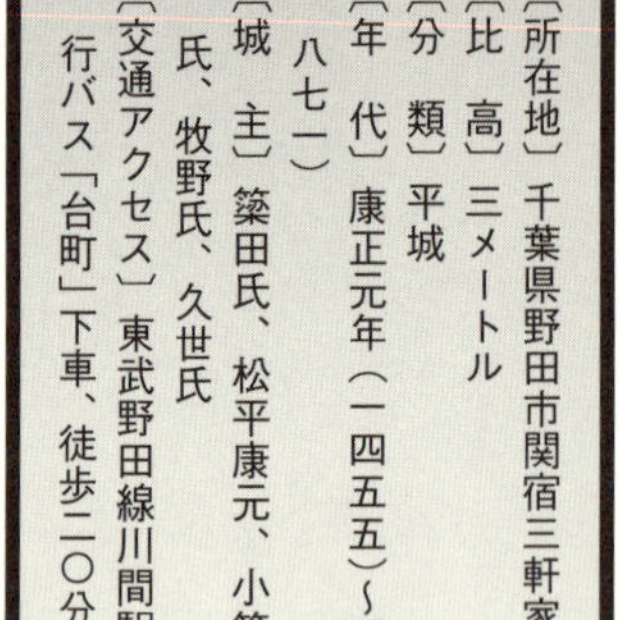

【河川と沼に囲まれた城郭】　関宿城は水陸交通の要衝を占め、中近世を通じて重要な位置を保った城であった。そのため、永禄元年、北条氏康《ほうじょううじやす》が簗田《やなだ》氏から関宿城を手に入れたことに対し、「一国を取り為され候うにも替わるべからず候」と述べている（「瑞雲院《ずいうんいん》宛北条氏康書状」『喜連川《きつれ》文書』）。

というのも、本城は東京湾に注いだ旧利根《とね》川水系と、香取《かとり》内海をへて銚子《ちょうし》口から太平洋に注いだ古鬼怒《きぬ》川水系の接点に位置し、山王沼《さんのうぬま》や水海《みつみ》沼などともつながる水の要衝にあったからである。と同時に、陸上交通の面でも栗橋《くりはし》・古河《こが》などと結ばれ、小金《こがね》城を経て市川《いちかわ》方面ともつながる位置にあった。

この関宿の地に、水海に本拠をもつ簗田氏が進出したのは、享徳《きょうとく》の乱の勃発した康正元年（一四五五）、持助《もちすけ》の時であった。簗田氏は水運に長けた武士団として、一貫して古河公方《こがくぼう》家臣として活躍している。「弘治四年六月十九日付足利義氏《あしかがよしうじ》条書」（『簗田家文書』）によれば、古河城へ移った簗田氏に対し、同城ならびに関宿城において従来通り「舟役《ふなやく》」を徴収する権利を、公方義氏が認めている。簗田氏および関宿城が舟運と深い関係をもっていたことをうかがわせる。

【城下町の名残色濃い街並み】　関宿城跡は、近世の本丸の三分の二ほど、また二の丸の大半が江戸川堤防工事によって姿を消し、城下町も宅地化・耕地化によって大きく変わってしまったかに思われている。しかし、詳細に地形を観察すれば、三の丸・馬出曲輪《うまだしくるわ》をはじめ城下町の部分は今なお形状をうかがい知ることができ、「正保城絵図」（以下正保図）の「下総

国世喜宿城絵図」の姿が、おぼろげながら浮かびあがってくる。

台町バス停を降りると、第二次世界大戦終戦時の総理大臣として知られる鈴《すず》木《き》貫《かん》太《た》郎《ろう》を顕彰した記念館が目に入る。その脇の路地を、そのまま北西方向に入るとほどなく、小水路を渡ることになる。この水路こそが近世城下町を守る堀の痕跡であり、近世関宿城の搦《から》め手《て》門跡である。城内側には土塁があったのだが、今は崩されてしまっている。城内に入ると正保図に描かれた城下の街路は、食違《くいちがい》の十字路をはじめ、ほぼそのままのこっている。また、三の丸と馬出と考えられる小空間も、水田と微高地上の宅地という形で堀と曲輪部分が明確にのこっている。

わずかにのこる本丸部分と三の丸とを隔てる堀跡は、現状では水田となって往時の面影を伝えている。この堀は、もともと古い河道であったとする考えもある。

以上のように、戦国期の関宿城は基本的に正保図にある姿と大差ない、と考えられている。つまり、近世城郭としての関宿城は、戦国期のそれを大きく変えていないものと考えられるのである。三の丸・馬出以南の近世城下町は、戦国期においても家臣団集住地（内宿）として機能し、台町の部分は商工業者の住む宿（台宿＝外宿）として、両者の機能は分化していたものと思われる。

【関宿城合戦】 永禄八年（一五六五）三月、簗田晴助《はるすけ》の籠る関宿城を太《お》田《た》氏資《うじすけ》と北条氏康が攻めている（第一次関宿合戦）。この戦いに関して、攻城側の北条氏は「内《うち》外《と》宿《じゅく》迄《まで》無一宇焼払」と述べている。一方、籠城側の簗田晴助は「（敵勢を）宿《しゅく》之《の》内《うち》へ引入《ひきいれ》、大戸張・小戸張・新曲輪、三《さん》戸《と》張《ばり》自り切て出、新宿迄払出候、敵手負死人数多候」と述べている。

北条軍が「内外宿」まで攻め込んだ（簗田氏は「宿之内へ引入」と称す）ことは双方の記述から一致する。この「内外宿」あるいは「宿之内」とはどの空間を指すかというと、「内外宿」をつまり「内宿と外宿」ととらえれば、簗田氏のいう「宿」が北条氏の認識していた「内宿」であろう。具体的には、正保図にある三の丸と馬出の南方の、近世には家臣団居住区として使われていた区域であり、台町が台宿（外宿）に該当するものと思われる。

「三戸張」とは、正保図に描かれた近世の発端《ほったん》曲輪を含む馬出部分を指すと思われる。三の丸にいた籠城軍が、三ヵ所の馬出から一挙に逆襲に出て、そのまま敵勢を、大手口をへて城外まで押し出すようすがみてとれる。

その後の永禄十一年（一五六八）の第二次関宿合戦を、関東の政治的均衡の妙によって辛くも死守できた簗田氏であっ

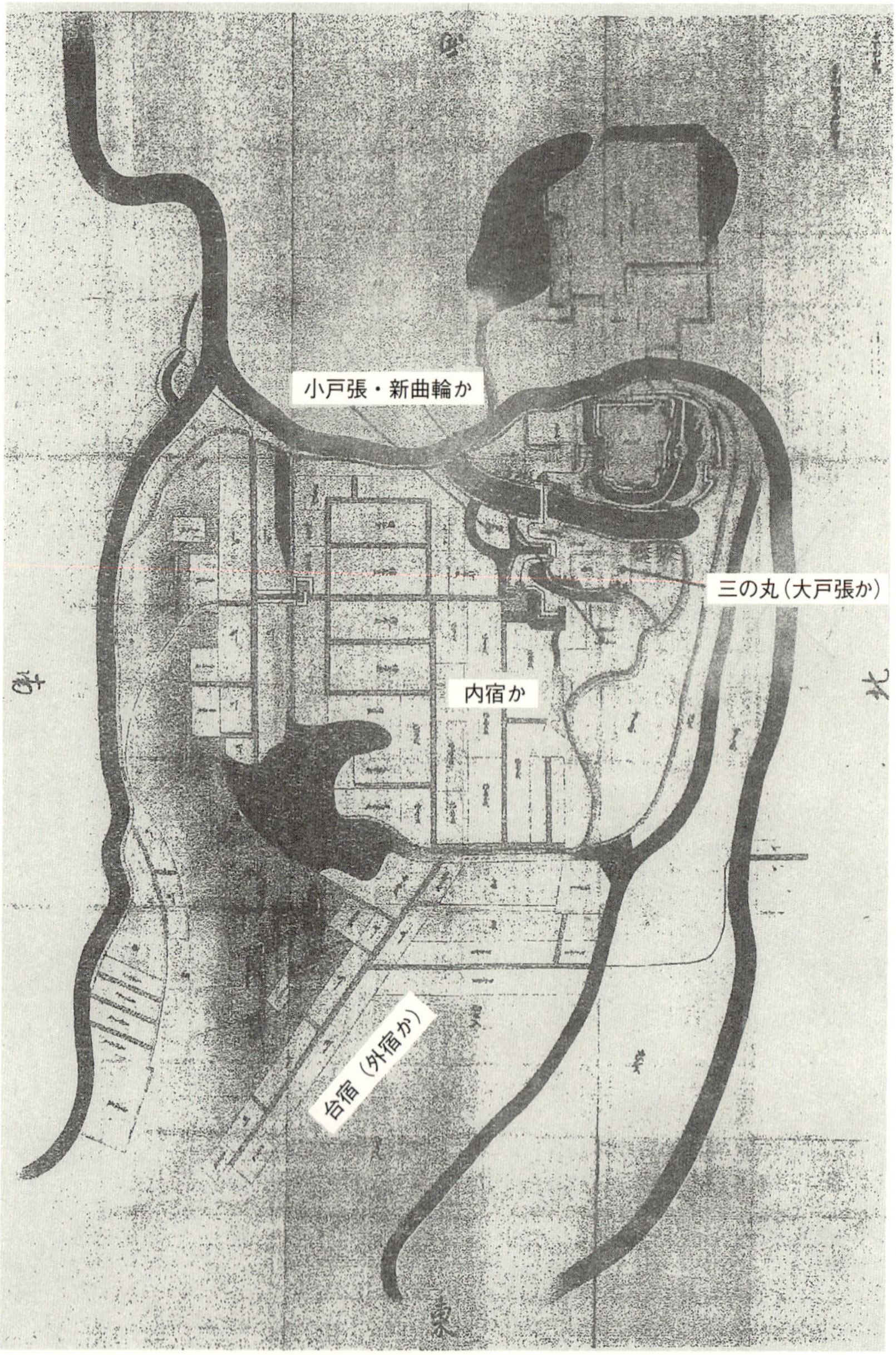

●—正保城絵図「下総世喜宿城」（出典：図録『戦国の争乱と関宿』一部改変）

●―関宿城本丸（三の丸から）

たが、天正二年（一五七四）の第三次関宿合戦においてはもちこたえられず、水海城へ退去することになった。こうして、関宿城はついに北条氏の手に下り、二度と簗田氏のもとに帰することはなかった。

【近世の関宿城】　天正十八年の小田原合戦の後、徳川家康が関東に移封されると、関宿城には松平康元が入部した。以降、小笠原氏をはじめ、板倉氏・牧野氏・久世《くぜ》氏と目まぐるしく城主が変わったが、いずれも老中など幕閣における重鎮であった。このため、関宿城は「出世城」と称された。江戸城の北の守りの一翼を担っていたといえる。

現在、城域とは離れた位置に、千葉県立関宿城博物館が天守閣様の建造物で建てられている。これは同城の天守閣焼失の後、江戸城の富士見櫓を模した御三階とよばれる櫓が建てられていたという記録に基づいて、富士見櫓をイメージして建設されたものである。

江戸幕府滅亡の際、老中久世広文《ひろふみ》は幕府方についたが、軍費を捻出するため大手門を売却したとされる。その「伝大手門」が転売を繰り返された結果、遠く離れた栃木県の石橋町に現存する。その他、市内台町にある最後の城主久世氏の菩提《ぼだい》寺実相寺《じっそうじ》には、宝暦年間に建てられた本丸御殿が移築され、客殿として今もなおのこる。

（遠山成一）

●住宅街にのこる巨大城郭

小《こ》金《がね》城《じょう》

〔所在地〕千葉県松戸市大谷口
〔比　高〕一五メートル前後
〔分　類〕平山城
〔年　代〕一五世紀後半〜一五九〇年頃
〔城　主〕原氏・高城氏
〔交通アクセス〕ＪＲ常磐線「北小金駅」下車、徒歩一五分。総武流山電鉄「小金城址駅」下車、徒歩一〇分・駐車場なし

【下総国有数の規模】　小金城は、南から北へと伸びる下総台地が、西へ折れながらグローブ状に面積を拡大させた場所に設けられた、東西八〇〇×南北六〇〇メートルにおよぶ大規模城郭である。南・西・北側の崖下には延々と低湿地が展開し、西方およそ二キロには江戸《えど》川（戦国時代までは太日《ふとひ》川）が流れる。また同じ台地上の南方には小金の町場が、戦国期には相当の規模で展開していた。江戸時代の水戸道中が町場を通過するが、周辺の中世寺院の分布から判断すれば、鎌倉期以来の幹線道路と考えてよい（いわゆる鎌倉街道下道《しもつみち》）。このように、すでに存在していた河川・要路と町場を押さえるのに適当な要害地が、城地として選ばれたものとみなされる。

【小金城の構造】　昭和三十七年（一九六二）に始まる小金城跡の調査は、当時としては珍しく、戦国期城郭を広い面積で発掘した事例として学史に名を留めている。幸いにも「達磨《だるま》口《ぐち》公園」や「大谷口《おおやぐち》歴史公園」として一部が保存された。後者では深い堀と急峻な斜面、その上に築かれた土塁の跡などが間近に観察できる。とりわけ堀障子《ほりしょうじ》・畝堀《うねぼり》などと呼ばれる、攻め手が堀内を移動できなくする造作を随所に駆使した点は注目される。

【境目の領域に建つ拠点城郭】　天文七年（一五三八）の第一次国府台《こうのだい》合戦以降のある時期から天正十八年（一五九〇）まで、高城《たかぎ》氏の支配領域、その名も金領《こがねりょう》の拠点であった。それ以前は高城氏の主筋とされる原氏が統治していた形跡があり（九六頁臼井城参照）、本来の築城者もまた原氏に代表され

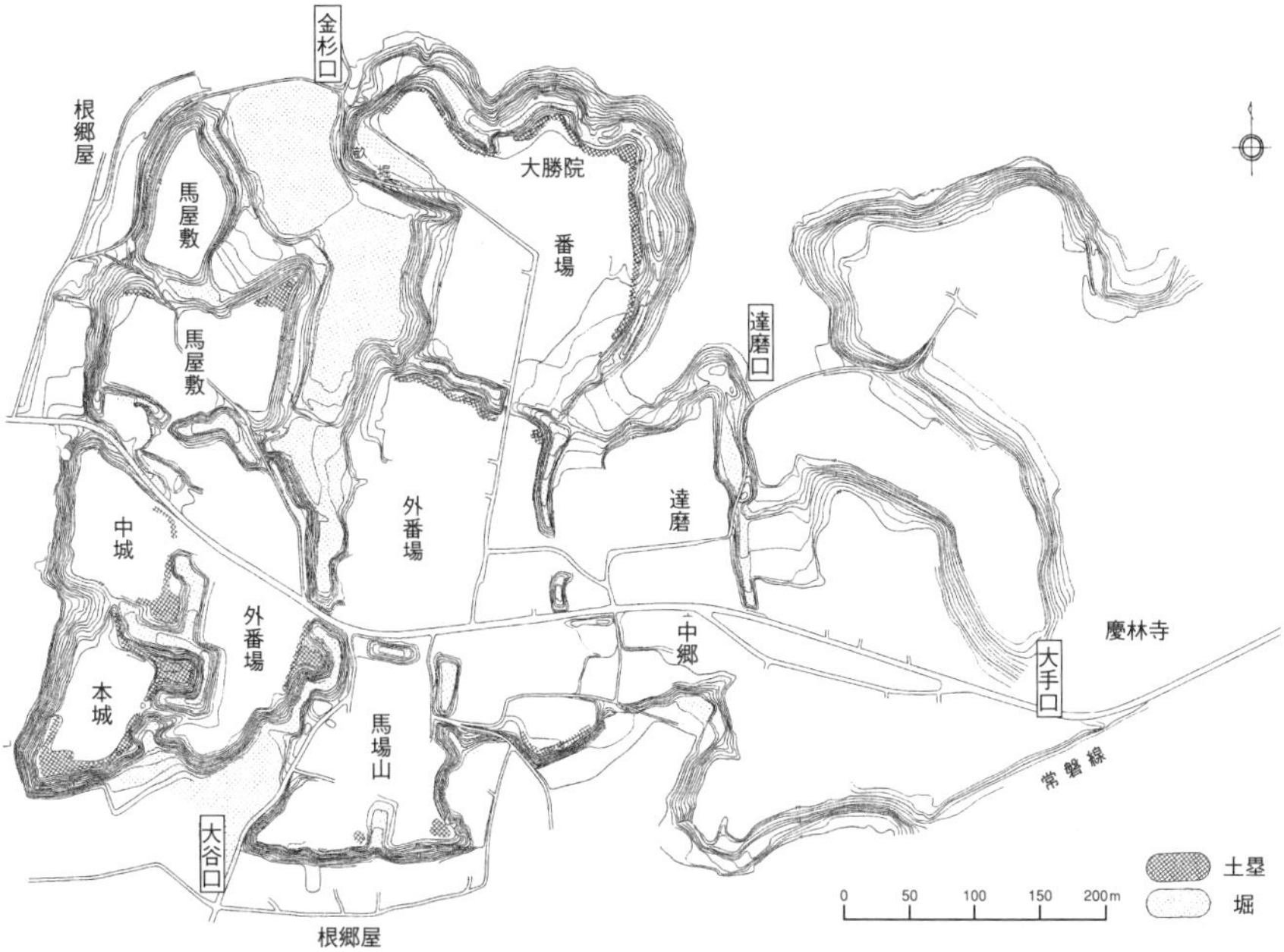

●—小金城縄張図（松戸市教育委員会提供）

る千葉氏勢力の可能性が高い。出土した陶磁器から一五世紀後半の成立と推定される。印旛沼《いんばぬま》南部へ本拠を移転していった千葉氏・原氏主従とともに、ある意味共同して下総国の中央部分を支配した存在であった。

しかし、実質的に武蔵・下総国境に位置した金領は、たびたび戦火に見舞われる。比較的早くに相模北条氏へ与《くみ》した高城氏だが、永禄三年（一五六〇）以後、上杉謙信《うえすぎけんしん》の度重なる関東侵攻では転身を余儀なくされた時もあり、至近の名刹本《めいさつほん》土《ど》寺さえも上杉氏の制札《せいさつ》獲得に奔走し、また安房《あわ》の里見《さとみ》氏の領域侵攻も頻繁だった。関東の反北条勢力から謙信へ盛んに出陣要請が出されているが、「金まで」と書かれる事例が複数見られる。そして天正十八年の秀吉《ひでよし》襲来、高城氏はいったん歴史の舞台から降り、城も顧みられなくなる。もっとも早い時期に設けられた城の中枢は、西部の文字通り本城《ほんじょう》・中《なか》城《じょう》地区だが、これら続発する危機的状況への対処として、北・東方向へと郭を拡張していったのであろう。

なお、最寄りの北小金駅を挟んで反対の東方向には、支城であった根木内城跡が歴史公園として保存されている（高城氏の、小金城以前の本拠地との伝承あり）。遺構ののこりも良好で、維持管理も行き届いている。

（中山文人）

【参考文献】松戸市立博物館『小金城主高城氏』（一九九六年）

●越後の虎の猛攻に耐えた城

臼《うす》井《い》城《じょう》

〔所在地〕千葉県佐倉市臼井字城ノ内
〔比　高〕二〇メートル前後
〔分　類〕平山城
〔年　代〕一五世紀後半〜一六〇四年
〔城　主〕臼井氏・原氏・酒井氏
〔交通アクセス〕京成本線「京成臼井駅」下車、徒歩一五分・駐車場なし

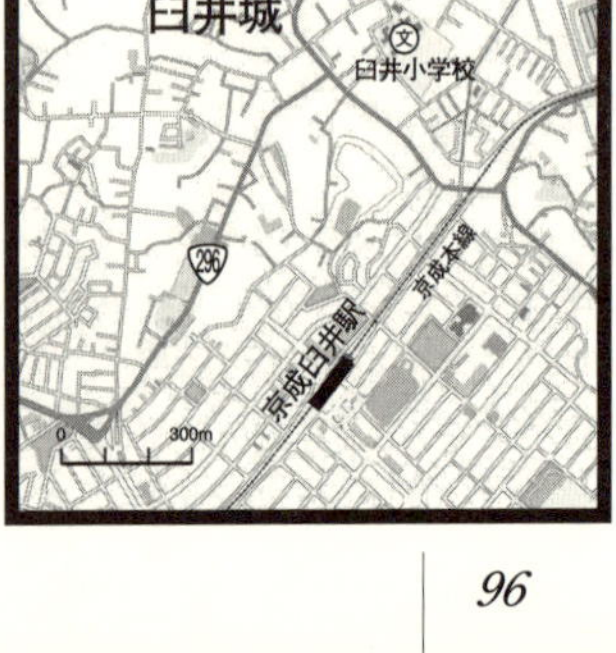

【猛攻に耐える】　上杉謙信《うえすぎけんしん》が、毎年のように関東侵攻を繰り返していたころ。永禄九年（一五六六）三月二十日、旗下の長尾景長《ながおかげなが》は書簡をしたためる。「すでに臼井城の外郭は制圧し、実城《みじょう》（中心の郭）の堀一重を残すのみです。諸軍は昼夜の別無く攻撃中ですので、決着も間もなくです」。謙信みずから指揮を執った「大責《おおぜめ》」、越後に安房・上総の軍勢も加わった大軍を前に風前《ふうぜん》の灯《ともしび》となった臼井城とは、どんな城だろうか。

【臼井】　千葉県・茨城県境の利根《とね》川とつながる印旛沼《いんばぬま》は、中世には印旛浦と呼ばれ、広大な水面の各所に商品流通の拠点が存在した。臼井荘・臼井郷・臼井郡などと表記された一帯は、この浦の南西に広く展開していた。ここを名字の地としたのが下総の名門千葉《ちば》氏の一族臼井氏で、鎌倉御家人《かまくらごけにん》として活動が確認できる。また鎌倉末期には御家人長井氏に関して、「下総国のうち臼井の堀の内」つまりは本拠地となる居館が存在したことが注目されるが、臼井氏、さらには臼井城との関係は不明である。

【一五世紀の攻防】　城の成立は、ここでも享徳《きょうとく》の乱と関わるようだ。年代記や軍記物語には、康正元年（一四五五）に落城記事として初登場する。享徳三年（一四五四）末、鎌倉《かまくら》公方足利《くぼうあしかが》氏と関東管領上杉《かんとうかんれいうえすぎ》氏の戦いが勃発、その余波が翌年千葉氏へも飛び火し、傍系の馬加《まくわり》千葉氏が惣領家に叛旗を翻す。馬加系千葉氏を支えたのは惣領《そうりょう》家近臣の原氏、さらに背後には、鎌倉公方の支援があった。惣領家の一党は滅亡す

るものの、後継者は上杉氏の庇護を得て武蔵・下総を転々としつつ、一時的ではあったが失地回復を実現する。その際、扇谷《おうぎがやつ》上杉氏家宰として下総へ介入したのが太田道灌《おおたどうかん》だった。

道灌は文明十年（一四七八）末、小金城にほど近い境根原《さかいねがはら》（千葉県柏市酒井根）で合戦し、馬加系の千葉孝胤《のりたね》を撃破、臼井城まで撤退させる。翌年七月十五日、道灌の弟図書助《ずしょのすけ》の討ち死にという犠牲を払いながらも、臼井城を攻め落としたという（太田図書助の石碑がⅢ郭内に建つ）。

Ⅰ郭土塁

【臼井城の立地】　戦国期の千葉家中（馬加系）にあって突出した地位を占めた原氏による臼井城の本拠地化は、天文七年（一五三八）の第一次国府台《こうのだい》合戦に勝利し、小金《こがね》城からいったん生実《おゆみ》城（千葉市）へ帰還したのちに実行された。ようやく復帰叶った東京湾岸の要衝から印旛沼沿岸へ移転したわけだが、これは当時の政治情勢と密接に関わっている。

第一次国府台合戦によって当面の危機を回避した千葉・原両氏は、ようやく独自の地域権力へと脱皮を試みる。しかし同時に相模北条氏の影響下に入ることで、安房《あわ》里見《さとみ》氏の圧力を受けざるを得なくなり、そのさなかで千葉氏は新たな内紛を発生させる。最終的には下総北東部を本拠とする庶子胤冨《たねとみ》が権力を確立するとともに、主家を支える原胤貞《たねさだ》が臼井城に入ったのが天文十九年（一五五〇）だという。なお文明十五年（一四八三）とされるが、千葉氏はすでに同じ印旛沼南岸、直線距離にして七キロ余りの地に本佐倉《もとさくら》城を築き、本拠地化していた。他方南関東の情勢は、諸勢力が統合・淘汰されつつ、東京湾岸では北条氏と里見氏が直接対峙する構図ができていた。原氏単独でその一角を支え得る状況にはなかったものと推察される。常総国境にあって、利根《とね》川を経て外洋へも通じる印旛沼に面する臼井城は、あたかも下総中北部を本佐倉城と分けもつような位置にある。原氏がこの地域の重要性を認識し、主家とともに権益の維持を志向したのは当然ながら、同時に東京湾岸の厳しい情勢がもたらした結果と考えられるのである。

【一六世紀の攻防】　戦国期の臼井氏と、他氏との関係の詳細ははっきりしない。しかし下総国を横断するように東から作倉《さくら》領（千葉氏）・臼井領（原氏）・金《こがね》領（高城氏）と分有されていく過程で、臼井氏が排除されていった事実は動かない。

冒頭に紹介した合戦は、下総国が北条氏と反北条氏連合（里見氏など）の角逐《かくちく》地と化した時期に発生した、代表的な事件であった。ところでさきの手紙の三日後、攻め手は大敗北を喫し、全軍撤退を余儀なくされる。以後、上杉氏の南関東への直接介入は不可能となり、関東の諸士は雪崩《なだれ》を打って謙信から離反していった。臼井城は、関東戦国史の転換点の舞台となったのである。

天正十八年（一五九〇）の豊臣秀吉《とよとみひでよし》の関東襲来時には開城し、徳川氏重臣の酒井家次《さかいいえつぐ》が入城するが、転封により慶長九年（一六〇四）、廃絶した。

【臼井城へのアクセス】 京成《けいせい》臼井駅北口から国道二九六号線まで歩き、それを北東方向へ、というルートは主郭へのわかりやすい道だが、歴史を感じ取れる要素も見つけにくいうえ、徒歩にはやや危険な幹線道路。お勧めしたい出発地は、臼井駅北口からほぼ真西へ五〇〇メートルほど進んだ交差点である。駅周辺では唯一、二九六号線が鋭く折れ曲がる地点だが、その北東五〇メートル程の二九六号線に、六本の道路が接続する。そのうち真北へ向かう一道がかつての大手道《おおてみち》。至近の円能遺《えんのう》跡B地点では、折れを伴った土塁《どるい》・空堀《からぼり》も検出されているの

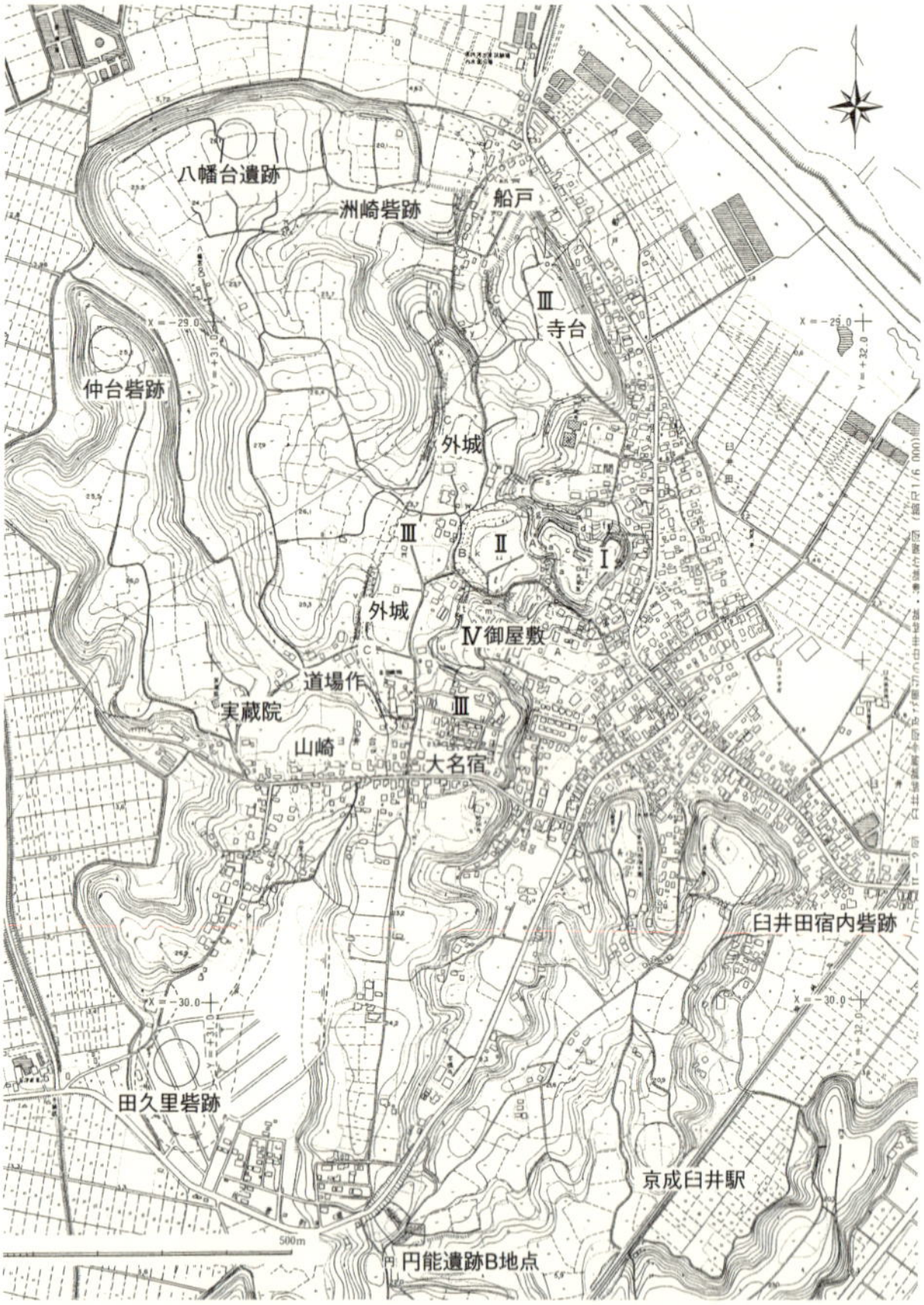

●—臼井城全体図
（『千葉県中近世城跡研究調査報告書 第4集—稲村城跡・臼井城跡発掘調査報告—』千葉県教育委員会提供）

で、ここが江戸末期の地誌「利根川図志」に図示された大手口とみなしてよいであろう。

上り坂は、やがてゆるやかに蛇行しはじめる。沿道には熊《くま》野《の》神社、またこの道と直行する東西道路には寺院が点在する。東西道路を跨いだ時点で、すでにⅢ郭に入っているのだが、その先にまもなく見えてくるのが星《ほし》神社、つまりは千葉氏とはとりわけ関わり深い妙見《みょうけん》社である。

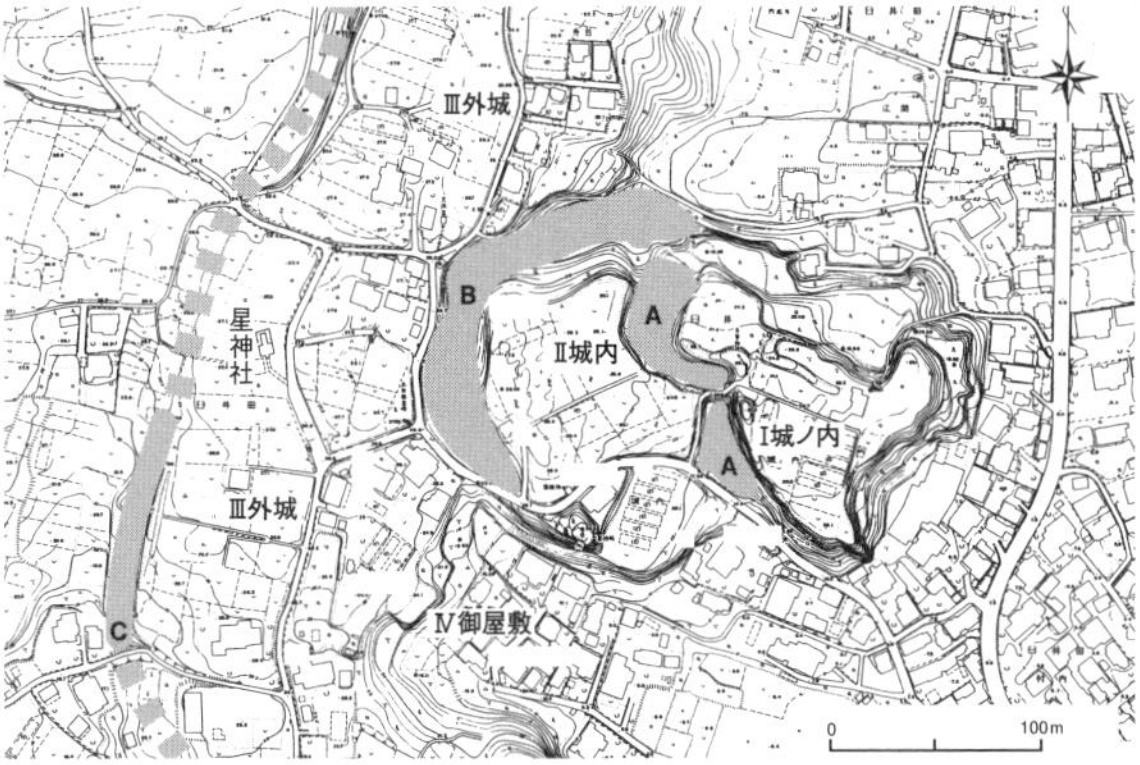

●―臼井城主要部地形測量図
（『千葉県中近世城跡研究調査報告書 第4集―稲村城跡・臼井城跡発掘調査報告―』千葉県教育委員会提供）

【城の構造】 臼井城は九八頁、上記図のように、Ⅰ～Ⅳの比較的小面積でかたまる内郭・外郭と、それらを大きく取り囲む広い惣構《そうがまえ》に大別できる。Ⅰ郭は台地の先端部に設けられた最重要の区画で、東・南は急斜面、北には大きな腰郭《こしぐるわ》を伴い、西は土塁と堀Aで仕切ったうえ、土橋を通じてⅡ郭に連絡する。虎口《こぐち》の北西には張り出しを造り、防御性を高める。上杉謙信《うえすぎけんしん》に「実《み》城《じょう》堀《ほり》一重《ひとえ》」まで攻め立てられたのは、このⅠ郭である。Ⅱ郭はⅠ郭と密接だが、発掘調査の所見では、一五世紀段階の墓地を一六世紀前半頃（？）に大規模造成したものという。すると太田道灌の攻撃もまたⅠ郭、いわば小さな臼井城に向けられたことになろう。Ⅲ郭の成立時期にいまだ定見はないが、Ⅰ・Ⅱ・Ⅳ郭を含み込みつつ長大な堀Cで惣構と区画する。Ⅰ・Ⅱ郭と比べ、粗放な空間に見える。Ⅳ郭はⅠ・Ⅱ郭南方の谷部分。地名が「御屋敷」なので、原一族の居館跡か。三方を斜面に囲まれ、東方のみ開放するのは、幹線道路を意識していよう。

これらの郭群だけでも東西四〇〇×南北八五〇メートルもの規模だが、惣構は約一一〇〇×一七〇〇メートルにおよぶ。各台地の先端部を中心に多くの防御施設を伴う、下総国では本佐倉城に次ぐ広さだが、惣構の遺構はほぼ消滅している。なお、自由に観察できるのは、公園化されたⅠ・Ⅱ郭である。

（中山文人）

【参考文献】外山信司「上杉謙信の臼井城攻めについて」『千葉城郭研究』九号（二〇〇八年）

●名門千葉氏、終焉の地

本《もと》佐《さ》倉《くら》城《じょう》

〔国指定史跡〕

〔所在地〕千葉県印旛郡酒々井町本佐倉字城ノ内他
〔比　高〕二五メートル前後
〔分　類〕平山城
〔年　代〕一五世紀後半〜
〔城　主〕千葉氏
〔交通アクセス〕京成本線「大佐倉駅」下車、徒歩一〇分

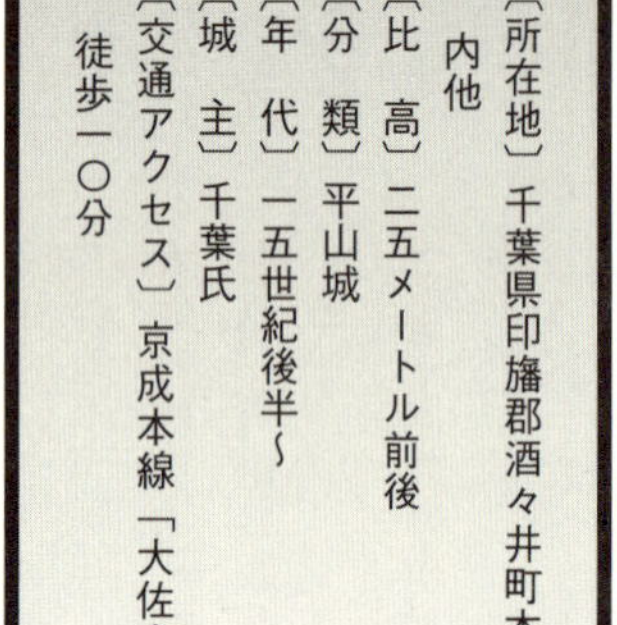

【名門終焉の地】　天正十八年（一五九〇）七月、北条《ほうじょう》氏の降伏によって、豊臣秀吉の天下は確定した。当時、豊臣軍中にあった毛利《もうり》氏に伝わる記録に、北条方軍勢の一覧がある（北条氏人数覚書）。当主氏直《うじなお》、その父で前当主の氏政《うじまさ》から一門・属将まで、約三万五〇〇〇騎の内訳が記されている。領国を支える大物だった北条氏照《うじてる》・氏邦《うじくに》（ともに氏政の弟）が四五〇〇騎・五〇〇〇騎と突出した軍勢を抱えるが、彼らに次ぐ数値は「さくらの城」の「千葉介《ちばのすけ》」だった。その数三〇〇〇騎。元来千葉氏家臣で、同盟に近い関係にあった原《はら》氏の二〇〇〇騎、さらには七〇〇騎の高城氏と合わせるまでもなく、大勢力である。

彼ら本佐倉《もとさくら》・臼井《うすい》・小金《こがね》のあるじたちは、この戦いで退転を余儀なくされる。しかしそれ以前、すでに下総国の中核千葉氏の権力は奪取されていた。

【印旛沼を臨む】　戦国期千葉氏の本拠地である本佐倉城跡は、印旛沼《いんばぬま》に面している。中世では印旛浦と呼ばれ、沿岸の各所に流通の拠点が散在していた。当時の利根《とね》川は、群馬・埼玉・東京を流れて東京湾へ注いでおり、他方栃木・茨城からは鬼怒《きぬ》川・小貝《こかい》川などの河川が合流し、千葉・茨城間を通過して銚子沖へ通じていた。川の名も不明な後者だが、手賀《てが》沼・印旛沼・霞《かすみ》ヶ浦《うら》などすべての水面を合わせて、香取海《かとりのうみ》とよばれていたようだ。川幅も湖沼の面積もはるかに広かったことも考えると、全体で広大な内海を形成していたとみなされ、その規模は東京湾に匹敵する。つまり印旛浦は広大な

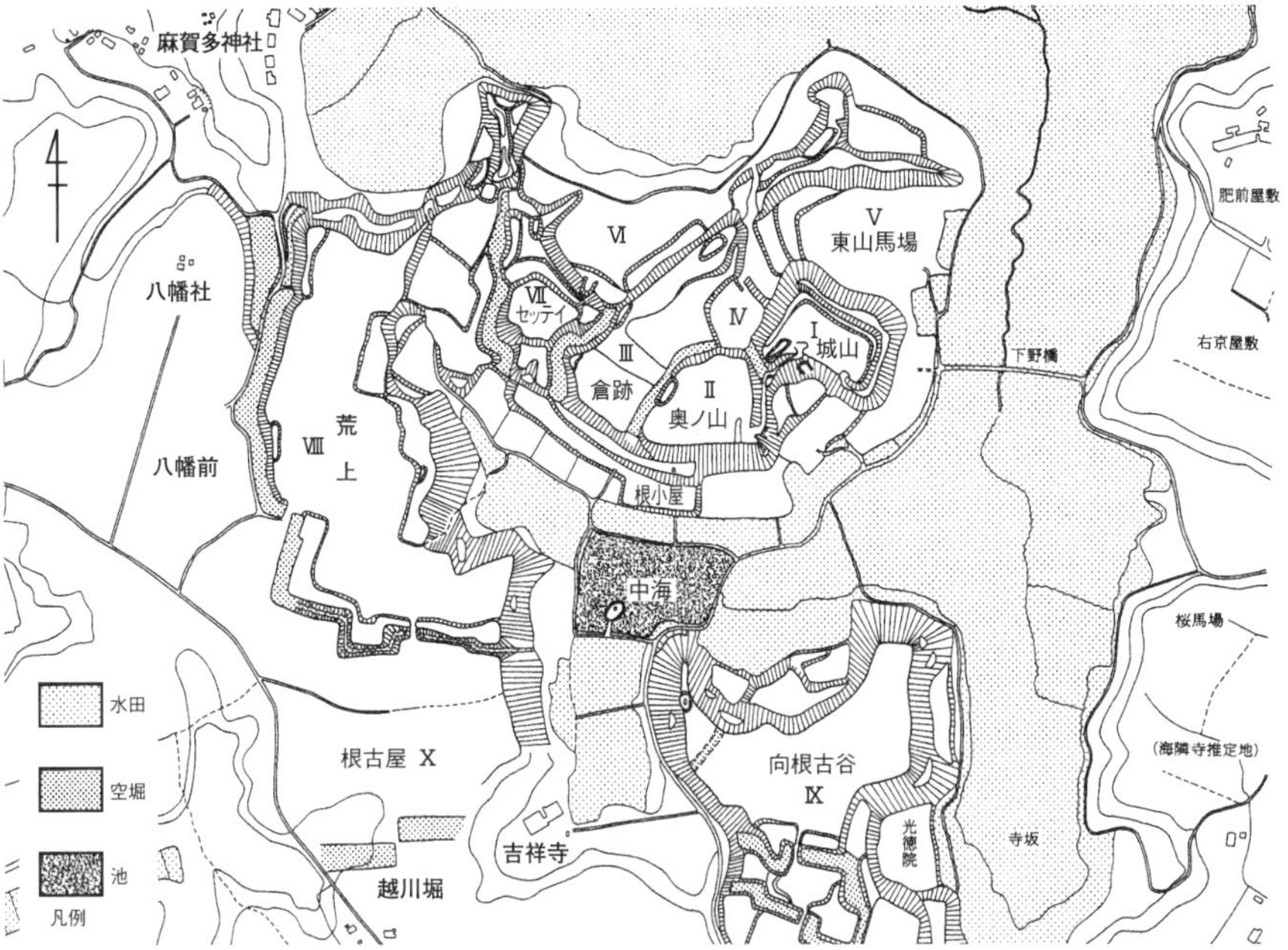

●—本佐倉城概念図（『本佐倉城跡発掘調査報告書』1995年より、酒々井町教育委員会所蔵）

内海の、奥まった大きな入江の一つといえよう。なお、印旛浦東部沿岸に面した本佐倉城に対し、西方約七キロ先の沿岸には、千葉氏の最有力被官である原氏惣領家《そうりょうけ》の拠点、臼井城が占地している。

【城の端緒】 千葉氏は源頼朝の覇業に大きく貢献した常胤《つねたね》以来、下総国最高の名門であり、現千葉市の東京湾岸を本拠に、室町時代に至るまで守護として家格を保持してきた。ところが享徳《きょうとく》の乱（一四五五〜八三年）の勃発とほぼ同時に内紛に陥り、傍系の馬加《まくわり》千葉氏は原氏と連携して惣領家を討つ。惣領家の後継は関東管領上杉氏の支援をうけ、まもなく市川城（千葉県市川市）に拠る。市川は、湾岸の重要拠点のひとつだった上杉氏支配下の葛西《かさい》城（東京都葛飾区）と太日《ふとい》川（現江戸川下流）を隔てて指呼の距離にあり、また同じ湾岸で仇の本拠馬加（千葉市幕張）も臨める位置にある。

以後も東京湾岸の支配は錯綜するが、さらに重要で大きな動きは、同じ一五世紀後半に安房《あわ》国へ里見《さとみ》氏、上総国に武田《たけだ》氏が入部して勢力を張り、一六世紀に入ると古河公方《こがくぼう》足利高基《あしかがたかもと》の弟で、兄と敵対した義明《よしあき》が武田氏に迎え入れられる形で下総・上総境に定着し、三者が結果的に湾岸東部を掌握してしまうことである（湾岸の権益を失った原氏の惣領は小金城へ移転する）。対する小田原北条《おだわらほうじょう》氏も古河公方の取り込

●―本佐倉城と周辺で調査された遺跡（『本佐倉城跡発掘調査報告書Ⅲ』2010年より、酒々井町教育委員会所蔵）

●―本佐倉城Ⅰ郭への導入路

みを図りつつ上杉氏と角逐《かくちく》をくりかえし、徐々に武蔵から下総、すなわち湾岸西部から中心部、東部へと進出していく。

馬加系千葉氏の後継者はこのような状況の変化に対応する形で、本拠を東京湾岸から「北の内海」湾岸へと移した。室町幕府の守護大名権力、すなわち旧体制の衰退との解釈もできるが、同時に、千葉氏が戦国期領主へ転生するために現実的な対応を取った結果と評価することも可能である。なお「千学集抜粋《せんがくしゅうばっすい》」という資料によれば、千葉氏による本佐倉城の取り立ては、文明年間（一四六九〜八六年）とされている。出土した陶磁器は、若干の例外を除いて一五世紀後半に生産されたものが上限で、合致している。

【本佐倉城の規模】　城は内郭がⅠ〜Ⅶ郭、外郭がⅧ〜Ⅹ郭の一〇区画で、東西七〇〇・南北八〇〇メートルにおよぶ。さらに外郭南端（Ⅸ郭）から南方五〇〇メートル地点でも、城附属の屋敷跡が多数発見され（本佐倉長勝《ちょうしょう》寺脇館《わきやかた》跡）、他にも一〇地点以上で遺構が確認されている。このように外郭のさらに外側まで、各所に施設を配置することで、本佐倉城の惣構《そうがまえ》は構成されていた。また東西南北に酒々井《しすい》・鹿島《かしま》・本佐倉・浜《はま》と、四つもの宿場を抱える経済の中心地でもあった。

【田園地帯の古跡】　名前と違って小さな駅舎に駅員が一人の大佐倉駅は、のどかな佇まいをみせる。駅舎南側の狭い生活道路を線路沿いに東へ進むと急に視界が開け、一面田圃《たんぼ》の世界となる。進行方向右斜め前にきれいに刈りこまれた芝の小丘が見え、その中段には看板らしきものが遠望される。手前の一本道に沿った、田圃よりわずかに高い広場には「国指定史跡　本佐倉城跡　東光《とうこう》寺ビョウ」という標柱が、「マムシ注意！」の看板と並んで立てられているのに気付く。小丘を目指しつつそれを通過し、さらに張り出した台地の先端を南へ回りこむと、通称東山《とうさん》馬場《ばば》（Ⅴ郭）へ至る。ここが現在の正面玄関で、斜面に千葉氏の家紋をあしらった楯《たて》を何十枚と並び立て、雰囲気をつくっている。駅から徒歩で一〇分前後だが、ここは城の北東端で、駅から近い西端のⅧ郭（通称荒上《あらうえ》）に直結する道がないため、大きく迂回したことになる。

台地をあたかも同心円状に活用したようなⅠ〜Ⅶ郭（内郭）は、各所に解説板が多数設けられ、遺跡への理解を容易にしてくれている。

【内郭】　Ⅰ〜Ⅲ郭がもっとも重要な区画で、遺構・遺物ともに多く検出されており、それらが比較的少なく、また低地や斜面部も多いⅣ〜Ⅷ郭が関連施設とみなされる。

城山と呼ばれるⅠ郭は台地の先端に位置する。周囲を急斜面と土塁・堀で区画し、北角には櫓台《やぐらだい》跡が明瞭にのこるなど、とりわけ独立性が高い。要するに、もっとも攻めにくい。

区画内には少なくとも一〇棟の建物跡、園池《えんち》（と築山？）も検出され、出土遺物もかわらけの比率が高いことから、主殿や会所《かいしょ》といった儀礼的な空間とみなされる。西側のⅡ郭へは木橋《きはし》が架けられたかもしれないが、本来の虎口《こぐち》は南側の一ヵ所で、その通路も他の郭へ接続させないという用心深さを示す。通称奥ノ山《おくのやま》のⅡ郭も防御性が高い造作で、西側の一角には、整地時に地面を一辺一五メートルほどの正方形に掘りのこした土壇が確認された。「千学集抜粋」にみえる佐倉妙見《さくらみょうけん》宮に比定する見解が出されている。Ⅲ郭（通称倉跡）からはもっとも多くの陶磁器が出土した。建物跡も多いところから、通称通りの施設か、あるいは常御所《つねのごしょ》（城主一族の居住空間）だろう。一見だらだらした坂のようだが、実は削平と客土を繰り返して平坦な地面を作り出したもので、土木作業量は多い。

内郭中の周辺施設に当たるⅣ～Ⅶ郭のうち、Ⅶ郭（通称セッテイ山）は特異な構造をとる。それぞれがⅢ郭・Ⅷ郭に接する東側と西側に空堀を設け、南・北は急斜面で遮断する、独立性の高い造りをもつ。セッテイ＝接待＝対面所などの解釈もあるが、用途は不明。ただ、内郭群にもっとも近接する外郭であるⅧ郭から内郭へ向かうには、Ⅶ郭の迂回が必須となるので、非常時には内郭群を守る軍事施設として機能させただろう。

【外郭】　国指定史跡として整備が行き届いた内郭と異なり、外郭は大半が私有地で発掘調査面積も狭く、後世の改変も著しいが、意外な発見に出会える地区でもある。

Ⅶ郭と接するⅧ郭は、最大の面積をもつ郭。広い区画は、西側と、南のⅩ郭境の縁辺を堀で仕切っている。これら南北と東西に長い堀は南西端でつながっていた模様で、その距離は優に五〇〇メートルを越える。Ⅹ郭と接する南側には見事な堀・土塁・櫓台跡に虎口ものこり、西側のそれも注意深く歩けば、近年堀底が畑地化された一角を発見できるだろう（ただし前者は現在、堀の北側の個人の畑地からのみ観察が可能なので、十分な配慮が必要）。Ⅰ～Ⅲ郭と大きな谷を挟んで向き合うⅨ郭（通称向根古谷《むかいねごや》）では、状態のよい二重空堀が観察できる。堀を食い違いにすることで進入路を屈折させる、二ヵ所の櫓台跡、二重堀間に出撃用の馬出《うまだし》を設けるなど、規模が大きい分だけわかりやすい遺構が続く。なおこれら外郭部は、家臣の屋敷地や臨戦的な宿営地といった利用が想定されている。

このように本佐倉城は、粗放になりがちな外郭部にも高い防御機能を持たせ、さらにその外側には前述のような惣構の施設が展開する、下総国最大規模の城郭であった。

【戦国末期の状況】　原氏の本拠、臼井城の項（九六―九九頁）で取り上げた上杉謙信《うえすぎけんしん》撃退後、勢いを増した当主の千葉胤冨《ちばたねとみ》は、香取・海上といった下総東部への里見氏の侵攻を食い止めることにも成功する。その五年後とされる元亀二年（一五七二）には、佐倉妙見宮で嫡子邦胤《くにたね》が元服したという。先述のⅡ郭内土壇遺構の推定施設である。邦胤はほどなく家督を継承し、また北条氏政の娘を迎える。代々ゆかりが深い千葉妙見宮（千葉市）での元服が叶わなかったのは、里見氏が湾岸を占拠していたためであり、その克服には北条氏の力が必要とされていた、という事態がよく理解できる現象といえよう。

●―畑地になった堀（Ⅷ郭）

　下総国の中央に位置する本佐倉城を本拠とした千葉氏は、国の東半分近くの直接的・間接的支配を以って、戦国期権力としての自立を目指した。一方、北条氏の立場からすれば、東から本佐倉（千葉氏）・臼井《うすい》（原氏）・小金《こがね》（高城《たかぎ》氏）と、国を横断する支配領域を掌握できれば、安房・上総から東京湾岸を狙う里見氏を陸上から牽制するのみならず、常陸国の反北条勢力への長大な防波堤としても有効に機能させることができる。もちろん、各氏の利害関係は完全に一致するわけもなく、また千葉氏内部にあっても北条・里見の角逐の過程でさまざまな衝突が見られた。しかし、それゆえにこそ北条氏は、原氏・高城氏と早くから接触して事実上家臣化するし、千葉氏には邦胤との通婚、その後の包摂へと展開させていった。天正十三年（一五八五）、邦胤が家臣に殺害されたのを機に、北条氏は一族を送り込み、家督を奪取してしまう。氏政の実子とされる千葉直重《ただしげ》による継承だが、実態は氏政の直轄支配である。豊臣秀吉《とよとみひでよし》の襲来が五年後に迫った時のできごとだった。

　城は徳川家康の関東入り時点で廃城となった模様である。二年後の天正二十年（一五九二）、家康実子の武田信吉《たけだのぶよし》が小金から移封された折も、南方の大堀館に陣屋を構え、本佐倉城を用いることはなかった。

（中山文人）

【参考文献】　酒々井町教育委員会『千葉県印旛郡酒々井町本佐倉城跡発掘調査報告書』・同Ⅱ・同Ⅲ（一九九五年、二〇〇四年、二〇一〇年）

●技巧的な戦国末期の城

坂《さか》田《た》城《じょう》

〔横芝光町指定史跡〕

〔所在地〕千葉県山武郡横芝光町坂田字登城六一〇番地他
〔比　高〕約二五メートル
〔分　類〕平山城
〔年　代〕戦国末期、一六世紀後半か
〔城　主〕井田胤光（友胤）・胤徳
〔交通アクセス〕ＪＲ総武本線「横芝駅」下車、徒歩約三〇分・城跡下の坂田池公園に駐車場有

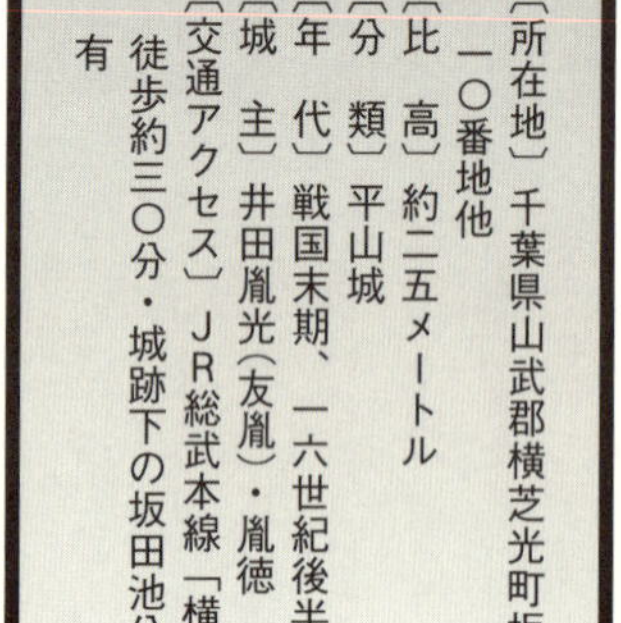

【台地を利用した井田氏の本城】　房総東部において上総と下総の国境となっていた栗山《くりやま》川が、九十九里《くじゅうくり》平野に流れ出る辺りは、かつては沼地と低湿地が広がっていた。現在も坂田城跡の直下には坂田池があるが、そのような低地に突出した半島状台地全体を利用して築かれている。

　坂田城は、戦国期の上総の国衆で武射《むさ》郡をほぼ支配下に置いていた井田《いだ》氏の本城として知られている。『総州山室譜伝記《そうしゅうやまむろふでんき》』によれば、はじめ小池《こいけ》城（芝山町）を居城としていた井田氏は、大台城（山武市）を築いて移り、さらに三谷氏を討って坂田城に移ったと伝えられ、戦国末には坂田城を本拠にしていたと考えられる。井田氏は高谷川流域の谷津田地帯から栗山川流域の平野部に進出していったとされる。

【井田氏の動向】　史料にみえる井田氏の初代は、美濃守（氏胤《うじたね》か）である。永正二年（一五〇五）、千葉勝胤《ちばかつたね》の嫡子昌胤の元服のさいに、千葉氏の直臣《じきしん》衆の有力者として馬・太刀を進上している。二代は、天文元年（一五三二）に千葉昌胤から官途《かんと》状を与えられた刑部大輔《ぎょうぶのたいふ》である。

　三代は、弘治元年（一五五五）に千葉親胤から美濃守の受領《ずりょう》名を与えられた胤光《たねみつ》である。千葉胤富《たねとみ》から、離反した近隣領主の所領を知行することを認められ、井田氏は栗山川対岸の下総国匝瑳郡へも勢力を伸ばし、三谷《みたに》・椎名《しいな》などの千葉氏庶流も配下に加えるに至った。

　四代は平三郎とみえ、後に因幡守《いなばのかみ》を称した。永禄元年（一五五八）には、北条氏政から武蔵岩付《いわつき》城（さいたま市岩槻区）

に在番したことを賞され、天正十五年（一五八七）頃には常陸牛久《うしく》城（茨城県牛久市）に在番するよう命じられた。北条氏滅亡後は、徳川家康《とくがわいえやす》の五男で佐倉《さくら》を領した武田信吉《たけだのぶよし》に仕え、その水戸移封に従った。信吉の死後は徳川頼房《よりふさ》に仕え、井田氏は水戸徳川家の家臣となった。近年、「井田文書」の原本が再発見され、注目を集めている。

【井田氏の軍勢】 天正十三年（一五八五）に千葉邦胤《くにたね》が殺害されると、千葉氏の領国は北条氏政の直接統治下に入った。氏政は井田因幡守に対して着到《ちゃくとう》状を発給し、その軍役と武装を定めた。それによると井田氏の軍勢は三〇〇人で、因幡守自身の軍勢は一四五人であり、その配下にある同心衆は、和田・椎名・三谷などの諸氏からなる一五五人であった。

因幡守の軍勢をみると、旗持ち一〇人、因幡守の旗をもつ者一人、徒の弓侍二〇人、徒の鉄砲侍二〇人、鑓四〇人、長身もしくは十文字鑓一〇人、騎馬武者二六騎、因幡守自身一騎、馬廻り一〇人、乗り替え用の馬の口取り七人である

「井田文書」は戦国領主の軍事力とその武装の詳細を知ることができる史料としても高く評価されている。

●—坂田池から見た坂田城

●—主郭入口の土橋から
（左側は主郭、右側はⅡ郭、奥はⅢ郭）

【坂田城の構造】 ほぼ南北に伸びる半島状台地を利用し、城域は南北約七〇〇メートル、東西約二五〇メートルにおよぶ。この平坦な台地を空堀《からぼり》と土塁《どるい》によって東西方向に切り、いくつもの郭を設けており、房総にみられる「直線連郭式《れんかく》」の典型である。

南端の郭は東西に分割されているが、

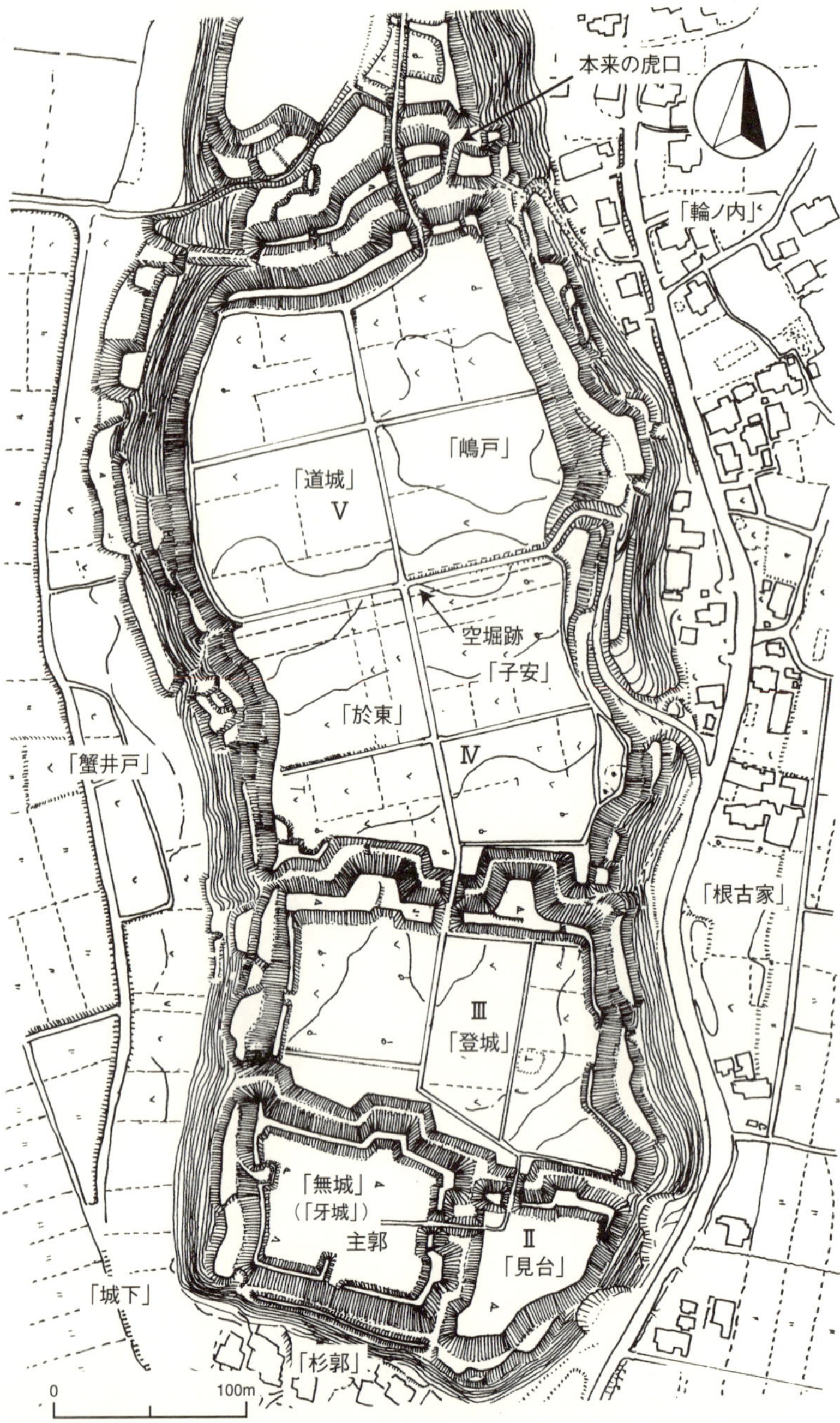

●—坂田城概念図（三島正之氏作成の原図に加筆『千葉県所在中近世城館跡詳細分布調査報告書Ⅱ—旧上総・安房国地域』1996年、『千葉県中近世城跡研究調査報告書　第三章—大友城跡・坂田城跡発掘調査報告書』1983年　測量図参照）

西側の南北約五〇メートル、東西約八〇メートルほどの歪んだ長方形を呈する郭が主郭である（古字「牙城」、現「無城」）。四方を土塁によって囲まれ、北側や東側には張り出しがみられる。西側や南側の腰郭に下る虎口《こぐち》は内桝形《うちますがた》の形態を示す。東側のⅡ郭は、主郭の入口を守る馬出《うまだし》の性格を有する。「見台」という字名《あざ》から、物見としての機能をもっていたとも考えられる。

Ⅲ郭は字「登城」に当たる。主郭に接する南側を除く三方に土塁と空堀を配している。Ⅳ郭に面した北側の土塁は、基底部の幅約一五～三〇メートル、高さ四メートルにおよぶ。空堀も現状で上幅約一〇メートル、深さ三メートルを計る。このように大規模であるだけでなく、Ⅲ郭の入口に通ずる土《ど》橋《ばし》を、東西に設けられた大きな張り出しによって厳重に防御している。このように「相横矢《あいよこや》」がかけられる虎口の構造は、主郭やⅡ郭でもみられ、本城跡の見所となっている。

Ⅳ郭は「子安」「於東」、Ⅴ郭は「嶋戸」「道城」という字をもつ。現在は一続きの平坦な畑地となっているが、発掘調査によって土塁の基底部と埋没した空堀が検出され、別個の郭であったことが判明した。Ⅴ郭の北側には、大規模な二重の土塁と空堀が設けられ、城の内外を厳重に区画している。南側の土塁には張り出しが一ヵ所みられ、「片横矢」がかけられている。現状では農道が北側の土塁を直線的に貫いて城内に向かうが、北側の空堀に下り、堀底を東に向かって北側土塁の切れ目を通り抜け、南側の空堀の底から張り出しの下の虎口に至るというのが、往時のルートであった。

台地縁辺部には「根古家《ねごや》」「杉郭」「蟹井戸」「輪《わ》ノ内《うち》」といった字名がみられ、周囲の低地にも根小屋集落や水の手などが展開していたことがわかる。

【北条氏の築城技術との関連】　坂田城の発達した技巧的な縄張、特に「相横矢」のかかった虎口や馬出に、北条氏の築城技術の強い影響が表れているという指摘がある。確かに井田氏は戦国末には北条氏の軍事指揮権下にあった。また、井田氏が在番した牛久《うしく》城と一体となって機能した東林《あずまはやし》城との縄張の類似性も指摘され、牛久在番という軍事活動によって井田氏の築城技術も発達したのではないかという説も提唱されている。

（外山信司）

【参考文献】千葉県文化財センター『千葉県中近世城跡研究調査報告書　第3集―大友城跡・坂田城跡発掘調査報告』（一九八三年）、坂田城跡総合調査団編『坂田城跡総合調査報告書 上総井田文書』（一九九六年）、茨城県立歴史館編『中世常陸・両総地域の様相―発見された井田文書―』（二〇一〇年）

千葉県

●半独立丘陵を利用した中世城郭

東《とう》金《がね》城《じょう》

〔所在地〕千葉県東金市東金
〔比　高〕約六〇メートル
〔分　類〕平山城
〔年　代〕一五世紀中ごろ〜天正十八年
〔城　主〕浜春利、東金酒井氏
〔交通アクセス〕ＪＲ東金線「東金駅」下車、徒歩一〇分・駐車場有

【半独立状丘陵に占地した城郭】　九十九里《くじゅうくり》平野と上総丘陵の接点にある東金市の旧市街地のやや高台に、三方を山に囲まれた桜の名所八鶴《はっかく》湖がある。その西側にあたる県立東金高等学校や本漸寺の背後に延びた丘陵に、東金城跡は占地する。城跡に入るには、同校と本漸寺の間の通路を入っていくと、土地所有者の好意により、昼間四時まで門が開放されていて、そこから主郭まで階段状になった登城路を上がることができる。

　この丘陵は、市街地の台方・上宿地区の背後にあって、平野側には寄せ手を阻む急峻《きゅうしゅん》な崖を形成している。その一方、東・北・西側は浸食をうけて樹枝状の尾根が三方向に延びている。主郭や第Ⅱ郭の置かれた丘陵からこれらの尾根が延びるその基部は、それぞれ堀切《ほりきり》で隔《へだ》てられ、腰郭が巡らされている。

　とくに第Ⅱ郭西側の丘陵が続く部分は、浸食をうけて大きくくびれている。馬背《うまのせ》状の尾根が小堀切をともないしばらく西方向へ続くが、その最小幅となる部分に大きな堀切を入れ、城域の西端となしている。そのため、東金城のある丘陵は半独立丘の様相を呈している。西端の大堀切の南面には腰郭が設けられ、横堀がめぐる構造をしている。その西側にあった竪堀《たてぼり》は、急傾斜対策によって削られ、現在は消滅している。

　このように西端の大堀切から東端の東金高校側の尾根先端部まで、長軸七五〇メートル、短軸四五〇メートルという規模をもち、主要な尾根はすべて堀切を入れ、また段差を設け

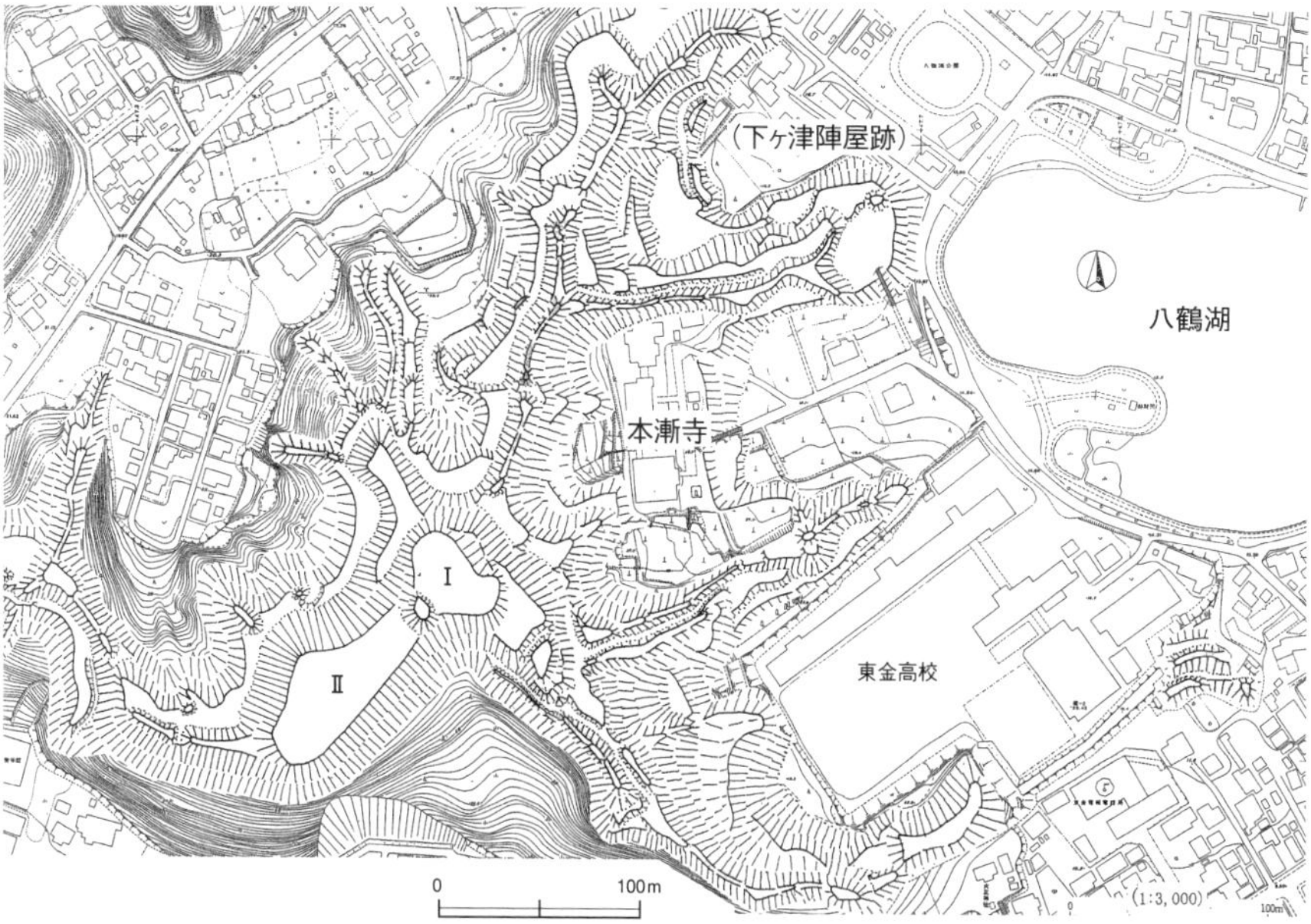

●—東金城縄張図（小高春雄作成、『山武の城』より転載）

るなど、防御に工夫をこらしている。

また、比較的面積のある第Ⅱ郭には、第二次世界大戦終末時に、米軍による九十九里上陸作戦に備え、コンクリート造りの監視所が設けられている。その他、貯水用の土坑《どこう》が掘られるなど、旧日本軍による若干の改変がみられる。しかし、基本的には廃城時の姿をよくのこす城跡といえよう。

【東金酒井氏の本城】 享徳《きょうとく》の乱がおきた一五世紀半ば、上杉方についた千葉本宗家を助けるべく、室町幕府奉公衆《むろまちばくふほうこうしゅう》で西遷御家人《せいせんごけにん》の系譜を引く美濃国の東常縁《とうつねより》は、幕府の命により下総へ下向した。常縁は、一緒に下向した浜春利《はまはるとし》を東金城に入部させたという。

この浜氏は、下総浜野（千葉市中央区）に所領を持つ美濃《みの》土岐《とき》氏の流れで、浜氏こそが酒井《さかい》氏の祖であると有力視されていた。しかし、最近になって、関宿城主簗田《やなだ》氏の家臣である酒井氏が、上総酒井氏の祖であるという新説が唱えられるようになった。

その後、永正六年（一五〇九）土気城の酒井定隆《さだたか》は田間《たま》城（東金市）に移ったが、同城が手狭なため、その後、二男の隆敏《たかとし》を連れ東金城に移ったとされる。こうして土気と東金の二派に分かれた酒井氏は、時に同族同士が血を流しあい、時に連携して戦国時代を北条《ほうじょう》方と里見《さとみ》方との「境目《さかいめ》の領主」

として、したたかに生き延びていく。天正四年（一五七六）頃には北条氏の猛攻の前に、土気・東金両酒井氏はついに北条方に下った。

その後、天正十八年の小田原合戦時には、最後の当主政辰《まさとき》は小田原籠城していたことが確認できる（「鵜沢《うざわ》文書」）。また、北条方の主要な城の城主や軍勢を調べ上げた「関東諸城之《かんとうしょじょうの》覚《おぼえ》」（「毛利文書」）には「一五〇騎」とあり、土気城の三〇〇騎の半分の軍勢と記されている。主のいない東金城は、秀吉《ひでよし》配下の浅野《あさの》長吉《ながよし》・木村一の房総来攻により、あっけなく落城している。秀吉は、浅野・木村両名に対し、土気・東金両城を請け取った知らせを了解したこと、城の破却は「塀をおろし、城中家さへ無之候へ《これなくそうら》」ばよく、「破におよハ」ないことなどを指示している（「豊臣秀吉朱印状写」『難波創業録所収文書』）。

このように、東金酒井氏の本城として天正十八年まで機能していたことが史料上はっきりと確認できる。その後、家康の命によって佐倉《さくら》藩主土井利勝《どいとしかつ》が担当した御成街道《おなりかいどう》が船橋・東金間に造られた。家康《いえやす》と秀忠《ひでただ》は鷹狩《たかがり》と称して東金に来訪している。そして、三代家光《いえみつ》の時まで、東金城直下に東金御殿が営まれていた。

【東金城の構造】 標高七二メートルの丘陵最頂部を主郭とし、一段低く南西方向に延びるⅡ郭との間を堀切《ほりきり》で区画する。主郭の南東側にも尾根が延び、堀切で画された櫓台《やぐらだい》状の郭、さらには堀切をはさんで尾根が二手に分岐し、両尾根の間に東金高校敷地（家康東金御殿跡）が存在する。

この北側の支尾根と、ほぼ並行に東へ延びるさらに北側のもう一本の支尾根に囲まれた空間に、現在本漸寺《ほんぜんじ》の敷地がある。両支尾根の、本漸寺からみた外側には尾根に沿って堀が設けられており、本漸寺のある空間の優位性がわかる。おそらく、この高台となっている本漸寺の本堂の位置する空間こそが、酒井氏の居館が置かれていた場所であろう。

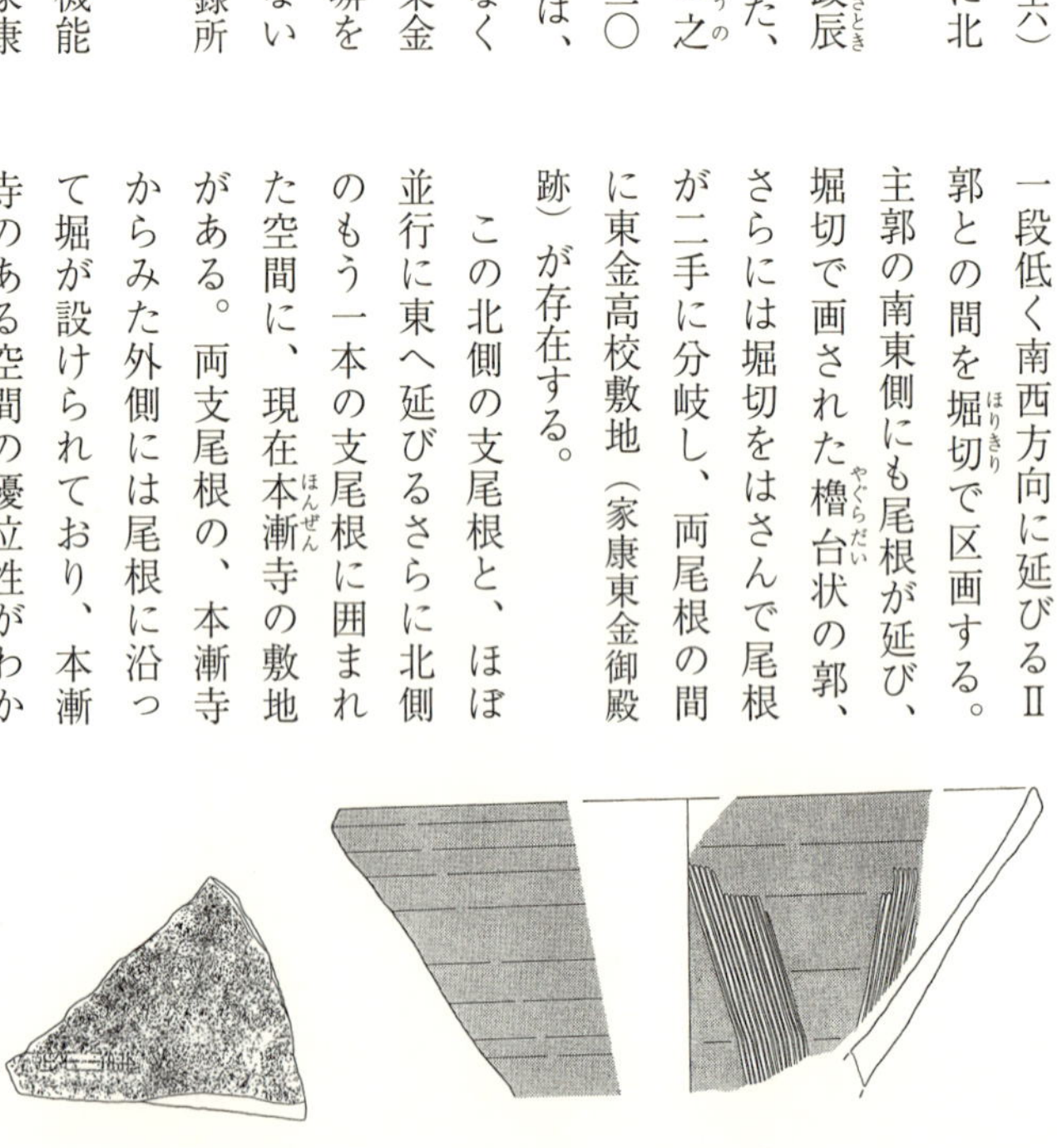

●―出土遺物（常滑大甕破片『千葉県中近代城跡・研究調査報告書 第9集』より転載）

市街地に接する主郭南東方向に延びる尾根は、途中堀切や城内側の帯郭《おびくるわ》が設けられている。また、八鶴湖に面したこの尾根先端部は、横堀《よこぼり》をいれた小保塁《しょうほるい》となっており、市街地からの登城路を監視する役割を負っていたものと考えられる。

これに対応するように、現在は消滅したキデ地名が江戸時代中頃まではのこっていたのである。キデとは、中世城郭の大手筋につけられる房総に特有の地名で、木出、城手、鬼出などと漢字が当てられる。江戸時代に東金に滞在していた佐藤信淵《さとうのぶひろ》の著書によれば、東金の「城出《きで》」に「宇《う》之沢市《のさわいち》右衛門《えもん》」という人物がいたと記される。宇之沢すなわち鵜沢であり、「鵜沢文書」の酒井政辰の宛先の一人に鵜沢一右衛門がいることから、この宇之沢家は酒井氏の重臣で「鵜沢文書」を伝来させた鵜沢氏の末裔と考えられる。

●―東金城遠景

現在、市街地から八鶴湖に上る道は三本（車の通行可能な道は二本）あって、うち千葉寄りの一方通行となる道は、保塁の下を通って本漸寺方面に延びる。もう一本成東《なるとう》寄りの車が対面通行できる道は、半世紀前までは堀切道となっており、後に造られた可能性が高い。これらの間にあって、八鶴湖から落とされる水路沿いの小道が、城が機能していた当時の道と考えられる。

千葉寄りの一方通行の道と、この小道が往時の登城路ではなかろうか。そして両者の間に「城出」地名があったと考えられる。

現在の台方《だいかた》・上宿・谷・岩崎区の旧市街地が、城下集落と考えられる。近世の編纂書ではあるが、『東金城明細記』によれば、城下集落以外では九十九里平野の集落ごとに「衆」単位で家臣が居住していたとされる。

東金市台方の旧国道一二六号線と同バイパスの分岐点付近に、出城下《でじろした》の小字がある。ここは旧道（旧国道以前の街道）と大地上の由井《ゆい》・黒田方面から下る道とが交差する地であり、比高一〇メートルほどの小さな独立丘がのこっている。これこそが、城下集落の西端にあって防衛拠点となっていた「出城」と考えられる。

（遠山成一）

●城下集落内宿をもつ拠点的城郭

本《ほん》納《のう》城《じょう》

〔所在地〕千葉県茂原市本納
〔分　類〕平山城
〔比　高〕四〇メートル
〔年　代〕一五世紀後半〜天正十八年（一五九〇）
〔城　主〕大熊大膳亮、土気酒井氏、
〔交通アクセス〕ＪＲ外房線「本納駅」下車、徒歩七分・駐車場有

【城下集落ののこる拠点的城郭】　樹枝状に延びる丘陵上に占地する本納城跡は、城下集落をともなう街道（国道一二八号線：房総往還）が東麓を走り、南面する蓮福寺《れんぷく》（居館跡か）の入り口付近では、街道が鍵の手状に折れ曲がっている。城域の北端からやや離れた位置に橘木《たちばな》神社が鎮座し、古くから鳥《とり》居前《いまえ》町（旧字名本宿《ほんじゅく》）が展開していたことが推定される。これに対し、戦国後期には蓮福寺門前に家臣団集住地である内《うち》宿が形成され、さらに房総往還に沿って中《なか》宿が近接して展開し、現在の本納の町場の原型ができあがった。

なお、本納の町場は丘陵直下が一段段丘状に高い所に展開しており、現在の鉄道線路のある一帯は、標高差にして三〜四メートルほど低く沼沢地となっていた。そのため、陸路を通るには本納城下を経るか、九十九里《くじゅうくり》平野上に海岸に平行に形成された旧砂碓《さたい》上を通るしかない。本納城は、東方の沼沢地によって、海岸方面からの敵の攻撃を受けることはなかった。それゆえ、房総往還を行軍する南北方向から、および土気・浜野・市原など西方向からの敵の侵入を防ぐ必要があった。

城主は、永禄年代には土気酒井氏の一族（酒井大炊助信継か）であったことが、「鎌倉本興《ほんこう》寺棟札《むなふだ》」（『千葉市の戦国時代城館跡』）によって判明している。しかし、永禄期の城主は黒熊大膳《くろくまだいぜん》であったとの地元の伝承があり、武田《たけだ》信長《のぶなが》の享徳《きょうとく》の乱による上総入部をともにした甲斐《かい》黒駒《くろこま》氏とみる新説も出された。

その後、後述するように永禄末から元亀年間、里見氏からの攻撃をうけ、土気酒井《ときさかい》氏は北条方から里見方へと帰属を変えた。そのため、天正三年（一五七五）年七月に「土気・本納・東金《とうがね》」は、北条氏の東上総攻略の矢面に立たされ「郷村《ごうそん》残す所無《ところな》」きまで蹂躙《じゅうりん》されている。その結果、同四年頃には、土気・東金酒井氏は北条氏のもとに下り、天正十八年の北条氏滅亡時に運命をともにすることになった。

【本納城跡の構造】 蓮福寺裏の「本城山」の台地には、北にY字形に開いた平場があり、その中心部で最高所が主郭である。ここから西側へ続く尾根は、標高八〇メートルほどの高

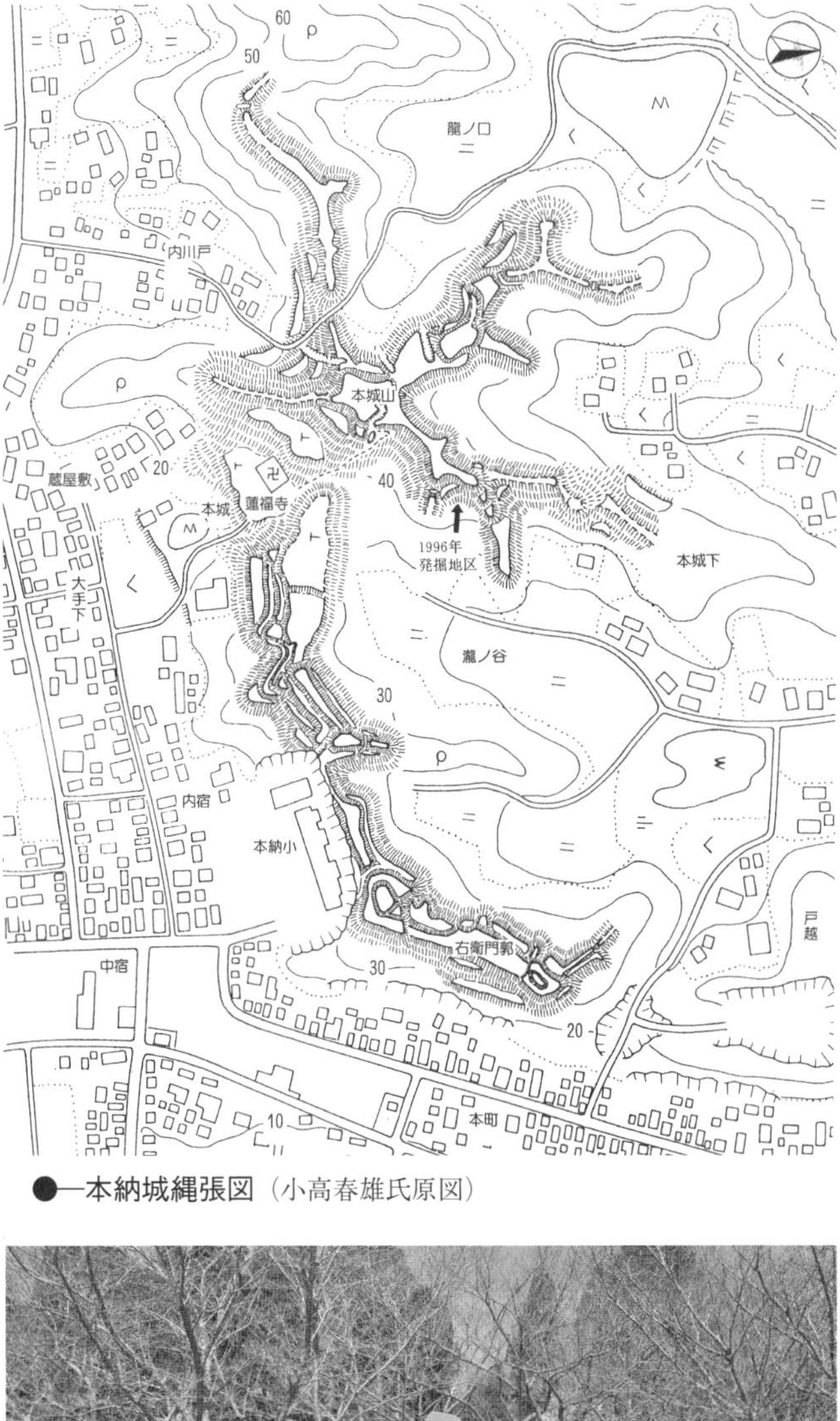

●—本納城縄張図（小高春雄氏原図）

●—主郭付近

い主尾根に続くためか、堀切《ほりきり》によって大きく分断される。この南の内川戸《うちかわど》地区には「騎出《きで》」の小字がのこり、大手筋であった可能性がある。

本城山からは城跡の北側に入り込む支谷に向かい、北東および北西方向に支尾根が延びる。また、東へ延びる尾根は、蓮福寺墓地となって一部改変を受けている。現状では本納小学校敷地によって削られてしまったが、細尾根が東方向に延び、大堀切をはさんで北方向へ延びる「右衛門《うえもん》郭」と呼ばれる細長い台地と接する。

右衛門郭の北に、堀切道で隔てられた字戸越《とごし》の台地は、大きく土取りを受け、旧状を損ねているが、右衛門郭までが城域とみてよい。

右衛門郭と本城山から北へのびる尾根にはさまれた滝ノ谷地区の北尾根裾部からは、発掘の結果、二層の遺構面の下層より整形された台地整形区画が現れ、掘立柱《ほったてばしら》建物跡が一棟、貿易陶磁器・国産陶器・かわらけ・木製品などが出土している。当時の城下集落は、現在の台地東麓の市街地（現本町周辺）および内宿地区ばかりでなく、滝ノ谷地区など北麓の谷部にも存在したことがうかがえる。

ちなみに主郭部もトレンチによる発掘調査が行なわれているが、ほとんど遺構遺物は検出されておらず、平時の生活は山麓で営まれていたと考えられる。

【本納外郭の乗っ取り】 永禄十年（一五六七）かと推定される十二月二十五日、北条氏康《ほうじょううじやす》書状によると本納城の「外郭」を敵が「乗取」る事態がおきた（「北条氏康書状」『小田原編年録文書』）。永禄十年ころの土気酒井氏は北条方についていたことから、「敵」とは房州勢（里見氏・正木氏）と考えられる。外郭を里見方が奪ったことに対し、北条氏政も出馬しようとしたが、「敵退散」したとの報が入り延引している。この間、千葉胤富《ちばたねとみ》も後詰《ごづめ》を計画しており、氏康は感謝している。

この「外郭」はどの部分に比定できようか。一つには主郭東方にやや離れて位置する「右衛門郭」が候補となる。位置的にも「外郭」と呼ぶにふさわしく、「くるわ」の名称ものこる。しかし、右衛門郭の台地東麓には宿が展開し、右衛門郭を乗っ取られたとしたら、宿を制圧されたも同然といえる。であるならば、中宿や内宿まで敵に攻め込まれてしまうわけなので、中心部（本城山）は落城寸前の窮地に立たされたことになる。

もう一つの候補地は、本城山の西南西約八〇〇メートルの位置にあり、本納城と連続した丘陵上にはない鞘戸《さやと》城跡である。外郭と呼ばれるには少々離れすぎる感もあるが、真名城（茂原市）方面、および浜野・潤井戸・金剛地方面からの道が掘割となった同城跡北麓直下を通るという地理的環境から、本納城および城下町の関所的役割を果たしていたことがうかがえる。その意味では、本納城の西の要地に置かれ、本城と一体となって機能した外郭の郭ともいえないことはない。

　天正三年七月に東上総攻略をするため、北条氏繁《うじしげ》が下総国浜野（千葉市中央区）に着陣し、あいさつに陣まで使僧を遣わした本行《ほんぎょう》寺に対し、御礼を述べた書状がある（「北条綱成《つなしげ》書状」『本行寺文書』）。この中で、綱成は「明後日《あさって》、本納近所へ」軍を進める旨を述べている。浜野から茂原《もばら》街道に入り、潤井戸《うるいど》から国吉《くによし》・金剛《こんごう》地をへて茂原市本納に至る経路を取って、酒井氏の拠る本納城を攻めたことが想定される。まさにこの経路は鞘戸城跡の直下を通ることになるのである。

　このように鞘戸城は本納城にとって西の防御の要であり、ここを突破されてしまうと城下集落内宿に迫られることになる。しかし、鞘戸城を奪われたとしても、距離がやや離れているため「右衛門郭」を乗っ取られたほどの脅威はない。よって鞘戸城が「外郭」と認識されていた可能性は認めてもよかろう。

　ちなみに本城山直下に位置し、城主の居館跡と想定される蓮福寺は、天正八年の開基と伝わる。これは天正四年に北条方に下った酒井氏にとって、天正五年に里見と北条の和睦が成立すると、対里見氏最前線に立つ本納城は存在価値が減少したための措置とも考えられる。

　このように本納城は、土気酒井氏にとって対武田・里見の境目の城として、真名宿谷《まんなしゅくやつ》城（茂原市真名）と並ぶ重要な南方防衛拠点であった。

（遠山成一）

●—出土した陶磁器
（津田芳男「発掘された長生郡内の城郭」『千葉城郭研究』第8号より転載）

●新旧の縄張がのこる貴重な城

土《と》気《け》城《じょう》

（所在地）千葉県千葉市緑区土気町
（比　高）六〇メートル
（分　類）平山城
（年　代）一五世紀末〜天正十八年（一五九〇）
（城　主）土気酒井氏
（交通アクセス）ＪＲ外房線「土気駅」から徒歩二五分

【標高九〇メートルの台地縁辺に構築】　千葉市緑区土気町は、現在、山武《さんぶ》郡大網白里《おおあみしろさと》町と境を接するが、古くは山辺郡域に含まれていた。西方を鹿島《かしま》川上流により開析された標高九〇メートルの台地が九十九里《くじゅうくり》平野と接する縁辺部に、この城は築かれている。北麓の大網白里町金谷《かなや》郷と南麓にあたる同南玉からみる本城は、険しい山城の体をなしている。しかし、町並の広がる平坦な台地上を城跡に向かうと、あたかも平城の観を呈する。

城主である酒井《さかい》氏は、伝承によれば文明年間に上総に入部し、長享年間に土気城を再興し拠ったとされる。しかし、あくまでも伝説の域を出ていない。数度にわたる発掘からは、一応一五世紀後半ころの遺物が出ているものの、一六世紀以降の遺物が圧倒的に多いとされる。史料上実在が確認される酒井氏の祖清伝《せいでん》は、文明年間に鎌倉本興《ほんこう》寺の檀越《だんおつ》として本堂を建立している。そして、「本土寺過去帳」によれば、年不詳であるが「山辺《やまべ》にて」没している。同じく第二代となる隆敏は「土気酒井伯耆守《ほうきのかみ》殿」と記され、永正十七年（一五二〇）に没している。この隆敏は土気城にいたものと考えられる。

その後、土気酒井氏の本城として天正十八年（一五九〇）まで存続した。この間、東金《とうがね》城による東金酒井氏と同一歩調をとる時もあれば、里見《さとみ》方、北条《ほうじょう》方に分かれ戦うこともあった。天正四年頃、両酒井氏は北条方に下り、十八年の小田《おだ》原《わら》合戦時には、北条方の城として「坂井伯耆守（酒井）三百騎」として記録されている。豊臣方による土気城接収の際に、秀吉は部下の浅野らに対し、建物の破壊だけに止めるよう破城の指示をしている（「難波《なにわ》創業録《そうぎょうろく》所収文書」）。徳川氏関東入部直後、土気城に家臣が入ったかどうか不明であるが、その後、城内を大網方面に通ずる街道が金谷まで通り、城としての機能は消滅した。

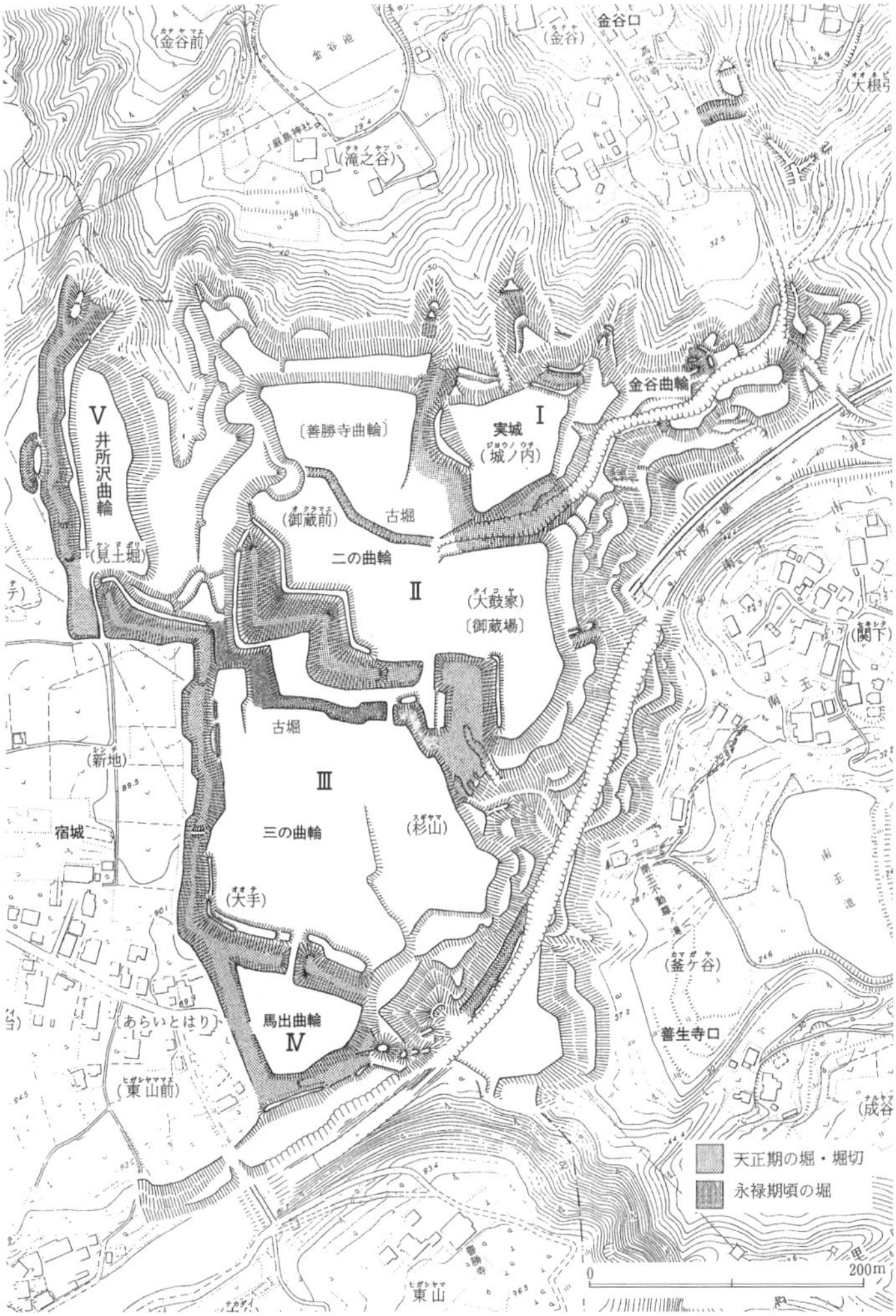

●—土気城縄張図（原図：小高春雄）

【土気城跡の構造】 狭義の城域は、台地北東端の第Ⅰ郭（城ノ内）から第Ⅲ郭、その南に接する馬出曲輪《うまだしくるわ》、井戸沢《いどさわ》を隔てた西側の第Ⅳ郭ということになる。しかし、鹿島川により開析された台地の西南端には字新宿《あざしんじゅく》地先の一画に土塁がのこり、物見《ものみ》遺構と考えられている。また、現在、善勝寺《ぜんしょうじ》のある南側台地西南端には、堀と土塁で囲われた単郭の城跡がのこり、大網《おおあみ》方面からの古街道に対応するものと考えられている。このように、広義の城域は、土気本郷の街並みのある台地を含めて考えるべきであろう。

　構造的な特徴は、なんといっても新旧の堀が併存していることである。土気城の現在見ることのできる縄張《なわばり》は、秀吉襲来の風聞により北条氏領国内の主要城郭で一斉におこなわれた、天正十三年前後の改築にともなうものと考えられている。その際、旧来の堀を埋めずに、あらたに規模の大きな堀を並列して掘っている。そのため、古い堀がのこり、新旧の規模の比較ができる珍しい事例となった。

天正十三年頃の大改築により、それまで「宿城《しゅくじろ》」と呼ばれる城下集落の一部まで取り込んで広大な第Ⅲ郭を造り出し、その南端には馬出の役割を果たす第Ⅳ郭を設けた。発掘によって、第Ⅲ郭は大規模な盛土《もりつち》が行なわれていることが判明している。また主郭の西側に北から大きく入り込む自然の沢（井戸沢）があり、これが防御上の弱点となることから、この沢の対岸を取りこんで第Ｖ郭となし、屏風《びょうぶ》状の折りのある堀で画した。第Ｖ郭の堀と土塁は、本城跡の見どころの一つといえる。

【永禄八年の土気城合戦】　永禄七年（一五六四）段階まで北条方についていた土気酒井氏（当主は胤治《たねはる》）は里見方に下ったため、同八年二月、北条氏政の攻撃を受けることになった。攻城軍の主体は小弓原《おゆみはら》氏（臼井原《うすいはら》氏）と東金酒井氏であった。この時の様子は、胤治が越後の長尾景虎（上杉謙信）の家臣河田長親に宛てた書状（「酒井胤治書状」）で詳しくわかる。

それによると、臼井城主原《はら》氏を中心とする軍勢は、十二日に「宿城」を攻めている。討ち取られた武将として原弥太郎《やたろう》、渡辺《わたなべ》孫八郎《まごはちろう》、大厩《おうまや》半九郎《はんくろう》など小弓原氏の配下の面々があげられている。翌十三日には、東金酒井氏の軍勢が「金谷口」を攻めて、同じく河嶋・市藤（市東）・宮田・早野といった東金酒井氏の家臣団の名があげられている。同日には「善生寺口」にて戦いがあったことも記されている。

●―Ⅲの郭土塁にある貴船神社

宿城の地名は現在のこっていないが、永禄年間の宿城の全般的なあり方としては、堀や土塁などで囲繞《いにょう》された城に隣接する町場（宿）であることが多い。土気城の永禄年代における宿城の設けられていた場所は、現Ⅲ郭から第Ⅳ郭（馬出郭）および第Ⅳ郭と西に隣接する一部の地区を想定できる。宿城と想定される西端には、残存土塁と思われる高まりや、古絵図から「ホリアト」と記された箇所がある。また西端には「鍛冶《かじ》屋敷」の伝承地やスラグが出る畑があることから、火災をおこしやすい鍛冶場が宿の端に置かれたことを考えると、第Ⅳ郭の西一帯までが、永禄年間の宿城と想定される。

なお、第Ⅲ郭の送電線鉄塔《そうでんせんてっとう》工事のさい、発掘調査が行なわれており、地下三メートルの地点から鉄砲玉が出土している。

書状に記された「金谷口《かなやぐち》」とは、主郭の手前から東方向に下る「クラン坂」と呼ばれる急坂があり、これが大網白里町金谷郷から登城する道に該当し、この近辺と考えられる。「クラン坂」は掘割道となっていて、崖上には平場が設けられており、上ってくる敵を攻撃できるような工夫がなされている。

●—金谷から主郭方面を望む

「善生寺口」の比定地は、一つに大網白里町南玉から善勝寺のある台地北側に上る一帯（旧国鉄房総東線廃線跡）をあてる考えがあり、有力とされる。また、善勝寺の台地南端には善勝寺砦跡と呼ばれる中世城郭があり、同町池田から尾根伝いに上る大網街道の前身のような古道も想定され、こちらに求める考えもある。

【土気城跡の現状】　第Ⅱ郭には、日本航空の旧研修所が建っており、長らく中心部に入って見学することができなかった。最近、日航がこれを民間企業に売却したということで、今後も第Ⅰ郭・第Ⅱ郭の見学は難しいと思われる。しかし、第Ⅲ郭や第Ⅴ郭はよくのこり、堀や土塁が良好な状態で保たれている。

また、みどころの一つであった第Ⅳ郭（馬出曲輪）は堀が埋められ、現状では残念ながらよくわからなくなってしまっている。

ともあれ、土気酒井氏の本城である土気城は、その規模の大きさと新旧の堀がそのまま見ることができる稀有な例として、十分見学するに値する城跡といえよう。

また、数度にわたり発掘を受け（報告書未刊）遺物が出ていること、文献史料から永禄当時の城の構造がわかること、さらに遺構がよくのこることから、房総の中世城郭研究にとって大変重要な城といえる。

（遠山成一）

●房総丘陵にある上総武田氏の居城

真《ま》里《り》谷《やつ》城《じょう》

〔所在地〕千葉県木更津市真里谷字真地他
〔比　高〕約五〇～九〇メートル
〔分　類〕山城
〔年　代〕一五世紀中葉以降～一六世紀中葉まで
〔城　主〕武田氏
〔交通アクセス〕ＪＲ久留里線「馬来田駅」下車、東へ約六キロ

【山間部に築かれた大城郭】　房総半島西部を流れて東京湾に注ぐ小櫃《おびつ》川の東岸、その支流である武田川の上流部に位置する丘陵に真里谷城は築かれている。

この城は、享徳《きょうとく》の大乱の際に上総に入部した武田氏によって築かれた。現在はまったくの山間地であるが、城下を市《いち》原《はら》方面に通ずる街道が通り、小櫃川を遡れば久留里《くるり》を経て安《あ》房《わ》へ至り、下れば木更津《きさらづ》方面に出て東京湾の水運を利用することも容易であった。このように、当城は上総各地を結ぶ交通の要衝に位置しており、上総武田《かずさたけだ》氏が本城として取り立てるのにふさわしい立地条件にある。

当城と周辺の城郭群は、天文年間（一五三二～五五）に起きた武田氏の内紛に関する史料に登場するが、その終息とともに歴史の舞台から遠ざかったのである。

【上総武田氏の入部と真里谷城】　享徳の大乱が勃発すると、古河《こが》公方《くぼう》足利成氏《あしかがしげうじ》は上杉氏の地盤であった安房・上総に、源《げん》氏《じ》に連なる有力武将を送り込んだ。甲斐の守護武田信満《たけだのぶみつ》の子で、成氏の近臣であった信長《のぶなが》は、里見義実《さとみよしざね》とともに足利氏の「御一家」として房総に入部したのである。信長は成氏から「足利成氏朝臣《あそん》旗」を賜り、守護に準ずるかたちで上総に入ったという。武田氏は短時間のうちに上総を掌握し、発展していった。その子孫は長南《ちょうなん》城（長南町）、峰上《みねがみ》城（富津市）、百首《ひゃくしゅ》城（造海《つくろうみ》城、富津市）、大多喜《おおたき》城（大多喜町）、笹子《ささご》城（木更津市）、中尾《なかお》城（木更津市）、椎津《しいづ》城（市原市）など、各地に拠点を築いていった。当城は長南城とともに上総武田氏

●—主郭（千畳敷）西側の虎口に通じる堀底道

の中心的な城であり、これに拠る一族を真里谷武田氏もしくは真里谷氏という。

【真里谷城の構造】 城域は南北約七〇〇メートル、東西約四〇〇メートルにおよび、ほぼ独立した丘陵全体を利用している。南側に「千畳敷《せんじょうじき》」と呼ばれる主郭を置き、北に続く尾根に二の郭、三の郭、四の郭といった郭を、地形に応じて配置するというのが基本的な構造である。これらの郭から伸びる尾根には堀切《ほりきり》が設けられ、斜面部には腰郭が階段状に設けられ、防御を固めている。

主郭は三方を大規模な土塁に囲まれた、ほぼ長方形を呈する平坦な郭であり、西側に虎口《こぐち》がある。主殿や会所《かいしょ》などの中心的な施設があったと考えられ、北側の城山神社（武田信興《のぶおき》の木像を祀る）がある部分も一つの郭となっている。南端は堀切や削り落としのある細尾根で城外に続いている。

二の郭は自然の谷津を利用した大堀切で主郭と隔てられ、土橋状の細尾根で連絡していた。西側に伸びる広い郭で、堀底道によって二つに分けられる。三の郭は土塁に囲まれた郭で、北側の堀割道を見下ろす位置にある。この道は西側の谷でほぼ直角に北へ曲がって麓に通じるが、両側に土塁状の尾根があって厳重な防御が施されており、これが大手道であったと考えられている。

●—真里谷城概念図（小高春雄作成の原図に加筆「真里谷『新地』の城について」『千葉城郭研究』3号、1994年より）

四の郭はもっとも北側に位置する。その西側には「一杯水」と呼ばれる湧水があるが、東側から張り出した土塁と西側の郭の土塁で囲まれた空間があり、木戸が設けられていたと推定されている。

【城下と周辺の城郭】 当城の北西約二キロに、武田信興《たけだのぶおき》によって寛正五年（一四六四）に開かれたと伝えられる真如《しんにょ》寺（曹洞宗）がある。真里谷武田氏の菩提寺として繁栄し、往時は末寺四九を数えた。さらに一キロほど先には、天文四年（一五三五）に武田信隆《のぶたか》によって中興されたという妙泉《みょうせん》寺（曹洞宗）がある。その西約一キロには本立寺（日蓮宗）があり、里見義頼《さとみよしより》判物《はんもつ》・正木憲時《まさきのりとき》制札《せいさつ》を所蔵している。また、八坂《やさか》神社は真里谷地区の神社の中で中心的な存在であった。妙泉寺や八坂神社付近の字《あざ》は「宿《しゅく》」であり、城下の中心的な場所であった。ここから城までは約四キロの距離があり、城と城下が遠く離れていたことは大きな特徴といえよう。

「宿」の北側には要害城跡、南側には天神台城跡がある。これらの城郭の位置付けについては後述したい。また、新梨《しんな》子《し》館跡も存在する。

【発掘調査の成果】 当城跡に少年自然の家が建設されることになり、発掘調査が行なわれた。主郭では柱穴・土坑・捨場遺構が検出され、二の郭では掘立柱《ほったてばしら》建物跡・地下式坑・平場・土坑・捨場遺構が検出され、主郭より遺構の密度が高かった。三の郭では土坑・道路状遺構が、四の郭では土坑・物見台状遺構・空堀が検出されている。

出土遺物としては、青磁《せいじ》・白磁《はくじ》・染付《そめつけ》・緑釉《りょくゆう》陶器・褐釉《かつゆう》陶器といった貿易陶磁、瀬戸窯製品・常滑《とこなめ》窯製品といった国産陶器、土師《はじ》質土器（かわらけ）、鎧の小札《こざね》・鉄鏃《てつぞく》・刀子《とうす》・北《ほく》宋《そう》銭などの金属製品、茶臼《ちゃうす》・硯《すずり》・砥石《といし》といった石製品、焼けた壁土や米・大麦・大豆《だいず》・小豆《あずき》・オニグルミ・ウメといった炭化物などがある。

このうち貿易陶磁は一五世紀後葉から一六世紀前半に位置付けられ、国産陶器も一五世紀第3四半期から一六世紀前半の製品である。これによって真里谷城が機能していた年代を限定することができ、文献史料に登場する年代と一致するという点でも注目される。

貿易陶磁には優品が多く、白磁や染付には房総ではほとんど出土していないものがみられる。緑釉陶器は明代に華南で作られたもので、褐釉陶器は「呂宋《ルソン》壺」と呼ばれるものである。主郭からは大量の貿易陶磁や儀式で用いられるかわらけが出土している。正式な行事で箸置きとして使われる耳かわらけも出土し、主郭には主殿や会所的な建物があったことがうかがわれる。このように、威信財としての高級陶磁やかわ

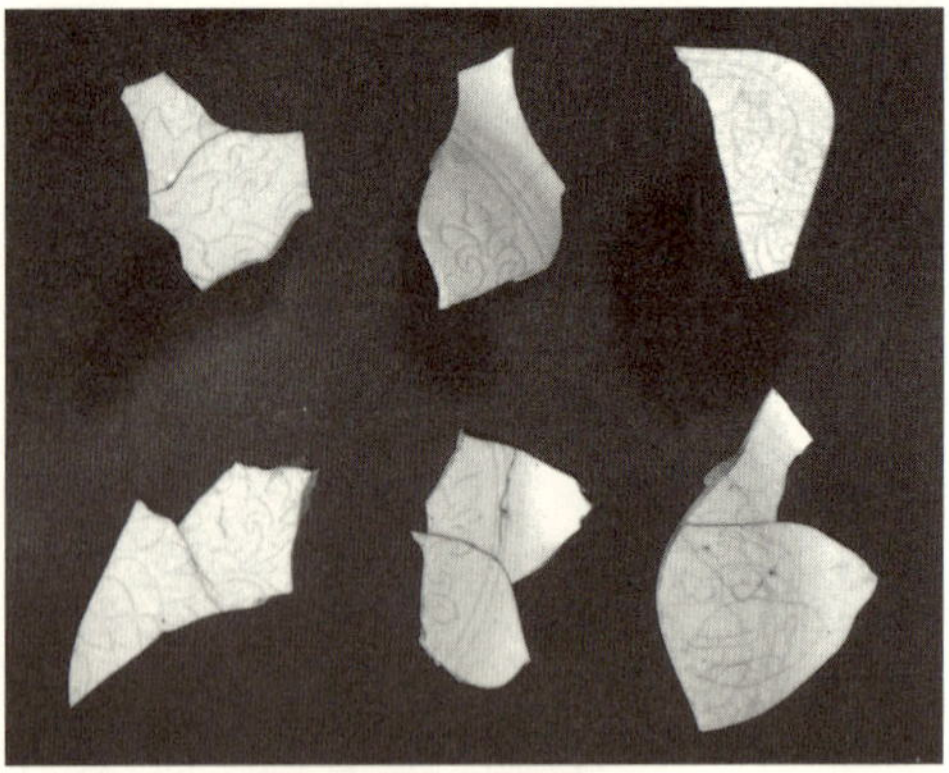

●—出土した陶磁器（白磁）
（木更津市教育委員会所蔵）

らけは、真里谷武田氏の本拠にふさわしい遺物である。

【小弓公方足利義明の擁立】　真里谷武田氏の初代は、三河守を称した清嗣《きよつぐ》である。信長の子の清嗣（道鑑《どうがん》）は西上総一帯を支配下に置いたのみならず、浅草浅草寺《せんそう》（東京都台東区）の伽藍《がらん》再建の中心となるなど、東京湾の対岸にまで勢力を伸ばした。清嗣の後は、信嗣《のぶつぐ》、信清《のぶきよ》（寿星庵恕鑑《じゅせいあんじょかん》）と継承した。この頃、真里谷某《なにがし》が禁裏御服領所《きんりごふくりょうしょ》である畔蒜荘《あひるのしょう》を押領していたが、この真里谷某とは信嗣と考えられる。畔蒜荘は小櫃川の流域に広がる広大な荘園で、現在の君津市・木更津市・袖ケ浦市におよび、真里谷城もそのなかにあった。武田氏は当城の膝下にある荘園の侵略を進め、勢力を拡大していったのである。

信清は北に領国を接する千葉・原氏と抗争を繰り返していたが、古河公方足利高基《たかもと》の弟に当たる義明《よしあき》を招き、永正十五年（一五一八）には原氏の小弓城《おゆみ》（千葉市中央区生実町）を奪って義明を迎えた。小弓公方である。こうして義明擁立の主体となった真里谷武田氏は、上総の政治的中心となった。

【武田氏の内紛と真里谷新地の城】　この頃、安房の里見氏で生じた内訌《ないこう》が波及し、信清の嫡子であった信応《のぶまさ》と庶子であった信隆《のぶたか》との家督争いが勃発した。この武田氏の内紛については、『快元僧都記《かいげんそうずき》』や「東慶寺文書《とうけい》」によって知ることができるが、その記事のなかに当城やその周辺の城郭が登場する。天文三年（一五三四）、小弓公方義明はこの内紛に介入するために出陣し、当城や椎津城《しいつ》を攻撃した。これによって当城が信隆側の拠点であり、義明によって落城したことがわかる。こうして義明の支援を受けた信応の勝利によって、内紛はいったんは終息をみた。

ところが、天文六年五月、信隆方の真里谷一族が当城の近くにある「新地」・「まりやつしん地」の城に立て籠もり、惣領である信応を追放するよう義明に訴えるという、武装蜂起事件が起きた。この「新地」の城とは、当城の北西約三キロに位置する天神台城《てんじんだい》に比定されている。

義明は信隆方の拠点であった峰上城《みねがみ》を攻め、義明の要請を受けた里見義堯《よしあき》も百首城を攻め、信応は当城から「新地」の城を攻撃した。これに対して、信隆方は小田原の北条氏に支援を求めたのである。北条氏綱《うじつな》はその要請に応えて峰上城・百首城と「新地」の城に援軍を派遣した。「新地」の城には「きんこくさい人《にん》しゅ」（金谷斎人衆）が送り込まれたが、この金谷斎栄永（大藤信基）軍勢は敵方を錯乱させるためにゲリラ戦を行う特殊部隊であった。

こうした北条氏による支援もむなしく、信隆方は窮地に陥った。「新地」の城の大藤金谷斎人衆さえも義明・信応方に包囲され、信隆・北条方の軍事的敗北は明らかであった。北条氏綱は、鎌倉の尼寺東慶寺の寺主渭継尼《いけいに》らを仲介役として義明との和睦交渉を行った。渭継尼は義明の妹であったからである。その結果、義明の「御免《ごめん》」を受けるかたちで信隆・北条方は赦免され、大藤金谷斎人衆も帰国したのであった。信隆は峰上城を明け渡し、寺社に「物詣」するという名目で上総から退去した。そして、鶴岡八幡宮や江の島に参詣し、北条氏の庇護を受けて金沢（横浜市金沢区）で過ごしたという。

●—城山神社の武田信興像（信興は清嗣の別名とされる。法号は道鑑）

【武田氏の衰退】　こうして内紛は信応の勝利に終わったが、小弓公方義明や北条氏といった外部勢力の介入を招き、武田氏の弱体化を進めることになった。さらに信応の後ろ盾となっていた義明が、天文七年（一五三八）の第一次国府台《こうのだい》合戦で討死すると、武田氏はますます政治的存在感を失っていったのである。第一次国府台合戦後、真里谷の地では北条氏による直接支配が行なわれた。こうして当城の周辺は、北条氏と内紛を克服して戦国大名へと成長を遂げた里見氏との争乱の舞台となり、真里谷武田氏は歴史から姿を消し、当城も役割を終えたのであった。武田川の対岸に位置する要害城は、北条氏もしくは里見氏によって当地を支配するために築かれた城郭と考えられている。

（外山信司）

【参考文献】木更津市教育委員会『真里谷城跡』（一九八四年）、小高春雄「真里谷「新地」の城について」『千葉城郭研究』三（一九八四年）、當眞嗣史「真里谷城跡」『千葉県の歴史 資料編 中世1（考古資料）』（一九九八年）、佐藤博信「房総における天文の内乱の歴史的位置—特に上総真里谷武田氏の動向を中心として—」『中世東国政治史論』（二〇〇六年）、簗瀬裕一「真里谷城跡出土遺物の歴史的位置」『中世東国の政治構造』（二〇〇七年）、黒田基樹編『武田信長』（二〇一〇年）

●戦国大名里見氏最盛期の城

久留里城《くるりじょう》

（所在地）千葉県君津市久留里市場
（比　高）約一〇〇メートル
（分　類）山城
（年　代）一六世紀
（城　主）上総武田氏、里見義堯、大須賀忠政、土屋忠直、黒田直純
（交通アクセス）ＪＲ久留里線「久留里駅」下車、徒歩約三〇分

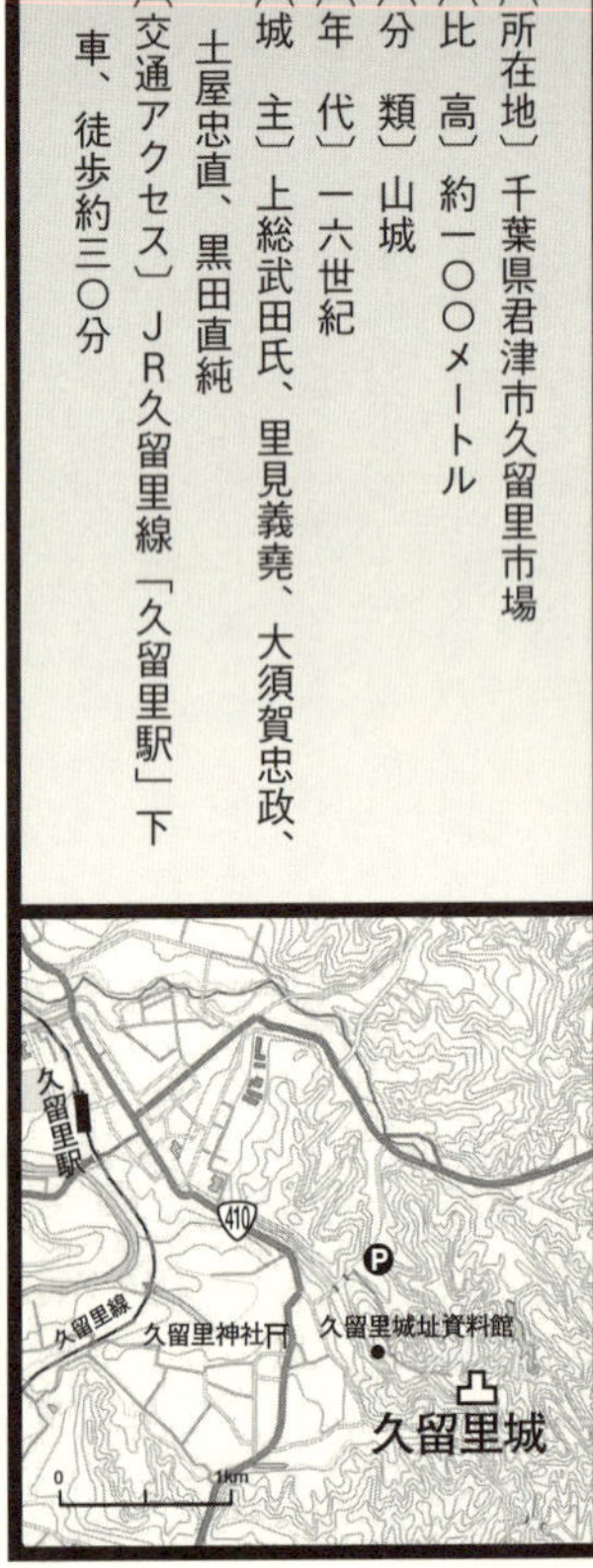

【房総最大級の城郭】　久留里の町は、房総半島のほぼ中央部を北西流する大河小櫃《おびつ》川の中流域に開けた交通の要地で、古くから上総中央部における行政・経済の中心地である。その市街地よりやや東寄り、眼下に大きく蛇行（現在は旧河道となっている）する小櫃川をのぞむ丘陵地に所在するのが、戦国大名里見氏最盛期の城久留里城である。

しかし、久留里城は中世から幕末期まで使用されていただけに、中世久留里城の痕跡と考えられる遺構も多い反面、近世段階のさまざまな遺構も多い。また、それらが複雑に絡み合ってのこっているため、いわゆる上《かみ》の城まで一体の城郭と考えるべきか否かを含め、その規模・遺構・年代についてもさまざまな見解があって定見を得ないのが実情である。したがって中世、特に里見氏時代の遺構と特定できるところは極めて少ない。

【里見氏時代の遺構】　ただ城跡最高所（標高一三五メートル）、現在天守《てんしゅ》台跡や三階建ての模擬天守が建つあたりは、黒田《くろだ》氏の時代（一八世紀中ごろ）に手が加えられてはいるものの、昭和五十二年（一九七七）の模擬天守建設に伴う発掘調査で、近世の堆積層の下から、掘立柱《ほったてばしら》建物跡や遺物編年から里見氏時代に比定できる瀬戸《せと》・美濃《みの》の陶磁器片が確認され、しかも周囲が大切岸《おおきりぎし》・大堀切《おおほりきり》で隔絶しているところからみて、里見氏段階には詰《つ》めの郭として使用されていた可能性が高いという。とはいえ検出された遺構は重複性に欠け出土遺物も少ないところから、使用されていたとしてもごく短期間だった

と考えられている。またここから北側に続く尾根上に、腰郭・空堀《からぼり》・切岸《きりぎし》・堀切といった遺構が連続するが、これらも詰めの郭と一体化した中世城郭特有の防御線と推測され、里見氏時代の遺構の可能性がある。

次に現在資料館が建つあたりは、近世では二の丸に相当するが中世の痕跡に乏しく、その北西下の郭（久留里曲輪）こそが中世段階の二の丸に相当する空間と考えられている。またそこから北西の主尾根上には二ヵ所の堀切を経て階段状の広い郭が連続するが、これもまた中世の遺構と考えられている。しかしこれが果たして里見氏の時代に特定できるかどうかについては不明である。

【里見氏以前の久留里城】 戦国期の久留里城が、当初上総武田氏関係の城郭だったらしいことは、天文六年（一五三七）に勃発した武田家内乱の際に、「久留里」と在所名で呼ばれる人物（存在）がいたことからも伺える（『快元僧都記《かいげんそうずき》』所収文書）。ただここでいう「久留里」が、具体的に何を指すのかについてはわからない。あるいは里見氏入部以前の久留里城主とされる勝真勝《すぐろしんしょう》その人とも考えられるが、彼自身その存在すら伝説の域を一歩も出ない人物なのである。そして久留里城の存在が史料上から確認できるのは、安房から上総へ進出した里見義堯《さとみよしたか》の拠る本城として位置付けられた頃からである。

【武田氏旧領をめぐる里見・北条氏の抗争】 天文末期、それまで西上総一帯に勢力を振るっていた真里谷《まりやつ》武田氏は、一族間の長期にわたる抗争のなかで著しく衰え滅亡した。そしてその後は、安房から北上する里見氏と、江戸湾を介して房総へ侵攻する小田原北条氏（以下北条氏）との間でその遺領をめぐって激しい争奪戦が展開されたのである。

ただこの抗争も次第に北条方の優勢にすすみ、弘治元年（一五五五）には江戸湾岸における里見方の拠点金谷《かなや》城が落城し、ついで同三年には西上総の要地天神山湊《てんじんやまみなと》が北条氏の上総攻略の兵站《へいたん》基地化し、そこから西上総内陸部への進出が続けられていたことが知られる。またそれ以前に北条氏は、天神山川流域の水上領主にして江戸湾交通に大きな影響力を持つ正木兵部大輔《まさきひょうぶだゆう》や上流域峰上《みねがみ》城にあった吉原玄蕃《よしわらげんば》らの土豪層もその傘下に組み入れることに成功している。しかも西上総清和市場小糸《せいわいちばこいと》城を拠点にしていた秋元家では、北条氏の支援を受けた庶家の秋元（鎌滝《かまたき》）政次《まさつぐ》が宗家である秋元義正《よしまさ》を倒して当主の位置に座るといったように、永禄初期段階までには旧武田領はほぼ北条氏勢力一色に塗り替えられたのである。そうなると久留里城は上総国中西部における里見方唯一の拠点城郭として孤立し、北条氏の攻撃に直接晒されるよ

●—久留里城概念図（小高春雄『君津城』から転載）

うになったのである。

【北条氏に包囲された久留里城】　このころ久留里城にあったのは里見義堯である。その義堯が根本所領たる安房から上総国中部の要地久留里に入った時期は明らかではないが、里見氏と行動をともにする正木氏が東上総へ進出したのが天文十年代だったことから、それとほぼ同じ頃だったと考えられている。また義堯の当初の目的地は江戸湾にも睨みをきかすことが可能な要衝佐貫《さぬき》城を拠点とする西上総一帯だったのが、北条氏との抗争のなかで次第に中央部に押される形で、久留里城が対北条氏の拠点化したとも考えられる。

その久留里城が北条氏の直接攻撃を受けることになったのが永禄三年（一五六〇）である。同年五月、北条氏康《うじやす》が奥羽の白川晴綱《しらかわはるつな》に出した手紙には、「久留里城攻略の基地として構築した陣城が完成したので近日中に兵を入れる予定である」とあり、このとき久留里城は北条軍に完全に包囲され、落城も時間の問題となっていたことがわかる。また小櫃川が蛇行する浦田《うらた》・向郷《むかいごう》一帯は、この時里見・北条両軍が激戦を交えた場所と伝えられる。

この危急存亡の事態に至り、里見義堯は重臣正木時茂《まさきときしげ》をして越後長尾景虎《ながおかげとら》（以下上杉謙信《うえすぎけんしん》）に救援を要請した。ちょうど同じ頃常陸佐竹氏からも救援要請を受けていた謙信は、これを関東進出への絶好の好機と捉え、ついに関東へ出陣（越山）し、それ以後も毎年のように侵攻し、関東戦国史に大きな影響を与えることになるのである。一方謙信越山の報を聞きつけた北条氏康は、すぐさま久留里城の包囲を解いて房総から兵を引き上げ、ここに里見義堯はようやく窮地を脱したのみならず、その後は北条氏が抑えていた西上総をほぼ手中におさめ、さらに下総香取《かとり》まで軍事侵攻するようになった。なお現在東京都品川区の海晏《かいあん》寺に所蔵される雲版《うんばん》は、この久留里城包囲戦の際、久留里城下向郷にあった般若《はんにゃ》寺から北条軍の手によって略奪された遺品ではないかと考えられている。

【その後の久留里城】　その後永禄十年（一五六七）の西上総三船山《みふねやま》合戦の際にも、久留里城は佐貫城とともに里見方の最重要拠点だったことが知られる。しかし天正二年（一五七四）に義堯が久留里城内で死んだことによって、主《あるじ》を失ったも同然の城となった感もあり、さらに義堯の息義弘の死後に起こった後継者争いの内乱の頃になると、急速に里見領国内における政治的・戦略的位置づけを後退させていたようで、その後は里見領国間の一支城として小田原合戦まで存続していたらしい。

天正十八年（一五九〇）の北条氏滅亡後、関東に徳川家康《とくがわいえやす》

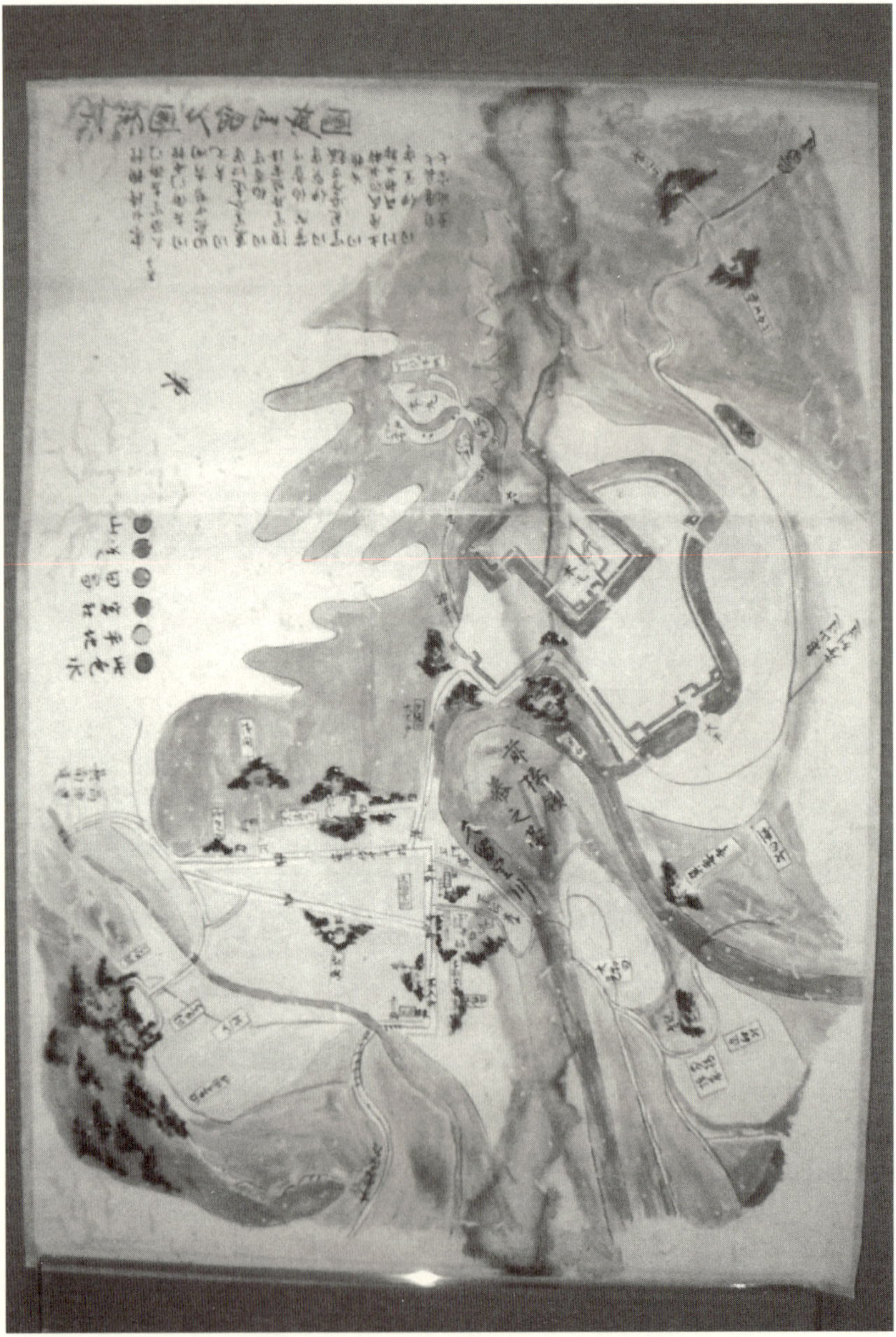

●—久留里城絵図（小田原市立図書館蔵「有浦家文書」より）

●—久留里城遠景

が入部すると久留里城にはその家臣大須賀忠政《おおすがただまさ》が入る。そして関ヶ原合戦後には土屋氏が入って三代続くが、延宝七年（一六七九）にその土屋氏が改易され、さらにその後は前橋藩《まえばし》領となったことに伴って久留里城も廃城となった。ところが寛保二年（一七四二）、久留里に三万石の大名として新たに封ぜられた黒田直純《くろだなおずみ》は、久留里古城を再び城として取り立てる願いを幕府に提出して安永期までの約三〇年にわたる期間普請を行い、山上には本丸・二の丸を置いて土塀《どべい》・櫓《やぐら》を配置し、南側山麓には三の丸・外郭を整備し要所に土塀・櫓・門を配置して近世城郭の体裁を整えた。そして以後久留里城は黒田氏の城として幕末までに至り廃城を迎えたのであった。

（滝川恒昭）

●房総屈指の山城

小《こ》糸《いと》城《じょう》（秋元城）

〔所在地〕千葉県君津市清和市場根古屋
〔比　高〕約六五メートル
〔分　類〕山城
〔年　代〕一五～一六世紀
〔城　主〕秋元義正・政次・義次・（里見弾正小弼）義則
〔交通アクセス〕コミュニティバス中島・豊英線「田中台」下車、徒歩三分・駐車場なし

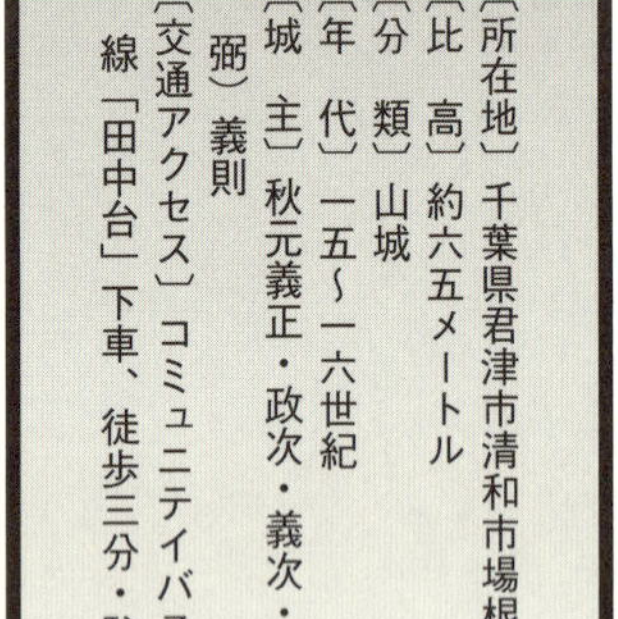

【秋元氏が拠った城】　小糸城は上総中央部を横断するように流れる小糸川の上流域左岸に位置し、鹿野《かのう》山から派生する丘陵の先端部に構築されている。西上総清和市場周辺を拠点とした秋元《あきもと》氏が居城としていたところから、現在では秋元城と呼ばれることが多い。ただ当時の史料にはその在所名から小糸城とされていることから、本書でも小糸城とする。天正十八年（一五九〇）、里見《さとみ》氏が上総国内における権益をすべて失ったとき、それまで事実上里見氏に吸収されていた秋元氏も、里見氏に従属する領主とされたためか、所領を没収され、同時に小糸城も廃城になったと考えられる。

【小糸城の構造】　小糸城は著名な「関東八州諸城覚書《かんとうはっしゅうしょじょうおぼえがき》」（「毛利博物館所蔵毛利文書」）に「こいとの城　里見弾正《だんじょうのしょう》小弼《ひつ》」とその存在がみえることから、戦国最末期まで存続していたことが確実であり、また各種軍記類にみえるその築城伝承や、技巧的な縄張《なわばり》を有すその構造からも、戦国後期に築かれた城郭としてこれまで認識されていた。

ところが近年、その全体の縄張構造に改めて注目した齋藤慎一氏によって、群郭的かつ並立する空間や儀式的空間らしきもの（池）が存在する一方、複雑かつ技巧的な戦国後期特有の城郭構造をも備えていることから、その存立時期を二期に分けて考えるべきではないか、という重要な指摘がなされた。すなわち、おそらく一五世紀代、このあたり一帯にそれぞれ拠点を築いていた同族集団が秋元惣領家の拠点小糸城に集住して一揆構造をなしていた時期があり、その後それが次

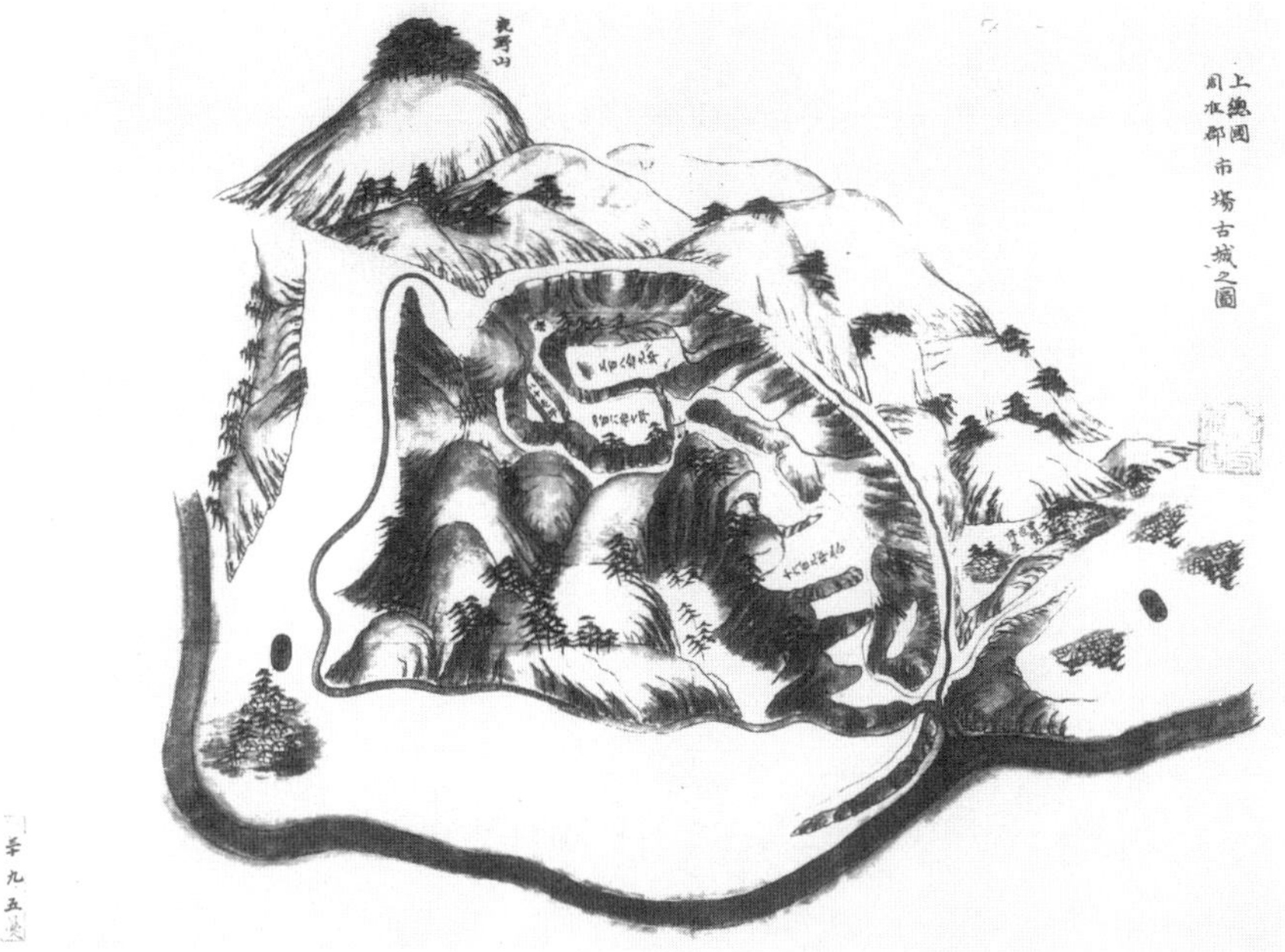

●—小糸城絵図（國學院大學図書館蔵）

第に一つの権力に収斂されていくなかで城郭の構造も複雑・技巧化し、戦国最末期まで至ったのではないかという指摘である。

そしてそのことは、八幡祠《やはたほこら》のある郭の発掘調査から、築城の時期を一五世紀代まで遡らせる可能性を指摘できる一五世紀後半代の消費財縁釉《えんゆう》小皿が検出されたことや、主郭その他の発掘調査で検出された掘立柱《ほったてばしら》建物跡が数度の建て替え、つまりかなり長期間使用されていたらしいことからも十分に想定され、小糸城の歴史に関する大きな研究課題が提示されたのである。

ただ一般的には、小糸城とみれば、大きく七ヵ所に分かれた城域をもつ戦国後期の城郭とみることが定説である。そのうち主郭に相当する部分は、ゆるやかな傾斜をもちながら四段になっており、その最高位の郭は平場面積約五一〇平方メートル、岩盤斜面頂部を整形して櫓台《やぐらだい》・削り出しの石塁と平場を構築している。

近年三ヵ年に渡って実施された発掘調査によって、ここから掘立柱建物跡四棟・礎石建物跡一棟・溝一条などの遺構や、明朝《みんちょう》磁器皿・瀬戸窯擂鉢《すりばち》・銭貨・釘などの中世遺物が確認されている。またその下の二段からも掘立柱建物跡や中世銭貨や鉄製品などが、さらにその下にある面積約一六六〇

●—小糸城遠景

平方メートルの一番広い平場は、厚い土砂によって整地していることが確認され、複数の掘建柱建物や大量の中世土師質土器（かわらけ）、また瀬戸鉄釉《てつゆう》小壷・天《てん》目《もく》茶碗などが出土しており、ここに戦国後期の小糸城の中心施設が存在した可能性が指摘されている。

なお全体的には、城域全体に技巧的な遺構が多くのこることが大きな特徴とされ、特に主郭部東側斜面にみられる、堀の一部を垂直に削ってカギ型に屈曲させた虎口《こぐち》や、八幡祠のある郭の南西斜面の、堀の中に凸凹の変化をつけた畝堀《うねぼり》などが特筆されるという。

【秋元氏の歴史】　上総国における秋元氏の歴史は鎌倉時代から確認され、それ以降小糸城がある清和地域一帯に族的発展を遂げながら連綿として活動していたと考えられる。戦国期の秋元氏の姿が確実な資料に登場するのは、天文二十三年（一五五四）小糸城下清和市場《せいわいちば》諏訪《すわ》神社の棟札《むなふだ》である。ここでは秋元氏が大檀那《おおだんな》として諏訪神社の造営がなされた事実が記されているが、これによると当時の秋元宗家の当主は秋元義《よし》正《まさ》で、一族で在所名鎌滝《かまたき》を称した形部少輔《ぎょうぶのしょうゆう》政次《まさつぐ》が義正に次ぐ実力を持った存在だったらしいことが伺える。

ところがこのわずか二年後の弘治二年（一五五六）の同社棟札には、大檀那として形部少輔政次の名はみえるが、当主であった筈の義正の名がなくなっているのである。このことは、この間に秋元宗家の家督が義正から政次に替わったことを意味するものとみられる。そしてちょうどこの時期が、小田原北条氏が真里谷《まりやつ》武田氏の遺領獲得をめざして、房総に大攻勢をしかけていたときと一致するところから、北条氏の支援を受けた政次が義正を滅ぼして秋元宗家の地位を簒奪したと考えられるのである。

またこのことは、それまで秋元氏歴代の菩提寺は清和市場の妙喜《みょうき》寺だったのが、政次の根拠地鎌滝に所在する天南《てんなん》寺がやがてそのように位置づけられていったことからも裏付けられる。つまり本来鎌滝を称する庶家であった秋元政次は、下剋上《げこくじょう》によって秋元家当主の座についたのである。

以後この政次の家系が秋元家の主流となるが、今度は北条氏と敵対しながら上総に支配権を確立してきた安房里見氏の脅威に直接さらされることになったらしい。そして詳しいいきさつは不明だが、結局秋元家では里見氏の血を引く人物を当主に据えて存続をはかったようで、それが「関東八州諸城覚書」で小糸城主としてみえる里見（秋元）弾正小弼（義則《よしのり》）と考えられるのである。

●—秋元氏の菩提寺・妙喜寺

このように秋元家は戦国最末期には事実上里見氏権力に吸収されたらしいのだが、実はそれよりはるか以前に枝分かれした系統がいくつもあったようで、そのうちの一つが、武蔵深谷《ふかや》城主上杉氏に仕えた秋元景朝《かげとも》に繋がる系統で、のち景朝の子長朝《ながとも》が徳川家に仕官したことから、この子孫は徳川幕府のもとで大名家にまで累進して明治維新を迎えた。またそれとは別に北条氏に従属した系統もあったらしいが、この家系についてはその後はどうなったか不明である。

天正十八年（一五九〇）、小田原《おだわら》合戦の戦後処置によって、秋元氏は里見氏従属下の一領主として扱われ、ここに小糸城主秋元家は滅び小糸城も廃城となった。またその後の秋元氏については良くわからない。

ただ元禄九年（一六九六）五月に津軽藩の支藩黒石藩に仕官していた里見敏啓なる人物が、「上総国小糸城主里見豊前守義次四代之孫」と称して子孫繁栄を祈願した鰐口《わにぐち》を黒石藩内所縁の寺社に奉納している事実があり、この系統の子孫と思われる。また津軽藩士には、これとは別に秋元氏の系譜伝承を持つ里見姓の家系があったことが知られる。（滝川恒昭）

●丘陵に位置する戦国から近世の城

大《おお》多《た》喜《き》城《じょう》

〔千葉県県指定史跡〕

〔所在地〕千葉県夷隅郡大多喜町大多喜字二の丸他
〔比　高〕約四〇〜八〇メートル
〔分　類〕山城
〔年　代〕一六世紀前葉以降〜明治初年
〔城　主〕武田氏、正木氏、本多氏、阿部氏、稲垣氏、大河内松平氏
〔交通アクセス〕いすみ鉄道「大多喜駅」下車、徒歩約一五分・駐車場有

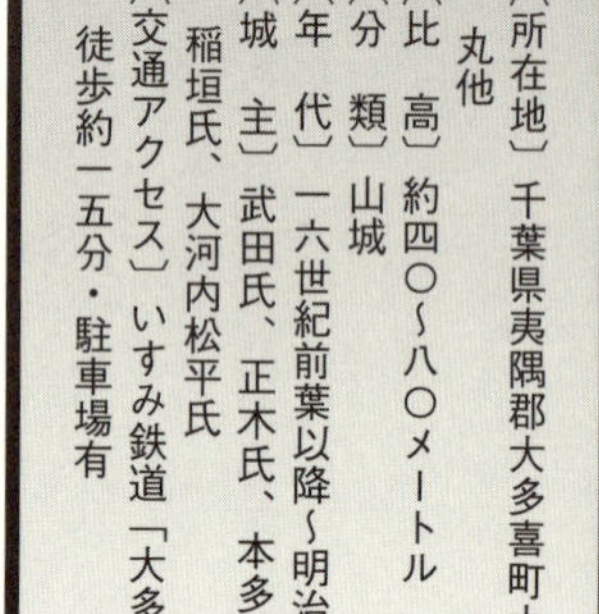

【房総丘陵の突端に築かれた城郭】　房総半島の南部は丘陵地帯となるが、その東部を流れて太平洋に注ぐ夷隅《いすみ》川を直下に望む丘陵を利用して、大多喜城は築かれている。

当城は、享徳《きょうとく》の大乱の際に上総に入部した武田氏によって築かれた。中世には「小田喜《おたき》」「小滝」と呼ばれ、当地の武田《たけだ》氏は信清《のぶきよ》・直信《ただのぶ》・朝信《とものぶ》と続いたという。しかし、天文十三年（一五四三）、安房里見《あわさとみ》氏の宿老として知られる正木時茂《まさきときしげ》が朝信を滅ぼし、当城は戦国末まで正木氏の拠点となった。この正木氏を小田喜正木氏という。

天正十八年（一五九〇）、里見氏は上総を没収され、正木氏も安房へ移った。代わって城主となったのが、徳川四天王《とくがわしてんのう》のひとり本多忠勝《ほんだただかつ》であった。当初は万喜《まんぎ》城（いすみ市）にいたが、当城に移って一〇万石を領し「大多喜」と改め、当城を近世城郭として整備した。慶長十四年（一六〇九）、メキシコに向かう途中に遭難して大多喜城を訪れたフィリピン前総督ロドリゴは、『日本見聞録』で堀や城門で堅固に守られ豪華な御殿のあるようすを記録している。

本多氏は忠勝・忠朝《ただとも》・政朝《まさとも》の三代にわたったが、元和三年（一六一七）に転封となり、阿部《あべ》氏、青山《あおやま》氏、ふたたび阿部氏、稲垣《いながき》氏を経て、元禄十六年（一七〇三）に松平《まつだいら》（大河内《おおこうち》）正《まさ》久《ひさ》が二万石で入封し、明治維新まで松平氏が城主であった。

【中世小田喜城の構造】　戦国期の小田喜城は、従来は泉水《せんずい》字岡部台《おかぶだい》にあったとされてきた（大多喜根古屋城）。しかし、近世大多喜城の本丸跡で出土した陶磁器は、ほとんどが一六世

●—栗山地区の遺構群（Ⅷ曲輪の虎口ロ付近）

紀段階のものであり、近世大多喜城の北西側、谷津《やつ》を挟んだ栗山地区の丘陵上で大規模な中世城郭遺構群が確認され、岡部台の発掘調査では中世の遺構や遺物は検出されなかった。これによって、中世の城と近世の城は別の場所であったという通説は否定され、戦国期の城を大きく改造することによって近世の城となったことが明らかにされたのである。

城域は堀切《ほりきり》（堀F）から東側に延びる丘陵や段丘に位置し、南北約三五〇メートル、東西約九五〇メートルにおよぶ。丘陵は南北二つの尾根に分かれるが、南側は近世の城域となり、北側の栗山地区には中世の遺構が良好にのこる。中世の小田喜城は二つの尾根全体を城域としていたと考えられるが、南側は近世城郭の造成のため、中世遺構の多くは失われたと考えられる。

土橋や堀の設けられた北側の尾根を進むと、広大な曲輪Ⅷに至る。近世の本丸よりもはるかに広く、中世段階の中心的な曲輪であった可能性がある。大規模な切岸《きりぎし》と腰曲輪によって厳重に防御されているが、尾根続きとなる西側には規模の大きい土塁がある。虎口《こぐち》も東西に二ヵ所みられる。東側下にはテラス状の平坦面が続くが、これらは家臣団の屋敷地などとして利用されていたと考えられる。

【近世大多喜城の構造】 本丸（Ⅰ）は南側尾根の先端に位置

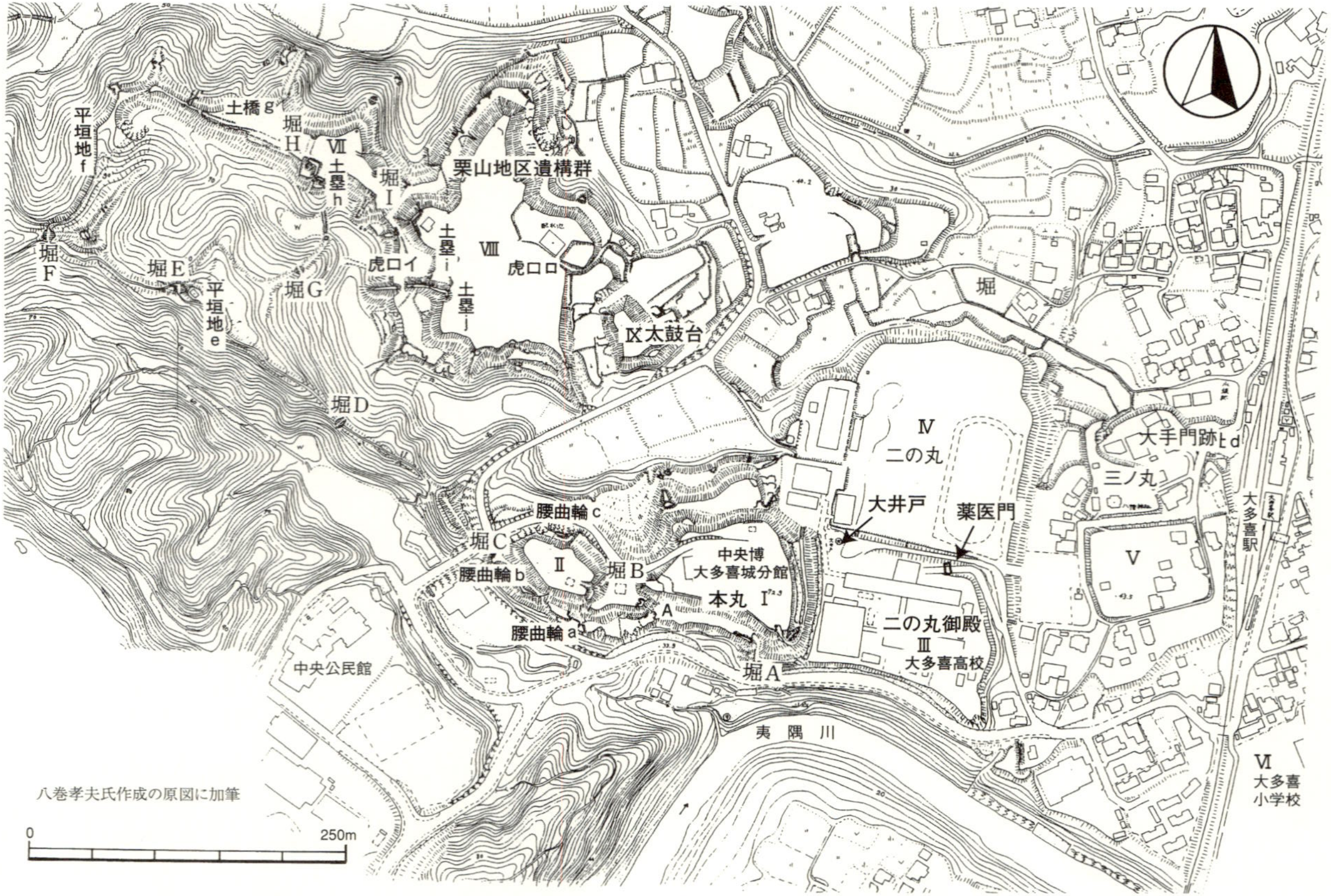

●—大多喜城跡『千葉県所在中近城館跡詳細分布調査報告書Ⅱ —旧上総・安房国地域—』(1996年より)

し、夷隅川によって作られた急崖によって守られた天然の要《よう》害《がい》である。絵図のなかには三層の天守が描かれたものがあり、これに基づいて天守が復興されて博物館となっている。しか

●―大多喜城薬医門（千葉県指定文化財）二の丸御殿の門、大多喜高校内にのこる

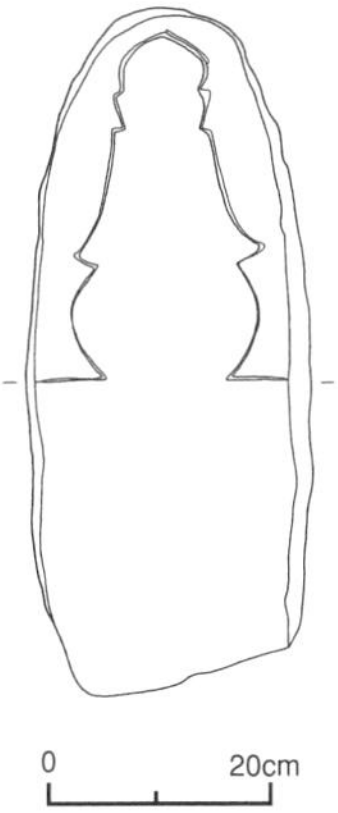

●―五輪塔を浮き彫りした板碑　本丸跡出土
（『千葉県立総南博物館年報1』1994）

し、二層の櫓《やぐら》を「神殿」とする絵図もあり、天守の存在はさだかではない。

二の丸（Ⅲ・Ⅳ）は東側直下、河岸段丘上にあって大多喜高校となっており、御殿や重臣の屋敷・武器倉などがあった。本多忠勝が掘らせた大井戸がのこり、天保十三年（一八四二）に建築された御殿の薬医《やくい》門が移築・保存されている。その東、二ノ門を出ると三の丸（Ⅴ）である。水堀によって囲まれ、役宅や武家屋敷などがあり、東端には大手門があったが、駅の設置によって旧状が失われた。太鼓台（Ⅸ）は栗山地区で唯一、近世にも使われた曲輪である。

城下町は大きく蛇行する夷隅川によって三方を囲まれ、本多家の菩提《ぼだい》寺である良玄《りょうげん》寺をはじめとする城主ゆかりの寺社や町屋が設けられ、今も城下町特有の雰囲気がのこる。

【発掘調査の成果】県立総南博物館（現中央博物館大多喜城分館）建設のため、昭和四十八年（一九七三）に近世の本丸跡で建物予定地のみの部分的な調査が行なわれた。岩盤層に掘り込まれた柱穴群や配石遺構、溝などが検出されたものの、天守閣の遺構は検出されなかった。遺物としては、中国産の白磁・青磁・染付《そめつけ》、瀬戸美濃《せとみの》窯製品、常滑《とこなめ》窯製品、かわらけ、鉄釘、

鎧小札《よろいこざね》などがある。多量に出土した陶磁器は一六世紀後半のものがほとんどで、戦国期にもこの場所が使われていたことが明らかとなった。かわらけが多く出土していることは、主殿などがある儀礼的な場であったことを推定させる。

さらに、五輪塔《ごりんとう》を浮き彫りにした石塔も注目される。安房《あわ》嶺岡山《みねおかさん》系に産する蛇紋岩《じゃもんがん》を用いた「南房総系板碑」と呼ばれるもので、正木氏の勢力圏に分布する。石塔の特徴から中世末から近世初頭のものとされ、正木氏との関連を想定させる遺物である。

栗山地区では、平成二十二年に曲輪Ⅷで部分的な発掘調査が行なわれた。大規模な盛土造成によって曲輪が作られていることが判明し、柱穴が検出され、かわらけなどが出土した。これによって栗山地区の遺構が、中世段階で機能していたことが裏付けられたのである。

【小田喜正木氏と正木憲時の乱】　武田氏に代わって当城を居城とした正木時茂は、太平洋に面した東上総地方や安房の長《なが》狭《さ》郡に対する独自の支配を行っていた。正木氏には勝浦《かつうら》、一宮《いちのみや》、内房《うちふさ》などの多様な一族があったが、時茂に始まる小田喜正木氏と勝浦正木氏がもっとも有力であった。時茂は勝浦正木氏とともに、遠く下総の香取《かとり》郡に侵攻し、時茂の子の信茂《のぶしげ》は第二次国府台《こうのだい》合戦に従軍するなど、里見氏の軍事力の中心となって活躍した。城下の東長寺には、天文二十二年（一五四四）に時成が寄進した旨の墨書銘のある、中国製の錦を用いた九条袈裟が伝来する。

こうして里見氏に属しながらも政治的自立を遂げていった小田喜正木氏であるが、信茂の弟で家督を継いでいた憲時《のりとき》は里見義頼《さとみよしより》と対立し、天正八年（一五八〇）に反乱を起こした。しかし、義頼の反撃は素早く、安房における正木氏の拠点である金山《かなやま》城（鴨川市）を落として長狭郡を制圧し、葛《くず》ヶ崎《さき》城（浜荻要害、鴨川市）を攻略し、興津《おきつ》城（勝浦市）を攻めた。これに対して憲時は、自ら太平洋に面する吉尾《よしお》城（勝浦市）を攻めたが敗れ、翌年九月には小田喜城も落城して憲時は滅んだ。家臣に殺害されたといわれる。これが正木憲時の乱である。

しかし、義頼は憲時を滅ぼしても正木氏の独自性を完全に否定することなく、二男の別当丸《べっとうまる》に正木氏の名跡を継がせた。別当丸は二代目の時茂を名乗ったが（従来は時尭《ときたか》とされてきた）、里見氏は正木氏を御一家として取り込むことに成功したのである。

天正十八年（一五九〇）、豊臣秀吉《とよとみひでよし》が小田原北条《おだわらほうじょう》氏を攻めると、豊臣方として里見氏も参陣した。しかし、上総は没収され、里見氏の領国は安房一国のみとされた。小田喜領をは

●—二の丸（県立大多喜高校）から見た本丸（県立中央博物館大多喜城分館）

じめとする正木氏の所領も没収され、時茂たちも安房へ移ることになった。こうして正木氏は完全に里見氏の家臣となったが、時茂は丸郡三原村（南房総市）八〇〇〇石を知行《ちぎょう》し、御一門衆として別格の存在であった。

慶長十九年（一六一四）、甥にあたる里見忠義《ただよし》が改易されて伯耆倉吉《ほうきくらよし》（鳥取県）に移されると時茂もこれに従い、忠義が没すると池田光政《いけだみつまさ》に預けられ、寛永七年（一六三〇）に蟄居《ちっきょ》のまま病死した。こうして小田喜正木氏は名実ともに姿を消し、大多喜は近世の城下町として発展を見せるのである。

（外山信司）

【参考文献】『上総大多喜城本丸跡発掘調査報告書』（一九七四年）、津田芳男・矢野淳一「大多喜城本丸出土遺物について」『千葉県立総南博物館年報1』（一九九四年）、同「大多喜城本丸出土遺物について(2)」『千葉県立総南博物館年報2』（一九九五年）、八巻孝夫「上総大多喜城の変遷について—縄張調査と古絵図の検討から—」『中世城郭研究』一八（二〇〇四年）、小高春雄『夷隅の城』（二〇〇四年）、『ふるさと資料 天津小湊の歴史』（一九九八年）

●夷隅川を天然の水濠にした城

万《まん》喜《ぎ》城《じょう》

〔所在地〕千葉県いすみ市万木
〔比　高〕七〇メートル
〔分　類〕平山城
〔年　代〕天文年間〜天正十八年
〔城　主〕上総武田氏、上総土岐氏、本多忠勝
〔交通アクセス〕いすみ鉄道「国吉駅」下車、徒歩四五分・駐車場有

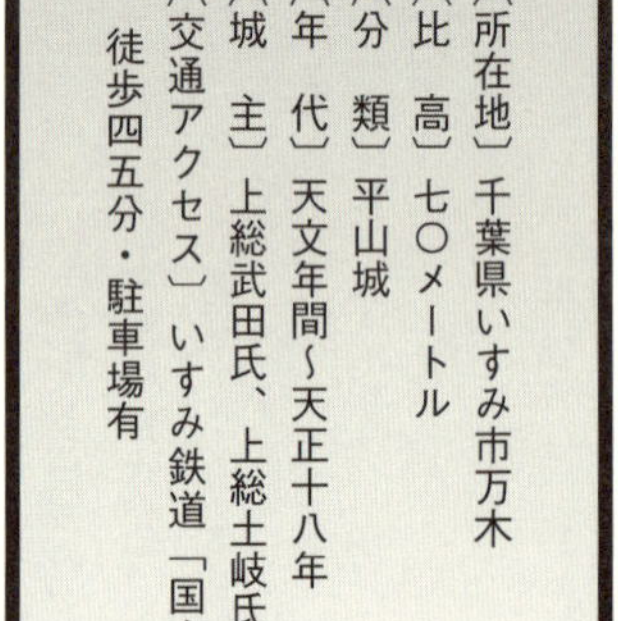

【蛇行する夷隅川を取りこんだ城跡】　大多喜《おおたき》方向から蛇行を繰り返しながら東へ流れる夷隅《いすみ》川は、国府台《こうのだい》の台地付近で大きく北方向に流れを曲げる。そして、権現《ごんげん》城跡のある松丸字《まつまるあざ》向台《むかいだい》の台地の手前で大きく東へ向きを変え、大きく蛇行を繰り返しながら、万喜城跡のある台地を取り巻くように東へ流れていく。このように、万喜城は東・北・西の三方向を夷隅川に取り囲まれており、あたかも天然の水濠《みずぼり》で防御されたかのようである。城を取り立てるにあたり、この地形は当然重視されたはずである。

　現状は公園化されており、自動車で主郭すぐ近くの駐車場まで上っていける。また、南方に広がる尾根上の遺構は、海《かい》雄《ゆう》寺から上る遊歩道が設けられ、「小鳥の森」となっている。近年、北側尾根の三光《さんこう》寺からも上れる遊歩道ができ、南北を縦断できるようになった。

　従来、上総土岐《かずさとき》氏の城郭とされてきたが、近年、地元の寺院にのこる資料から、同氏が入部する前に万喜に長南武田《ちょうなんたけだ》氏系の武田広国《ひろくに》なる人物がいたことが判明した。長享年間から天文年間初めころには、万喜城に武田氏が拠っていたものと思われる。同様に、小田喜《おだき》をはじめ勝浦《かつうら》にも武田氏が本拠を構えていた。

　その後、武田氏の衰退にともない万喜城に土岐氏が進出し、主として里見《さとみ》氏方についていた。しかし、天正初年頃には北条氏方に鞍替《くらが》えしている。天正十八年の小田原北条氏の滅亡にともない、土岐氏も滅びた。徳川家康の関東入部にともな

●—万喜城縄張図（作図：遠山成一『夷隅町史通史編　付図』三島正之氏原図を参考にした）

い家臣の本多忠勝《ほんだただかつ》がわずかの期間ではあるが、まず万喜城に入部し、その後大多喜《おおたき》城へ移ったことが近年明らかにされた。

【四方八方延びる尾根上に展開する遺構】 万喜城跡は、北へ延びる細尾根状の丘陵に主郭など居住空間のある平場を造り出し、そして南方は、標高八五メートルの最高所からほぼ東西方向に延びる細尾根を城域として延々と取り込んでいる。

最高所である通称「倉《くら》ノ台」（第Ⅰ郭）からは大規模な盛土《もりつち》整地面が検出されており、面積の狭い山頂部に盛土して平場を造り出したことがわかる。また、柱穴《ちゅうけつ》をもつ新しい生活面と、礎石《そせき》建物をもつ古い生活面が検出されたほか、土塁《どるい》の下からは焼米《やきごめ》も出土した。

倉ノ台の北側にはまとまった平場（第Ⅱ郭）があり、実質的にここが主郭とみられる。両者の間には、発掘により上幅一〇～一三メートルの堀が検出されている。

第Ⅱ郭の北端は「マス台」とよばれる櫓台《やぐらだい》状の高まりがあり、現在、櫓台風の展望台が建てられている。マス台の北東部は現在、一段低くなって遊園地となるが、発掘の結果、この一画にマス台方向に向かって伸びる堀状遺構が出土した。これが大手《おおて》の登城口《とじょうぐち》と考えられている。これにより、マス台は大手口を防御する櫓台である可能性が高まった。

倉ノ台の南隅は櫓台状の土塁があり、その直下は堀切《ほりきり》で隔絶され、両側に腰郭《こしくるわ》を配した細尾根が続く。堀切から一〇〇メートル南方には、尾根の高まりを隅欠きの三角形に成形した保塁が設けられている。ここから土橋が南方に延び、南方尾根を攻略した敵勢は、この土橋を渡らねば倉ノ台方面に行けない工夫がなされている。

このほか、尾根の各所に保塁《ほるい》・堀切が設けられ、厳重な防御がなされている。とくに、海雄寺からの尾根の接続する尾根頂部と、南方からの尾根が接続する最高所八五メートルの尾根頂部は、それぞれ堀切を穿《うが》ち厳重な防御を施している。

【山麓に展開する城下集落】 夷隅川と城跡にはさまれた東麓から北麓にかけて、南から伊南《いなん》宿、内《うち》宿、筑場《つくば》宿、横《よこ》宿、下《しも》宿と宿地名をもつ字がのこり、西麓にも伊北《いほく》宿の字《あざ》が見られる。とくに内宿は、県内や東国各地にみられる地名で、城主・家臣団等の詰めた根小屋の発展した城下集落と考えられている。内宿地名は、県内の事例では拠点的城郭や戦略的価値の高い城郭にみられ、本城のそれも土岐氏の本拠として相応しいものと考えられる。

本城の内宿地名は、第Ⅱ郭の東の谷部を取りこむように、夷隅川に向かって直交する堀が二本、山腹から伸び、宅地や水田部に今も痕跡をみることができる。この二本の堀によって、内宿は伊南宿と筑場宿と隔絶される。この中に、城主や家臣団の屋敷があったと考えられる。

【万喜城攻めと陣城権現城跡】　天正三年（一五七五）には、北条氏が七月から東上総への侵攻を開始し、土気《とけ》・東金《とうがね》の両酒井《さかい》氏が激しい攻撃の矢面に立たされていた。土岐氏はこの時点で里見《さとみ》氏方から北条氏方へと立場を変えており、北条氏方より兵糧を万喜城へと送られている。

この年とみられる「十二月二十四日付正木《まさき》憲時宛《のりときあて》佐竹《さたけ》北賢哲書状」および「太田康資宛《おおたやすすけあて》佐竹北賢哲副状《そえじょう》」に、里見方の正木大膳亮憲時《だいぜんのすけのりとき》が万喜城を攻めたこと、およびそのための陣城を「万喜に向かい」取り立てたことが記されている。万喜城と夷隅川をはさんだ北西約五〇〇メートルにある、通称八幡山と呼ばれる松丸字向台に権現城跡という城跡がのこる。近世の記録によると、正木氏が万喜城を攻めるため、八《はち》幡《まん》山に砦《とりで》を築いたとある。両城は至近距離に存在しているが、権現城跡の直下に夷隅川が流れており、天然の水濠として機能している。

●—倉ノ台柱穴列（周辺から多量の炭化米、麦、豆類出土、天正18年の落城時に伴うものか）

この権現城こそが、北賢哲書状にいう「万喜に向かい地利を取り立て」に該当する城といえる。本城と陣城の組合せとして、他に県内では久留里城と陣城（比定地不明）をはじめ、臼井城と謙信一夜城、関宿城と山王砦の四事例が認められる。しかし、謙信一夜城は消滅し、山王砦も詳細は不明である。これほどまで陣城と本城とが、遺構・史料・伝承等の面で合致しているものは唯一である。

権現城跡は、一部、道路拡幅により物見櫓遺構が消滅しているが、それ以外の部分は良好なのこり具合であり、万喜城とセットで考えられる貴重な遺構である。

なお、権現城跡から北へ約一キロの松丸字根本台には、「天正十七年の万喜城攻めにあたり、万喜城への援軍として一宮《いちのみや》勢が来るのを迎え討つため、勝浦正木氏が陣を構えた」という伝承がのこる。これは天正三年のことと考えれば成立する話で、実際、一宮からの後詰《ごづめ》があったためか、万喜城はこの時落城を免れている。

（遠山成一）

●天文の内乱で滅亡した前期里見氏の城

稲《いな》村《むら》城《じょう》

〔所在地〕千葉県館山市稲
〔比　高〕約四五メートル
〔分　類〕山（丘）城
〔年　代〕一五世紀末築城か・天文三年（一五三四）廃城
〔城　主〕里見義通・義豊（前期里見氏）
〔交通アクセス〕ＪＲ内房線「九重駅」下車、徒歩約一五分

【城の立地】　館山《たてやま》市市街地の東南部、安房《あわ》国随一の穀倉地帯である館山平野をのぞむ丘陵上に占地する。ここから北西方向直線約二キロ先には中世安房国の政治・経済の中心だった府中の地があり、また直下には内房の中心都市館山から外房の要地鴨川《かもがわ》方面へ抜ける中世段階からの幹線国道一二八号線がある。

一方、北側直下を流れる滝川《たきがわ》は、里見《さとみ》氏の段階では直接館山湾につながっていた可能性があり、その滝川を挟んだ対岸には鎌倉期北条得宗《ほうじょうとくそう》家に関わる施設が存在していたことから、至近に海上交通との結節地となった湊の存在があったことも指摘されている。つまり稲村城は、安房国随一の穀倉地帯をおさえるのみならず、安房国の政治・経済の中心地ににらみをきかし、さらに水・陸交通の要地にも位置していた、まさに安房一国の支配を確立しようとした段階の里見氏の本城として相応しい城郭だったのである。

【下剋上】　ところが里見氏では、天文初期、嫡《ちゃく》流が滅ぼされ庶《しょ》流が主家を簒奪するという嫡庶転倒の下剋上《げこくじょう》が起こった。現在、滅ぼされた嫡流を前期里見氏、さらに勝利した系統を後期里見氏と呼んでいるが、稲村城こそ前期里見氏が本城としていたところである。

そして前期里見氏が滅亡したあとは廃城となり城郭としての機能は失ったようだが、その後も後期里見氏のもとで稲村城一帯は直轄領化されていたらしい。さらに江戸時代初期に里見氏が房総の地を離れた後は、里見氏旧臣という家系伝承

●—稲村城遠景

をもつ一家が、城域内で居館推定地の一つと目される場に居住し現在にいたっている。

【稲村城の構造】 稲村城の構造は、①丘陵先端部の主郭とそれにつながる痩せ尾根《おね》状の小郭と腰郭から構成される部分、②丘陵基部の斜面平場群の部分、とに大別できるとされる。それらのうち①の主郭は、東西六五メートル・南北七〇メートルほどの規模を有し場内随一の広い空間である。この平坦面は近年の発掘調査によって、東側部分は土塁部分をのこして地山《じやま》を最大四メートルほど削平し、反対の西側部分は一〜二メートルほど盛り土を施すような大規模な造成工事によってつくられたものであることが判明した。

またここは、北東と南に伸びる尾根と堀切《ほりきり》で遮断されているように独立した郭となっており、場内で最も防御面で優れた空間となっている。ところが、発掘調査からは、生活が営まれた痕跡を示す陶磁器などの遺物や、建造物の存在を示す柱穴などがまったくみつかっていないため、果たしてここが日常的に使用されていたのかどうかについて問題がのこされた。ただし、発掘調査の過程で礎石《そせき》らしきものも見つかっているので、礎石を配した建造物があった可能性はある。

また主郭の虎口《こぐち》は、従来から知られていた主郭南西部にある土塁端櫓台《やぐらだい》から見下ろす位置にあるものと、主郭東北部

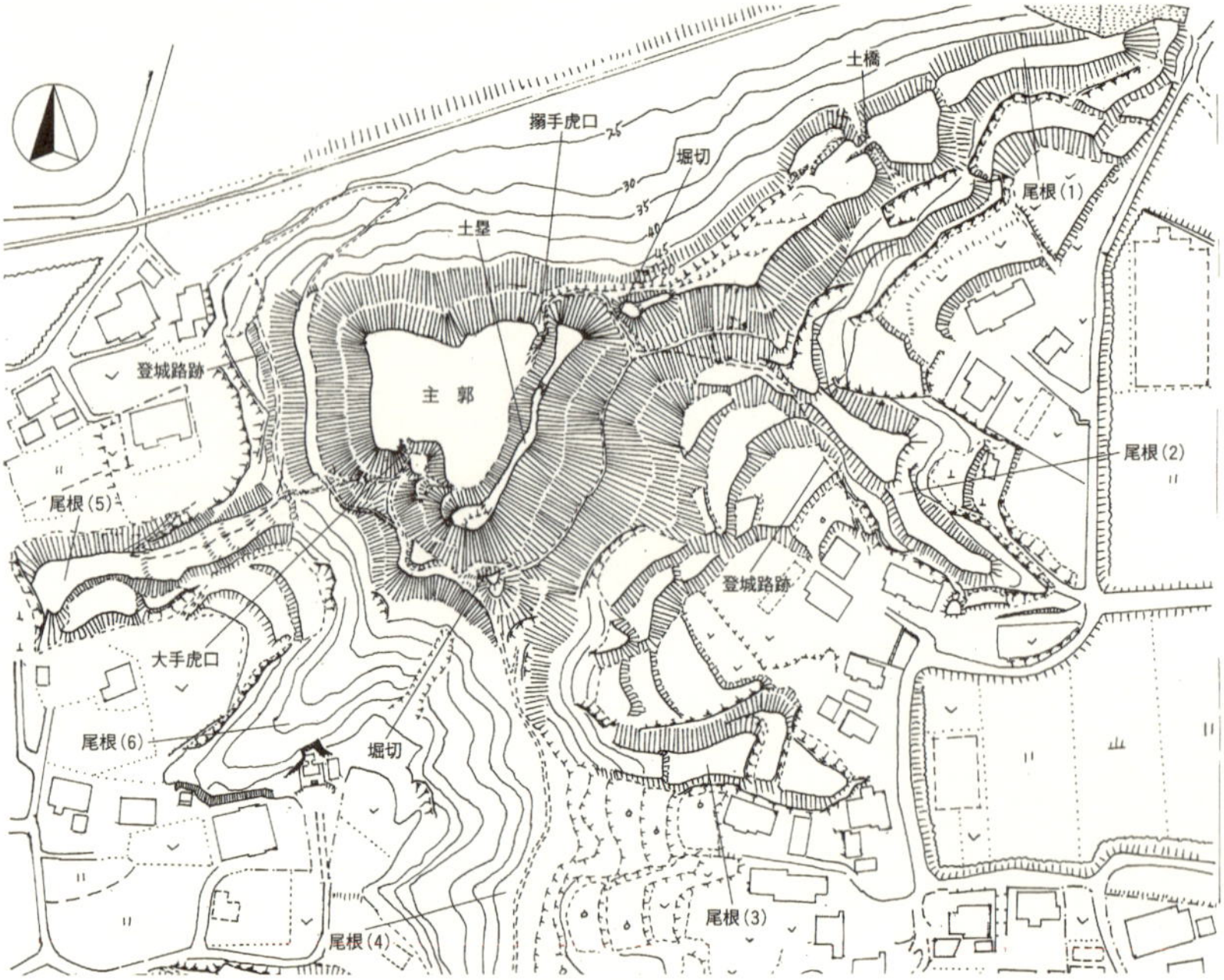

●—稲村城概念図（『館山市稲村城跡調査報告書Ⅱ』から引用。遠山成一作成）

にあたる土塁の北端に接する掘り込みで搦手《からめて》口ではないか、というものの二ヵ所の指摘がなされている。

②の平場については、近時発掘調査がされた結果古墳時代以降人工的に造出されていたことが明らかになり、主郭部同様築城工事に伴うものとみなされている。

一方、主郭の南東部直下に位置し、二つの支尾根によって南東部に開口する空間は、里見氏旧臣という家系伝承をもつ家の居住地であるが、里見氏時代の居館推定地の一つとして有力視されている。

【前期里見氏の居城稲村城】当時の確実な史料から、稲村城の存在を見出すことはできない。ただし遅くとも一六世紀前半には成立したとみられる『鎌倉大草紙《かまくらおおぞうし》』には、房総里見氏の始祖義実《よしざね》が拠った城として「十村城」の存在がみえ、これは稲村城を音通で「トウソン」と呼んだことからくるものではないかと考えられている。また元和期に成立したとされる『北条五代記《ほうじょうごだいき》』には、里見義豊《よしとよ》が稲村の在所に新たに城を築きその居城としたこと、それゆえ義豊が稲村殿とも称されていたことが記されていることから、稲村城が里見義豊に象徴される前期里見氏の居城だったことは間違いない。

【天文の内乱の舞台となる】この内乱について、これまで語られていた概要は次のようだった。すなわち、里見家の当主で稲村城主里見義通《よしみち》は重い病の床にあったが、後を継ぐべき嫡子《ちゃくし》竹若丸《たけわかまる》（のちの義豊）は僅か五歳の幼児であり、ために義通はその成人するまでの後事を弟実堯《さねたか》に託して死んだ。そして実堯が稲村城に入って国政を執るが、竹若丸が宮本《みやもと》城にあって成人した後も実堯は国政を返そうとはしなかった。そのことに業を煮やした義豊は、天文二年（一五三三）七月二十七日、周囲の反対を押し切って稲村城を急襲し、叔父実堯、またそれに同調する正木通綱《まさきみちつな》を討つことで家督を奪還し稲村城主となった。だがその後、実堯の息義堯《よしたか》は反義豊勢力を糾合し、ついに義豊を滅ぼし、里見家の当主となったというものである。

●—里見義豊木像
（南房総市杖珠院蔵）

ところが近年の研究で、そのような構図がまったくの誤りであったことが確実になった。すでに里見義豊は里見家の当主として永正年代から活躍していたことが史料上から確認され、また鎌倉五山の僧玉隠《ぎょくいん》から「房州賢使君《けんしのきみ》（安房国の優れた君主）」「濁世《じょくせ》の佳《か》公子《こうし》（乱れた世の貴公子）」と称えられるほどの文武兼備の武将だったのである。

ところが叔父実堯や正木通綱は家中でも大きな勢力をもっていたために、ややもすれば反乱主体になりうる存在だったらしい。そのことに危機感を抱いた義豊が、先手を打って両者を稲村城内に招き、結果誅殺におよんだのが、里見領国を二分する天文の内乱の発端だったと考えられるのである。まさに稲村城は天文《てんもん》の内乱の舞台だったのである。

しかし義豊は、実堯の息義堯がすぐさま糾合した反義豊勢力によって破れ、岳父である上総武田氏の真里《まり》谷《やつ》恕鑑《じょかん》を頼って上総に落ちた。そして翌年に安房奪回を企てたものの、平群犬懸付近で迎え撃った義堯軍によって討たれ、ここに安房里見氏嫡流（前期里見氏）は滅亡した。またそれにともなって稲村城も廃城になったと考えられている。そしてこの内乱に関するこれまでの通説は、嫡流を滅ぼした後期里見氏によって、自身の正当性を主張するため不当に歪曲されたものだったことが明らかになったのである。

（滝川恒昭）

「平地城館」

松岡　進

関東地方はよく「武士のふるさと」といわれ、特に鎌倉武士の苗字の地では、平地の城跡がゆかりの史跡として顕彰されている場合が多い。しかし、橋口定志氏が明らかにしたように、この地域で土塁・堀を備えたものの多くは一五世紀以後の成立であり、鎌倉武士の時代にさかのぼることはできない。むしろ、その時期に多いのは、丘陵や台地の裾に切り込むように形成された屋敷であり、神奈川県海老名市の上浜田《かみはまだ》遺跡や、埼玉県本庄市の大久《おおく》保山《ぼやま》遺跡が好例である。この型の武士屋敷は戦国期まで続いて営まれていた。

それでは、平地に土塁や堀で築かれた、いわゆる「方《ほう》形館《けいかん》」とは何か。研究史をさかのぼってみると、「館」という言葉は、大正期の八代国治・渡辺世祐の著書『武蔵武士』以後、急速に一般化したようで、それまでは個別の遺跡名に用いられた例はあまりない。「屋形」の語は、室町期以来、守護を指すものとして用いられ、近世にも武士の格式に基づいて限定的に使われてきた。近松門左《ちかまつもんざ》衛門《えもん》などの文学作品には「館城」という表現が出てくるが、近世兵学では、似たものを指す語は「屋敷城」しかない。「ヤカタ」という語には居住者の隔絶した社会的地位が含意されていた。だから、八代・渡辺の『武蔵武士』は、本来「屋敷」でしかないものを「館」と呼ぶことで、鎌倉武士を権威づけ、大正期にあって質実剛健な青年が仰ぐべき郷土の英雄として印象づけようとしたのである。

中世には「館」という文字を多くの場合「タチ」と読んでいた。この語は、居住者の社会的地位が一定以上なら、実態が城でも屋敷でも、関係なく用いられた。近世地誌に見られる「館」の用例にも、この「タチ」と見た方がよい例が少なくない。今日の研究では、「ヤカタ」は城と区別されて用いられているから、この「タチ」と同義ではない。「館（ヤカタ）」の語には再検討が必要である。いわゆる「方形館」は、まずは平地の城ととらえるべきであろう。

東京都

～八王子城・引橋（八王子市教育委員会提供）

●東京都のみどころ

武蔵国南部にあたる東京都域は鎌倉幕府や鎌倉府を支えた武士たちの本貫《ほんがん》地であり、秩父平氏《ちちぶへいし》の豊島《としま》氏・葛西《かさい》氏・江戸《えど》氏が関係する城館があった。江戸城や石神井《しゃくじい》城を舞台に彼ら伝統的な領主は太田道灌《おおたどうかん》のような戦国時代の新興勢力と鎬《しのぎ》を削っていた。西東京では八王子《はちおうじ》が戦国時代を通じて重要拠点で、浄福寺《じょうふくじ》城・滝山《たきやま》城・八王子城は北条領国の重要拠点だった。加えて勝沼《かつぬま》城や檜原《ひのはら》城など北条家とゆかり深い城館もある。東京西部は城館を通して北条領国を考えるのにふさわしいフィールドであろう。また東京東部には日本の城館の歴史を考えるうえで頂点となる江戸城もある。学史に名高い葛西《かさい》城も都内にある。都市化された東京にも、中世という時代を感じさせる城館は多い。

●武蔵の名族・三田氏の居城

勝《かつ》沼《ぬま》城《じょう》

〔東京都指定史跡〕

〔所在地〕東京都青梅市師岡町一丁目
〔比　高〕約三〇メートル
〔分　類〕平山城
〔年　代〕一五世紀後半〜永禄年間頃
〔城　主〕三田氏
〔交通アクセス〕ＪＲ青梅線「東青梅駅」下車、徒歩一〇分

【青梅地域の拠点】　ＪＲ青梅《おうめ》線東青梅駅北口から歩いて一〇分ほどで光明寺《こうみょうじ》・師岡《もろおか》神社に、さらに東に少し歩くと妙光《みょうこう》院に着くが、その裏手の丘が城跡である。城跡へはどちらからも登れるが、妙光院裏の墓地が一部城域に含まれているため、そちらからの道の方が登りやすい。市街地に存在しながら遺構はよくのこっており、公園化はされていないものの比較的見学しやすい城である。

【縄張の構造】　城跡は、霞《かすみ》川を望む丘陵上に位置しており、比高は三〇メートルほどでそれほど高くない。主に三つの大きな郭《くるわ》からなり、いずれも横堀《よこぼり》が巡らされている。主郭である「1」は真ん中にある郭で、周囲には土塁がみられる。「1」の東側にあるのが「2」で、南側に虎口《こぐち》が明瞭にのこっている。その虎口を出ると変形の小さな馬出《うまだし》がある。東側の墓地になっている小さな方形の郭も堀で囲まれており、馬出あるいは外枡形《そとますがた》の可能性が指摘されている。横堀も折れを伴うものであり、形も直線的で整ったものとなっている。

「1」の西北側にあるのが「3」である。西側に土塁と横堀が巡らされており、その向こうの土橋状の細い道に対して郭内から常に横矢がかかる厳重な構造となっている。土橋《どばし》状の道は途中で竪堀によって道幅が狭くなり、そこから九〇度曲がって「3」の虎口へ入るようになっている。このほかにも、「1」から「3」の外側には小さい郭が数多く配置されていて、竪堀《たてぼり》状の遺構も一部みられるなど、非常に凝った縄張であることがわかるだろう。特に馬出の存在は特徴的であ

●—勝沼城縄張図（『東京都の中世城館』より引用）

り、見学の際には必見の部分である。

【勝沼城主三田氏】　勝沼城は、この地域の有力領主・三田《みた》氏の居城である。三田氏は、関東管領《かんとうかんれい》山内上杉《やまのうちうえすぎ》氏の被官で、三条西実隆《さんじょうにしさねたか》などの公家とも交流をもつなど、文化人として遠く京の都にも名が知られた氏族であった。永正六年（一五〇九）八月十一日には、当時の有名な連歌師《れんがし》であった宗長《そうちょう》という人物が勝沼城を訪れており、城主の三田弾正忠《だんじょうちゅう》氏宗《うじむね》や息子の政定《まささだ》と連歌をするなどして交流しているようすを、自身の著作『東路《あずまじ》の津登《つと》』に記している。

その後、北条氏が進出してくると、三田氏はいったん北条方となる。大永四年（一五二四）には、山内上杉憲房《のりふさ》と対立する北条氏綱《うじつな》が勝沼に滞在していたことがわかっており、その頃には三田氏は北条方となっていたことがわかる。永禄二年（一五五九）成立とされる『小田原衆所領役帳《おだわらしゅうしょりょうやくちょう》』という北条氏の家臣とその所領・貫高を書きあげた史料にも、「他《た》国衆《こくしゅう》」（江戸時代の外様《とざま》大名のようなもの）として「三田弾正少弼《しょうひつ》（綱秀《つなひで》）」が登場し、五〇七貫九〇〇文の知行《ちぎょう》高が記載されている。ところが、永禄四年（一五六一）三月に上杉《うえすぎ》謙信《けんしん》が関東に出馬して北条氏を攻撃すると、他の諸氏と同様、三田氏もそれに応じて北条氏のもとを離れて上杉方になったのである。

●—勝沼城 2南側の横堀

【上杉謙信の進出と勝沼城】 小田原城を包囲した謙信だったが、ほどなく撤退すると、その直後に北条氏はすぐさま反撃に転じ、両軍は同年七月に勝沼城周辺地域で対峙していることがわかっている。その時の上杉謙信の書状の写しによると、「勝沼口」において「地利《ちり》」を構えたとある。「地利」とは純軍事的な要塞を指す当時の言葉である。また、武田信玄《たけだしんげん》の書状の写しによると、「敵」＝上杉謙信が、「三田之内」に「新地《しんち》」を築いたこと、北条氏康《うじやす》が由井《ゆい》城（八王子市）に在陣していることが記されている。「新地」とは、新しく築城した城のことを意味する当時の言葉であり、三田地域のどこかに上杉軍により新規築城が行なわれたことがわかる。おそらく「地利」と「新地」は同じ城のことを指すものと思われる。上杉軍は、勝沼城周辺地域のどこかに新規築城をし、北条軍を迎え撃とうとしていたのである。

しかし、この「地利」「新地」がどこの城なのか、現在でも諸説あってわかっていない。現存する勝沼城の遺構がこの時に造られたものとすることも考えられるが、勝沼城はそれまで三田氏の城として存在していたので、「新地」と呼ぶにはふさわしくない。もう一つの可能性は、これまでの研究でもすでに指摘されていることだが、同時期に三田氏が勝沼城を捨てて逃げ込んだとされる近くの辛垣山《からかいやま》城（JR青梅線二俣尾駅近くに所在する山城）の可能性が指摘されている。これについては、従来は三田氏が主体的に勝沼城を捨てて辛垣山城に移ったとされてきたが、謙信の戦略と関連した行動とも考えられる。いずれにせよ、勝沼城の歴史を考えるうえで、永禄四年は大きな画期であった。

【三田氏滅亡後の勝沼城】 辛垣山城に籠城した三田氏だったが、直後の永禄四年九月、北条氏によって辛垣山城は落城し、三田氏もついに滅亡した。これにより、旧三田領は北条氏照《うじてる》領となるのだが、その後もしばらくの間、勝沼城は北条氏によって使用されていた可能性がある。

翌永禄五年（一五六二）三月、上杉謙信が下野国佐野《さの》（栃木県佐野市）を攻撃するのだが、北条方であった武蔵忍《おし》城主成田氏からその情報が北条氏照のもとへ届けられた。そのため、氏照が加勢をするために「杣谷《そまたに》」まで出陣したことが、同年三月十四日付けの氏照書状に書かれている（『戦国遺文後北条氏編』七四六号）。この「杣谷」は、武蔵国杣保《そまのほ》を指し、古くから青梅市霞川沿いに広がる保《ほ》（公領《こうりょう》の行政単位）の名称である。よって、その中心地にあたる勝沼城に、氏照が在陣したことが考えられる。

●—勝沼城 3西側の横堀

【街道との関係から】 近年の齋藤慎一氏の研究によると、氏照は当時滝山城ではなく由井城（浄福寺城・八王子市）を本拠としていて、由井・勝沼を通り鉢形《はちがた》（埼玉県寄居町）方面へと続く「山《やま》の辺《べ》の道《みち》」が重要幹線として機能していたという。そして、永禄六年から十年までの間に氏照は滝山《たきやま》城に移ったと思われることから、それにともない滝山から直接多摩川をわたり、「山の辺の道」に繋がり鉢形へといたるルートが整備され、由井・勝沼を通るルートの重要性が低下したというのである。その後、永禄十二年（一五六九）に武田信玄が滝山城を攻めているが、この説を踏まえるならば、すでにこの頃には勝沼城の重要性は低下しており、廃城となっていた可能性が高いのではないだろうか。

なお、三田氏の旧臣たちは北条氏照の家臣として編成され、以後各地を転戦するなどして活躍している。（竹井英文）

【参考文献】齋藤慎一「戦国期八王子の変遷」『中世東国の道と城館』（東京大学出版会　二〇一〇年）、「勝沼城跡」『東京都の中世城館』（東京都教育委員会　二〇〇六年）

●技巧的縄張をのこす青梅の名城

今《いま》井《い》城《じょう》

〔青梅市指定史跡〕

東京都

〔所在地〕東京都青梅市今井城の腰
〔比　高〕約一〇メートル
〔分　類〕平山城
〔年　代〕大永二年（一五二二）以降か
〔城　主〕今井氏（伝承）
〔交通アクセス〕ＪＲ青梅線「河辺駅」からバス「金子橋」下車、徒歩五分

【勝沼城の近くに位置】　今井城は、勝沼城と並んで、青梅市内はもとより都内を代表する城跡の一つである。ＪＲ青梅線河辺《かべ》駅からバスで走ること約一〇分、金子橋《かねこばし》で下車し、歩いて五分ほどで雑木林になっている今井城跡に到着する。史跡指定はされているものの、公園化などの整備はされていない。眼下に霞《かすみ》川を望む舌状《ぜつじょう》台地《だいち》の先端に位置し、すぐ南側には街道が通っている。かつては水田で囲まれていたともいう。おそらく、川と街道を押さえる城として築城されたのだろう。

江戸時代に書かれた地誌である『武蔵名所図会』には「古屋敷」とあり、今井《いまい》四郎《しろう》左衛門尉《さえもんのじょう》経家《つねいえ》なるものの屋敷であると記されているが、それを示す史料はなく、伝承の域を出るものではない。当城から西に数キロ離れたところには三田《みた》氏の居城・勝沼城があり、両者の間になんらかの関係があったことをうかがわせる。

【縄張の構造】　城跡は、台地の先端を主郭としている。主郭（一六〇頁図の「1」）はおおよそ方形であり、東側は崖面になっているが、その他の三方には土塁と横堀が巡らされている。西側土塁上から堀をわたる土橋が設けられているが、これは後世に造られたものの可能性が高いという。主郭へ至る本来の虎口《こぐち》は、東南隅にある窪みの部分「a」で、そこから堀を渡って小さな帯郭《おびぐるわ》に出て、さらに堀を渡って「2」に至る構造が想定されている。「2」も横堀で囲まれているが、土塁は見当たらず、北側に虎口がある。主郭北側には堀を隔てて「3」がある。東西に細長い形をしており、西側に虎口

があるが、これは「2」の虎口付近から横矢がかかる構造になっている。このように、非常に小規模ながらも技巧的な城であるため、古くから注目されてきた城である。

【発掘調査の成果】　そんな今井城だが、実は昭和四十年（一九六五）に学習院大学の故奥田《おくだ》直栄《なおひで》氏らにより発掘調査が行なわれているので、その成果を見てみよう。

●—今井城　1と2の間の横堀

発掘調査の成果で一番重要な事実は、それまで存在していた墓地を破壊して新たに築城されていることである。主郭である「1」の西北側土塁中から打ち砕かれた板碑《いたび》や火葬骨・骨壷などが発見されており、板碑を立たせておくための「板碑止め」も発見されていて、築城前は整然と板碑が立ち並ぶ一種の宗教的空間であったことが判明した。伝承の通り、今井氏の屋敷地内に存在した屋敷墓であった可能性も高いが、出土遺物から見るに、寺院などの宗教的施設や祭祀空間があったとも考えられている。

問題は、それらが壊されて築城された時期だが、土塁中から出土した板碑で最も新しいものが文明十四年（一四八二）であるため、それ以後に土塁が築かれたことは確実である。その他にも、別の場所から大永二年（一五二二）の板碑も出土しているため、あるいはそれ以後の可能性の方が高いだろうか。

もともと墓地であった場所に新規に築城するケースは、全国各地でよく見られるものである。新規築城の時に板碑や石塔が破壊されて土塁や堀に埋められているケースや、廃城の時にそれらが堀に捨てられるケースもあり、現在ではその土地と前城主との関係を断ち切るための一種の作法・儀礼と理解されている。今井城の場合もそのようなことが考えられるため、特殊例外的なものではない。報告書でも指摘されているが、おそらく外部勢力の進出によって破壊され、新規に築城されたものなのだろう。

【築城の年代】　以上のように、今井城の歴史はほとんどわか

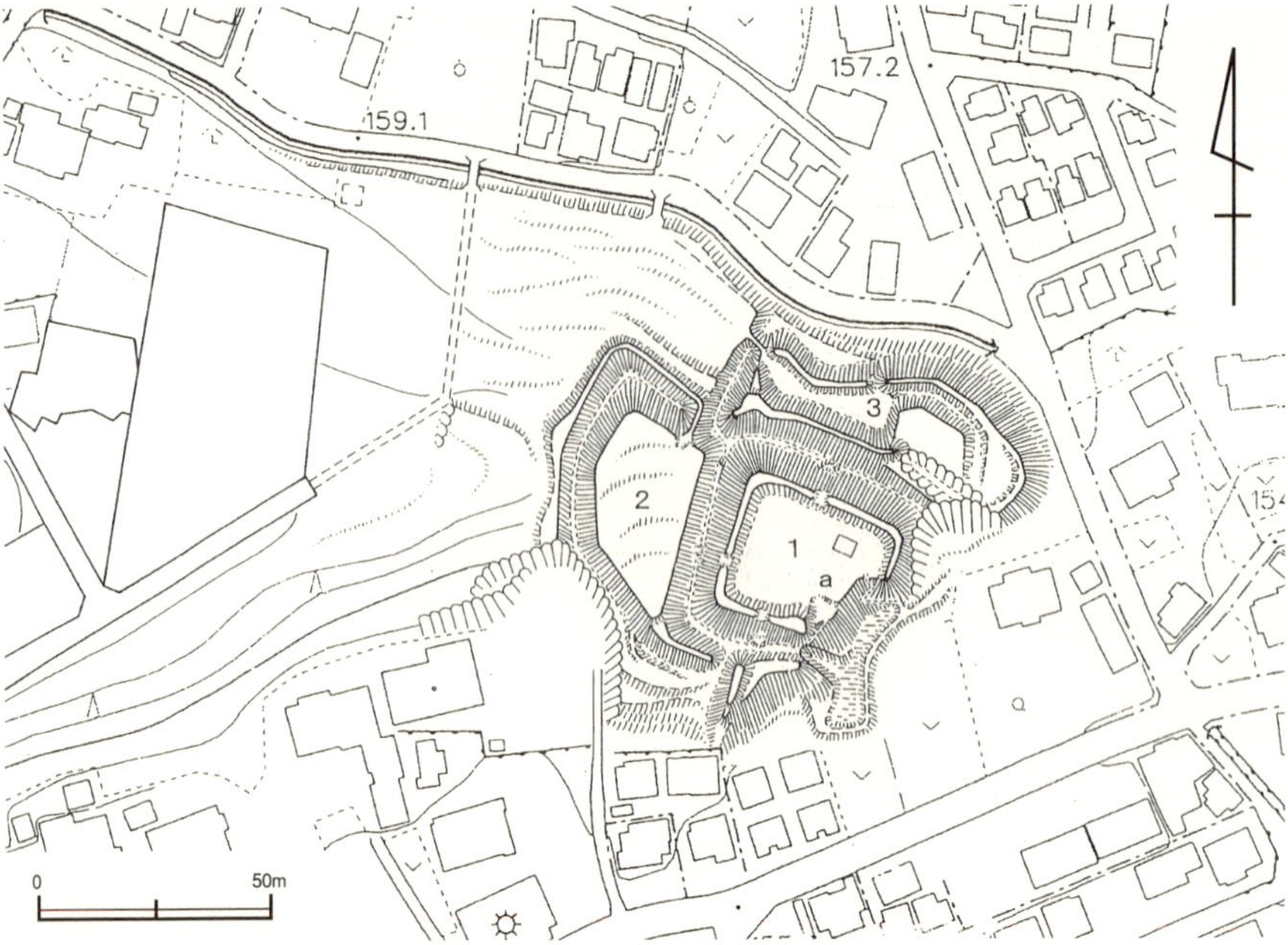

●—今井城縄張図（『東京都の中世城館』より引用）

っておらず、未だ謎の城のままだが、ここでは近くを通る街道、通称「山《やま》の辺《べ》の道《みち》」の存在から、その歴史を可能な限り推測してみたい。

「山の辺の道」とは、相模国当麻《たいま》（神奈川県厚木市）から武蔵国椚田《くぬぎだ》（東京都八王子市）・勝沼《かつぬま》・毛呂《もろ》（埼玉県毛呂山町）・鉢形《はちがた》（埼玉県寄居町）へと続く道で、一六世紀初頭には重要な街道となっていたことが近年齋藤慎一氏により指摘されている。その証拠に、山内上杉《やまのうちうえすぎ》氏と扇谷上杉《おうぎがやつうえすぎ》氏の戦いがこの街道沿いで行なわれていること、上杉謙信《うえすぎけんしん》の小田原攻めもこの街道を通っていること、椚田城・由井城・勝沼城・鉢形城など重要城郭がこの街道沿いに存在していること、などが挙げられる。そして、今井城も、勝沼から飯能《はんのう》・毛呂へと至るこの街道沿いに位置しているのである。城のすぐ南側に「山《やま》根《ね》道」と呼ばれる東西に走る古い道があるが、これが「山の辺の道」の一部だったかもしれない。

よって、今井城も、この道が主要幹線となり始めた一五世紀末から軍事的緊張状態が続いた一六世紀半ばまでの間に築城されたと推測することは許されるだろう。さらに先述したように、発掘調査により文明年間や大永年間の板碑が出土しているので、それ以後に築城されたものと考えられる。

【廃城の年代】 さらに年代を絞るために、周辺城郭と道との関係を見てみよう。当地域の「山の辺の道」は、椚田・由井・勝沼を通るものであった。ところが、上杉謙信の南下に対応するため、永禄六年から十年の間に滝山城が本格的に取り立てられ、北条氏照《うじてる》は由井城から本拠を移したことが近年指摘されている。これにより、椚田・由井・勝沼を通るルートとは別に、滝山城から直接多摩川を渡り、「山の辺の道」に繋がって鉢形へと続く道が整備されたという。これを参考にすると、今井城も勝沼を通るルート上に位置していることから、永禄十年（一五六七）以前にはその重要性が相対的に低下しているはずであり、その頃には廃城になっていた可能性が指摘できよう。

●—今井城、主郭1の現況

【築城主体を探る】

こうしたことから、今現在見られる遺構は、大永年間から永禄十年（一五六七）頃までに築城されたものの可能性が高い。そうなると、築城時期として、二つの可能性が出てくる。一つ目は、大永四年（一五二四）頃である。同年、北条氏綱《うじつな》と対立する山内上杉憲房《のりふさ》が毛呂城（埼玉県毛呂山町）を攻めており、それに対応して北条氏も勝沼城まで出陣していることから、今井城周辺地域も軍事的緊張下に置かれていたといえる。二つ目は、永禄四年（一五六一）頃である。同年、上杉謙信が関東へ出馬し北条氏を攻めていることは有名だが、謙信が撤退した直後の同年七月、当地域で上杉軍が北条氏に対抗して「地利《ちり》」＝純軍事的城郭を築いていることが知られる。それに対応して、由井城に北条氏康《うじやす》が在陣し、両軍が対峙していることがわかっている。

以上のことから、今井城もこれらの状況のなかで築城されたと考えるのがよいのではないか。築城主体は、勝沼城主の三田氏や北条氏、上杉氏などが考えられるが、断定できる史料は残念ながら存在しない。

（竹井英文）

【参考文献】齋藤慎一「戦国期八王子の変遷」『中世東国の道と城館』（東京大学出版会　二〇一〇年）、『東京都の中世城館』（東京都教育委員会　二〇〇六年）

●甲斐・武蔵国境を守る城

檜《ひの》原《はら》城《じょう》

〔東京都指定史跡〕

〔所在地〕東京都西多摩郡檜原村本宿
〔比　高〕約二〇〇メートル
〔分　類〕山城
〔年　代〕一六世紀後半〜天正十八年（一五九〇）
〔城　主〕平山氏
〔交通アクセス〕JR五日市線武蔵五日市駅からバス「本宿」下車、入口の吉祥寺まですぐ

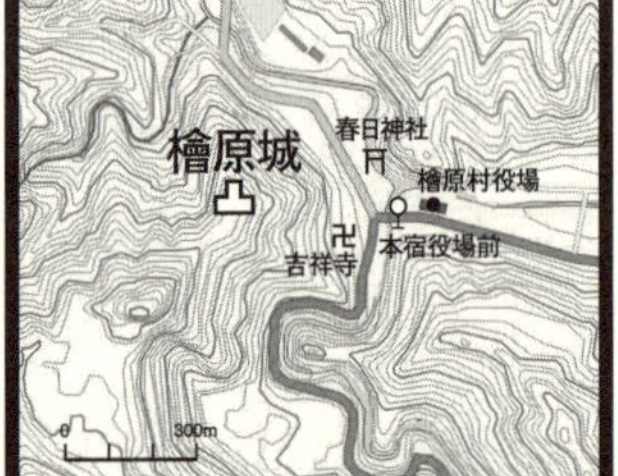

【都内最奥部の城】　檜原村中心部、檜原村役場の目の前にある、秋川と南秋川の合流地点にある山の上が城跡である。戸《と》倉《くら》城と同様、周囲の山と比べて目立つ山容である。麓に吉《きち》祥《じょう》寺があり、その裏手からつづら折りの道を登っていく。比高二〇〇メートルほどの本格的な山城で、東京都内でも一番山奥にある城の一つだろう。城跡は、八王子方面から甲斐国へと至る街道沿いに位置しており、それを押さえるために築城されたものと思われる。

　江戸時代に編さんされた地誌である『新編武蔵風土記稿』によると、応永二十年（一四一三）に鎌倉公方・足利持氏《もちうじ》が、武州南一揆と呼ばれるこの地域の武士団のリーダー的存在だった平山《ひらやま》氏に命じて築城させたものという。平山氏はその後もこの地域を領しており、戦国期には滝山城主北条氏照《ほうじょううじてる》の家臣となって活躍している。南一揆に関係する城として、他にも戸倉城や網代《あじろ》城などが近隣に存在するが、檜原城とそれらの城が具体的にどのような関係にあったのかを明確に示す文献史料は残念ながら存在しない。

【縄張の構造】　檜原城には、技巧的で特徴的なパーツこそあまり見当たらないものの、遺構自体は良好にのこっている。山頂部（「a」）が主郭とされている。周囲は急斜面となっていて土塁は見当たらない。櫓台《やぐらだい》ともいえるほどの非常に狭い郭《くるわ》であるため、「1」の方を主郭とする研究者もいる。その西北側の尾根上には岩盤を削って造られた三重の堀切《ほりきり》を設けていて、この方面からの侵入を強力に遮断している。やは

り甲斐国方面を意識して造られたのだろうか。この堀切が一番の見どころだが、見学には注意が必要である。主郭から北側尾根上にも段々状に郭が続いているが、途中堀切によって遮断されており、その向こう側に城内最大の郭である「1」がある。ここから「2」までさらに北側に段々状に郭が続いているが、いずれも小さい郭で土塁は無く、所々で堀切を入れて遮断し、細い土橋で繋いでいる。「1」の南側を遮断している堀切は長大な竪堀《たてぼり》となって東側山麓付近にまで続いている。なお、麓の吉祥寺がある場所は、平山氏の居館跡といわれている。

●—檜原城　主郭とされる「a」の現況

【武田軍の檜原城攻め】　檜原城は、永禄十二年（一五六九）の武田信玄《たけだしんげん》による小田原《おだわら》攻めの際に、防衛線の一つとして機能していたという。

　年不詳四月十一日付けの武田氏家臣・山県昌景《やまがたまさかげ》書状写によると、同じく武田氏家臣・荻原《おぎわら》豊前守《ぶぜんのかみ》が、甲斐国上野原《うえのはら》の加藤景忠《かげただ》と協力して檜原に向かって軍事行動を起こし、敵を数多く討ち取ったことが記されている（『戦国遺文武田氏編』一三九〇号）。永禄十一年末、北条氏と断交した武田氏は、翌年から本格的に北条領国への侵攻を開始し、五月以降には滝《たき》山《やま》城や小田原城を攻撃していることはよく知られている。この史料も、おそらくこうした一連の武田軍による北条領国侵攻に関するものと思われることから、永禄十二年のものと考えてよいだろう。ここから、甲斐・武蔵国境に位置する檜原が、武田軍の攻撃目標となっていたことがわかる。おそらく、檜原城はこの頃にはすでに存在し、北条方の城として重要な役割を果たしていたのだろう。

【大切之境目】　天正八年（一五八〇）、北条氏は甲斐武田氏と対立しており、同年五月には武蔵・甲斐国境付近の「才原《さいはら》峠」（西原峠）で合戦が行なわれるなど、檜原城周辺地域は軍事的緊張下にあった。（同年）十二月六日付けの北条氏照《うじてる》書状写によると、氏照家臣で檜原に所領を持つ平山氏重《うじしげ》は当時「大《たい》切之境目《せつのさかいめ》」に「在城」中だったことがわかる（『戦国遺文後

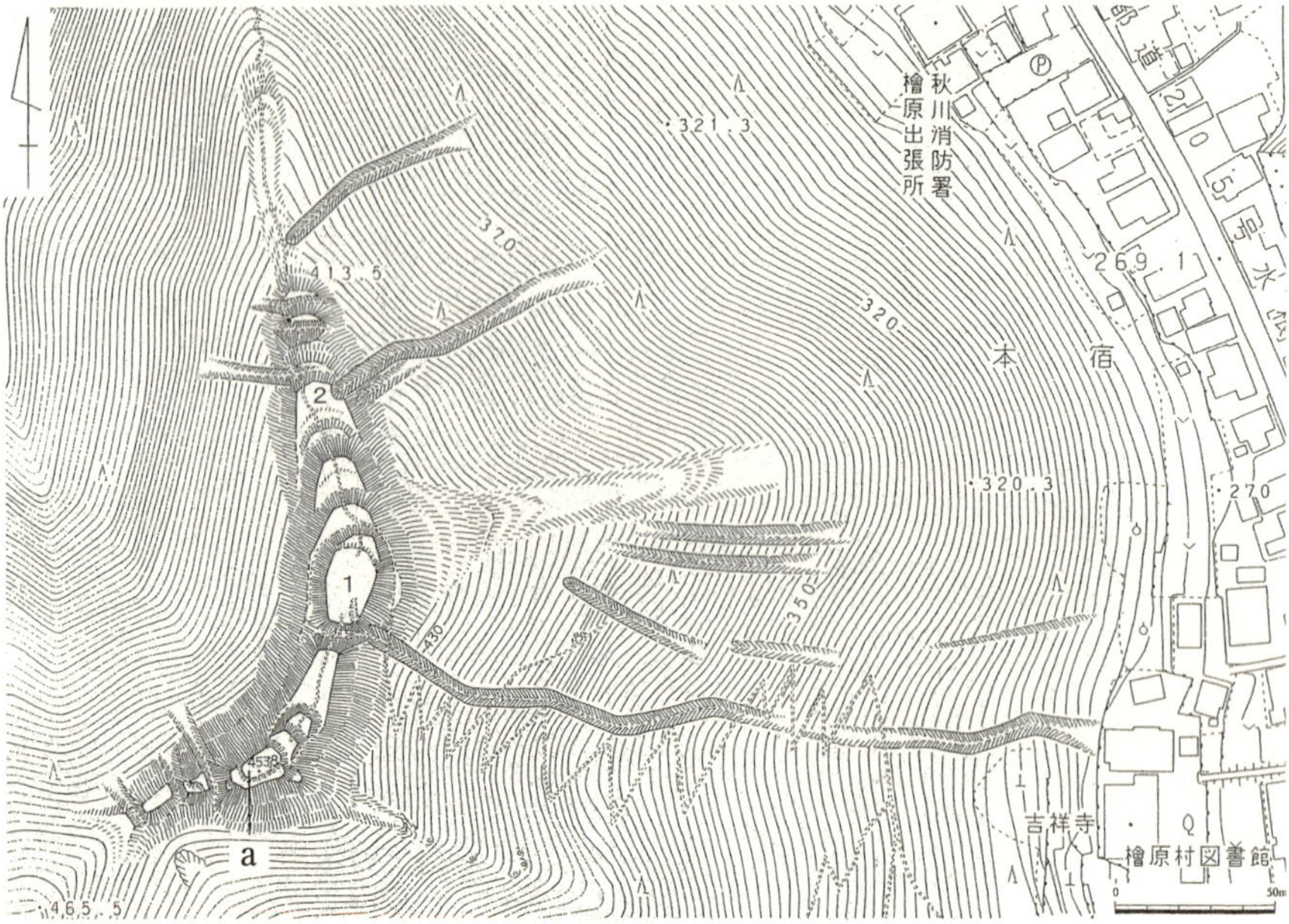

●—檜原城縄張図（『東京都の中世城館』より引用）

北条氏編』二二〇三号）。多くの先行研究が指摘するように、氏重が在城していた城は檜原城であったと考えられている。そうだとすると、檜原城は北条氏から「大切之境目」を守る城として重要視されていたことがわかる。ただし、当時の氏照の領域支配や在番制との関係から、檜原城ではなく下野小《お》山《やま》城であるとする説も有力であり、今後のさらなる検討を待ちたい。

【檜原衆の活躍】　翌年の天正九年になっても、北条氏は武田氏と合戦を繰り広げており、同年四月に甲斐都留郡譲原《ゆずはら》を攻撃している。その際に「檜原衆」が敵を討ち取るなどして活躍したようであり、その一員である来住野《きしの》氏に対して北条氏照が感状《かんじょう》を出していることが知られる（『戦国遺文後北条氏編』二二二三号など）。ここから、この頃すでに「檜原衆」と呼ばれる軍事集団がいたことがわかるが、おそらく彼らは平山氏のもと、檜原城を拠点に組織されていたものと思われる。甲斐都留《つる》郡へ攻め入っていることからしても、やはり檜原城は甲斐方面を意識した城だったこともうかがわれよう。

【檜原城の改修】　それから七年後の天正十六年（一五八八）正月、今度は対豊臣《とよとみ》戦争が現実味を帯びてくると、八王子城主北条氏照は、領内の西戸倉《にしとくら》郷（戸倉城の麓の村）に対して、檜原城主の平山右衛門大夫直重《ひらやまうえもんのたいふなおしげ》（氏重の子とされる）の命令

●—檜原城　城内最大の郭Ⅰの現況

に従って、郷内の男たる者どもを根こそぎ集めて「先年《せんねん》之《の》吉《きち》例《れい》」に任せて「檜原谷」（檜原城がある地域のことを指すのだろう）に派遣するよう命じている。ここでいう「先年之吉例」とは、先述した天正八・九年の檜原衆の活躍を指すものと思われる。また、この命令に背いて他所へ行ってしまう者がいたならば、親族まで含めて死罪に処すとまでいっている。それと同時に、「檜原」の普請も滞りなくするよう命じている（『戦国遺文後北条氏編』三二六四号）。この史料から、檜原城が天正十六年時点においても存在し、普請《ふしん》が行なわれるなどして機能が強化されていたことがわかる。

また、江戸時代に編さんされた地誌である『新編武蔵風土記稿』には、同十八年（一五九〇）の小田原合戦時にも平山氏が籠城したものの落城し、平山親子が自刃したと記されている。天正十六年当時に普請されていることからも、小田原合戦時にも使用されていたと考えてよいだろう。

なお、現地説明板には、戦国初期の構造をよくのこしていると書かれているが、以上のことから現存遺構は基本的には戦国末期に改修されたものとみてよい。城郭の年代を考える際には、横矢・桝形《ますがた》虎口《こぐち》・横堀などの技巧的なパーツがなければ戦国前期のものとまず考えがちであるが、近年の城郭研究では個々の城が築かれている地形や地質、さらにはその城をめぐるさまざまな事情により、城郭の縄張はさまざまな姿を見せることが指摘されている。檜原城の場合も、他の城と比べて単に築城技術が劣っていたと評価するのではなく、さまざまな事情を考えて積極的に評価することが必要だろう。

（竹井英文）

【参考文献】「檜原城」『図説中世城郭事典』第一巻（新人物往来社　一九八七年）、「檜原城跡」『東京都の中世城館』（東京都教育委員会　二〇〇六年）

●武州南一揆小宮氏の居城

戸《と》倉《くら》城《じょう》

〔東京都指定史跡〕

〔所在地〕東京都あきる野市戸倉城山
〔比　高〕約二二〇メートル
〔分　類〕山城
〔年　代〕一五・一六世紀
〔城　主〕小宮氏
〔交通アクセス〕ＪＲ五日市線「武蔵五日市駅」からバス「西戸倉」下車、入口まで徒歩五分

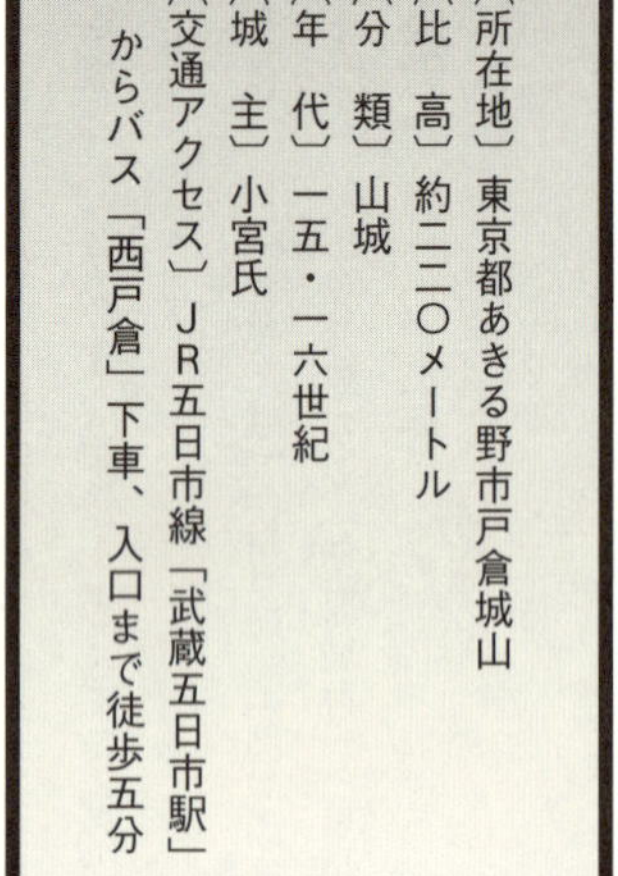

【印象的な山容】　ＪＲ武蔵五日市駅方面から檜原《ひのはら》街道を進んでいくと、秋川《あきかわ》渓谷入口付近に戸倉城がある城山が見えてくる。城山は、周辺の山々のなかでも一度見たら忘れられないほどの見事なピラミッド型の山容を誇っている。周囲を秋川に囲まれており、いかにも要害の地という感じである。比高も二〇〇メートルほどある本格的な山城で、近くの檜原城とセットで訪れることをおすすめする。入口は、北側麓にある神明社《しんめいしゃ》から登る道と、戸倉小学校裏手にある光厳寺《こうごんじ》から登る道がある。前者の方が大手道と推測されており、整備もされていて登りやすく案内板もある。

【縄張の構造】　遺構は、山頂を主郭としつつ、西に続く尾根沿いに展開している。山自体が岩盤質であるため、現在でも岩の露出が多く、削平して大規模に郭《くるわ》を造成することが困難だったようである。

　主郭「1」は岩石が露出した非常に狭い郭で、土塁《どるい》も見られないが、周囲は急斜面で、五日市方面への眺望が素晴らしい。「1」から東側に降りて行くといくつかの郭を経ながら光厳寺へと至る道が続く。遺構は「1」の西側尾根伝いに続く。「1」から「2」へは段々状の郭を降りていくが、下の郭は桝形《ますがた》虎口《こぐち》風の二折れの経路となっている。「2」は城内最大の郭であるが、ここも土塁は見られない。支尾根上にもいくつか郭を配置しており、大手道沿いに位置する「2」の北側下の郭には「金麗水《きんれいすい》」という井戸がのこっている。「2」からさらに西側へ尾根上を進むと、小規模な郭が続き、所々

に堀切らしき痕跡がのこっている。それを過ぎた西端のピークに「3」がある。北側に巨大な竪堀《たてぼり》を配置し、西側尾根には横堀を巡らしており、主郭である「1」や「2」よりも堅固な構造となっているのが特徴である。

【武州南一揆と小宮氏】 戸倉城が直接登場する史料は残念ながら存在しないが、小宮氏の本拠地として古くから知られている。小宮氏は、一五世紀にこの地域を拠点としていた武《ぶ》州《しゅう》南一揆と呼ばれる武士団の一員として有名である。応永二十三年（一四一六）、鎌倉公方足利持氏《かまくらくぼうあしかがもちうじ》と対立した前関東管《かんとうかん》領《れい》上杉禅秀《うえすぎぜんしゅう》が反乱を起こした。有名な上杉禅秀の乱である。

●—戸倉城主郭「1」

この乱に際して、武州南一揆は初め禅秀方であったが、後に持氏方となり各地を転戦していたことが知られている。城の東麓にある三島神社には、足利持氏が南一揆に対して出した文書が多数のこされており、戸倉城および周辺地域が小宮氏や武州南一揆と非常に深い関係にあったことがうかがわれる。ただし、この頃に戸倉城が存在していたかどうかは定かではない。

【戦国前期の小宮氏】 長享元年（一四八七）、関東管領山内《やまのうち》上杉《うえすぎ》氏と扇谷《おうぎがやつ》上杉氏との抗争である「長享の乱」が勃発すると、小宮氏は当初扇谷上杉氏方として活躍をしていたことが知られている。

山内上杉氏と扇谷上杉氏は多摩地域でも合戦を繰り返していたが、山内上杉氏方の攻勢が強まり扇谷上杉氏方の長井氏の居城・椚田《くぬぎだ》城（八王子市）が攻略される頃には状況に変化が見られはじめる。椚田城は、文亀三年（一五〇三）以前にはすでに山内上杉氏方の城となっていたようで、攻略後、椚田城は大石氏の居城となっていた可能性が指摘されている。山内上杉顕定は、そこに勝沼城主三田氏を派遣して扇谷上杉氏の攻撃に対処しようとしていたことが史料から確認されている。大石氏や三田氏がこの頃山内上杉氏方であることが確実であるため、彼らと隣接する小宮氏もこの頃すでに山内上杉氏方に転じていたようである。

【北条氏への従属と離反】 小田原北条氏が勢力を強めてくると、小宮氏はその傘下に入ったものと考えられている。鎌倉鶴岡八幡宮の供僧である快元《かいげん》が書いた『快元僧都記《かいげんそうずき》』という記録史料に小宮氏も登場しており、大石氏や三田氏と並ぶ領

●—戸倉城縄張図（『東京都の中世城館』より引用）

域権力である「国衆」として存在していたことがわかっている。

その後、天文五年（一五三六）まで小宮顕宗《あきむね》・綱明《つなあき》父子が史料上に見られ、同十三年には綱明の息子か弟と思われる小宮康明《やすあき》が領内の日影《ひかげ》・落合《おちあい》（あきる野市）を戸倉村の有力者・来住野氏に与えていることが確認される。綱明の「綱」の字は北条氏綱《うじつな》から、康明の「康」の字は北条氏康《うじやす》からの一字拝領だろう。このことからも、小宮氏が北条氏に従属していたことがうかがわれる。しかし、そんな小宮氏も天文十三年（一五四四）から二十年（一五五一）にかけて北条氏から離反し、ほどなく没落したようである。よって、本拠である戸倉城も基本的にはこの頃役割を終えたものと思われる。

●—戸倉城（2から1方面を見る）

なお、「木曽大石氏系図」という系図に、滝山城主大石定久《おおいしさだひさ》が、天文七年（一五三八）に北条氏照に滝山城を譲った後に戸倉城に隠居したと記されており、現在では通説になっているが、この系図は後世に作成されたものであるため信ぴょう性に欠け、再検討を要することを記しておく。

【戦国末期の戸倉城】　その後も直接戸倉城が史料上に登場することはないが、天正十六年（一五八八）に、北条氏照が西戸倉郷に宛てた史料が存在している（『戦国遺文後北条氏編』三三六四号）。この史料は、戸倉城の麓に位置する西戸倉郷という村に対して、男たる者どもを檜原谷（檜原村）へ派遣して、現地の平山氏の指揮に従って活動するよう命じたものである。「檜原城」の項でも紹介しているので、詳細はそちらを参照願いたいが、西戸倉郷の人々は戸倉城に集まるのではなく、あくまで檜原城主の平山氏のもとに派遣され、その指揮下に入っていることがわかる。つまり、残念ながらこの史料から戸倉城の存在はうかがわれないのである。あくまで檜原城への派遣を命じていることからして、当時この地域の中心的な城は檜原城であり、戸倉城は重要拠点ではなくなっていた可能性が高いだろう。

以上述べてきたように、戸倉城が直接登場する史料はなく、その実態はほとんど不明である。新史料の発見や発掘調査に期待したい。

（竹井英文）

【参考文献】黒田基樹「総論　武蔵大石氏の系譜と動向」『武蔵大石氏』（岩田書院　二〇一〇年）、「戸倉城跡」『東京都の中世城館』（東京都教育委員会　二〇〇六年）

●秋川と多摩川の合流点を望む城館

高《たか》月《つき》城《じょう》

〔所在地〕東京都八王子市高月町一一五八他
〔比　高〕四五メートル
〔分　類〕平山城
〔年　代〕長禄二年ころ～天正十八年
〔城　主〕大石氏
〔交通アクセス〕ＪＲ青梅線「拝島駅」からバス「高月」下車・駐車場なし

【高月城の位置】　高月城は、東京都の西郊、八王子市北部高月町にある。秋《あき》川右岸に横たわる加住北丘陵の先端が、秋川に半島のように突き出した小高い台地上に築かれている。城の西側は秋川の攻撃斜面であるため、大きく削られて急崖をなしている。また、東側と南側は急斜面で囲まれている。南西側に続く痩せ尾根は、大きな空堀によって切り離されている。標高は一五三メートル、比高は四五メートルほどである。このやせ尾根の東側は、大きな谷で区切られていたが、最近では、残土の処理場として埋め立てられ、かなり景観が変わりつつある。

本来、西側には秋川の流れと川筋の山々が、東側には秋川が合流する多摩川と段丘上に広がる武蔵野が望まれる絶景の地に築かれた城である。現状は、史跡指定がなされておらず、整備もされていない。ほとんどが民有地で、主郭部分は民地で耕作地となっており、周辺は山林となっていて、見学する場合は要注意である。

【江戸時代の地誌と高月城】　『武蔵名勝図会』は、この城跡について「西の方は秋川に接し、東は滝山《たきやま》つづきなれども、谷間をへだて孤山なる城跡にて、高さ三四、五間許。北は玉《たま》川の流水下をめぐりて、東北は武蔵野の平原を眺望する絶景の地なり。山上に堀切二、三ヶ所ありて、平地のところは畑となし、東北へ玉川の方に差し出たる地は悉《ことごと》く松山なり。その崖下は円通《えんつう》寺境内なり、堂舎は山の麓に接せり。いまは高月村の地なれども、古文書並に記録などに高月城と号すること曾《かつ》て見え侍らず。鎌倉大草紙《かまくらおおぞうし》に二宮《にのみや》城と出たるは、ここのことなるべし。この地は大石氏が代々の居城にて、准后道興《じゅごうどうこう》法親王《ほっしんのう》もこの城に来たり給いて、武蔵野を瞻望《せんぼう》し、絶景と賞せられ、詩歌などを詠ぜられしは当城のことなり」と記されている。

【高月城と大石氏】 二宮城の位置については明確となっておらず、古くから論争が続いているが、高月城もその候補の一つである。文明十八年（一四八六）准后道興が訪れたのは、高月城の大石定重《おおいしさだしげ》で、高月城は定重の父顕重《あきしげ》が長禄二年（一四五八）から居住したと伝えられている。道興は、『廻国雑記《かいこくざっき》』に「あるとき大石信濃守といへる武士の館にゆかり侍りて、まかりあそび侍るに、庭前に高閣《こうかく》あり、矢倉《やぐら》などをあひかねて侍りけるにや。遠景すぐれて数千里の江山眼の前につきぬとおもほゆ」と記していて、その内容が、高月城にふさわしいというのである。しかし、道興が滞在していたのは新座《にいざ》郡大塚《おおつか》（埼玉県志木市）の十玉坊《じゅうぎょくぼう》であったので、彼が何度か訪れた信濃守の館は、柳瀬《やなせ》川沿いの柏《かしわ》の城（埼玉県志木市）か滝の城（埼玉県所沢市）だという説がある。

【高月城の構造】 標高一五三メートルの最も高いところが主郭で、東西一一〇メートル、南北九〇メートルほどの広さをもっている。北西隅が崩落しているので、本来は、もう少し広い郭であった。南側は、土塁と幅一四メートル・深さ四メートルの大きい堀で防御されており、屈曲をもつ堀の南には腰郭が設けられていて、中央部の高まりは馬出と考えられている。虎口《こぐち》の位置は、この南辺中央部と南西の隅に想定されているが、明瞭な虎口の痕跡は確認されていない。北西隅の崩落した部分に虎口があった可能性もある。

そこから、北側は数段の削平地が複雑に重なりながら二〇メートルほど下り、井戸《いど》郭《ぐるわ》など下段の郭に続いて行く。ここでも、西側は大きく崩落しているので、本来の形は明瞭ではない。

さらに、その下の郭は、北に向かって高さを減じつつ設けられた、三つの郭があったと考えられる。第二の郭は、東西方向に広がる郭で、土塁で区切られている。第三の郭は、道路で切られていることと主要部分が旅館となっているため、旧状は改変されている。南北に長い郭が想定される。北端の郭は、西側が崩落しており全景は明らかでない。比高は五メートルほどである。

一方、南側は、西南に延びる尾根続きに二つの郭を置き、その先端は大きく掘り切って主郭南側の大きく深い谷に繋げ、防御ラインとしている。

【高月城の試掘調査】 高月城の発掘調査は、昭和三十五年

●—高月城縄張図（『東京都の中世城館』平成18年より、東京都教育委員会提供）

（一九六〇）学習院大学によって試掘調査が行なわれている。主郭部分に六ヵ所の試掘溝を入れているが、主に南側の堀の確認を目的とした調査であった。しかし、堀を断ち割るような調査ではなく北壁から堀底までと、堀の折れ部分を確認するための試掘であった。その結果、現地表面から四メートル強の深さを持つ堀底が確認されている。このほか、主郭中央部の建物址などの確認を目的として、十字の試掘溝を入れたが、耕作による撹乱《かくらん》が多く、遺構は確認されなかった。

●—高月城遠景

また、平成十二・十三年（二〇〇〇・〇一）度には、東京都教育委員会が実施した「中世城館跡の確認及び分布調査」の一環として、一三ヵ所を試掘調査している。南側の堀を確認するための試掘溝と虎口推定部、主郭以外の郭にそれぞれ試掘溝を入れた。

城館跡の発掘調査は、一定の広さを確保した発掘を行なわないと明確な情報を得ることが難しい。今後の本格的な調査に期待したい。

【高月城と滝山城】 いずれにしろ、高月城はある時期大石氏の本拠地であったと考えられる。伝えによれば、その後大石定重は永正十八年（一五二一）滝山《たきやま》城を築き移転したという。

現存する滝山城の縄張《なわばり》は、大石氏の最初の形に北条氏の大幅な改築がなされたものであると考えられている。大石氏時代には、現在本丸と呼ばれている主郭とそれを数段に取り巻く腰郭群、さらに東側の中の丸と呼ばれている第二の郭が、築かれたとみられている。北側から西側にかけての傾斜面の地形に応じた小さな郭の連続は、高月城の北側の傾斜面と通じるものがある。高月城から滝山城へという流れは、無理はないと思われる。

（土井義夫）

●東国戦国時代ナンバー1の名城

滝《たき》山《やま》城《じょう》

〔国指定史跡〕

〔所在地〕東京都八王子市高月町・加住町一丁目・丹木町一～二丁目
〔比　高〕約四〇メートル
〔分　類〕平山城
〔年　代〕永禄年間～天正年間（一五五八～一五九二）
〔城　主〕北条氏照
〔交通アクセス〕「京王八王子駅」もしくはJR八王子駅から戸吹行きバス「滝山城址下」下車・駐車場なし

【多摩川を望む】　本丸の北端に立つと、眼下に多摩川の流れを見下ろせる。冬場であれば北風が思いっ切り吹き付け、木々をうならせる。実に寒い場所である。滝山城はそのような多摩川が洗う段丘上の縁に築かれた。現在は中心部のほとんどが都立滝山自然公園になっており、季節ごとに桜や紅葉《もみじ》が彩りをそえる。そのような自然環境のなかに、幅が広く深い堀や規模の大きな土塁がのこる。関東地方の代表的な戦国城館である。

【北条氏照】　築城の起源は明らかではなく、一説に一六世紀前半に関東管領《かんれい》山内《やまのうち》上杉《うえすぎ》家の重臣大石家によって築かれたという。大石家は一五世紀後半以降に八王子周辺で勢力をもっていた。当初は二宮《にのみや》（あきる野市）を拠点としていたが、その後に高月《たかつき》城（八王子市）そして滝山城へと拠点を移した。以前はこのように考えられていた。しかし現在では永正年間（一五〇四～二〇）に由井《ゆい》城（浄福寺《じょうふくじ》城）を構えて本拠としていたと考えられるようになった。

一六世紀前半、戦国大名北条氏綱《うじつな》の勢力が次第に武蔵国におよぶにいたり、大石家は北条家に接近し、天文年間（一五三二～五五）末には北条氏綱の子息氏照《うじてる》を養子に迎え、家督を譲る。時は上杉謙信の越山が開始される直前であった。

永禄三年（一五六〇）から天正二年（一五七四）に至るまで、上杉謙信は何度となく関東平野に越山《えつざん》する。最初の越山に際しては遠く小田原城まで攻め込み、鶴岡八幡宮では関東管領の就任式まで行なっている。その直後の領国境界線は八王子

●—二の丸南側横堀

と青梅の間に設定されるほどであり、北条家は謙信の越山に対応した領国の支配網を形成する必要に迫られた。ところが氏照が城主であった由井城は甲斐国に向いており、謙信の越山に不向きな拠点であった。そこで登場したのが滝山城だった。小田原から上野国へと至る街道は関東平野の西端の山麓を突き抜けており、その街道に沿って北条家の重要な拠点である滝山城と鉢形《はちがた》城が配置されている。このことは滝山城の取り立てに小田原北条家の意図があったことをうかがわせる。

【石畳の桝形門】 滝山城跡が自然公園になっていることから、遺構は自然のなかで守られている。城内を散策していると、野うさぎや雉《きじ》に遭遇することもある。遺跡を守るために発掘調査し、整備を行なって史跡公園化する手法が主流である現在にあって、遺構をそのまま保全し、自然景観を中心に遺跡を活用する方法として重要な事例である。表面観察で構造がよくわかる滝山城ならではの方法といえるかもしれない。

そのことと関係するのであろうか、八王子城とは対照的に城内では発掘調査が数度しか行なわれておらず、考古学による研究はさほど進んではいない。しかしそのような状況でも平成八年（一九九六）に実施された本丸枡形門《ほんまるますがた》の調査は注目できる。床面びっしりと河原石が敷き詰められており、排水

●—全体図（東京都教育委員会『東京都の中世城館』2006年より転載滝山城跡縄張図）

用の側溝が床面の両側に設けられていた。一部は暗渠《あんきょ》になっており、本丸の排水処理が考えられていることがうかがえた。ところが石垣は確認できなかった。このあとに本拠となる八王子城と比べて、石材利用法が異なる。割石を積み上げる八王子城と河原石を敷くにとどまる滝山城という対比は、北条氏照の築城について考えさせる。

【雄大な空堀】 北条氏照が滝山城に入城したのは、青梅に拠点を据える上杉謙信方の三田氏を滅ぼした後で、かつ永禄十年（一五九七）に至るまでであった。それ以前に滝山城が存在していたかはまだわかっていないが、仮に存在していたとしても、氏照入城後に本拠として大きく拡張されたことは間違いない。大きな城域に比して、本丸（図の1）周辺が小さな郭《くるわ》群であることはそのことを語っているのかもしれない。

他方、氏照の本拠らしさを語るのは、まず丘陵を囲い込む雄大な横堀《よこぼり》である。本丸の三方には取り囲むように、中の丸（図の2）・二の丸（図の3）・千畳敷《せんじょうじき》（図の9）・小宮曲輪《こみやぐるわ》（図の12～14）が配置される。それらの郭群の外側を横堀が一筆で廻る。距離が長く、規模の大きな横堀は、中世城館は多数のこるといっても簡単にお目にかかれるものではない。滝山城の大きな見所である。広大な城域をひとまとめにするこの横堀は、滝山城の完成期の遺構と推定でき、氏照段階の滝山城を理解する鍵になる遺構であろう。

【二の丸の構造】 そして今ひとつ注目したいのは、二の丸の虎口《こぐち》である。二の丸は北側の中の丸へと接続し、東・南・西の三方を外側として虎口を構えている。三口とも先の長大な横堀と関係している。堀を渡った地点にはいずれも郭馬出《うまだし》（周囲を堀が取り巻く方形の区画。内側の郭の出口正面を守り、かつ外側に向けて門を配する）を構えている。この構造は豊臣秀吉が築いた聚楽第《じゅらくてい》の構造にも通じる。

このうち西側の虎口は尾根沿いに展開する郭との連絡のものであるが、東・南のものは外部に通じる道筋と直接に関連するものである。とりわけ、東側の虎口は二の丸内部に巨大な枡形門《ますがたもん》を構え、外側の郭馬出も巨大なものである。このことから、東の虎口を通過する道筋が滝山城の大手道《おおてみち》と考えられる。

【二つの登城路】 二の丸東の虎口を出た道は、台地上を地形に沿って東へと進む。左手には信濃屋敷（図の4）・刑部《ぎょうぶ》屋敷（図の5）・カゾノ屋敷（図の6）と呼ばれる家臣屋敷の推定地がある。その外には主尾根を大きく切り裂く堀切《ほりきり》がある。東方面はこの堀切が滝山城中心部の限界となる。道をさらに東へ尾根沿いに五〇〇メートルほど進むと、分岐点がある。大手道はここで谷へ下る。谷の途中には戦国期が起源とされる少林寺を左手に見て、道は麓の滝山街道へと下る。実はこの交差点付近は八幡宿《はちまんじゅく》と呼ばれた城下町の一角にあたった。

　他方、二の丸南の虎口《こぐち》を出た道はそのまま谷へと下る。この谷は鍛冶谷戸《かじやっ》と呼ばれる。谷の出口は滝山街道である。滝山街道には並行して旧道が走る。この旧道には三ヵ所ほど鍵の手に曲がる場所があり（下段の図の○印の場所）、城下町の一角と指摘されている。特段の伝承もないが、あるいは家臣団などが住んだ空間であろうか。この周辺にはクラヤシキと呼ばれる場所もある。北条領国の数ヵ所には年貢を収納する蔵が設置されていた。その一ヵ所が滝山にあった。滝山城の真下にあるこのクラヤシキはあるいはその場所かもしれない。

　ところで先の鍛冶谷戸であるが、鍛冶と聞いて思い出すことがある。戦国時代以来、八王子には下原鍛冶と呼ばれる刀工集団がいた。由井《ゆい》城の北にその発祥の地があり、大石家および北条氏照に仕えていた。その中には氏照より「照」の一字を拝領し、照重を名乗る一流もいた。すなわち直属の職人集団と考えられる。そしてこの刀工は氏照の本拠移転に付きしたがって移動したと考えられている。あるいはこの鍛冶谷戸がその作刀場所なのではなかろうか。

【伝説の城下町】　関東の戦国城下町は、城主との関係でしば

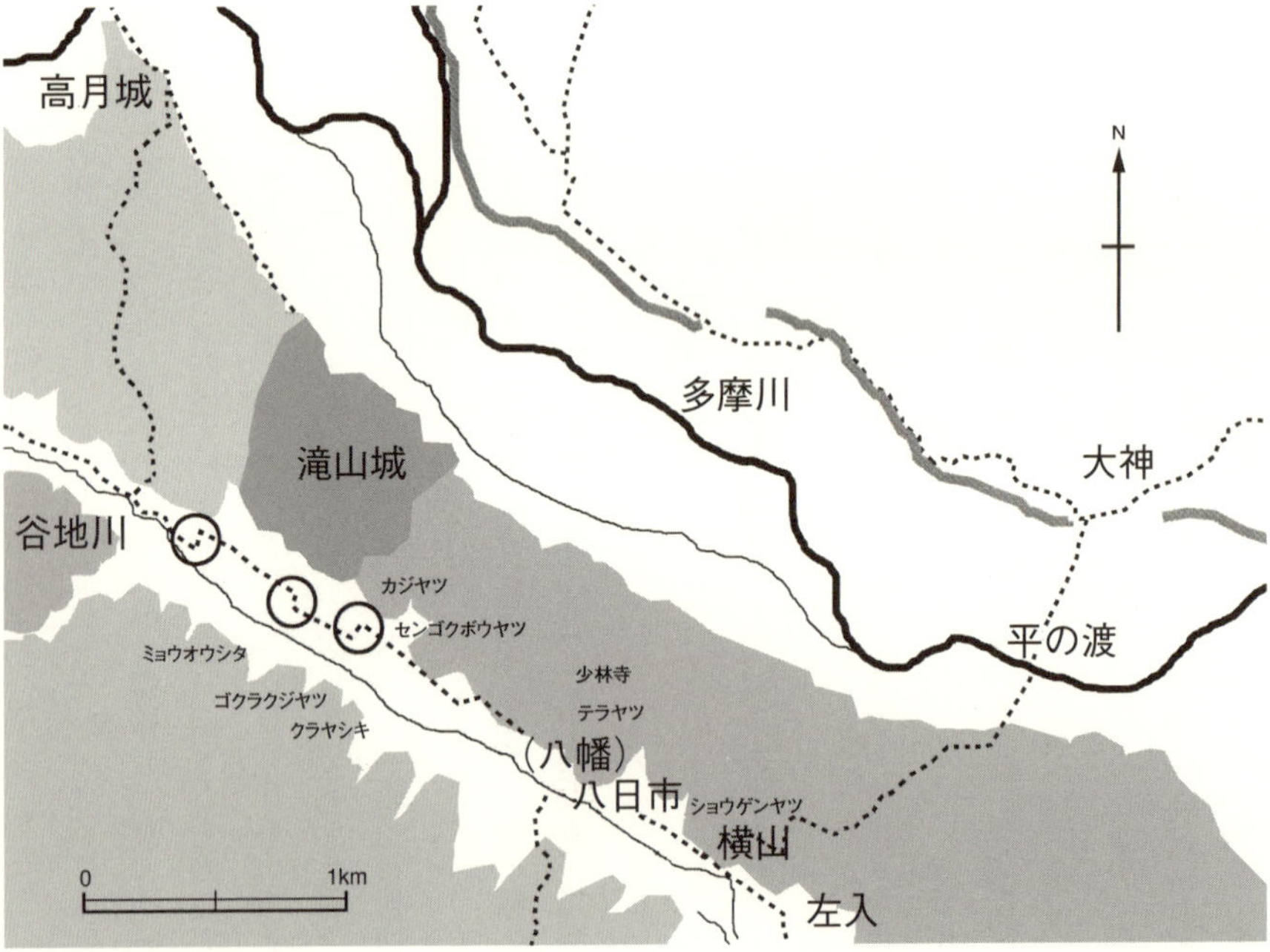

●―城下の概念図

しば二重構造になっていたとされる。滝山では二重構造の外側の城下町が八幡宿から東にあった。八幡宿《はちまん》・八日市《ようかいち》・横山の町場である。この名称に思い当ることはないだろうか。そう、現在の八王子市街地、江戸時代の八王子宿の中心的な町場である。江戸時代の地誌によれば、滝山城下町に成立した三つの町場は、その後、八王子城下に移り、そして現在の地に至ったと記載している。町だけではなくいくつかの寺院も移転を繰り返した。滝山城下町は現在の八王子市街地の起源になっていたのだった。

町場から先は現在の国道一六号線の左入にあたる。つまり、左入の交差点から西はもう滝山城の城域にあたる。中世城館にしてこれだけの広さを持つのかと驚嘆せざるをえないが、それほどの規模を滝山城は誇っていたのだった。

【武田信玄の滝山城攻め】 滝山城が受けた最大の城攻めは永禄十二年（一五六九）の武田信玄による城攻めであろう。

上杉謙信に対抗するため、北条・武田・今川三家で同盟を結んでいる時期があった。武田信玄はこの同盟を一方的に破棄し、駿河国へと侵攻し、戦国大名今川家を滅亡させる。一度は甲斐国に勢を納めた信玄は十二月に碓氷峠《うすい》より関東平野に侵攻する。この軍勢が滝山城を襲った。江戸時代の軍記物には、この時、滝山城は二の丸まで陥落し、落城寸前にまで至ったと記している。しかし事実は違うようである。

城主北条氏照は防衛のために宿の三つの入り口に軍勢を送って信玄の襲来に備えた。二日間にわたって攻防戦が行なわれたが、武田勢は攻め込むことができず、三日目の夜半に武相国境杉山峠（現、御殿峠）を越えて小田原に向かって行った。氏照はこの攻防戦について、「たびたびの戦いに勝利した」と宣伝している。事の実否は計り知れないが、軍勢の消耗を避けた信玄は小田原への道を急いだというのが実態ではなかろうか。いずれにせよ滝山城は武田信玄の猛攻に堪えた名城と言えよう。

【八王子城への移転】 北条領国の重要な一翼を担った滝山城も上杉謙信が没すると、重要性が減じる。そして時代は西に警鐘を鳴らす。この政治地図の変化が滝山城を不要とし、八王子城を生み出していくことになる。

戦国大名北条家の城といえば小田原城ということになろう。しかし江戸時代の改築のため、当時の様子を知ることはできない。だが滝山城は戦国大名北条家の有力な支城である。遺構も当時のままと考えられ、戦国大名北条家の城づくりを偲ばせる。関東を代表する中世城館である。

（齋藤慎一）

【参考文献】齋藤慎一「戦国期八王子の城と町の変遷」（八王子市郷土資料館「八王子の歴史と文化」第一八号　二〇〇六年）

●交通の要衝に築かれた要害城

浄《じょう》福《ふく》寺《じ》城《じょう》

〔八王子市指定史跡〕

〔所在地〕東京都八王子市下恩方町三二五九他
〔比　高〕一六〇メートル
〔分　類〕山城
〔年　代〕大永五年～天正十八年
〔城　主〕大石氏
〔交通アクセス〕ＪＲ中央線「八王子駅」からバスで三〇分「大久保」下車、駐車場なし

【浄福寺城の位置】　八王子市西部の下恩方町、北浅川左岸の丘陵尾根の東端に築かれた山城である。関東山地の末端が、八王子盆地に開ける場所に位置する。新義真言宗《しんぎしんごんしゅう》浄福寺《じょうふくじ》の裏山に位置することから、浄福寺城と呼ばれている。浄福寺観音堂の大永五年（一五二八）の古棟札《こむなふだ》に、「大檀那《おおだんな》大石源左《おおいしげんざ》衛門《えもん》入道道俊《にゅうどうどうしゅん》并《ならびに》子《し》息憲重《そくのりしげ》」とあることから、大石道俊（定久《さだひさ》）の築城と伝えられている。標高三五六メートル、比高約一六〇メートルという要害城である。

城跡の現状は山林であり、後世の手はほとんど加えられていないと思われる。八王子市の史跡に指定されているが、整備はまったく行なわれていないため、浄福寺の境内から続く山道を登りながら、尾根筋に点在する遺構を観察することになる。

また、城の北側は、採石地となって崩されてきており、その東側は圏央道のルートになり、城の東端を浄福寺城トンネルが貫通している。

【江戸時代の地誌と浄福寺城】　『武蔵名勝図会《むさしめいしょうずえ》』は、この城跡について「この城を新城《にいじょう》の墟《あと》と云。大石源左衛門尉が構うるところにして、天文まで大石氏代々は高月《たかつき》城に城居し、新たに城を築きしゆえ、新城と称せし唱え残りて、いまに土人斯《か》くは号するなり。この城は大石源四郎憲重が居城なり。（中略）この城山の麓《ふもと》、浄福寺境内より登ること四町許にして山上に至れば、凡《およ》そ三拾間四方程の平坦あり。山中に堀切《ほりきり》、或は築地《ついじ》跡あり。北の方へ一段下りて、又僅かの平地あり。

八王子城より乾《いぬい》にあたりて、山続きにはあらざれども、八王子城の後ろ方にて、その間は凡そ五、六町程もあるべし。この城山は境界窄《せま》く、又、高からねども、川を帯びて孤山なり」と細かい説明をしている。

【浄福寺城と大石氏】　このように、新城とも呼ばれた浄福寺城は、浄福寺をはじめこの近辺の寺院の開基は大石氏によるとされるものが多く、大石氏の城と考えてよいと思われる。大石氏は、関東管領上杉《かんとうかんれいうえすぎ》氏の武蔵守護代を務めた、この地域の有力領主であり、各地に多くの伝承をのこしているが、その系譜と本拠地についてては不明確な点が多い。法名《ほうみょう》道俊は、系図上では定久とされていて、北条氏照がその養子となり、大石領を継承したといわれてきた。しかし、道俊の活動時期と氏照の成人時期が少しずれているので、氏照を養子としたのは、その子憲重だという妥当な説がある。家督を譲った大石憲重が、滝山城から移り、この城に入ったと考えられる。また、大石氏を継承した氏照が最初に入城したのはこの城で、由井《ゆい》城と呼ぶ考え方も出されているが、この説はもう少し検討が必要である。

問題は、何時、誰が、何のために築き、誰が城主であったかが、明確にならない点にある。伝承からすると、可能性が高いのは、大石道俊と息子の憲重であるが、道俊に関する伝承は広い範囲に残されており、その動きは特定できない。最終的な城主は、憲重と考えておきたい。

【浄福寺城の構造】　この城は、標高三五六・四メートルのあまり広くない山頂部を主郭として、四方に延びる五筋の痩せ尾根を細かく掘り切り、狭小な郭を段状に作り出すことを特徴とする、山城である。こうしたことから、「この城の最大の特徴は、郭面を確保せずに遮断に徹した縄張を行なっているところに求められる。居住性を配慮せず、実戦時における防御性のみを追究して徹底的に無駄を排除した縄張は、この城が極度の軍事的緊張状況下において構築されたものであることを示している」という見方がある。正確な観察といえよう。

とはいうものの、現状が山林であるので、冬期になって葉の落ちた頃に登らないと、遺構の状態を把握しにくいと思われる。

【居館の候補地】　このような、要害城である浄福寺城の居館の候補地は、山城東側の麓、下恩方町上宿《うえじゅく》に想定される。この地区は、相模の佐野《さの》川を経て甲斐《かい》へ向かう案下道と鎌倉古道が交差するあたり、北浅川の段丘上に位置している。一九九四年、都道拡幅のための事前発掘調査によって、幅約四メートル、深さ一メートル以上という大きな溝が、鎌倉古道

●—浄福寺城縄張図（『東京都の中世城館』平成18年より、東京都教育委員会提供）

●—浄福寺城遠景

に沿って五〇メートルの長さで発見された。この大溝は、おそらく中世の区画溝の一部で、古い地形図を見ると、この溝を東端とする平坦地が、方三町ほどの範囲が道で区切られている。この範囲には、中世の石造物も散見され、居館の候補地にふさわしい。詳しい内容については今後の調査に期待したい。

（土井義夫）

【参考文献】『浄福寺城跡遺構確認調査報告書』（八王子市教育委員会　一九八四年）

●戦国時代最後の山城

八《はち》王《おう》子《じ》城《じょう》

〔国指定史跡〕

〔所在地〕八王子市元八王子町三丁目、下恩方町、西寺方町
〔比　高〕二〇〇メートル
〔分　類〕山城
〔年　代〕天正十二年ころ〜天正十八年
〔城　主〕北条氏照
〔交通アクセス〕JRもしくは京王「高尾駅」北口からバス「霊園前」下車、徒歩二〇分・駐車場有

【八王子城の位置と見所】　八王子城は、東京都の西郊、八王子市元八王子町三丁目および下恩方町にまたがる関東山地の東端部に立地している。JR中央線高尾駅の西北約三キロメートルの位置にある。関東山地東端部は、南・北浅川およびその支流によっていくつかの丘陵に分断されているが、そのうちの北浅川と城山川に挟まれ、山岳部から丘陵部となる付近に位置し、独立峰的な急峻な地形をなす深沢《ふかさわ》山が、地元では城山と呼ばれている八王子城の要害である。西側背後には、甲武《こうぶ》国境をなす七〜八〇〇メートルの連山が控え、東方眼下には八王子盆地が、さらに東は武蔵野台地、南は相模原台地に向かって開けている。

厳冬の空気の澄んだ日に、要害に登ってみると、広大な武蔵野のはるか北方に筑波嶺《つくば》が、相模原《さがみはら》の南方には江《え》ノ島《しま》方面が見渡される。北条《ほうじょう》氏の支配領域のほぼ全域が望まれるのである。また、発掘され、整備された城主の居館は、戦国時代末期の姿を彷彿《ほうふつ》とさせる。

【城主北条氏照】　八王子城は、北条氏康《うじやす》の次男氏照《うじてる》晩年の居城であり、築城年代は天正十年代と考えられ、天正十八年（一五九〇）六月二十三日に、豊臣秀吉《とよとみひでよし》の小田原攻めの一環として、前田利家《まえだとしいえ》・上杉景勝《うえすぎかげかつ》らの北国勢に攻められ落城した。

北条氏康は、天文十五年（一五四六）の川越夜戦を経て、同二十一年に関東管領《かんとうかんれい》上杉憲政《うえすぎのりまさ》を越後に追いやると、武蔵一帯をその勢力圏とした。そして、上杉憲政を擁する越後長尾《ながお》氏に対抗するために、上杉氏の武蔵守護代を務めた大石氏を

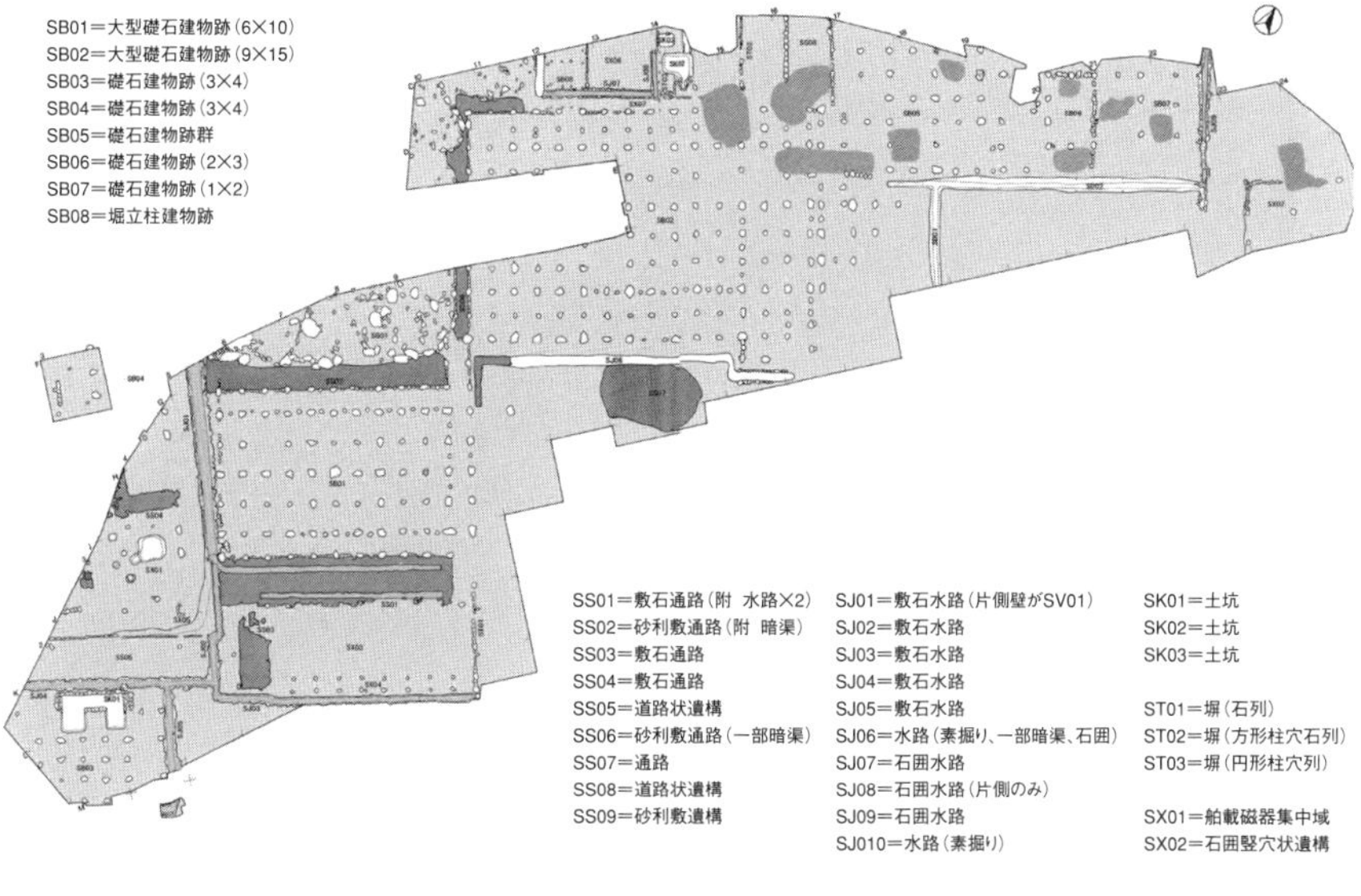

●—八王子城遺構配置図（八王子市郷土資料館提供）

次男氏照に継がせ、入間《いるま》・多摩《たま》郡を中心とする西武蔵地域を支配させることにした。氏照は、大石氏の滝山《たきやま》城を居城として、この地域の本格的経営に乗り出す。滝山入城の時期は、永禄二～三年（一五五九～六〇）のことである。

【八王子城の築城】　その後、氏照は、居城を新しく築いた八王子城に移すことになるが、その時期は天正十四年末と推定される。八王子築城は、豊臣秀吉の来攻に備えるためであった。築城開始の時期は、早くても天正十二年だと思われる。この年、北条氏は秀吉の来攻を意識し始めて、小田原城を始め、武蔵・相模・伊豆の諸城の修築を開始するからである。そして、天正十四年末、秀吉が「関東・奥惣無事」の扱いを徳川家康に命じたことが、諸大名に伝えられると、北条氏はにわかに緊張を高めていく。年末から翌十五年にかけて領国内の総動員体制を固め始めるとともに、各支城の普請を始める。天正十五年の正月からは、本城の小田原城の大改修工事が始まり、氏照も小田原に詰めていて、その監督に掛かりきりだったので、八王子城の方は、重臣の狩野一庵《かのういちあん》に任せて工事を続けていた。天正十六年正月になっても、大工その他職人衆に、八王子城の普請を特命していることを見ても、築城工事は急ピッチで進められた。

【八王子城の構造】　八王子城は、豊臣秀吉の来攻に備えるた

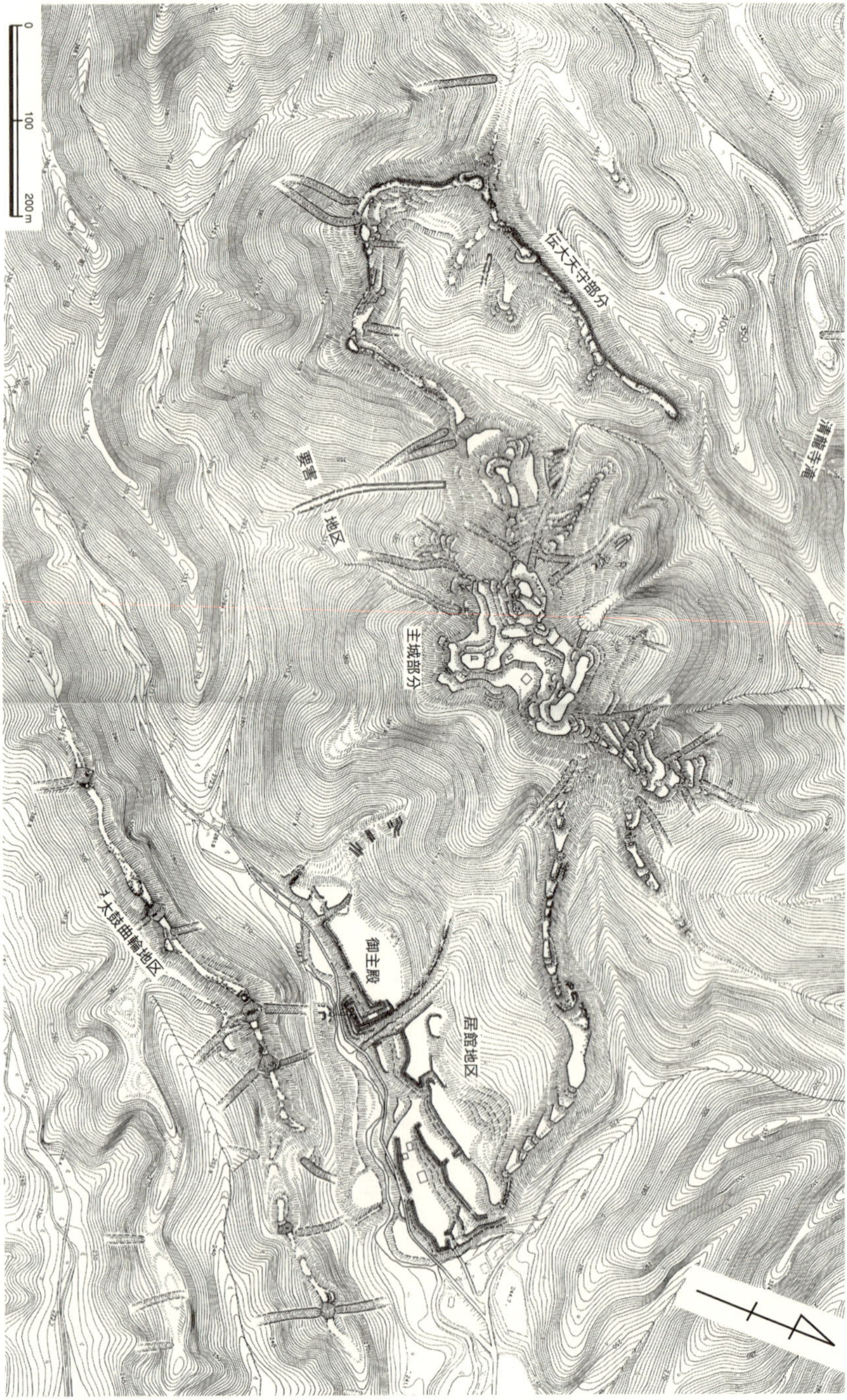

●―八王子城縄張図（『東京都の中世城館』平成18年、東京都教育委員会提供）

めに築城されたもので、要害部を中心に、その城域は広大である。北は恩方方面に抜ける滝《たき》の沢《さわ》で、南は太鼓郭《たいこぐるわ》と呼ばれる遺構をはじめとする防御施設の造られている外郭にあたる尾根筋の南側の御霊谷川で区切られ、西は詰の城西側の遺構群で、東は根小屋地区といわれる城山川の谷筋の入り口部で区切られている。このように最小限に見積もっても、南北一キロ、東西一六キロにもおよぶ範囲とされている。そのため、細部にわたる縄張研究は、必ずしも明らかになっているとはいえないが、おおむね次のような地区割りで考えることができる。

本丸と呼ばれている主郭を中心とする要害地区、氏照の居館があった御主殿《ごしゅでん》跡と郭群ののこされた居館地区、居館地区の東側に延びる寺院や家臣屋敷跡の伝承をのこす根小屋《ねごや》地区、根小屋地区の南側尾根筋にのこされた外郭の防御地区である。

【要害地区】 標高約四六〇メートルの山頂部が本丸と呼ばれている狭小な主郭である。北東側には小宮《こみや》郭、南東側に松木《まつき》郭と呼ばれる第二郭を配し、西側のやや下った所に無名の郭を配している。主郭下から小宮郭・松木郭の間は三段の腰郭が取り巻いているが、そのうち最下段の広い部分は、昭和三十三年試掘調査が行なわれ、船載陶磁器などが出土している。主郭南側の崖際には井戸があり、小宮郭から北側に延びる尾根には搦《から》め手口を防御するために、高丸・櫓《やぐら》台と呼ばれる削平地が設けられている。また、東側に延びる尾根には、柵門跡・金子丸《かねこまる》と呼ばれる柵平地があり、それより南側の小宮郭から下る尾根には、櫓台と相対する位置に山王台と呼ばれる削平地が設けられている。無名の郭を西に下ると、大堀切があって、各郭の下側を通って一周する馬場道と呼ばれる古道がここで結ばれ、馬冷《うまひ》やし場と呼ばれている。さらに掘切を渡り、西側の尾根道を登って行くと、所々に削平地があり、主郭と相対する位置に大天守《だいてんしゅ》と呼ばれる詰の郭がある。その西側は巨大な堀切が施され、要害の西限となっている。

【居館地区】 氏照の居館のあった御主殿跡は、山頂の主郭部分の南東側、比高約二〇〇メートル下に設けられている。斜面を切り崩し造成した南北約六〇メートル、東西約一一〇メートルの長方形の郭を石垣積みの擁壁で囲い、その上に土塁が積まれている。東北の隅に桝形《ますがた》の虎口《こぐち》が設けられていて、中ほどの踊り場に門を持つ石段を降りて直角に折れると曳橋《ひきはし》に至る。

御主殿跡は、平成四〜五年に発掘調査され、多大な成果がもたらされている。まず、内部には二棟の大型礎石建物を中心にいくつかの付属建物が発見された。

西側の建物は、東西に長い六間×一一間の規模である。南側に石敷きの通路があり、北側には砂利敷きの通路を隔てて、大小の岩を配した庭園がある。背後の山を借景にした枯山水《かれさんすい》の庭園と考えられるところから、この建物は庭園を望む会所、つまり接客のための建物と想定される。

一方、東側の建物は、さらに大規模で、九間×一五間ほどの規模になると考えられ、南東部に張り出し部をもっている。広間を含む主殿にふさわしい建物である。両者とも、落城時の炎上により礎石には角柱を据えた痕がのこっており、柱間の寸法は基本的に一・九メートルであったことが知られる。

この二棟の主要建物の周囲には、数棟の小規模な礎石《そせき》建物や掘立柱《ほったてばしら》建物などの付属建物が取り巻くように存在しているが、今のところ未発掘区にかかっていて、それぞれについては全体像が把握されていない。しかし、これらの建物群はまったく重複しておらず、また改築されたようすもみられないので、一時期の建造物群と考えられる。しかも、その様相からは、全体として使用期間が短かったことが窺える。

【出土遺物の特色】 出土した遺物は、約七万点という膨大な量に達する。その半分以上は、三万点を超える舶載の磁器と一万点を超える国産の陶器・土器の破片であった。舶載磁器の大半は、会所西側の風倒木痕を中心に集中して発見されたが、粉々に破砕された明代末の万暦《ばんれき》期の青花《せいか》や白磁《はくじ》の皿であった。その他、五彩磁器の皿・瑠璃釉《るりゆう》の碗などの出土も注目される。国産の陶器は瀬戸《せと》・美濃《みの》系の灰釉《かい》・鉄釉《てつ》の皿、天目《てんもく》碗《わん》・擂鉢《すりばち》に常滑《とこなめ》産の壺が多数を占めている。

また、三七点の破片が見つかったベネチア製のレースガラスの破片は、特筆される。落城時に火熱を受けたため溶けている破片も多く、正確な器形は判然としないが、ゴブレットのような形をしている。はるかヨーロッパからの招来品を蔵していた、城主氏照の生活の一端を示すものである。この他、銃弾製造の素材として一八片の半鐘の破片が発見されたことも、天正十六年（一五八八）一月ころから、氏照が領内の寺社から鐘の借用を依頼した文書の存在と関連するものとして興味深い。

このように、多種多様な出土遺物が発見されているが、落城時の激しい戦闘と御主殿建物の炎上によって、粉々になってしまったり、火熱を受けて変容したものが大部分である。それにしても、夥しい数の舶載磁器破片群の出土には、驚かされる。五彩磁器や瑠璃釉碗といった、これまで八王子城では知られていなかった、どちらかというと高級品を含むとはいえ、大多数は日常使用するような皿で、むしろ雑器といってもよいような、粗雑なつくりの製品が占めている。しかも、個体数で一一〇〇点を超える青花磁器を主体とする皿は、いずれも口径一二〜一五センチの、もっともポピュラーなサイズのものがほとんどで、要害地区から出土するような中型・大型の皿は数えるほどもない。白磁の皿にしても、要害地区から出土するような良質なものは、ほとんど認められていない。さらに、御主殿跡には、要害地区で見つかっている、座敷飾りに使う大型の青磁のような伝世品も、ほとんどのこされていなかった。

このように、八王子城の発掘調査は、多くの研究課題を提供した。とくに御主殿内部の調査は、戦国時代末期に活躍した北条氏照という東国武将の居館の具体像と彼の生活の具体相を知るうえで、また、豊臣秀吉《とよとみひでよし》の来攻に備えるあわただしい状況を明らかにするうえでも、大きな意味をもつものであった。山際に厚く堆積した多量の土砂を除去しなければいけないという、調査上の障害を何とか乗りこえて、未発掘地の調査が進展することを望みたい。さらに、西側に広がる奥まった地区へと発掘調査が進み、御主殿地区の全貌が明らかにされることが期待される。

●—レースガラス　八王子城出土
（八王子市郷土資料館提供）

【八王子城の保存整備】　この発掘調査は、史跡八王子城の保存整備事業の一環として実施されたものであるが、大手門から御主殿に至る通路形態の復旧を図るための、曳橋の架設を含む整備工事、そして虎口と御主殿内部の整備工事が行なわれ、戦国時代最後の城主居館のようすを見学できるようになった。

最近は、見学者も増加し、駐車場の整備、史跡案内のための屋外地形模型が設置された。さらに、ガイダンス施設建設の準備が進められており、完成すると史跡導入路が整備される予定となっている。

（土井義夫）

【参考文献】『八王子城跡御主殿発掘調査報告書』八王子城跡XIII（八王子市教育委員会　二〇〇二年）

●緑に囲まれた城跡公園

片《かた》倉《くら》城《じょう》

〔東京都指定史跡〕

〔所在地〕東京都八王子市片倉町二四七五他
〔比　高〕三〇メートル
〔分　類〕平山城
〔年　代〕応永ころ～天正十八年
〔城　主〕長井氏、大石氏、北条氏照か
〔交通アクセス〕ＪＲ横浜線「片倉駅」下車、徒歩一〇分・広い駐車場なし

【片倉城の位置と見所】　片倉城は、八王子盆地の南に広がる小比企《こひき》丘陵の東端、片倉の台地に築かれた中世城郭で、大江姓長井《ながい》氏が築城したといわれている。鎌倉古道《かまくらこどう》を見下ろす要衝に立地し、標高は一三九メートル、比高約三〇メートルで、北は湯殿《ゆどの》川が、南は兵衛《ひょうえ》川が流れ、区切られている。ＪＲ横浜線片倉駅の西方二〇〇メートルに位置する。

現在、八王子市の片倉城跡公園として遊歩道などが整備されている。史跡公園として整備されているわけではないが、主要な郭や空堀などののこりがよく、こじんまりした中世城郭の姿を見ることができる。

【江戸時代の地誌と片倉城】　この城について、『新編武蔵国風土記稿』には、次のように記されている。

「伝へ云。応永の頃、大江《おおえ》備中守師親《びっちゅうのかみもろちか》在城せりと。此城古は東南北の三面は沼にして、西には高き平地あり。その所に侍《さむらい》の屋敷町などありしと云。今見る所は西より片倉村の真中にさし出て、高さ五六丈の山なり。大手口は西の方山上にて、広さ南北百間あまり。狭き所五六十間、僅かなる芝原《しばはら》なり。東の山上に住吉の社あり、この所に櫓《やぐら》のあとと云伝ふる所あり。この山の北の際を小川流る。これを湯殿《ゆどの》川と呼ぶ。又南に小川あり、宇津貫川と云。この二流の川、城山の東の方四丁ほどをすぎて落ち合へり」。

【横山庄と長井氏】　この地域は、横山《よこやま》荘と呼ばれ武蔵七党《むさししちとう》横山党の領袖《りょうしゅう》横山氏の所領であった。建暦三年（一二一三）の和田義盛《わだよしもり》の乱に与して横山氏が滅亡した後、大江広元《おおえのひろもと》の所領

となった。その後、大江広元から出羽国長井荘の地頭職を譲られた次男大江時広《ときひろ》が、長井姓を名乗り、横山荘を領有することになったという。

この間の細かい経緯については、詳らかではないが、康応二年（一三九〇）庄内の山田に広園寺を開基したのは、長井道広《どうこう》である。道広は法名で、彼の本名についても諸説があって、今のところ明らかではない。『新編武蔵国風土記稿』は、大江氏の居館が広園寺の大門先にあったという。それは、ここのあたりに馬立場があり、馬繋ぎの跡だといわれているからだという。一方、『武蔵名勝図会』は、大江氏が片倉に居城したころ、時々広園寺に参詣し、大門先に馬立場があったといわれているとする。また、大江師親は毛利氏の祖であり、片倉在城は不審だという当を得た見解を記す。いずれにしろ、片倉城が長井氏によって築かれたとする点は、今のところ異論はなさそうである。

【片倉城の構造】 この城は、幅一五〇メートルほどの台地東端が幅二五メートルほどの大規模な深い空堀《からぼり》で切り離され、その内部の東西二つの郭を中心とする遺構群で構成されている。東側の台地先端が主郭で、西側の郭とは幅二〇メートルの空堀で区切っている。主郭は、東西、南北とも約五〇メートル、第二の郭は、東西約九〇メートル、南北約一二〇メートルと四倍の広さをもっている。

これらの郭は、当初は土塁と空堀で囲まれていたと思われる。現在、空堀はよくのこされているが、土塁はかなり崩れた所が多い。空堀も住吉《すみよし》神社境内の南側は痕跡をのこしていない。このことについては、『武蔵名勝図会』に「山上の北の方の平地の少し下を切り開いて、村鎮守《むらちんじゅ》の住吉社を移す砌《みぎり》、唐銅の鍋、或は敷石などを穿《うが》ち出せしことありと云」と記されていて、住吉神社を今の位置に移した時に大幅に造成されて、このあたりの遺構は、江戸時代に大きく改変されていることが分かる。また、戦前に社殿が傾いて建替えるさい、地盤が軟弱であることが判明したとの聞き取りもある。おそらく、主郭を崩して、空堀を埋めて整地された可能性が大きい。したがって、この部分は、腰郭ではなく、主郭下の空堀が連続していたものと考える説は妥当である。

主郭の西端には、第二郭に張り出した櫓台《やぐらだい》があるが、虎《こ》口《ぐち》や橋の痕跡はのこっていない。第二郭の西端にも同様に櫓台が設けられており、南側に虎口がある。虎口は、両側に横矢が張り出ていて堅固である。

片倉城は、台地側を除くと急斜面で、今でも湧水が湧き出すような沼沢地で、川を制御することによって、防御はしっかりしている。攻めるとすれば、台地側である。入り口は、

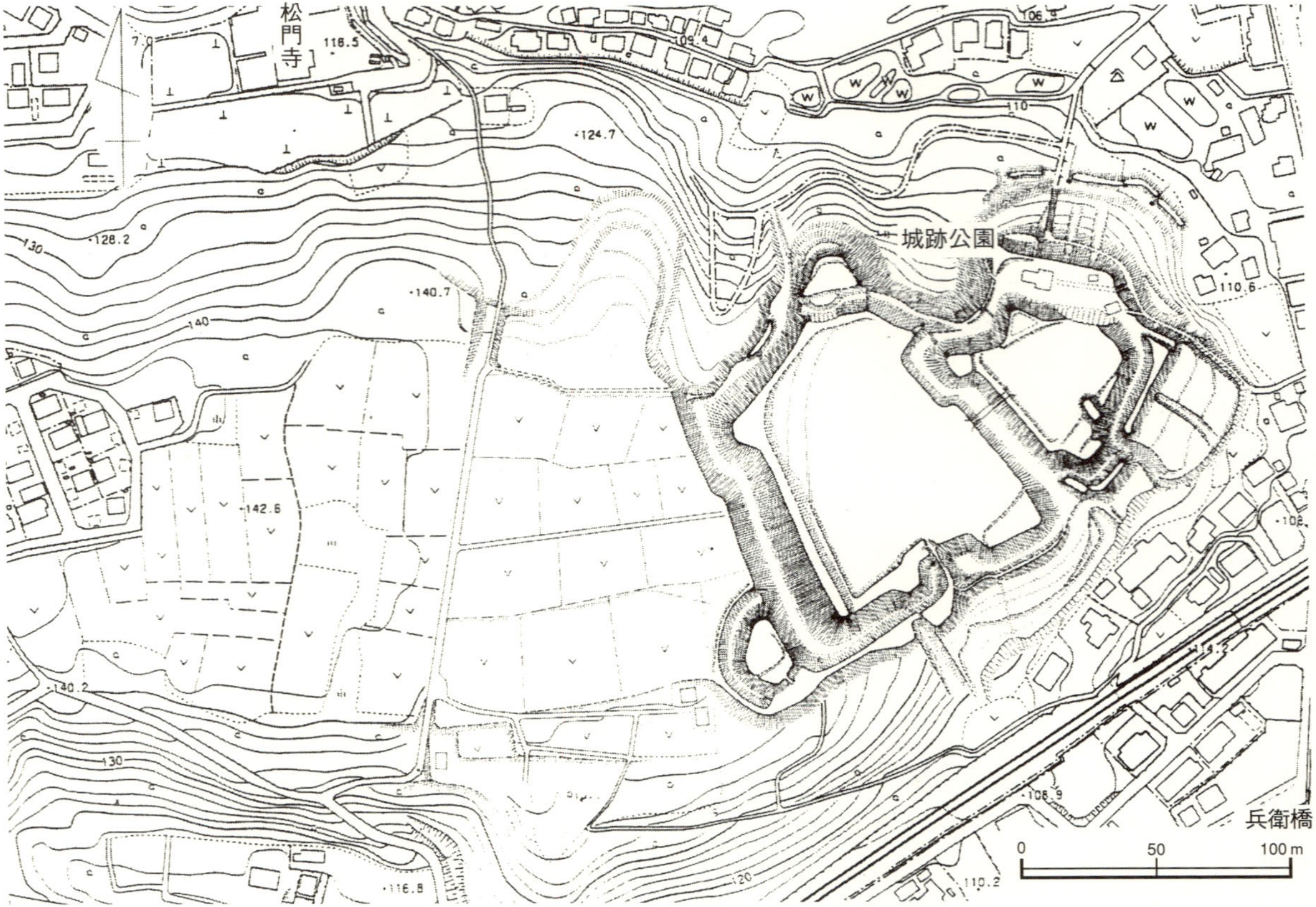

●—片倉城縄張図（『東京都の中世城館』平成18年より、東京都教育委員会提供）

南側である。遺構はすでに破壊されているが、弧状の堀切の南端から城内に入る。すぐ北側には、堀で囲まれて独立した小高い櫓台がある。ここを抜けて東へ進むと、第二の郭へ入る土橋がある。土橋を渡ると虎口である。

●—片倉城遠景

【戦国時代まで機能した城】 この城は、占地方法や縄張《なわばり》が極めて類似する調布市深大《じんだい》寺城と近い時期に築かれたものとする見解がある。二つの城は、文明年間にはともに扇谷《おうぎがやつ》上杉《うえすぎ》方の城であった。一六世紀初頭、扇谷方の永井氏は衰亡したとみられ、永正七年（一五一〇）上杉顕定《あきさだ》が敗死したころ、片倉城もいったん廃城したと考えられている。

その後、この地域は大石氏の支配下に入ったと思われるが、一六世紀の中頃には北条氏の支配下となり、改修されたと考えられている。具体的な記録は何ものこされていないが、北条氏照の滝山《たきやま》領における出城の一つとして機能していたと考えられる。そのため、天正十八年（一五九〇）豊臣《とよとみ》勢の八王子城攻めの際には、この城も攻められたのであろう。山田の広園《こうえん》寺が焼き討ちされたのは、この時であった。

その後、大きな破壊や改造を受けることなく、保存されてきたことは幸いであった。八王子市の公園となり市民の憩いの場として、また東京都の指定史跡となり歴史学習の場として、今後も活用されていくことであろう。

（土井義夫）

【参考文献】加藤晋平「片倉城の実測調査」『文化財の保護』第四号（東京都教育委員会　一九七二年）

●北条氏の中継基地

三《みの》輪《わ》城《じょう》

〔所在地〕東京都町田市三輪町沢谷戸自然公園
〔比　高〕約四〇メートル
〔分　類〕平山城
〔年　代〕一六世紀後半か
〔城　主〕北条氏
〔交通アクセス〕小田急線「鶴川駅」下車、徒歩一五分

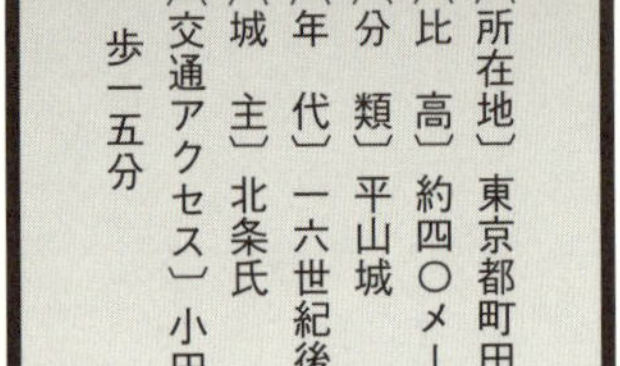

【緑豊かな城跡】　小田急線鶴川《つるかわ》駅から東側に徒歩一五分ほどで、「町田市立沢谷戸自然公園」に至るが、その裏手の丘が三輪城跡である。城跡は、すぐ北側を流れる鶴見《つるみ》川を望む丘陵の一角に位置しており、地名から別名沢山《さわやま》城とも呼ばれる。

城跡の大部分は私有地となっており、地権者のご厚意により整備され、主郭にある七面堂周辺のみ見学可能である。

【縄張の構造】　城跡は主に四つの郭《くるわ》からなる。「1」と「2」がいわば主郭に相当する。「1」は標高七五メートルと城内最高所である。現在七面堂が建っており、周囲にわずかながら土塁《どるい》がみられ、深い堀で囲まれている。「2」の西側には大きな土塁がのこり、その外側は「1」から続く堀が繋がっている。「1」と堀を挟んで西側にあるのが「3」である。これも西側に土塁が設けられており、周囲を堀で囲まれている。「1」・「2」・「3」を囲む堀は帯郭のような機能も果たしていたものと思われる。「3」の北側にある城内最大の郭が「4」である。ここには現在も井戸跡がのこっているが、後世のものである可能性も高い。これより北側が大手と考えられているが、定かではない。

【三輪城の歴史】　三輪城の歴史については、ほとんどわかっていない。江戸時代の地誌類では、城主として荻野《おぎの》氏、市川《いちかわ》氏、由木《ゆぎ》氏、三輪《みわ》氏などが挙げられているが、いずれも伝承の域を出ない。また、「3」や「4」の一部で発掘調査が行なわれたが、大量の焼米や常滑《とこなめ》焼の欠片が出土したくらいで、その歴史をはっきりと示すものは見つかっていない。

三輪城関係の唯一の史料は、年不詳二月二十六日付けの北条氏照《うじてる》書状である（『戦国遺文後北条氏編』三八九五号）。年不詳だが、戦国後期の元亀・天正年間であることは確実である。これによると、三輪城近辺の広袴《ひろばかま》郷（現在の町田市内）に対して、「三輪」に馬を集めて、そこで「筑前《ちくぜん》」（氏照家臣・大石筑前守か）の「手代《てだい》」（＝代官・下級役人）から「御城米」を受け取り、江《え》ノ島《しま》まで届けるよう命じている。この「御城米」は、おそらく三輪城に備蓄されていたものを指すと思われることから、三輪城が北条氏の、特に北条氏照関係の城として存在していた可能性が高い。

（竹井英文）

【参考文献】「沢山城跡」『東京都の中世城館』（東京都教育委員会　二〇〇六年）

●─三輪城全景

●─三輪城 3から1の七面堂を見る

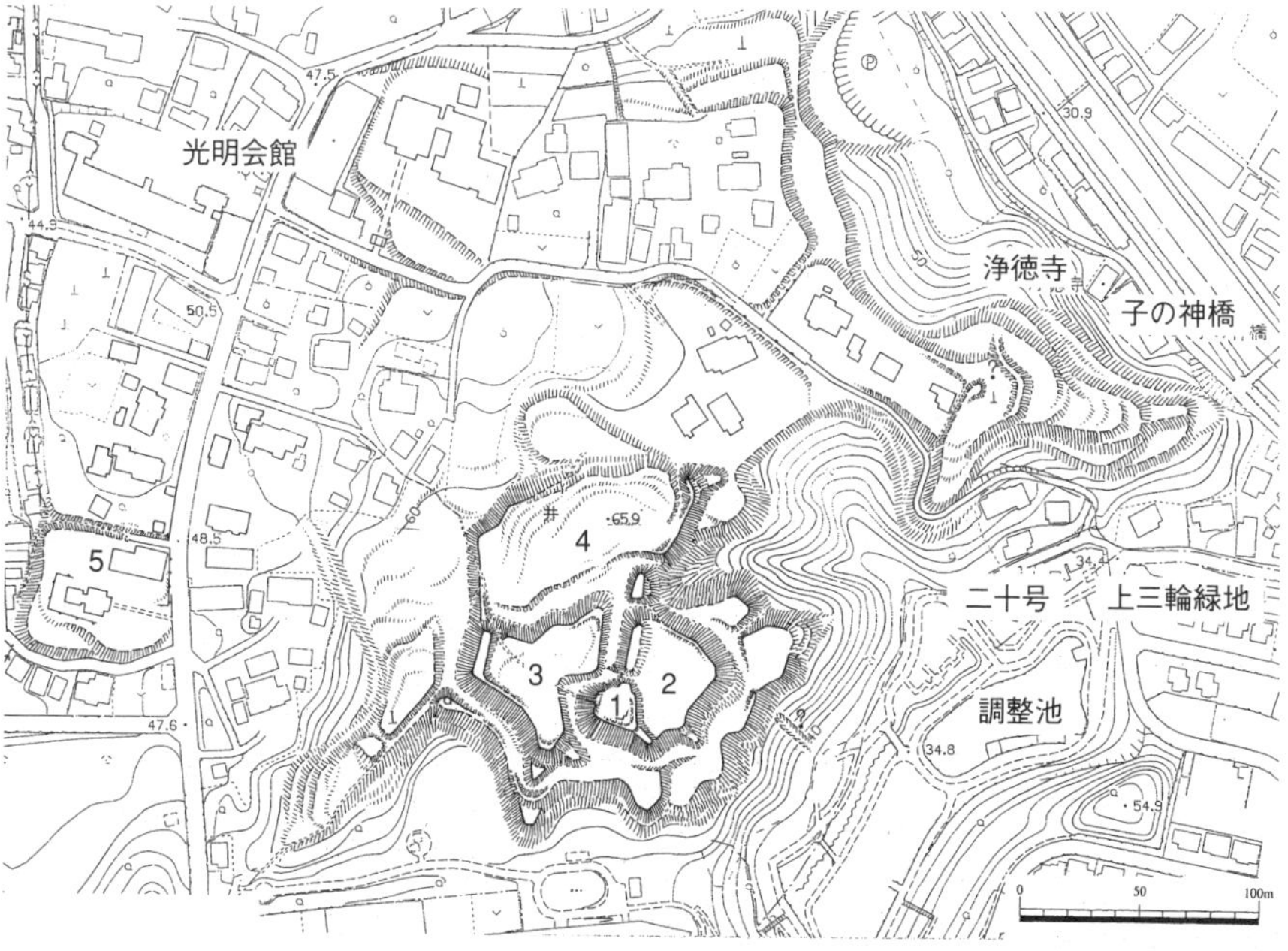

●─三輪城縄張図（『東京都の中世城館』より引用）

●扇谷上杉氏ゆかりの城

深《じん》大《だい》寺《じ》城《じょう》

〔国指定史跡〕

〔所在地〕東京都調布市深大寺元町
〔比　高〕約一五メートル
〔分　類〕平山城
〔年　代〕一五世紀末〜天文六年（一五三七）
〔城　主〕扇谷上杉氏
〔交通アクセス〕ＪＲ「三鷹駅」、京王線「調布駅」からバス「深大寺」下車、徒歩五分

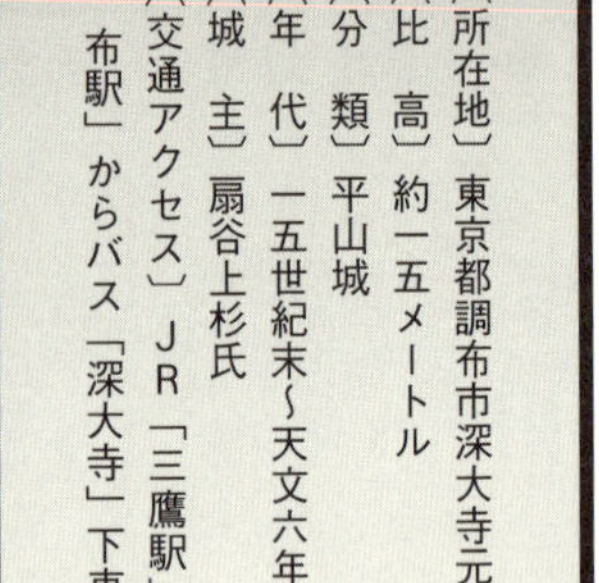

【国指定史跡の城跡】　奈良時代に創建された古刹《こさつ》・深大寺や神代植物公園、深大寺蕎麦《そば》で近年人気の観光スポットとなっている調布市深大寺にも、戦国の城跡があるのをご存知だろうか。二〇〇七年に国指定史跡に指定され、各方面から注目を集めている城跡である。城跡は、深大寺の目の前にある神代植物公園附属水生植物園内の小高い丘の上にある。

第一郭（主郭）と第二郭が史跡公園として整備され気軽に見学ができるようになっている。第一郭は自然の景観をのこしたまま整備されている。周囲を土塁で囲まれ、北側虎口《こぐち》脇は櫓台《やぐらだい》となっている。東・南側斜面には腰郭《こしぐるわ》がめぐらされ、直下に野川が流れている。第一郭と第二郭の間には空堀《からぼり》がのこっており、一部は公園化により発掘調査に基づいて復元されている。第二郭はきれいに公園化されており、城域全体を見渡すことができるようになっている。土塁《どるい》や第三郭との間の堀が復元され、発掘調査で検出された建物跡も展示してある。なお、神代植物公園への入園は有料だが、水生植物園は無料である。開園時間に気をつけて見学したい。

この城は、江戸城を築城した太田道灌《おおたどうかん》の主家として知られている扇谷上杉《おうぎがやつうえすぎ》氏の城として古くから有名であった。『川《かわ》越記《ごえき》』や『北条五代記《ほうじょうごだいき》』などの江戸時代に編さんされた軍《ぐん》記物《きもの》に、天文六年（一五三七）七月のこととして、川越城の扇谷上杉朝定《ともさだ》が小田原城の北条氏綱《うじつな》に対抗するために深大寺の「古城」を再興したと書かれており、文献史料により来歴がはっきりする城として、以前から注目されている。

【発掘調査と縄張研究の概要】 深大寺城の発掘調査は、昭和三十三年（一九五八）〜三十七年（一九六二）、平成七年（一九九五）と十七年（二〇〇五）に行なわれた。特に昭和の調査は大規模なものであり、多くの成果を挙げている。現在の研究にも大きく影響しているものなので、大きく四つに分けてその成果を整理してみたい。

一つ目は、深大寺城が主に三つの郭（第一郭から第三郭）から成り立っていることが確認されたことである。これにより、縄張《なわばり》構造が具体的に把握されるようになったため、縄張研究も可能となった。二つ目は、城内の建造物が確認されたことである。第二郭に長屋のような建物跡が九棟、第一郭により簡素な建物跡が四棟検出され、これをもとに、郭の性格が異なることが想定されるようになった。これをもとに、現在第二郭には建物跡が表示されている。三つ目は、現状遺構とは異なる古い段階の堀が第二郭から検出されたことである。堀は現状遺構より小さいがクランク（折れ）を伴っていることも確認され、これこそが軍記物に登場する「古城」「ふるき郭」の堀だと評価された。四つ目は、遺物から年代が推定されたことである。遺物は、一三世紀から一六世紀前半までのものがほとんどであり、扇谷上杉氏関係の城跡から出土する「かわらけ」と呼ばれる土器も出土していることから、軍記物に登場する天文六年という年代と矛盾しないことが指摘された。こうして、軍記物の記述が考古学的に裏付けられたため、この頃の城郭を考えるうえで重要な城跡の一つとして注目されるようになったのである。

●—深大寺城、第二郭現況

こうした成果を背景としつつ、縄張研究も数多く行なわれている。『日本城郭大系』や『図説中世城郭事典』では、軍記物の記述や考古学の成果を引用しつつ、その縄張構造が北条氏の城に比べて未発達であると分析して、天文六年の扇谷上杉氏による築城術がわかる城として評価している。現在でも基本的には天文六年段階の遺構とされている。

【深大寺城の初見】 以上が深大寺城に関するこれまでの研究

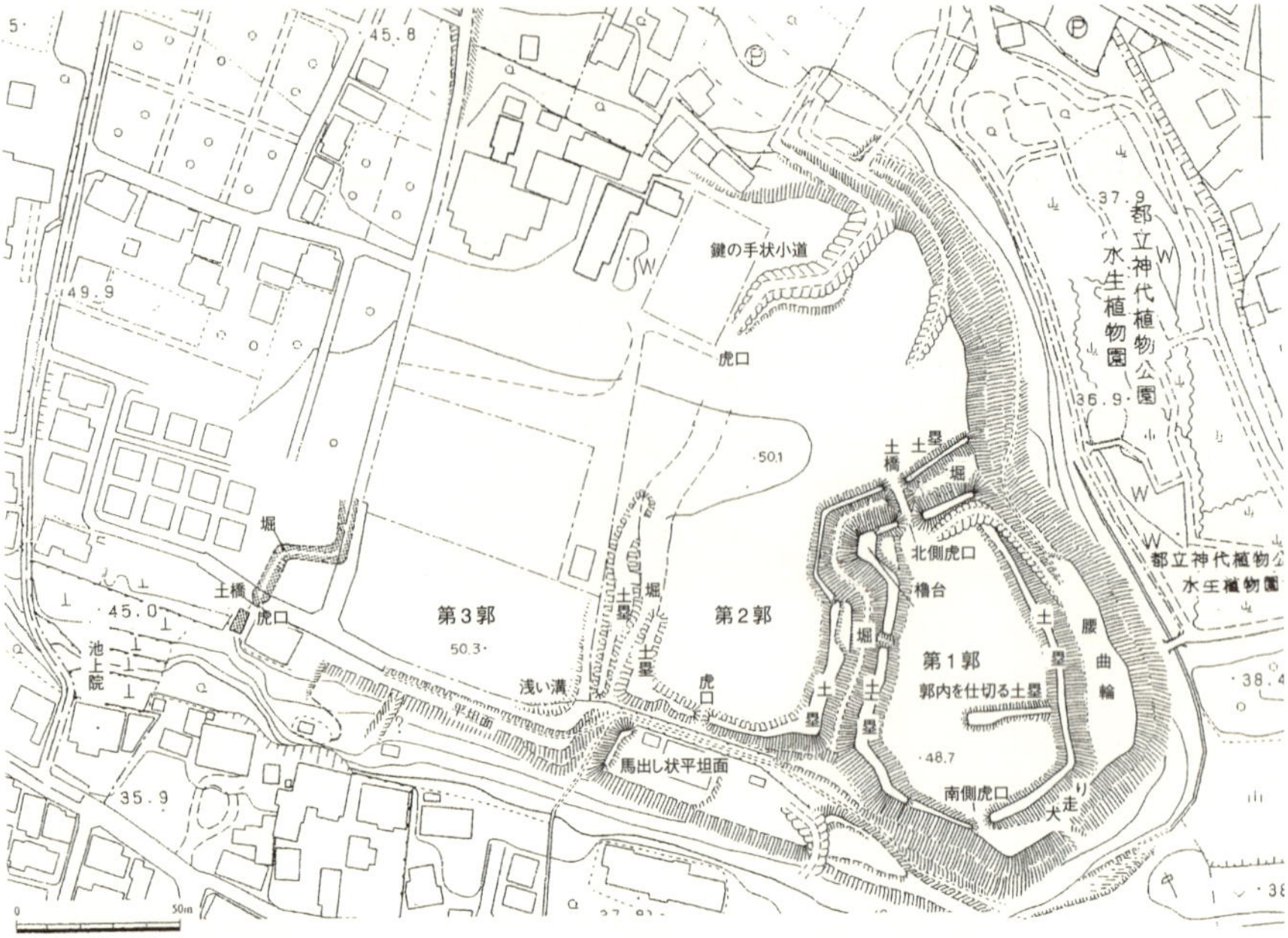

●—深大寺城の構造（『東京都調布市　深大寺城跡』より引用）

だったが、実はこの他にもすでに紹介されていながら十分な検討がされてこなかった文献史料が二点もあることは、あまり知られていない。ここでは、それらを紹介しつつ先行研究の成果と合わせて深大寺城の歴史をさらに探ってみよう。

まず一点目は、年不詳九月十五日付けで、扇谷上杉定正《さだまさ》が家臣の篠窪三郎左衛門尉《しのくぼさぶろうざえもんのじょう》宛てに出した書状の写し（『北区史』資料編古代中世一、二四二号）である。定正は太田道灌の主人として有名である。これによると、二日前の九月十三日に、深大寺城からほど近い「小沢河原《おざわがわら》」（川崎市多摩区・東京都稲城市）で合戦があり、それに勝利したことを喜ぶと同時に、「深大寺」にいる自軍の活躍を賞している。ここで登場する「深大寺」は、書状の内容や「小沢河原」との位置関係から考えて、調布市の深大寺を指すとみて間違いなく、軍勢がいたことから、城郭が存在していたと考えてよいだろう。また、この史料の年代は残念ながら確定できないが、当時の政治情勢から長享二年（一四八八）から明応三年（一四九四）の間であることは確実である。

よって、この史料から、深大寺城は、扇谷上杉氏の城として、一四九〇年頃にはすでに存在していたことが明らかとなったのである。そして、軍記物でその存在が示唆されてきた「古城」は、まさにこの時期の深大寺城を指すものと考えら

●―深大寺城全景

れる。その性格は、おそらく扇谷上杉氏の中継基地、いわば「つなぎの城」だったものと思われる。

【深大寺城「再興」】　二点目は、年不詳七月三日付けで、玉《たま》縄《なわ》城主北条為昌《ためまさ》が家臣の矢野《やの》氏に宛てたと思われる書状の写し（『北区史』資料編古代中世一、三三八号）である。為昌は、北条氏綱《うじつな》の息子で氏康《うじやす》の弟である。これによると、「川越衆《かわごえ》」＝扇谷上杉氏の軍勢が「神太寺」へ陣を寄せてきたという情報が為昌のもとに届いたことが記されている。さらに、その人数は少ないと報告されているが、詳細は不明なので人を派遣して様子をうかがってくるように為昌が命じていることもわかる。ここに登場する「神太寺」も深大寺城と見て間違いない。年代も、為昌の存在や七月三日という日付け、軍記物との関係から、天文六年（一五三七）と確定できる。つまり、軍記物だけでなく古文書からも天文六年に深大寺城が存在していたことが明らかになったのである。その性格は、対北条氏のための「境目の城」に変化したものと思われる。

　以上のことから、深大寺城は、扇谷上杉氏の城として一四九〇年頃に存在しており、その後いったん廃城となり「古城」になったこと、その後、北条氏の進出を受けて、扇谷上杉氏が天文六年（一五三七）七月に「古城」を「再興」したことが明らかになった。その後、使用された形跡はみられないため、現在見られる姿は、基本的には天文六年段階と考えてよいだろう。

　以上が深大寺城に関する最新の研究成果である。国指定史跡になった深大寺城の保存・活用も、こうした理解に基づいて進められることを望みたい。

（竹井英文）

【参考文献】竹井英文「戦国前期東国の城郭に関する一考察―深大寺城を中心に―」『一橋研究』三四巻一号（二〇〇九年）、『東京都調布市　深大寺城跡』（調布市教育委員会　二〇〇七年）

●豊島氏の没落悲話を伝える城

石《しゃく》神《じ》井《い》城《じょう》

〔所在地〕東京都練馬区石神井台
〔比　高〕約五〇メートル（標高）
〔分　類〕山城
〔年　代〕一五世紀後半
〔城　主〕豊島勘解由左衛門尉
〔交通アクセス〕西武池袋線「石神井公園駅」下車、徒歩一〇分

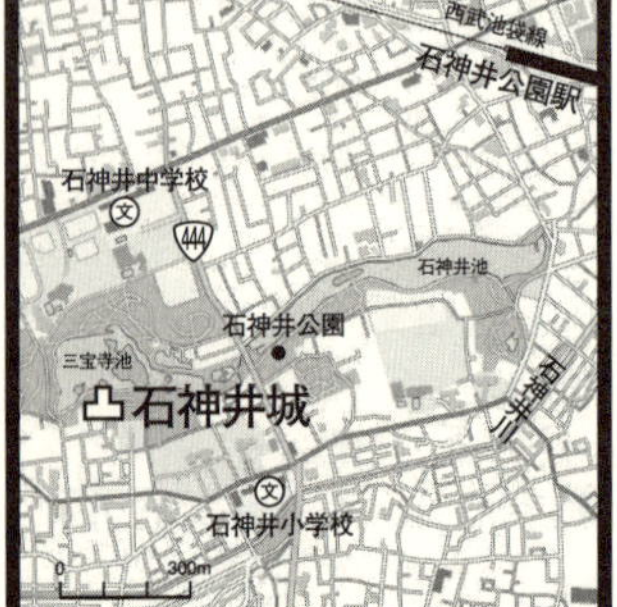

【豊島氏と石神井郷】　豊島氏は、秩父《ちちぶ》平氏の流れを汲む武蔵国豊島《としま》郡を本貫地《ほんがんち》とした武士で、豊島常家《つねいえ》が源頼義《みなもとのよりよし》もしくは義家《よしいえ》の家人《けにん》として後三年《ごさんねん》合戦に従軍するなど、源家との関係が深かった。治承四年（一一八〇）には、源頼朝が石橋山《いしばしやま》の戦いに負け、房総で軍勢を整える際に、頼朝は豊島清元《きよもと》と葛西清重《かさいきよしげ》親子に参集を命じる御書《ごしょ》を遣わすなど、頼朝との関係も深く、豊島氏一族は鎌倉御家人《かまくらごけにん》として活躍をした。応安元年（一三六八）に起こった平一揆が平定されると、豊島氏は武蔵国の有力国人として鎌倉府との関係を強めていく。

豊島氏は、鎌倉公方《かまくらくぼう》に従い、上杉禅秀《うえすぎぜんしゅう》の乱などで公方方として従軍するなど、一五世紀以降は石神井豊島氏が本宗家《ほんそうけ》として地位を固めていくが、文明五年（一四七三）の長尾景春《ながおかげはる》の乱に与し、扇谷上杉《おうぎがやつうえすぎ》氏の家宰太田道灌《かさいおおたどうかん》と敵対し、文明十年（一四七八）に道灌に攻められ名族豊島氏宗家は滅亡してしまう。

石神井城の築かれている石神井郷は、元々藤原姓宇多《うだ》氏の所領であったが、鎌倉時代後半に豊島氏との婚姻により譲与され、豊島氏が領有するところとなった。しかし、いったん鎌倉府に収公される事態となったが、応永二年（一三九五）に豊島泰宗《やすむね》に返還されている。石神井豊島氏は、石神井川流域から入間川流域を中心に豊島郡西部から北部、さらに入間川対岸の足立郡の一部におよぶ地域を勢力下に治めていた。

【城をめぐる攻防と豊島氏の没落悲話】　石神井城の一部は、都立石神井公園内にあり、主郭とされる付近には空堀《からぼり》や土塁《どるい》

●―石神井城（石神井池から城が構えられた台地を望む）

がのこっており、かつての城の面影をよく留めている。石神井川約四・五キロ下流部に練馬《ねりま》城が位置する。

『太田道灌状』によると、文明五年（一四七三）の長尾景春の乱に与し豊島氏は、太田道灌の江戸城に対峙するように、豊島勘解由左衛門尉《かげゆさえもんのじょう》が石神井城、弟平右衛門尉《えもんのじょう》が練馬城を構えて、江戸と河越の交通を遮断した。道灌は、それに対抗するために平右衛門尉の籠る練馬城攻めを企てたが、石神井・練馬両城の豊島氏方の軍勢が城を出て、江古田《えこだ》・沼袋《ぬまぶくろ》で両軍が合戦となり、平右衛門尉が討ち取られるなど、豊島氏方が大敗を喫した。道灌は石神井城に軍勢を進めて勘解由左衛門尉を降伏させた。しかし、降伏の条件であった石神井城を破却することを勘解由左衛門尉が守らなかったために、道灌は石神井城を攻め落とし、勘解由左衛門尉は城を脱出して敗走した。翌文明十年、勘解由左衛門尉は平塚城に入り再び蜂起し、江戸城の道灌に対峙した。しかし、道灌の軍勢が攻め立てる前に、没落して相模の小机《こづくえ》城に落ち延び名族豊島氏宗家は滅亡してしまう。

豊島氏没落をめぐって、三宝寺《さんぼうじ》池を舞台とした悲話が伝えられている。豊島泰経《やすつね》は、重代の黄金の鞍を白馬に置いてまたがり、三宝寺池の水底深く沈んだ。父泰経の入水を知った娘の照姫《てるひめ》も後を追って三宝寺池に身を投げて命を落としたと

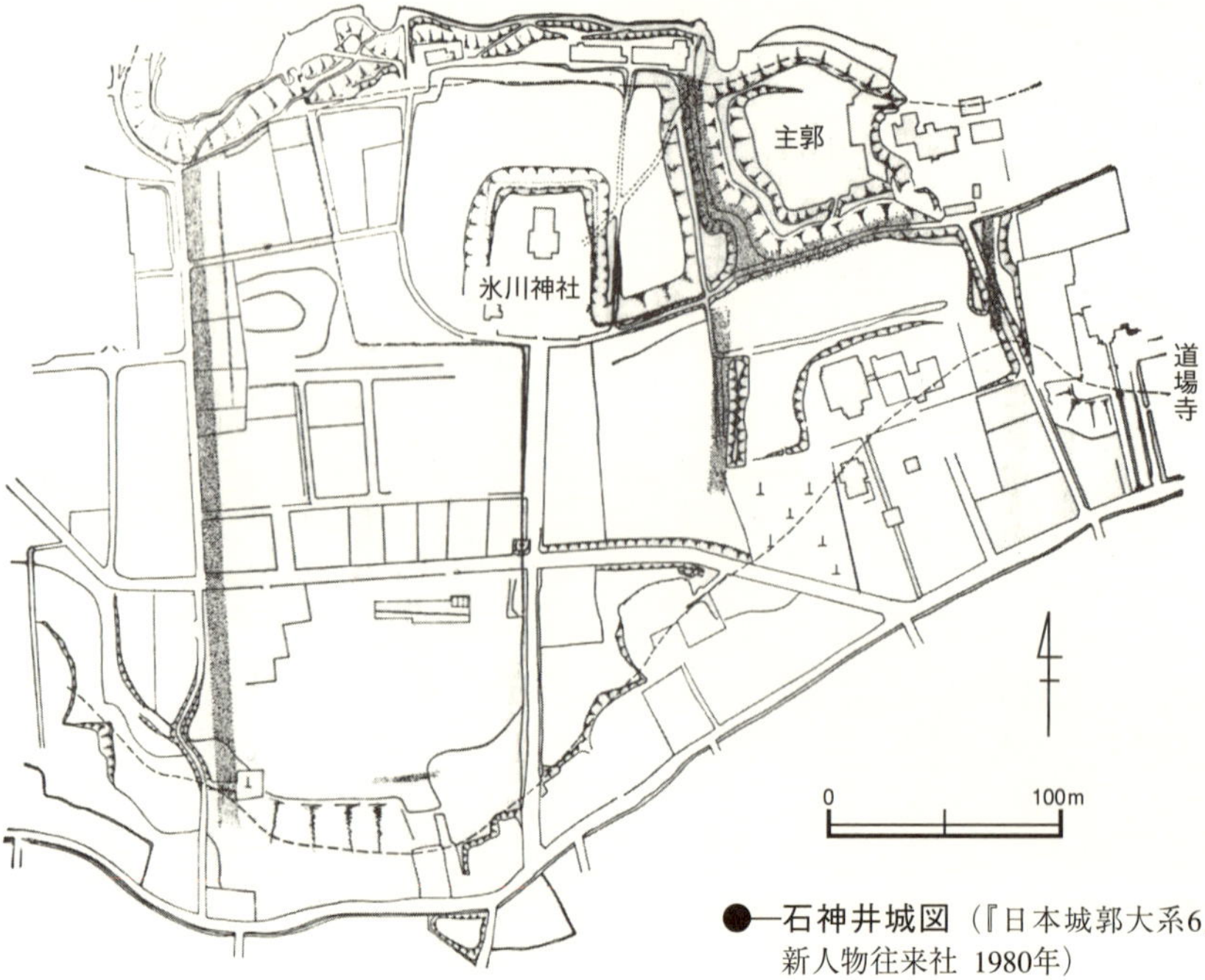

●—石神井城図（『日本城郭大系6』新人物往来社 1980年）

いう。いまでも三宝寺池を挟んで石神井城の対岸の台地に、泰経・照姫親子を供養する殿塚と姫塚がひっそりと佇んでいる。また、石神井城の南東にある道場《どうじょう》寺は、文中元年（北朝・応安五　一三七二）に石神井城主豊島景村《かげむら》の養子輝時《てるとき》（北《ほう》条高時《じょうたかとき》の孫）が大覚禅師《だいかくぜんし》を招いて創建したと伝えられ、豊島氏代々の菩提《ぼだい》寺として知れている。境内には豊島泰経とその一族とされる三基の石塔がある。そのほか、道場寺の東に隣接して、道灌ゆかりの三宝寺など、付近には豊島氏や太田道灌にまつわる名所が所在している。

【城の構造】 石神井城は、北側に三宝寺池、南側に石神井川に挟まれた東西方向にのびる台地上に築かれており、その範囲は都立石神井公園や氷川《ひかわ》神社を中心に、西は石神井台二丁目の一部、東は道場寺を含めた地域におよぶものと考えられている。

　石神井城は昭和三十二年（一九五七）以降数度の調査が実施されている。主郭とされる部分は、現在フェンスで囲まれているが、発掘調査によって上幅約一二メートル、底部幅約三メートル、深さ六メートルの堀でめぐり、さらに堀の内側には基底幅約一二メートル、推定高さ約四・五メートルの土塁で守られていたことが判明している。内郭には、多くの柱穴が検出されているが、具体的な建物を想定するまでには至っていない。そのほか、地下式壙や火葬施設などの遺構も発見されている。遺物としては、中国の船載青磁、青白磁、瀬戸焼の灰釉平碗《かいゆうひらわん》や茶壺、すり鉢などの陶磁器類や石臼なども出土している。

城の築かれた東西方向に延びる台地を南北に掘り切るように上幅約七〜九メートル、底部幅約一メートル、深さ約三・五〜四メートルの堀跡が東と西にそれぞれ一本ずつ発掘されており、この堀が城域の東西を区画するものと考えられている。西側の堀の東側には、堀に沿うように基底幅約七メートルの土塁の痕跡も見つかっている。東西の堀の内側で約九・八ヘクタールにおよぶ城域が想定されている。

また、石神井城の東側に隣接する練馬区池淵遺跡でも中世の方形に区画された濠状遺構や遺物が発見されており、石神井城に関連するものと推定されている。

古くから発掘調査が行なわれているが、具体的な郭の状況など不明な点も多く、城の実像にせまるには今後の発掘調査の進展が期待される。最後に、石神井城を石神井豊島氏の居城と説明されることが多いが、『太田道灌状』に石神井・練馬・平塚城とも江戸城に対する「対の城」という記載がされていることから、居城ではなく、軍事的な城館として構えられたとする指摘があることを付記しておきたい。（谷口　榮）

●—石神井城（主郭部を西側から望む）

【参考文献】齋藤慎一「豊島氏と城館をめぐる諸問題」『豊島氏とその時代』（新人物往来社　一九九八年）

●市街地に眠る古城

中野城山居館《なかのしろやまきょかん》

東京都

〔所在地〕東京都中野区中野一丁目
〔比　高〕約三メートル
〔分　類〕山城
〔年　代〕一五世紀後半～一六世紀前半
〔城　主〕平重俊
〔交通アクセス〕ＪＲ中央線「中野駅」下車、徒歩一五分・駐車場なし

【市街地の城館】　中野区にも中世城館があった、と聞いて驚かれる人もいるのではなかろうか。私事ながら小学三年生の頃、中野区の歴史を学ぶ授業があり、冒頭の部分で鈴木九郎という人が中野の地を切り拓いたと教えられた。鍬《くわ》を振りかざして、台地を耕すイラストをぼんやりと覚えている。その授業のなかでも中野区内に城跡があったとは教わっていないだろう。

中野城山居館については、いくつかの城館関連の書籍でリスト程度で紹介されてはいたが、その実態は全くわかっていなかった。しかし昭和初期までは明確に遺構をのこしていたらしく、土塁が方形にまわっていたことが、地誌に書き留められている。その規模はおよそ東西・南北ともに約一二〇メートル。いわゆる方形館の範疇に属する中世城館である。

【出現した城館】　様相が具体的にわかるようになったのは、平成三年（一九九一）と平成十五年の二度にわたって実施された発掘調査によってであった。

平成三年の調査地点は、予想される方形区画のほぼ中央のやや北寄り。なんとその時点まで土塁がのこっていたと報告されている。土塁内側には側溝もあるしっかりと積まれた土塁だった。遺構は二面にわかれるようで、戦国時代のなかで二時期にわかれる。遺物のなかには常滑《とこなめ》焼きの鉢の口縁部が含まれており、一五世紀後半まではさかのぼることは推測された。

また平成十五年の調査では方形区画の縁辺であったことか

ら土塁と堀が検出され、障子堀《しょうじぼり》であることがわかった。
【平重俊】 そのようになると、問題は城主である。現時点では確定はされていないが、まず秩父平氏流江戸氏の一族である中野氏が考えられる。この中野氏は応永二十七年（一四二〇）の米良《めら》文書に存在を確認できるが、具体的な系譜は明らかではない。

そして『北国《ほっこく》紀行』という紀行文の中に関連する記事がある。作者堯恵《ぎょうえ》法印が文明十七年（一四八五）六月二十八日に、中野の平重俊《しげとし》のもとに立ち寄ったのだった。年代的に考えて、平重俊が中野城山居館の主人であることは間違いなかろう。そして平姓でかつ江戸氏の通字であ「重」の一字を実名の上に使用することから、中野氏である可能性は極めて高い。すなわち「中野重俊」が一人の主人として浮上することになる。

【中野陣】 永正二年（一五〇五）、山内《やまのうち》上杉《うえすぎ》氏と扇谷《おうぎがやつ》上杉氏が争った長享《ちょうきょう》の乱が終結する。決め手となったのは山内上杉家が依頼した越後国長尾能景《よしかげ》の関東出陣であった。相模国内の拠点を攻められた扇谷上杉朝良《ともよし》は和睦を申し入れ、中野陣にて講和の会議を行なう。この当時、城館のことを陣と呼ぶことがままある。とすれば、舞台となった中野陣とは、中野城山居館であると考えてよかろう。

関東戦国史の重要な舞台が、中野の市街地の下に眠っていたことになる。

（齋藤慎一）

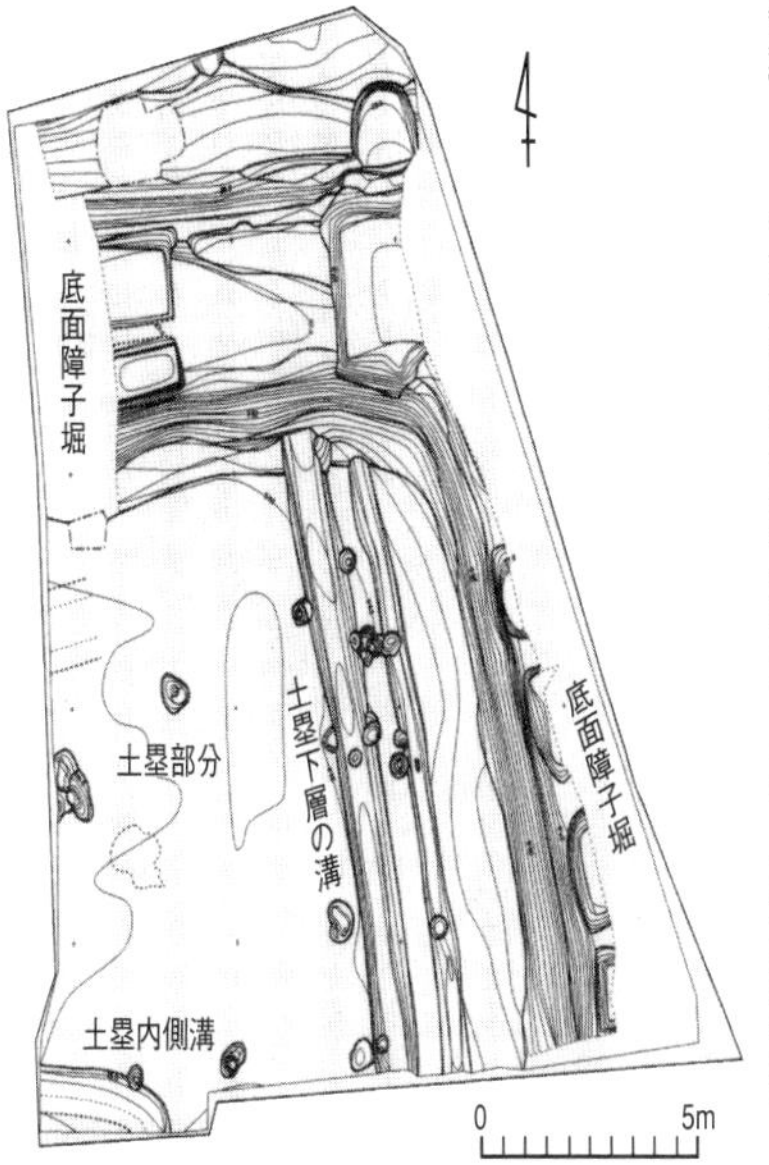

●―空堀部分調査区遺構配置図
（参考文献より転載）

●―構造想定復元図
（参考文献より転載）

【参考文献】比田井克人『伝説と史実のはざま―郷土史と考古学』（雄山閣　二〇〇六年）

稲《いな》付《つけ》城《じょう》

●武蔵の北と南を繋ぐ要衝・赤羽

〔所在地〕東京都北区赤羽西
〔比　高〕約二一メートル
〔分　類〕山城
〔年　代〕一五世紀後半〜一六世紀
〔城　主〕伝太田道灌・太田資高・太田康資
〔交通アクセス〕ＪＲ「赤羽駅」下車、徒歩五分

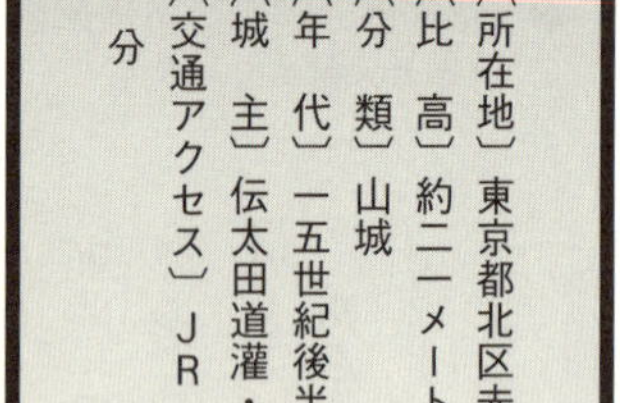

【中世の岩淵郷】　稲付城は、ＪＲ赤羽駅の北西に位置する、北方に突出した台地の先端部に築かれている。稲付城の所在地は、武蔵国豊島《としま》郡岩淵《いわぶち》郷に属している。岩淵郷は、豊島郡の北東の端にあり、郷の北・東側を流れる入間《いるま》川（現在の隅《すみ》田《だ》川）を隔てて、武蔵国足立郡と接している。岩淵郷は、岩淵本宿《ほんじゅく》（北区岩淵町）を中心に、袋《ふくろ》村（北区赤羽台周辺）・下《しも》村（北区志茂）・赤羽根《あかばね》村（北区赤羽）、そして稲付城の築かれた稲付村（北区赤羽南周辺）から構成され、現在の赤羽台に鎮座する八幡《はちまん》神社を惣鎮守としていた。

岩淵は、交通の要衝で、中世前期には鎌倉《かまくら》—丸子《まるこ》—大井《おおい》—品川《しながわ》—江戸《えど》—王子《おうじ》を経て岩淵に至る鎌倉道《かまくらどう》が通っていた。岩淵は、奥州《おうしゅう》へ道筋と連絡する下道の合流地点に位置し、奥《おくの》大道《おおみち》への玄関口でもあった。当時の岩淵には、久我雅忠《こがまさただ》の娘二条が著した『とわずがたり』に、「かやうの物隔たりたるありさま、前には入間川とかや流れたる、向かへには岩淵宿といひて、遊女どもの住みかあり、（後略）」と記されており、鎌倉時代に宿が形成されていたことも知ることができる。稲付城の構えられた台地東側の裾に南北に岩槻《いわつき》街道が通過しているが、この街道がかつての鎌倉街道である。

室町時代になると岩淵に関が置かれ、橋が設けられている。正長二年（永享元年　一四二九）八月五日付の「足利持氏御判《あしかがもちうじごはん》御教書写《みぎょうしょうつし》」（鶴岡八幡宮神主大伴系譜）、同年十一月三日付の「足利持氏御判御教書写」（鶴岡八幡宮神主大伴氏蔵文書）の二通には、鎌倉公方足利持氏が鎌倉鶴岡八幡宮神主に対し、

大蔵稲荷社《おおくらいなり》（鎌倉市）の造営料として、岩淵の関所を寄進する旨が記されている。また、年未詳ではあるが、「二階堂行《にかいどうゆき》崇《たか》書状写」（鶴岡八幡宮神主大伴氏蔵文書）には、二階堂行崇が大蔵稲荷社神主に、岩淵の橋賃を、同社の修造料として寄進する旨が記されている。中世の岩淵は、奥州と連絡する鎌倉街道の下道の合流地点に位置し、入間川の渡河地点として関や橋が設けられるなど、水陸交通の要衝であったことがわかる。

　享徳《きょうとく》の大乱時には、岩淵は足利成氏《しげうじ》の家臣二階堂氏の所領であったが、その後、扇谷上杉氏《おうぎがやつうえすぎ》に移り、直轄領もしくは太田道灌《おおたどうかん》の所領となり、「小田原衆所領役帳《おだわらしゅうしょりょうやくちょう》」に「太田新六郎《しんろくろう》（康資《やすすけ》）知行《ちぎょう》」として「百八拾五貫文　江戸岩淵五ヶ村」とあるように、以後、太田氏に相伝されることになる。

●—稲付城

【城の構造】　稲付城について、江戸時代の史料によると、「境外西の方は低くして亀《かめ》が池鶴《つる》が池堀など唱ふる所は、当時堀蹟なりと云」（『新編武蔵風土記稿』）と記するのみで、土《ど》塁《るい》や郭《くるわ》などについての観察はすでにできなかったようである。また、静勝寺《じょうしょうじ》に伝わる貞享四年（一六八八）の「静勝寺除地検地絵図」によると、静勝寺を中心に大きな平場が形成されており、北西にはL字状に腰郭《こしぐるわ》様の平場が見られる。南側は、寺域である平場を画するように、道や一段低い平場、溝様の表現がされ、西側の谷部には亀が池が大きく描かれている。

　稲付城の城域は、静勝寺のある台地上を中心として展開するものと想定されるが、現在では寺周辺の宅地化が進み当時の縄張《なわばり》を容易に復原することができないが、地形や絵図、近年の発掘成果などを基に想定される城の姿を記してみたい。

　台地の先端に位置する静勝寺の東側は、およそ二〇メートルにおよぶ比高差をもつ急峻《きゅうしゅん》な崖となっており、現在は東北新幹線などの高架橋によって視界が妨げられているが、かつては東方に展開する低地帯を一望することのできる場所であったことがわかる。一方、北・西側は、東側に比べて、谷が入り込み、緩やかな斜面となっているが、北側の崖下に

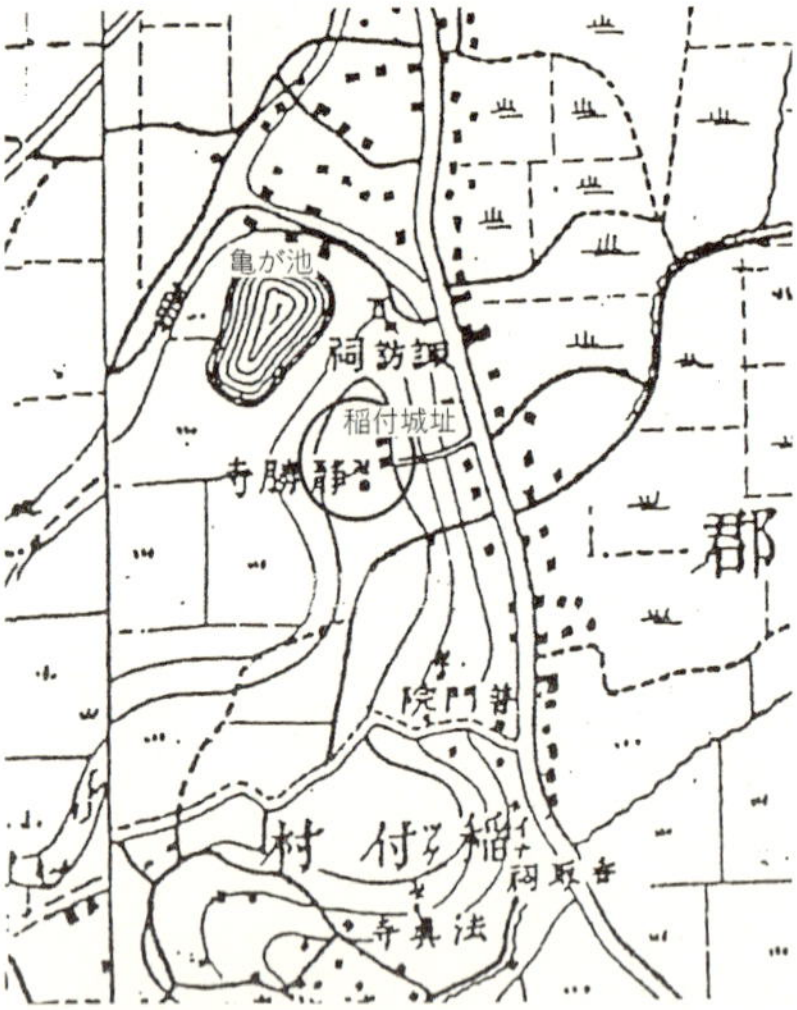

●─稲付城の位置
（『稲付城址発掘調査報告書』から転載）

は低位に平場があり、郭として取り込まれていた可能性もある。

西側には、城の普請時に存在していたかは不明であるが、亀が池などの水域があった。仮に池が当時存在していなかったとしても、北・西側は谷地形であり、東側が崖という、台地の先端部という地の利を活かした縄張であった。南側は台地が続くが、静勝寺のある台地先端部を区切るように、幅一二メートル、深さ六メートル余りの東西方向の空堀が確認されている。堀の位置は、従来、城の堀と考えられていた中坂と呼ばれる坂道よりも少し北側の静勝寺よりの地点であるが、他の同様な地形に築かれた城と同じように、堀切によって城の中核部のある台地先端部を堀によって区切って防御されていたことが発掘調査によって明らかになっている。そのほか、絵図に描かれた道について堀であるとする指摘や、部分的に空堀の一部が発掘調査によって確認されているが、城の郭の様子や全体像については残念ながら不明な点が多い。

【築城の背景とその後】 稲付城の築かれた台地上には、現在、太田道灌の木像を安置する自得山静勝寺がある。寺伝によると、静勝寺は太田左衛門大夫資長《おおたさえもんのだゆうすけなが》（後の道灌）が城を築いた所で、道灌が暗殺された後に、雲綱《うんこう》が城跡の一隅に草庵を設け、道灌寺としたのがはじまりという。稲付城が史料的に確認できるのは、系図や伝承の類を除くと『松陰私語《しょういんしご》』が唯一であろう。『松陰私語』によると、一五世紀後半の山内・扇谷両上杉氏が敵対し、山内上杉氏の軍勢が扇谷上杉氏領へ進軍する際に、扇谷上杉氏はその備えとして、松山《まつやま》城とともに稲付城を防御拠点として固めていたとされる。この記事以外に稲付城の良好な史料がないため、築城や城主など稲付城をめぐる詳細については、不明といわざるを得ない。少なくとも『松陰私語』によって、稲付城が扇谷上杉氏方の城として一五世紀後半には岩淵の地に築かれていたことは確かなようだ。

長禄三年（一四五九）には、河越《かわごえ》・江戸両城が太田道真《みちざね》・

道灌父子のほか、扇谷上杉氏の宿老らによって「数年秘曲《ひきょく》して」（『松陰私語』）築かれており、一五世紀後半段階には道灌はすでに江戸城に入部し、江戸城を中心に豊島・荏原《えばら》・足《あ》立《だち》郡南部地域の支配していた。稲付城の正確な築城の時期は不明であるが、交通の要衝岩淵を抑え、扇谷上杉氏の軍事拠点である河越・松山城との連絡を確保するとともに、位置的に見て、道灌の本拠である江戸城を守備し、道灌の支配領域である豊島郡北部や足立郡南部を眼下に置くために築かれたものと考えられよう。このような稲付築城の要因を是とすれば、道灌が文明十八年（一四八六）暗殺前の時期に普請《ふしん》が行なわれていたと仮定すると、当然、道灌が関わっていたであろうことが察せられよう。しかし、文明九年（一四七七）の豊島氏を滅亡に追いやった一連の戦において、豊島氏の練馬・石神井城の抑えとなるべき位置にある稲付城の名が、なぜか史料に見られない。このあたりにも稲付城の謎が潜んでいる。

道灌以降の稲付城については、道灌の孫資高《すけたか》が岩淵の砦に住し（『寛政重修諸家譜』）、資高の子康資《やすすけ》も同じく岩淵の砦に居たとする記録がある（『小田原編年録』）。岩淵の砦とは、稲付城のことを指すものであろう。「小田原衆所領役帳《おだわらしゅうしょりょうやくちょう》」に、康資の知行高の最も高いところとして「岩淵五ヶ村」とあることから、岩淵支配の要として稲付城が取り立てられていた可能性は充分考えられよう。また、小田原北条氏が武蔵進出する大永から天文頃には、稲付城は位置的にも江戸城の北面を守備し、武蔵の扇谷上杉氏の抑えとしても、その一翼を担う存在であったと思われる。

しかし、永禄七年（一五六八）に、康資は、小田原北条氏に謀叛を起こして房総へ退去した。この頃には、稲付城の前線的な役割は薄れ、稲付城の存在意義も次第に薄れていたのではないだろうか。発掘調査によって確認された台地の南側を区切る堀跡は、調査時の所見では、永禄から天正期のものと推定しているが、部分的な調査でもあり、その是非については今後の発掘調査の進展を期待したい。

謎の多い太田氏ゆかりの稲付城は、静勝寺の創建によって太田道灌という武将とともに記憶されて、今日に伝えられている。かつての城の姿は失われてはいるが、静勝寺の佇まいにその面影を偲ぶことができ、山門に通じる石段から本堂のある崖上を見上げると、稲付城が要害の地に築かれたことを実感することもできよう。

（谷口　榮）

【参考文献】齋藤慎一「稲付城」『北区史　通史編　中世』（北区史編纂調査会　一九九六年）、黒田基樹『図説 太田道灌』（戎光祥出版　二〇〇九年）

江《え》戸《ど》城《じょう》

●巨大天守を備えた将軍の城

東京都

〔所在地〕東京都千代田区一—一—一
〔比　高〕約二五メートル
〔分　類〕平山城
〔年　代〕一五世紀後半〜慶応四年（一八六八）
〔城　主〕太田道灌・扇谷上杉氏・小田原北条氏・歴代徳川将軍家
〔交通アクセス〕ＪＲ「東京駅」・地下鉄千代田線「大手町」下車、徒歩五分

【江戸郷と江戸築城】　武蔵国豊島郡江戸郷は、秩父《ちちぶ》平氏の流れを汲む江戸氏の名字の起こりとなった本貫地《ほんがんち》で、代々江戸氏によって相伝されていた。庶家を武蔵国豊島・荏原《えばら》郡あたりに輩出し、惣領《そうりょう》家は南北朝から室町時代前半まで鎌倉府方の武士として活躍していたが、結城合戦《ゆうきかっせん》（一四四〇）を契機に没落し、江戸郷は扇谷上杉《おうぎがやつうえすぎ》氏によって収公されてしまう。享徳三年（一四五四）に古河公方足利成氏《こがくぼうあしかがしげうじ》と室町幕府方の関東管領《かんとうかんれい》上杉氏による武力衝突が勃発する。世にいう享徳《きょうとく》の大乱である。扇谷上杉氏は、相模から武蔵南部に勢力の中心を移し、対峙する古河公方勢力の抑えとして、河越・江戸に城郭を構えて備えとした。

一般的に、江戸城は扇谷上杉氏の家宰太田道灌《かさいおおたどうかん》によって築かれたものという説が流布しているが、実際は道真《みちざね》・道灌親子のほか、扇谷上杉氏の宿老らによって「数年秘曲《ひきょく》を尽くして相構」たもので（『松陰私語』）、道灌一人の手による築城ではなかった。

また、江戸氏館の地に、扇谷上杉氏が江戸城を築いたという説がまことしやかに説かれているが、これも史料的な根拠があるわけではない。道灌時代の江戸城のようすを記した史料に、「左金吾公源大夫《さきんごこうげんだゆう》（太田道灌）の築く所の新城なり」（「左金吾源大夫江亭記」）とあることから江戸氏館とは別の場所という指摘もある。江戸郷の主要な場所は台地ではなく低地部に求められ、鎌倉時代には、台地上に館を構えたとは考え難い。南北朝から室町前半においても、要害を台地上に構

●—江戸城天守台

えることは想定できるが、やはり館は低地部に所在したと考えた方が妥当と思われる。

【道灌と江戸城】　道灌が江戸城に入部したのは、長禄元年（一四五七）頃と考えられており（『鎌倉大日記』『永享記《えいきょうき》』『赤《あか》城神社年代記録《ぎじんじゃねんだいきろく》』）、一説には長禄三年（一四五九）とする史料もある（『本朝通鑑《ほんちょうつがん》』）。築城はそれ以前と考えられ、康正二年（一四五六）とする説がある（『永享記』）。

江戸城は、入間《いるま》川（現在の荒《あら》川・隅田《すみだ》川筋）・荒川（元荒川筋）などの武蔵東部の大河川の河口部に位置し、江戸氏以来の江戸湊や相模や武蔵東北部、東方の房総・常陸方面と連絡する街道などが結節する交通の要衝であり、武蔵と下総の境目にも位置していた。当時、武蔵東部や下総に勢力を張っていた古河公方足利成氏に対する最南端の前線拠点として重きをなしていた。そのような軍事的な拠点としての役割とともに、道灌の江戸や周辺地域の支配拠点としても重要な存在となっていた。

江戸城内に設けられていた静勝軒《じょうしょうけん》と付属施設である泊《せん》船亭《ばくてい》（江亭《ごう》）に掛けられていた詩文によると、城の構えは、崖の上にあり、土塁をめぐらした子城《ねじょう》（本城）・中城《なかじょう》・外《と》城《じょう》の三重の郭からなり、堀には橋が架けられ、城の出入り口は堅固な門で固められていたという。城内には主殿（静勝軒）、家臣の居住舎、物見櫓《ものみやぐら》、倉庫、厩《うまや》、武器庫、弓場があり、数百人の兵が軍事訓練を行なう姿が見られたという。このほか、付属施設である泊船亭・含雪《がんせつ》や香月斎《こうげつさい》、道灌の招きで下向した万里集九《ばんりしゅうきゅう》が拠った『梅花無尽蔵《ばいかむじんぞう》』、菅原道真《すがわらみちざね》を祀った祠堂などもあった。また、観賞用に梅などが植えられていた（「寄題江戸城静勝軒詩序」「静勝軒銘詩並序」「左金吾源《さきんごげん》大夫江亭記《だゆうこうていき》」『梅花無尽蔵』）。江戸城の設《しつら》えは、軍事的な面だけでなく、文化人としての道灌の人となりが伺える景観を呈していたらしい。

道灌時代の江戸城の正確な位置は不明であるが、現在の北の丸から本丸にのびる丘陵部を中心に構えられていたと考えられ、北の丸近くの国立近代美術館の地点からは、道灌時代と考えられる遺物や遺構が発掘調査によって確認されている。

【小田原北条氏と江戸城】 道灌が文明十八年（一四八六）暗殺された後、江戸城は上杉定正《さだまさ》の管轄となり、その後、定正の家督を継いだ朝良《ともよし》が入城し、扇谷上杉氏の軍事拠点として存続していた。道灌の嫡子資康《すけやす》は甲斐に逃げて扇谷上杉氏に叛旗を翻したが、その子資高《すけたか》は扇谷上杉氏の宿老として復帰し、江戸城代を務めた。しかし、大永四年（一五二四）に小田原北条氏へ寝返り、その手引きによって江戸城は落城する。資高の子康資《やすすけ》も江戸城にあって、北条氏の下で江戸衆のなかでも江戸地域の最大領主として庇護されていた。しかし、永禄七年（一五六八）に康資は、小田原北条氏に謀叛を起こして房総へ退去し、以後江戸城と太田氏との関係は絶たれることになる。

大永四年以後、江戸城は小田原北条氏が滅亡する天正十八年（一五九〇）まで北条氏の武蔵国支配の重要拠点として存続した。江戸城は、武蔵国豊島・荏原郡、下総国葛西《かさい》郡および武蔵国多東《たとう》・新座《にいざ》郡の一部を江戸及び江戸廻《まわり》として管轄する地域支配の拠点でもあった。小田原北条氏は、江戸および江戸廻の地域を知行《ちぎょう》する家臣を江戸衆として組織し、その筆頭は永禄七年（一五六四）までは、江戸城代を務める江戸遠山氏であった。江戸遠山氏は大永四年の江戸城奪取後に、初代直景《ただかげ》、二代綱景《つなかげ》が城代であったが、永禄七年の第二次国《こう》府台《のだい》合戦で綱景と嫡子隼人佐《はやとのすけ》が討死したため、家督を綱景の三男政景《まさかげ》が継いで城代となったようであるが、その後その権限は北条綱成《つなしげ》の子氏秀《うじひで》（江戸北条氏）に移された。天正十一年（一五八三）氏秀が死去すると、翌年には氏秀の子乙松丸《おとまつまる》がその遺跡を継ぐが、乙松丸も早くに亡くなったらしく、江戸北条氏は断絶してしまう。

その後、江戸城に入り、江戸地域のみならず武蔵国岩付《いわつき》・

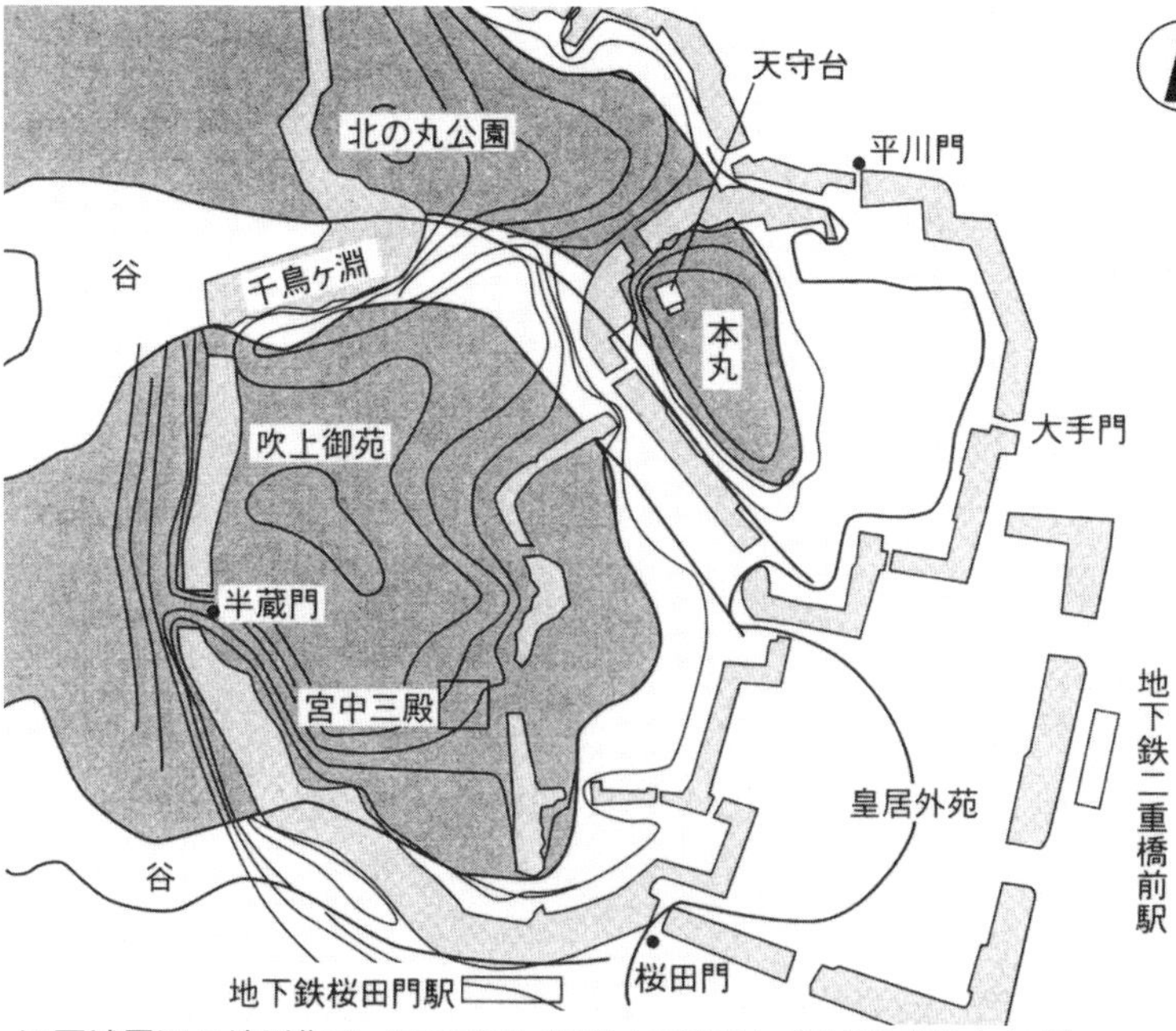

●—江戸城周辺の地形復原（黒田基樹『図説太田道灌』戎光祥出版より転載）

下総国関宿《せきやど》・同国佐倉《さくら》領まで支配におよぶのは北条家当主の家督を氏直《うじなお》に譲り隠居した氏政であった。氏政は幼少の乙松丸の後見人として江戸城に拠ったらしく、江戸北条氏断絶後、江戸城にあって「御隠居様《ごいんきょさま》」と呼ばれ、武蔵・房総方面の実質的な領国支配を行っていた。天正十四年（一五八六）に豊臣秀吉《とよとみひでよし》によって「関東奥両国惣無事令《かんとうおうりょうごくそうぶじれい》」が出され、天正十七年（一五八九）に北条方沼田《ぬまた》城代猪俣邦憲《いのまたくにのり》が真田方の名《な》胡桃《ぐるみ》城を奪取する事件が起こると、事態は風雲急を告げ、翌天正十八年には二〇万におよぶ大軍が小田原北条氏の領国を目指して進攻してくる。氏政は本城の小田原城にあって氏直とともに籠城し、江戸城には遠山右衛門尉《とおやまうえもんのじょう》が一〇〇〇騎の軍勢とともに守備していた（「関東八州諸城覚書」）とされるが、遠山右衛門尉は実際には小田原城の守備にあたっており、誰が江戸城を守っていたかは不明である。天正十八年四月二十七日には、江戸城は秀吉方の浅野長吉《あさのながよし》に明け渡されており、開城によって戦国の城としての役割を終えることになった。

小田原北条氏時代の江戸城の様子は、同時代の良好な史料もなく、道灌時代よりも不明な点が多い。ただし、天正十八年の家康江戸入部時の江戸城の様子を記した記録があるので、それらから当時の城の姿を垣間見てみよう。

開城当時の江戸城は、本丸・二の丸・三の丸があり、それらの郭の間には深い空堀《からぼり》が掘られていた。石垣などはなく、芝の土塁がめぐり、永い籠城策のために破損がひどく、屋根には土が塗られ、雨漏りもしていたという。また、台所は萱《かや》葺《ぶき》で、玄関の上り段は船板が用いられ、板敷きもなく土間であったという（『落穂集《おちぼしゅう》』）。門は大手門と小田原門と呼ばれる扉のない木戸門のほか四、五ヵ所に海辺と土居とを連絡する小さな門（『岩淵夜話別集』）や、小田原や鎌倉にはみられない舟入を備えていたという（『見聞集』）。

小田原北条氏時代の江戸城は、位置的には道灌時代の江戸城を踏襲しているものとみられる。構造的には、主要な郭は道灌時代と同じように三つから構成されていたと考えられているが、次第に手が加えられ、少なくとも天正期までには戦国の城郭としての構えを整えていたものと考えられる。

家康江戸入部の状況を書き記した記録類は、小田原北条氏の江戸城の姿を「一国と持ちたる大将の住たるにもあらず」（『岩淵夜話別集』）とか、「あさましき」（『見聞集』）と酷評しているが、家康賛美のための筆使いであり、当時の江戸は家が点在する寂《さび》れた漁村であった（『岩淵夜話別集』）というイメージを鵜呑みにすることは慎むべきであろう。

【徳川将軍の城】 徳川家康《とくがわいえやす》は、天正十八年八月一日に江戸に入ったとされるが、実際は七月末までには入部していたらしい。家康は、まず城と城下の建設に着手する。本丸と二の丸の間の堀を埋め新たに本丸とし、三の丸との間に石垣の仕切りを設けた。城下では、平川の流路を東へ移し、江戸前島の付根を東西に横断するように道三堀を開削して、建設資材などの物資の運搬を確保している。その後、城廻《しろまわり》の河川を堰《せ》き止めて千鳥ヶ淵《ちどりがふち》や牛ヶ淵《うしがふち》が造られる。

慶長五年（一六〇〇）に関ヶ原の戦で勝利した家康は、慶長八年（一六〇三）に征夷大将軍《せいいたいしょうぐん》に任じられ江戸幕府を興し、天下普請《てんかふしん》と呼ばれる本格的な将軍の城としての整備が進められる。本丸ほか内郭の整備が行なわれ、天守も完成し、石垣の普請も行なわれる。この頃、日比谷の入江も埋め立てて造成するなど、武家地や町人地を整備した。元和二年（一六一六）家康の死後も断続的に、郭や石垣の整備が行なわれ、寛永十三年（一六三六）頃には、外堀や枡形《ますがた》を備えた諸門も構えられ江戸城の惣構《そうがま》えが完成した。近世江戸城および城下の建設は、実に家康・秀忠《ひでただ》・家光《いえみつ》三代にわたって成し遂げられた大工事であった。なかでも将軍の城として江戸城のシンボルとなったのは、巨大な五層の天守である。慶長十二年（一六〇七）、元和九年頃（一六二三）、寛永十五年（一六三八）の三度建て直されている。三度目の天守には、外壁をそれまでの黒い下見板張《したみいたばり》ではなく、白漆喰《しろしっくい》の総塗籠《そうぬりごめ》にし、屋根は木形

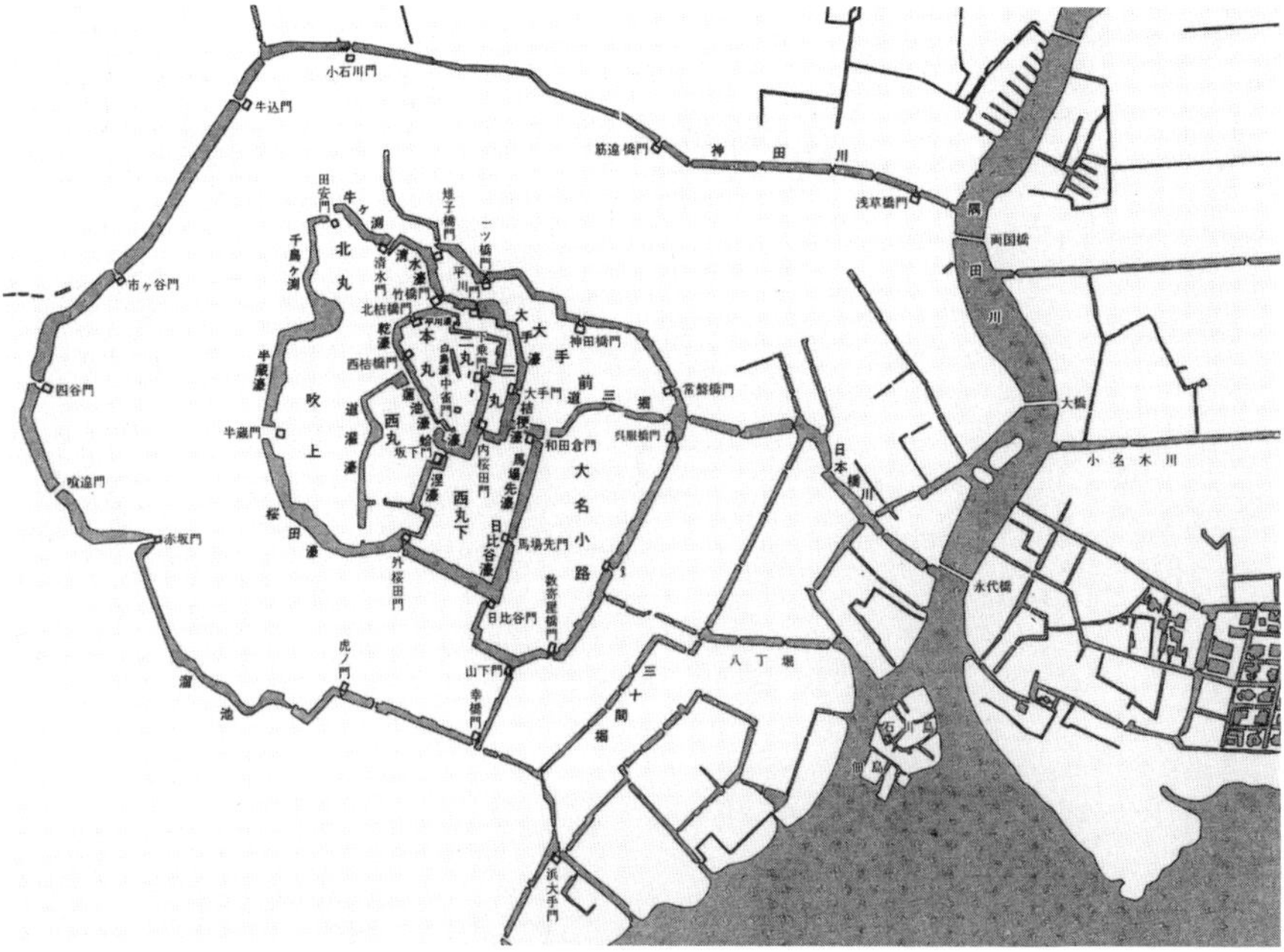

●—江戸城の諸門と惣構え（古泉弘『江戸の考古学』1987年、柏書房より転載）

●—江戸図屏風（国立歴史民俗博物館所蔵）

●—江戸城内堀

を芯にして上に鉛板を被せた鉛瓦を葺き、礎石から屋根までの高さは四八メートルもあったという。城下はもちろん、遠くからも壮観な威容を望むことができたであろう。人々は仰ぎ見た天守に江戸の地に将軍という権威の象徴とともに新たな時代の到来を感じたことであろう。

将軍の城としての風格を見事に現した江戸城、そして将軍のお膝もとの都市江戸の姿は、災害によってあっけなく灰燼《かいじん》に帰してしまう。明暦三年（一六五七）、振袖《ふりそで》火事とも呼ばれる大火によって天守を含む江戸城や市街地の大半を焼失しまった。当時の江戸城や城下の栄華の様子は「江戸図屏風」などから伺い知ることができる。江戸城内の諸施設の再整備が行なわれたが、天守閣は再建されることはなかった。幕府は、明暦の大火や以後の災害によって、城下も火除《ひよ》け地や道路の拡幅など防災にも力を入れた復興策を取り、次第に市域を拡大させていった。

近世の江戸城の構造は、大きく内郭と外郭とに分けられる。内郭は、内堀のめぐる内側で、本丸・二の丸・三の丸・西の丸・北の丸・吹上《ふきあげ》からなる。本丸は御殿（幕府の政庁と将軍の居所）と天守閣が築かれ、幕府の中枢をなす場所であった。大奥は本丸御殿の一角にあった。二の丸・三の丸には元服《げんぷく》前の将軍や大御所《おおごしょ》、将軍の生母や側室などの居住する御殿があり、西の丸にも大御所の御殿があったが、幕末には本丸の御殿機能を果たす仮御殿などが建てられた。吹上は尾張・紀伊・水戸の御三家の屋敷地であったが、明暦の大火を機に防火目的のために庭園として整備されている。外郭は、内堀《うちぼり》と隅田《すみだ》川から浅草橋《あさくさばし》・小石川《こいしかわ》・四谷《よつや》・赤坂《あかさか》・虎《とら》ノ門《もん》そして江戸湾に至る外堀との間に展開する、武家地・寺社地・町人地となっているところを指している。

近世江戸城の防御的な特徴のひとつとして、大規模な外堀による惣構えと堀の壁面を飾る優美な石垣に求められよう。堀底から上端まで高く堅固に積み上げられた高石垣が内郭の堀を中心にめぐらされ、腰巻あるいは鉢巻状に石垣を築く箇所もある。現在は、明治以降からの皇居としての存在感が強く、徳川将軍の城という目線で見ることは少ないのかもしれないが、近世江戸城の諸施設はすでに多くを失っているものの、富士見櫓《ふじみやぐら》や諸門の施設、水を湛《たた》えた堀や石垣に往時の面影を充分偲ぶことはできる。江戸城は、江戸に幕府が置かれた江戸時代を象徴する歴史的建造物であり、日本の近世城郭を代表する存在でもある。国立近代美術館地点の発掘調査は、その威容の地中深く、太田道灌や小田原北条氏の遺構を密かに隠していることも我々に教えてくれている。（谷口　榮）

【参考文献】朝倉直美「遠山氏五代と江戸地域」「江戸北条氏の支配と江戸在番衆」『北区史　通史編　中世』（北区史編纂調査会　一九九六年）、黒田基樹『図説　太田道灌』（戎光祥出版　二〇〇九年）、古泉弘『竹橋門』（東京国立近代美術館遺跡調査会　一九九一年）

お城アラカルト

「線で守る城」

八巻　孝夫

「線で守る城」とは、わかりにくい言葉であるが、戦国末期に現われる、外郭《がいかく》を長大な防御線によって、守る城という意味である。

この線で守る城が典型的に現われるのは、戦国最末期の関東であろう。その中でも代表的な後北条《ごほうじょう》氏の線で守る城をいくつか紹介したい。

まず八王子《はちおうじ》城（東京都八王子市）である。この城は甲武国境を守る城なので、主郭部から離れた甲州側に寄った尾根のピークに堡塁《ほうるい》状の郭を築き、郭から北と南の二方向の尾根の側面に、石垣による強固な防衛ラインを延々と続けている。

次いで下田《しもだ》城（静岡県下田市）である。この下田城は後北条氏の水軍基地であるが、最も重要な港湾施設を守るため、その周囲の自然の尾根を土塁に見立て、その側面に障子堀を伴う空堀で強固な防御ラインを造っている。

この二つの城を防御する防御ラインは、戦国末期のような技巧的な横矢《よこや》などがほとんどなく、比較的単調といってもよい。これはこの防御線から内側には、敵を絶対に入れないという構えなのである。それ以前の敵にここまで入られたら、こう対応するといった風な築城の技術を放棄したわけで、これは戦国最末期の大量の兵隊と鉄砲の投入による戦争の激化が理由としてあげられよう。

こうした線で守る城は、後北条氏のみならずいくつかの地方でも見られる。例えば関東の宇都宮《うつのみや》氏の山城の多《た》気山《げさん》城（栃木県宇都宮市）や遠く北九州の筑紫《ちくし》氏の勝尾《かつのお》城（佐賀県鳥栖市）があげられる。そして、それぞれに共通するのは、後北条氏は豊臣氏、宇都宮氏は後北条氏、筑紫氏は島津《しまづ》氏という対決が近づきつつあり危機的状況であったことである。こうした対決に臨み、最も有効と思われ選択したのが、この線で守る城というわけである。この線で守る城の発想は、その後近世城郭の総構えにまでつながっていく。

神奈川県

〜玉縄城・七曲坂（玉縄城址まちづくり会議提供）

●神奈川県のみどころ

戦国時代の相模国は扇谷上杉《おうぎがやつうえすぎ》家そして小田原北条《おだわらほうじょう》家の分国の中核にあたる。そのため戦国時代を通じて、拠点的な城館が多くあった。扇谷上杉家では七沢《ななさわ》城・大庭《おおば》城をはじめ真田《さなだ》城・三浦《みうら》城、北条家では本城である小田原城のほか玉縄《たまなわ》城・小机《こづくえ》城・津久井《つくい》城など、規模の大きな城館が多い。領国の中心に近かったためであろうか、他県のように小さな規模の城館は少なく、かつ時代が下るにしたがって活用された城館の数も減少し、拠点的な城館に集約されている。また、鎌倉幕府や鎌倉府の膝下であるものの、この時期の城館も多くない。鎌倉御家人の屋敷も多数あったことが予想されるが、今後に期待されている。豊臣秀吉の陣城石垣山《いしがきやま》城ものこり、戦国大名の活動を色濃くのこしている地域といえよう。

●横浜北部に完全な形でのこる中世城郭

茅《ち》ケ《が》崎《さき》城《じょう》

〔横浜市指定遺跡〕

〔所在地〕神奈川県横浜市都筑区
〔比　高〕約二〇メートル
〔分　類〕丘城
〔年　代〕一四～一六世紀
〔城　主〕不明
〔交通アクセス〕横浜市営地下鉄「センター南駅」下車、徒歩約一〇分

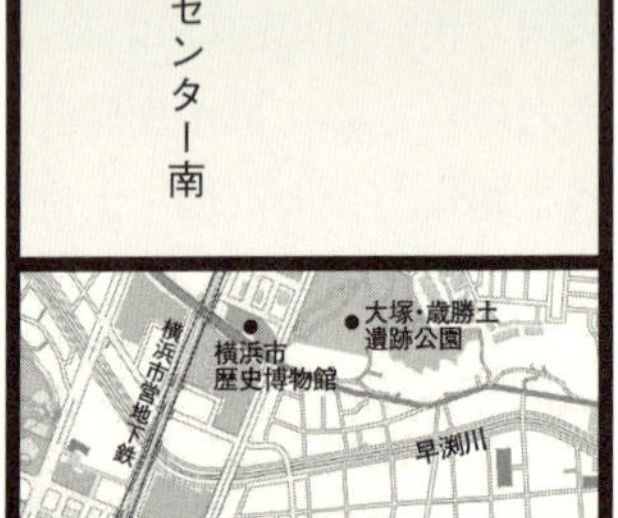

【港北ニュータウンの丘城】　横浜市北部に広がる港北ニュータウンのほぼ中央、鶴見《つるみ》川の支流・早渕《はやぶち》川の南岸に、茅ヶ崎城は存在する。昭和四十九年（一九七四）の港北《こうほく》ニュータウン基本計画で、遺跡の現況保存の方針が掲げられて以降、一九九〇～九八年にかけて七回の調査が実施された。二〇〇八年六月には茅ヶ崎城址公園として整備され、築城当時の遺構を良好な形でのこす中世城郭跡として有名である。

古くから、地元で「城山《じょうやま》」と呼ばれるこの城は、東西三三〇メートル×南北二〇〇メートル、五万五〇〇〇平方メートルの規模をもつ丘城で、北を早淵川とその沖積地に、南を正覚《しょうがく》寺谷に囲まれた天然の要害上に立地している。城の北側に東西に走る道は、かつて神奈川湊から小机《こづくえ》城を経て、武蔵国府中までをむすぶ街道であり、茅ヶ崎城は、河川および街道交通における関所の役目を果たしていたと考えられている。

【六つの郭、ならびたつ倉庫】　城の構造は、北郭・東郭・中郭・西郭・東下郭・東北郭の六つの郭と、南平場・北平場からなる。このうち東・中・西の各郭が東西に一列に並んで最も高く、城の中心をなす。その北側に一段下がって北および東下郭があり、さらにその下の窪地を東北郭（外郭）とする。茅ヶ崎城の特徴の一つは、直列に連結する郭が、複数に配置される構造にあり、またこれら六つの郭は、主軸となる西・中・東・東下の各郭がまず造られ、後に北郭が付けられるという、二期にわたって築城されている。その時期はおおむね、

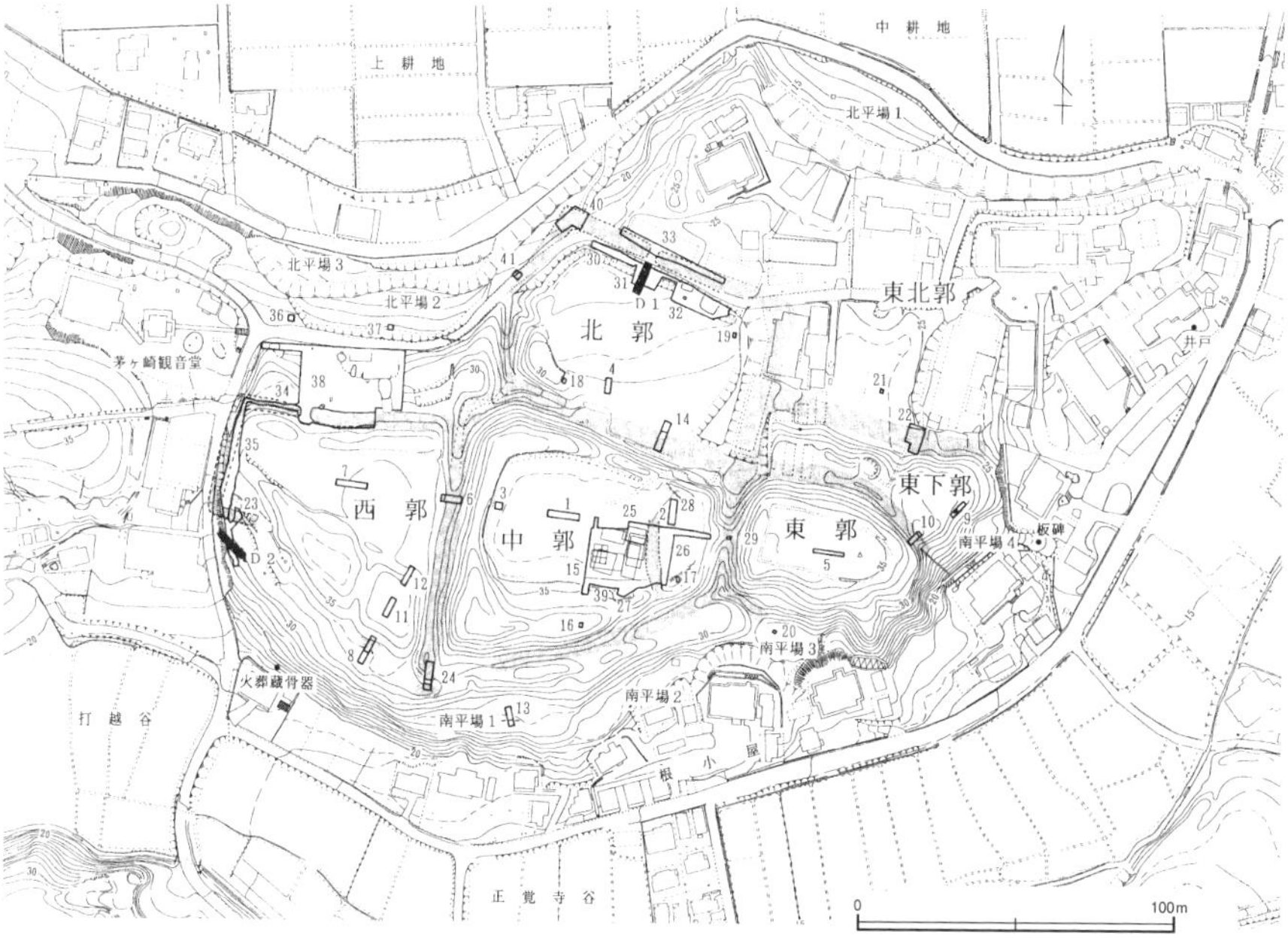

●—茅ヶ崎城縄張図（『茅ヶ崎城Ⅲ』2000年、（財）横浜市ふるさと歴史財団）

一期が一四世紀末〜一五世紀前半、二期が一六世紀前半に比定されている。城の出入り口は、西および北廓に開口部があり、それぞれ土橋《どばし》や木戸《きど》が確認されている。

　このうち、中郭にはあわせて八つの時期の異なる建物跡があり、大半は総柱式や二階建ての、いずれも倉庫であったと考えられている。建物の台石や壁土の一部には被熱痕があり、火災もしくは、外からの攻撃によって被災したのではないだろうか。

【城をとりまく歴史】　『新編武蔵風土記稿』の茅ヶ崎村の項には「旧跡多田山城守塁蹟」として、多田山城守行綱《ゆきつな》の館跡のあることを記す。これが茅ヶ崎城であろう。しかし平安末〜鎌倉期の摂津国の武士である多田行綱と茅ヶ崎城との関わりは不明である。また勝田村の項には、村内の小名「まつ場」について、茅ヶ崎城攻めに際して人々が潜んだことに由来すると記すが、その他、具体的に茅ヶ崎城を示す文献資料は、見つかっていない。

　茅ヶ崎城が築かれた室町時代以降、武蔵国守護職および神奈川湊の支配権を得たのは関東管領《かんとうかんれい》・山内上杉《やまのうちうえすぎ》氏である。同氏は神奈川湊に家宰《かさい》・長尾《ながお》氏を据えて、都筑《つづき》郡域を含んだ一帯の支配にあたったと思われ、長尾氏の菩提寺である鎌倉・雲頂庵《うんちょうあん》の僧侶は、神奈川湊から関銭《せきせん》・浦銭《うらせん》を徴収するよう命じられている。一方、鎌倉公方《かまくらくぼう》四代・足利持氏《もちうじ》と関東管領・山内上杉憲実《のりざね》が対立する中で、山内上杉氏を補佐する扇谷《おうぎがやつ》上杉氏も勢力を拡大し、一五世紀半ばには相模国守護職を得ていった。武蔵国と相模国は、それぞれ山内上杉氏と扇谷上杉氏に支配されていったのである。そして享徳三年（一四五四）、鎌倉公方五代・足利成氏《しげうじ》が山内上杉憲忠《のりただ》を謀殺して下総国古河に逃れた享徳《きょうとく》の乱以降、山内・扇谷の両上杉氏は、ともに古河公方家と対立して、関東一帯は約五十年に亙る争乱に巻き込まれていく。

文明八年（一四七六）六月、山内上杉氏の家宰・長尾氏の内紛が勃発し、首謀者・長尾景春《かげはる》に与同する南関東の諸勢力も蜂起した。このとき小机城（横浜市港北区）には景春被官の矢野氏が兵を挙げ、さらに練馬《ねりま》・石神井《しゃくじい》城に豊嶋《としま》氏が蜂起するものの、太田道灌《おおたどうかん》に攻撃されて滅亡している。この長尾景春の乱とそれに続く山内・扇谷両上杉の争いである長《ちょう》享《きょう》の乱によって、山内上杉勢力は南関東から撤退を余儀なくされたと考えられている。

長享の乱の後、神奈川湊には扇谷上杉氏の家宰・上田氏が置かれ、都筑郡域の支配も上田氏が行なったようだ。池上《いけがみ》本門寺《ほんもんじ》の僧侶・日純《にちじゅん》は、布教のため「神奈川城」の上田宗詮のもとに立ち寄り、宗詮より一軸を得ている。

南関東の支配が山内上杉氏から扇谷上杉氏にかわり、神奈川湊周辺および小机城で戦乱が繰り広げられる中、茅ヶ崎城もまた同様の戦火にさらされたと想像できよう。

●—渦巻文かわらけ（財）横浜市ふるさと歴史財団 埋設文化財センター蔵、横浜市歴史博物館保管）

【渦巻文かわらけのなぞ】 茅ヶ崎城の出土遺物には、内底見込みに渦巻文をもつかわらけが含まれている。このかわらけは城の中廓および北郭から約数十点出土しており、その出土状況から短期間での制作・使用が伺える。大きさは口径が一七センチを超える大型のものから、五センチ程度のものまでバラエティに富み、内部の渦巻文も一重から四重までさまざまに見られる。いずれも一五世紀半ばのものと推測されている。同様の渦巻文をもつかわらけは、現在のところ、深大寺《じんだいじ》城（調布市）や河越《かわごえ》城（川越市）、丸山《まるやま》城（伊勢原市）など、南関東のおもに扇谷上杉氏の拠点となった場所から出土している。

●―茅ヶ崎城航空写真（発掘調査以前）
（『茅ヶ崎城Ⅲ』2000年、（財）横浜市ふるさと歴史財団埋蔵文化財センター提供）

かわらけとは、平安末～鎌倉期以降、主に都市部の儀式や饗宴の場で使われた、非日常的な道具であり、室町幕府の儀式の中でも頻繁に使用されて、武家儀礼の必須アイテムとなった。やがてそれは全国の守護勢力の拠点に伝播して独自の形態のかわらけを生み、古河公方勢力・山内上杉氏勢力・扇谷上杉氏勢力のそれぞれでも、形や内底面の表現に顕著な差違が指摘されている。そしてその内、扇谷上杉氏のかわらけという見方を示されているのが、渦巻文かわらけである。

このような研究は、茅ヶ崎城をはじめとする文献資料に乏しい多くの城郭について、新たな方向性を示唆するものであり、今後の発掘調査・整理に期待されている。（阿諏訪青美）

【参考文献】坂本彰「扇谷上杉氏の重要拠点」『鶴見川流域の考古学』（百水社、二〇〇五年）、『茅ヶ崎城』Ⅰ・Ⅱ・Ⅲ（財）横浜市ふるさと歴史財団埋蔵文化財センター編（横浜市教育委員会　一九九一～二〇〇〇年）、田中信「土器から見る関東の戦国時代と河越」『後北条氏と河越城』（川越市博物館　二〇〇七年）

●南武蔵の支配拠点

小《こ》机《づくえ》城《じょう》

〔所在地〕神奈川県横浜市港北区
〔比　高〕二五メートル未満
〔分　類〕平山城
〔年　代〕室町時代
〔城　主〕北条三郎・氏堯・氏信・氏光
〔交通アクセス〕ＪＲ横浜線「小机駅」下車、徒歩約一五分

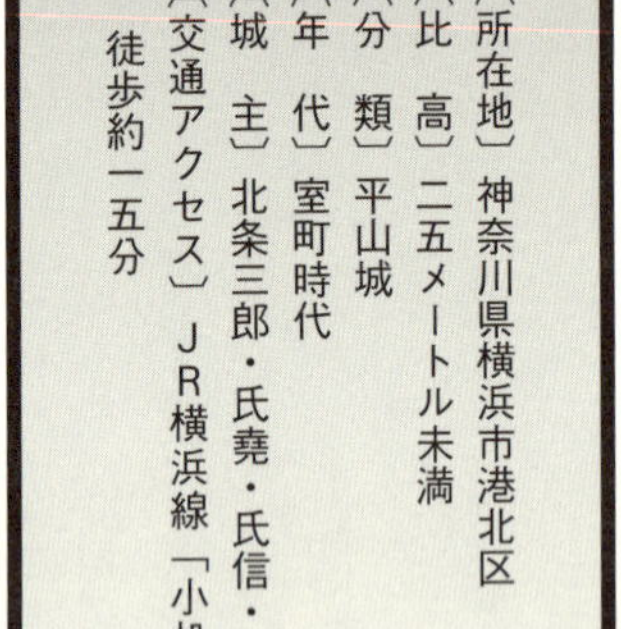

【鶴見川中流域の主要城郭】　ＪＲ横浜線小机駅を下車し、畠と住宅地を抜けた徒歩一五分ほどのところに「小机城址市民の森」がある。これが小机城跡である。第三京浜国道とＪＲ横浜線とに挟まれ、昭和三十九〜四十年（一九六四〜六五）にかけて行なわれた国道の工事によって遺構の一部を崩されてはいるが、鬱蒼《うっそう》とした森に包まれた城跡は、往時のようすを想像するにふさわしいたたずまいである。別名を飯田《いいだ》城・根小屋《ねごや》城といい、また地元では城山と呼称されていたという。

　この小机城は、南からのびる独立丘陵が鶴見川に突出した先端部に、川の中流域全体を見渡す地点に位置し、また東西を湿地帯に囲まれた天然の要害である。南側には神奈川湊から武蔵国府中に続く飯田道が通っており、南武蔵を代表する城郭の一つである。

【小机城の構造】　小机城は詳細な発掘調査をされておらず、その正確な構造は不明であるものの、一九世紀初頭に編纂された『新編武蔵風土記稿』に「東ノ方大手《おおて》ノ跡ト云所ハ今モ打ヒラケタル地ナリ、又搦手《からめて》ノ跡ニハ土人城坂ト呼フ坂アリ、其余鐘《かね》ツキ櫓《やぐら》ノ跡ナリトテ高キ台アリ、此所ハ本丸ノ郭外ナリト云、本丸ノ内ト云所ニ井戸ノ跡モアリ、今ハ埋タレトモ、猶《なお》其形ハ明ラカニ見ユ」と見え、大手跡および搦手跡、鐘突櫓などがあったことが分かる。また複数回の遺構確認等により多くの情報が提供されている。ここから、小机城の構造を見てみたい。

　まず城には東西の両郭とその間に細長い帯郭、国道を挟ん

で西側の櫓台等があり、城域はさらに横浜線を挟んだ南側にも広がっていたようだ。このうち東郭は楕円《だえん》形で周囲を土塁で囲まれており（現在は西側の土塁一部のみが残存）、直下に集落を構えるところから二の丸に相当しよう。南側に虎口《こぐち》跡と南西端には櫓台跡があり、現在は模擬の櫓台が建っている。かつては東側下部にも湧水のでる帯郭があって、その東北側に二ヵ所の櫓台が認められたという。

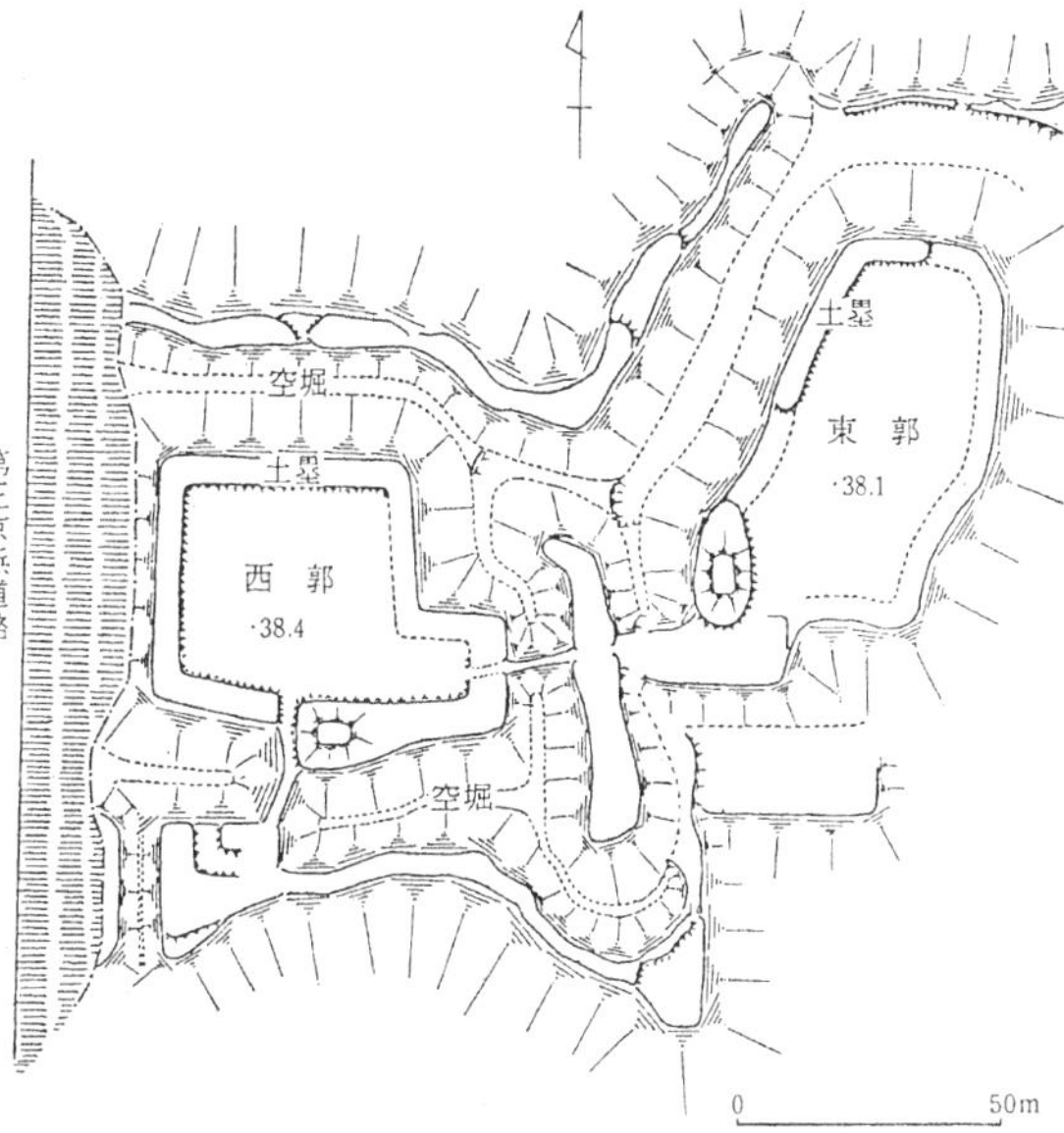

●―小机城主郭部実測図
（『日本城郭大系六』新人物往来社、1980年より転載）

　また西郭は方形であり、周囲に空堀《からぼり》と土塁がめぐっていたが、土塁の西側は国道工事で崩され、東側半分も崩れている。東と南側に虎口跡があり、東側のものは桝《ます》形の形状であったと考えられている。井戸跡が東寄りにあり、前述の『新編武蔵風土記稿《ふどきこう》』の記述から、この西郭が本丸に相当すると考えられている。さらに、郭の南側には屈曲した土橋、所謂「食い違い虎口」があり、橋は幅五メートルの楕円状小郭に続いていたという。この西郭が中世後期の築城形態であるのに対して、東郭は比較的古体の様相をとどめていて、二つの郭の成立年代に差違が認められるという。さらに、東西の郭に挟まれた細長い帯郭は一段高くなり、東西両郭をつなげていたようだ。

　一方、国道の西側に位置する出丸部分については、城の遺構は確認できていない。『新編武蔵風土記稿』に鐘突櫓の跡があると記されるが、現在は一五メートル四方の墳丘状の高台と文久年間（一八六一～六三）の「富士仙元大菩薩《ふじせんげんだいぼさつ》」碑が建っている。

【南北朝・室町期の小机城と地域支配】　小机という地名の初見資料は、『吾妻鏡《あずまかがみ》』の延応元年（一二三九）に佐々木泰綱《ささきやすつな》に小机郷鳥山の開発を命じたものであり、その後一四世紀後半～一五世紀半ばにかけて「小机保《ほう》」内の郷や名《みょう》の寄進、所領宛行《あてがい》が資料に見えるところから、一四世紀半ばには武蔵国内にその地域がほぼ確立していたと考えられる。

一方、軍事的施設としての小机城がいつ頃築城されたかは定かではない。応永二十三年（一四一六）の上杉禅秀《ぜんしゅう》の乱に際して、『鎌倉大草紙《かまくらおおぞうし》』には、鎌倉公方《くぼう》の地位をねらう足利持氏《もちうじ》の弟・持仲《もちなか》の軍勢が、小机辺まで出張したとみえる。また「太田道灌状《おおたどうかんじょう》」や『管領鎌倉九代記《かんれいかまくらくだいき》』には、文明八年（一四七六）に山内上杉氏の家宰《かさい》職をめぐって、古河公方と結んで武蔵国鉢形《はちがた》城で蜂起した長尾景春《かげはる》の乱の中で、扇谷《おうぎがやつ》上杉氏の重臣・太田道灌が、景春に与同した豊島泰経《としまやすつね》を平塚《ひらつか》・石神井《しゃくじい》城に破り、同十年（一四七八）に「小机要害」に籠もった豊島氏や景春の被官矢野氏を破って乱を鎮圧したことが記されている。ここから小机城は、少なくとも一五世紀には何らかの要害として構築されていたことが伺えよう。乱の状況について記した古河公方《こがくぼう》足利成氏《しげうじ》書状写には「下武蔵事は、御方者共小机要害へ馳籠《はせこも》り候の処、去る二十八日、太田道灌差寄せ陣を取り進らせ候」とあり、豊島氏・矢野氏以外の「（下武蔵の）御方者共《みかたのものども》」も小机要害に籠城して、両上杉勢に叛旗を翻していたと想像される。そしてこの時小机城に景春勢が集結していたということは、南北朝・室町期の小机城が、下（南）武蔵の拠点として、山内上杉氏の家宰・長尾氏によって支配されていたことを示していよう。

この後、小机地域は景春と家宰職を争った長尾忠景《ただかげ》が支配し、忠景は神奈川湊の権現山《ごんげんやま》城（神奈川城・横浜市神奈川区）に在城して小机地域を所領としていった。小机の年貢公事等は「成田三河入道《なりたみかわにゅうどう》」によって徴収されており、小机城には長尾氏の城代として成田氏が入城していたとも考えらる。後に『小田原衆《おだわらしゅう》所領役帳』では遠藤《えんどう》・小野《おの》・蔭山《かげやま》・金子《かねこ》ら小机衆を「元成田衆」と記している。

【小田原北条氏下での小机城】 一六世紀初頭に関東に進出した小田原北条氏は、永正七年（一五一〇）の権現山城（神奈川城）の合戦を契機に、相模国から南武蔵地域へと進出を始める。そして永正十三年（一五一六）には三浦道寸《どうすん》・義意《よしおき》父子を新井《あらい》城に滅ぼし、初代の伊勢《いせ》早瑞《そうずい》（北条早雲《そううん》）が死去すると、二代目・氏綱《うじつな》は大永四年（一五二四）に扇谷上杉朝興《ともおき》の居城・江戸城を攻略した。この頃より北条氏による小机地域の支配が確立したと考えられる。

小机城は北条領国の支城の一つとして、現在の横浜市北部と川崎市域に相当する、多摩川以南を「小机領」として統括していった。当初の城主は玉縄《たまなわ》城主が兼務し、城代として笠《かさ》原信為《はらのぶため》が入城したという。その後、弘治三年（一五五七）に信為が死去すると、北条氏綱《うじつな》の甥・北条三郎《さぶろう》が城主となり、三郎の後は氏堯《うじたか》・氏信《うじのぶ》・氏光《うじみつ》と続いていく。永禄二年（一五五九）作成の『小田原衆所領役帳』には、城主三郎を初めとする二九人の「小机衆」が、その所領および知行高・軍役と共に記されて軍団を形成しており、小机城は小机衆とその知行地とを一括して管理する拠点となっていたようだ。三郎の所領は城周辺地域の他、小机と武蔵国府中を結ぶライン上にあり、また城代笠原《かさはら》氏は神奈川湊付近を、上田氏は小机領の西部、増田氏は江戸領と接する多摩川沿いを得て、領内を固めている。その他の在地武士の所領の多くは、鶴見川北部に集まっていたようだ。

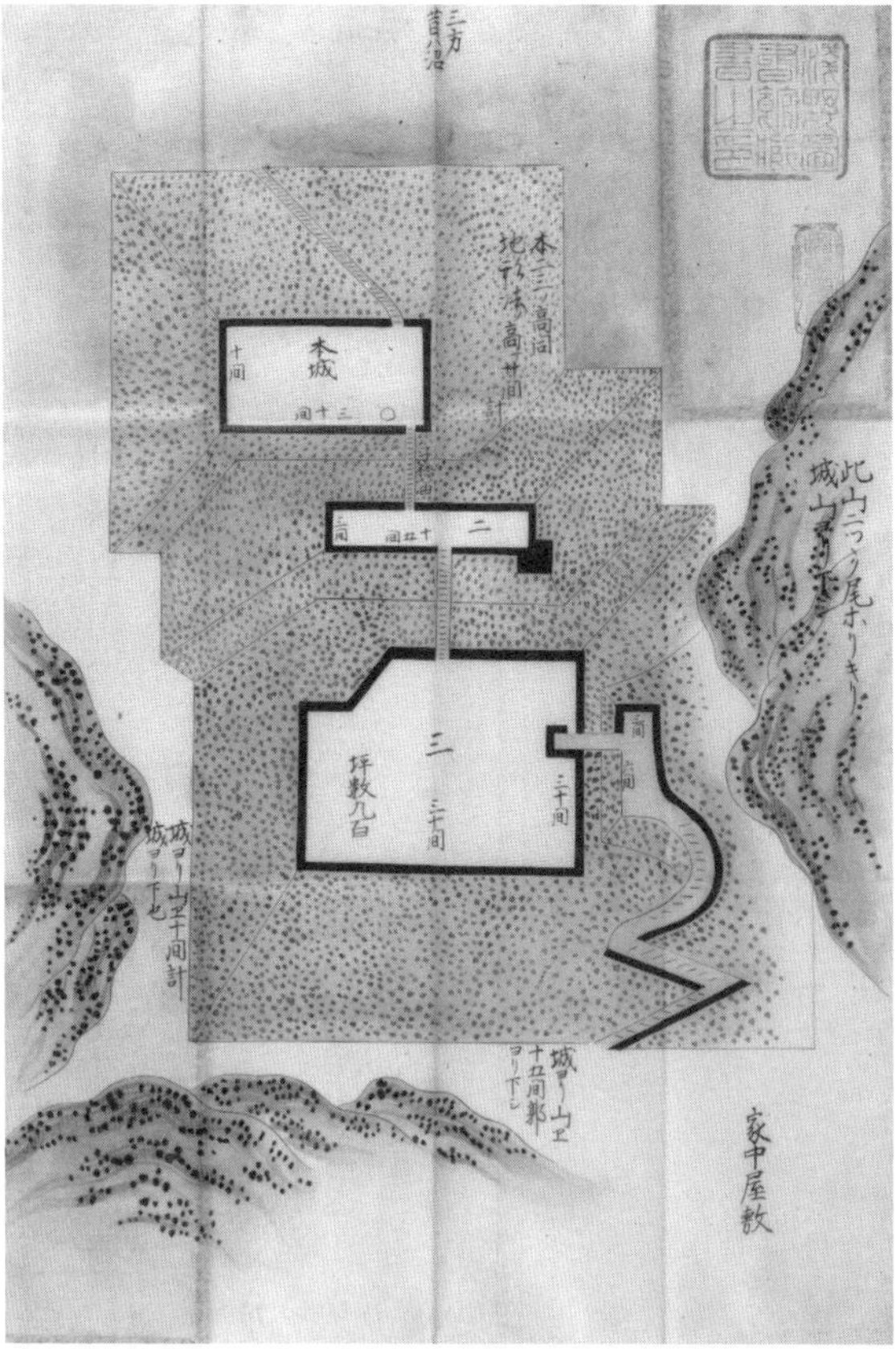

●—北条三郎居城（浅野文庫「諸国古城之図」、広島市立中央図書館蔵、写真提供）

天正十五年（一五八七）七月、豊臣秀吉《とよとみひでよし》の関東襲来が近づく中、四代・北条氏政《うじまさ》は領国内に総動員令を発布し、小机領内の一五～七〇歳までの成人男子に対して、「来る四日に小机へ来り、公方検使《けんし》の前にて着到に付き、罷《まか》り帰るべし」と、小机城に集まって戦闘員としてのチェックを受けるように命じている。このような領内の軍事拠点として機能した小机城には、しかし豊臣勢との戦乱や落城の記録はなく、小机領内の村々や寺社に、同十八年四月付の秀吉禁制が多くのこされているのみである。

（阿諏訪青美）

【参考文献】西ヶ谷恭弘「武州小机城の研究」『武蔵野の城館址』日本城郭史研究叢書三巻（名著出版、一九六〇年）、『日本城郭大系』六巻（千葉・神奈川）、（新人物往来社、一九八〇年）

●扇谷上杉家の重要拠点

七《なな》沢《さわ》城《じょう》

〔所在地〕神奈川県厚木市七沢字見城台
〔比　高〕二五〇メートル
〔分　類〕山城
〔年　代〕一五世紀
〔城　主〕七沢上杉家
〔交通アクセス〕小田急線「厚木駅」下車、七沢広沢寺行きバス「リハビリテーションセンター前」下車、徒歩三〇分

【まぼろしの城】　つい最近まで、七沢城は失われた城であった。多くの戦国城館を紹介する書籍でも七沢城について、「丹沢《たんざわ》の東南麓の低い山ひだが交錯する丘陵の一端にあるが、その中心部に戦後、神奈川県立リハビリテーション・センター（以下、センターと略す）が設置され、今日では、その遺構や縄張《なわばり》を観察することはできない」（『日本城郭大系6　千葉・神奈川』新人物往来社、一九八〇）などと、開発で消滅してしまった城館とされていた。センターの場所は七沢川に面する段丘上で、「シロヤマ」と呼称された場所だった。また『新編相模国風土記稿』に所載される絵図なども、消滅した場所に城館を描いていた。七沢城は丘陵上の城館だったと思われていた。

この認識が改まったのは『厚木市史　中世通史編』（厚木市、一九九九）で山城の七沢城が紹介されてからだった。市史はセンターを中心とした場所のほかに、同所の西側にある見城台に残る遺構を略図で掲載し、山城遺構の存在を紹介した。

七沢は糟屋《かすや》の北方の山間の谷間に所在する。七沢をとおる道は宮ヶ瀬から津久井方面に至る。甲斐国から相模国に至る道で、平野部に達する直前に位置している。関東平野の幹線道から外れた位置にあるが、当時としては重要な道筋の一角を占めていたのだろう。

【山城の構造】　山城は標高三七五メートルの山頂を主郭とし、四方に延びる尾根に郭《くるわ》を造りだし、堀切《ほりきり》や竪堀《たてぼり》で遮

●—七沢要害（等高線は厚木市発行 1：2,500 地形図「浅間」「七沢」「二ノ足」「日向」を基礎にした。調査：2004年4月11日）

断している。随所に虎口《こぐち》も見られるが、簡略な構造のものである。山頂は南北に細長く延びる地形を二分して郭を設けている。中央の堀切状の遺構は恐らくは虎口の機能を果たしたものではなかろうか。

見学に際しては、広沢寺《こうたく》付近より谷沿いに山を迂回し、城の南西部より上るのがよい。ただしおそらくこの道筋は大手道ではないだろう。この登山道がある南方向に下る尾根には、主郭南端に城内で最大の堀切が普請《ふしん》され、竪堀を伴っている。普請された遺構に遮断の意図が示されている。大手はおそらくは主郭南部から東にのびる尾根に設定されていたのだろう。現在も地図に道の表記がみられ、東端で扇谷上杉定正《おうぎがやつうえすぎさだまさ》ゆかりの徳雲寺《とくうん》にいたる。この地点は先のセンターの北側にあたる。

この山城がある場所は、小字で「見城台」と呼ばれる。戦国時代前半頃の史料に、城館の部分名称として「実城《みじょう》」という語彙が散見する。「見城台」はまさに「実城」と関連するのであろう。語彙の使用年代からもこの山城が戦国大名北条家以前、すなわち扇谷上杉家の山城であることを示唆する。

山麓については先に触れたとおり、開発のため様相がわからない。小字で「トーノヤマ」「ジョー」「ケンギョーヤシキ」「オヤシキ」「オクラ」「カドグチ」「バンバッパラ」などが見られるが、全体的な構造把握までには至っていない。

【七沢神出遺跡】　しかしながら山麓の一角で七沢城と関連する七沢神出遺跡が調査されている（『神奈川県厚木市七沢神出遺跡発掘調査報告書』七沢神出遺跡発掘調査団　一九九四）。およそ一〇〇〇平方メートルの調査であったが、文献資料が語る年代とほぼ同じ時期の遺物や、火災を被った建物を含む三棟の掘立柱建物址を検出しており、考古学的に扇谷上杉の拠点七沢の一断面を確認している。

【築城】　『鎌倉大草紙《かまくらおおぞうし》』に所載される足利成氏《しげうじ》書状写に、七沢城の築城に関する記述が見られる。長尾・太田等の扇谷上杉家の軍勢が鎌倉から撤退する。当初、両勢は扇谷上杉家の拠点である糟屋に撤退するが、その後に七沢山に要害を築き、その地に籠った。扇谷上杉家の拠点七沢はこのようにして生まれた。

七沢城と関わる記述が『続群書類従』に所収される上杉系図にある。系図には、上杉朝昌が七沢を拠点にしていたことが記載されており、朝昌は扇谷上杉持朝の子で、上杉定正の弟にあたる。この朝昌の一流が七沢と関係の深い上杉氏として意識されていた。すなわち、扇谷上杉家のなかで七沢を拠点とした一流と考えて良いであろう。

扇谷上杉家の拠点七沢がどのように整備されたかはわから

ない。おそらくは軍事的な必要性で要害が取り立てられ、次第に整備されて七沢を拠点とする上杉家が成立したと推測される。時間をかけたゆるやかな流れのなかで、七沢は戦国時代前半の相模国内での重要拠点となったのであろう。

【落城】　しかし、七沢は戦国時代末までは続かない。城館も都市も廃絶している。おそらく落城がその契機となったのであろう。

●―七沢城の堀切と城内の巨石

　一五世紀末、山内上杉家と扇谷上杉家は対立関係となり関東各所で戦闘を起こす。長享《ちょうきょう》の乱である。長享二年（一四八八）二月、山内《やまのうち》上杉《うえすぎ》顕定《あきさだ》は扇谷上杉氏の背後を突き、拠点である七沢を攻めた。その激戦地は七沢の南の入り口にあたる実蒔原《さねまきはら》であった。その戦闘のなかで山内上杉勢は七沢城をも攻略したことが史料に明らかになる。

【扇谷上杉家と七沢】　扇谷上杉氏が七沢に拠点を設定したのは、享徳《きょうとく》の乱を目前にした政治的危機状態の中で、より要害地を選んだ結果と推定される。そして糟屋が文書に見られなくなることを勘案すると、七沢は最終的には糟屋の機能を吸収・継承し相模国中郡の拠点となったと思われる。長く評価して、宝徳二年（一四五〇）四～五月以降、長享二年（一四八八）二月に至るまで、扇谷上杉家の相模国における拠点は七沢であったことは間違いなかろう。

　扇谷上杉氏が武蔵国川越を本拠として古河公方《こがくぼう》家および山内上杉家と対峙していたことを踏まえれば、七沢の上杉家が相模国中郡と東郡を抑え、相模国支配の実質を委ねられていたという様相が浮かび上がってくる。しかし長享二年に七沢が陥落してしまう。それ以後、扇谷上杉家は拠点を大庭に移すことになる。

（齋藤慎一）

【参考文献】齋藤慎一『中世東国の道と城館』（東京大学出版会　二〇一〇年）

津久井城《つくいじょう》

●相甲武、三国の境目にある関東屈指の山城

〔所在地〕神奈川県相模原市緑区根小屋・太井・荒句・城山・小倉
〔比　高〕一九〇〜二四〇メートル
〔分　類〕山城
〔年　代〕一六世紀
〔城　主〕内藤氏（大和入道、朝行、康行、綱秀、直行）
〔交通アクセス〕JR・京王線「橋本駅」から三ケ木行きバス「津久井湖観光センター前」下車・駐車場有
または「クラブ前」下車・駐車場有

【山城の記憶】　「築井古城《つくいこじょう》、相の之築井の県宝ヶ峰《たからがみね》に在り。宝ヶ峰介立すること百餘仞《ひろ》、相水の陰に聳《そび》え、上岐れて双丘と為る。東丘に飯縄祠有り、其の西丘を古城と為す。塁壁《るいへき》の址《あと》、儼《げん》として存す――」城山と呼称される独立峰の頂に建つ「築井古城記」碑に刻まれた長文の一節である。石碑は、城主内藤《ないとう》氏の家臣であった島崎《しまざき》氏の子孫が江戸時代に、津久井城の記憶が時とともに薄れることを憂い、私財を投じて建てたものだという。市指定文化財となっているこの石碑の前に立つと、まだ風化しない鮮明な刻文が私たちを歴史の旅へと誘ってくれる。

碑を背にすると、城山の南側に広がる金原《かなはら》台地を見下ろすことができる。後述する三増《みませ》合戦の伝承を諸所にのこす金原台地は、江戸時代に城下をあらわす「根小屋《ねごや》」という村名がつけられており、城の記憶を現代に繋ぐ。

城山…津久井城は、現在県立津久井湖城山公園として整備が進められている。歴史と自然を調和し里山風景を活かした整備・活用方針が示されており、歴史ファンのみならず家族連れなど、多くの人でにぎわっている。

【内藤五代と津久井衆】　津久井城は鎌倉時代に築井（津久井）太郎次郎義胤《たろうじろうよしたね》が築いたとされるが、伝承の域を出ていない。明らかになってくるのは戦国時代である。大永五年（一五二五）には津久井城の名が文献上で初出する。『妙法寺記《みょうほうじき》（勝《かつ》山記《やまき》）』によれば、「此年武田殿《このとしたけだどの》ト新九郎《しんくろう》殿ト合戦ヒマナシ（中略）未《いまだ》津久井ノ城不落《おちず》」とあり、武田氏と北条氏が国境

付近で盛んに戦闘を行なっていたことがわかる。後北条氏が相模国で勢力を拡大していた頃のことである。築城伝承の真偽はともかくとして、城山が大規模に山城として改造されたのはこの頃からであるとみられる。

●—本城曲輪（土塁上に築井古城記碑）

戦国時代の津久井城主内藤氏は、前述の「築井古城記」碑では、内藤景定《かげさだ》、景豊《かげとよ》の二名を挙げているが、近年の研究では内藤大和入道《やまとにゅうどう》、朝行《ともゆき》、康行《やすゆき》、綱秀《つなひで》、直行《なおゆき》の五代が在ったというのが定説になっている。内藤氏の出自に関しては未だ議論が分かれるが、扇谷《おうぎがやつ》上杉《うえすぎ》氏につきしたがっていた可能性が高いとみられている。永禄二年（一五五九）の『北条《ほうじょう》氏《し》所領《しょりょう》役帳《やくちょう》』によれば、内藤氏の所領は津久井城周辺と現厚木市南部に多くみられ、一二〇二貫と、後北条氏家臣のなかでも非常に多い貫高を有していることが分かる。

内藤氏は北条氏家臣団「津久井衆」の筆頭として登場する。津久井衆というのは津久井地域（おもに現在の相模原市緑区）を所領としていた集団であるが、前述の『北条氏所領役帳』のなかでも特異な集団である。その理由のひとつとして前書内の津久井衆の項の随所に書かれている「敵《てき》知《ち》行《ぎょう》半《はん》所《しょ》務《む》」ということが挙げられよう。この語は、北条、武田両方の支配を受けていたということを意味する。当時「奥三保」と呼ばれた現相模原市緑区の西側部分は甲斐との境にあり、後北条氏、武田氏の微妙な力関係に翻弄される地であった。村々とそれを預かる津久井衆は、自衛のために北条、武田の間合いを計る方針を執っていたのではないだろうか。近年発露した天正十二年（一五八四）の「城掟」には北条氏の意のままにならない津久井城の姿が描かれており興味深い。

【津久井城のたたずまい】 冒頭で触れた碑文《ひぶん》の内容であるが、序文は津久井城の立地環境を良く伝えている。「築井古城、相の之築井の県宝ヶ峰に在り。宝ヶ峰介立すること百餘仞、相水の陰に聳え」の部分は、「津久井城跡は相模国、津久井県の宝ヶ峰にある。宝ヶ峰は独立峰として高く、相模川のほとりにそびえ」と読むことができる。北側を険峻な崖と相模川の流れで阻み南東側を串川《くし》によって隔てた独立峰である津久井城はそのまま天然の要害であり、また、古くからの交通の要衝でもあった。

現在は相模川をせき止めたダム湖である津久井湖が城山の北西に広がる。津久井城のすぐ北側には国道四一三号線が通り、関東平野と山梨方面を繋ぐ道として多くの人々が往来する。JR線・京王線橋本駅方面からこの国道を下ってくると、正面に津久井城の威容が現れ、その山城としての険峻さをみることができる。

【根小屋部の遺構】 津久井城周辺には「根小屋」という、いわゆる城下の部分を表した地名が二ヵ所でのこっている。城山南麓に広がる「根小屋」、そして南西の「北根小屋」である。南麓の根小屋は金原台地を含んだ広大な土地となっているが、城兵の居住空間としての狭義の根小屋は、山麓に集中していたであろう。「御屋敷跡《おやしきあと》」と呼ばれる郭は城主内藤氏の居館があった場所とされ、そこを中心に「馬場」「しんでん」などの郭が連なる。また、天然の沢を加工したとみられる「牢屋の沢」を含め、竪堀《たてぼり》や切岸《きりぎし》が良好にのこっており、私たちの目を楽しませてくれる。この地区に「大手」と書き入れられた江戸時代の絵図もあり、根小屋としては最重要地点であったと考えられる。「北根小屋」には現在住宅が建ち並び、往時の面影をみることは難しいが、「不動平《ふどうだいら》」と呼ばれる郭や、その脇に山頂付近から伸びる竪堀をみることができる。郭はさらに東側の荒句、馬込にも点在しており、それぞれ東側の防御の役割等を担っていたものと考えられる。

【山城部の遺構】 山城部は、冒頭の『築井古城記』にあるように、大きくみて二つの峰が尾根上に連なるかたちとなる。東側の峰は当時「天狗山」と呼ばれた飯縄曲輪群がある。飯縄曲輪群には、「みはらし」「烽火台《のろしだい》」などと呼ばれる郭があり、それらが飯縄権現の祀られる飯縄曲輪を取り囲むように置かれている。樹齢九〇〇年とされる「大杉」や、「宝ヶ池」という溜井《ためい》も、みどころであろう。飯縄曲輪群から堀切を挟んでさらに東側には「鷹射場《たかうちば》」と呼ばれる小さな峰がある。郭として人工的に改変された痕跡は見受けられないが、相模川の流れと関東平野を望むには絶好のスポットとなっている。

西の峰である本城曲輪群へは、尾根づたいに登っていくことができる。途中で山道を左に入ると「家老屋敷」と呼ばれる郭がある。さらにそこから「太鼓曲輪」「堀切《ほりきり》（引橋《ひきはし》）」、「土蔵《どぞう》」を経て「本城曲輪」の周辺に辿りつくことができる。

本城曲輪は周囲に帯郭である「米《こめ》曲輪」をもち、土塁で二辺を守られた郭である。広さは約四〇〇平方メートル。土塁は「塁壁の址、儼として存す」という語句に違わず、現在でも二メートルほどの高さがある。米曲輪からは虎口を経て「米蔵」「タイラク主水」といった曲輪へと下っていき、「大手道」にアクセスすることが可能である。

なお、「タイラク主水」の西側には畝状竪堀群がひっそりと眠るが、津久井城にはこのほかにも竪堀が多く、津久井城のひとつの特徴とされている。山頂付近から麓まで下っていく竪堀は圧巻で、特に最大の「トバボリ」は現在麓にある国道で寸断されているが、その雄大な断面を国道脇から眺めることができる。

●—トバボリ

【三増峠の戦いと、伝説】　津久井城が、歴史上で名を馳せる戦に登場するのは、永禄十二（一五六九）年の「三増峠の戦い」のときである。甲斐を発して碓氷《うすい》峠を越え、北条《ほうじょう》方の城を攻めつつ小田原《おだわら》城を取り囲んだ武田信玄《たけだしんげん》は、その帰路を津久井方面にとった。そこで追撃する北条軍と山岳戦を繰り広げるのである。双方合わせた戦死者は四〇〇〇人ほどと、かなりの規模の戦闘だったらしい。合戦の舞台は津久井城から近距離にあるが、津久井城からの出撃記録はない。

そこで津久井城の周囲を見渡してみると、武田信玄の足跡が伝説となってのこっている場所が数多くある。津久井城けん制のために兵を潜ませた「隠《かく》し沢《さわ》」、六〇体の藁人形《わらにんぎょう》を作って津久井城を欺いた「六十面」などである。これらは、信玄がその際に通行したと伝えられる「信玄道」を軸として広がっている。伝説の真偽はともかくとして、武田信玄との戦いがこの地域にとっていかにインパクトがあったものかを示しているのではないだろうか。

【落城とその後】　豊臣秀吉《とよとみひでよし》は小田原攻めにともない、諸将に近隣の主要城郭を攻撃させている。津久井城も徳川勢の本多《ほんだ》忠勝《ただかつ》、平岩親吉《ひらいわちかよし》らに攻められ、落城。天正十八年（一五九〇）

●―全体図（津久井城遺跡調査団『津久井城の調査1996—2003』より転載）

六月二十五日に接収されている。なお、ここでも津久井城周辺での戦闘に関しては、わずかに小競り合いの記録がのこるのみである。

落城後、関東は徳川氏の支配下に置かれる。津久井衆たちはそれぞれ帰農したとみられ、現在に至っても津久井地域には津久井衆の名字が多くのこる。津久井城は徳川の支配のもと、改修が行われ、麓《ふもと》には陣屋が置かれた。今でも「おじんや」「牢屋の沢」など、陣屋に関係する伝承地名がのこる。陣屋は、代官の守屋左太夫《もりやさだゆう》らが使用していたとみられている。守屋左太夫は、津久井衆に名を連ねる守屋若狭守の家系である。

【発掘調査の進展】　津久井城で最初に発掘調査が行なわれたのは平成七年（一九九五）のことである。それ以来、公園整備等に伴ってさまざまな地点で発掘調査が行なわれ、津久井城の構造解明に大きく寄与してきた。麓の根小屋部では、「御屋敷跡」「しんでん」「不動平《ふどうだいら》」といった伝承名がのこる郭のほか「代官守屋左太夫陣屋跡遺跡」「根小屋根本遺跡」などの調査が行なわれた。特に「御屋敷跡」では堀や焔硝《えんしょう》蔵をともなう城主の居館があった頃から落城を経て江戸時代への移行という変遷をみることができ、興味深い。山城部では主に本城曲輪への経路が調査されており、山石や川原石を多用した施設の存在などが明らかになっている。とはいえ根小屋部と山城部の連関性や詳細な年代設定など、多くの謎も表出しており、今後の成果が楽しみである。

【近隣の見どころ】　津久井城を見に来たのならば、近隣を回ってみるのも面白い。前述した武田信玄の足跡や、津久井城主内藤氏の菩提寺とされる功雲《こううん》寺なども見どころとなる。さらに足を伸ばせば、近隣の烽火《のろし》台とされる場所に行くこともできる。特に「伏馬田《ふすまだ》城山《じょうやま》烽火台」は、谷合いを縫って津久井城を遠方に望み、関東平野との位置関係を把握することができるのでおすすめしたい。

【手軽な山城入門】　津久井城を歩くことは、それほど労苦を必要としない。交通のアクセスもよいし、麓の公園から登山できるので、必要な情報を得ることもできる。桜や青葉、紅葉の季節はもちろん、多彩な山野草、昆虫を愛でながら歩くのもいい。手軽に攻略できる山城の入門編として、ぜひ一度訪れてみてほしい。

（野口浩史）

【参考文献】津久井城遺跡調査団『津久井城の調査一九九六～二〇〇一』（二〇〇三年）、津久井町史編集委員会『津久井町史　資料編近世1』（二〇〇四年）、竹井英文「境目国衆の居城と大名権力―相模津久井城掟の分析から―」『千葉史学』第五三号（二〇〇八年）

●関東平野河村口の要衝

河《かわ》村《むら》城《じょう》

〔神奈川県指定史跡〕

〔所在地〕神奈川県足柄上郡山北町山北・岸
〔比　高〕一一〇メートル
〔分　類〕山城
〔年　代〕―
〔城　主〕河村氏　北条氏
〔交通アクセス〕ＪＲ御殿場線「山北駅」下車、徒歩三〇分

【廃城後の光景】　河村城は丹沢《たんざわ》山地南西部および足柄《あしがら》平野の北西部に位置し、南端を酒匂《さかわ》川が蛇行している。城の山並みと並行して東名高速が東西に通過し、高速道路からは河村城の屏風のような景観を見渡すことができる。このような地にある河村城に、山北町は調査・整備をつづけている。

　地表面観察では堀がいく本ものこり、状態のよい戦国大名北条《ほうじょう》氏の山城と理解されていた。しかし調査によって予想外の状態が確認された。まず廃城後に城を壊す「破城」がかなりの規模で行なわれていた。また地震による地割れもあり、本城郭・蔵郭《くらくるわ》付近は原地形を大きく損壊していた。さらに富士山噴火の災害復興で、火山灰の埋設が広範囲で行なわれたこともわかった。考古学的には〝のこりの悪い〟城であった。しかし逆に廃城後の自然や人々の営みなどが実感として伝わり、思わぬ歴史の副産物を得たような遺跡となった。

【合戦の舞台】　河村城の語彙《ごい》は一四世紀からみられる。文和元年（一三五二）、新田義興《にったよしおき》・脇屋義治《わきやよしはる》の南朝勢力が鎌倉に侵入し、北朝方の反撃を受け、新田勢は河村氏と松田《まつだ》氏を頼って河村城に籠もった。そのため北朝方は三月十五日に河村城攻めを行なっている。南北朝の争乱の舞台として河村城は登場する。ただし、この時の河村城は山頂部にその様相を現在のところ確認できず、一四世紀という年代から考えても山麓にあったと推測される。

　上杉禅秀《うえすぎぜんしゅう》の乱にさいしても河村城は登場する。禅秀の乱の緒戦で劣勢であった鎌倉公方足利持氏《かまくらくぼうあしかがもちうじ》・関東管領上杉憲基《かんとうかんれいうえすぎのりもと》

は、鎌倉から脱し、駿河国今川範政《いまがわのりまさ》を頼る。箱根《はこね》山塊での合戦で勝利し、鎌倉を回復し勝利する。この間の応永二十四年（一四一七）十二月に河村城は鎌倉公方勢の拠点となっている。河村城へは常陸国からも烟田《かまた》氏も参陣している。

一五世紀前半頃にも断片的ながら河村城は戦乱の舞台となっている。相模国という土地柄であろうか、戦国時代以前にあっては鎌倉府と関連が深い城館として登場している。

【二つの河村城】 その後、しばらくは河村城の様相はわからない。史料に具体的にみえるようになるのは、永禄十一年（一五六八）、甲斐・駿河・相模のいわゆる三国同盟が崩壊してからである。武田信玄《たけだしんげん》は軍勢を南下させ、駿河国の領国化を目指す。今川氏真《うじざね》を庇護した北条家は相模・駿河国境に注意を払う。箱根口・足柄口とならんで国外への交通路として河村口があり、その要衝として河村城が取り立てられる。足柄城の整備は同盟崩壊直後から開始されていたが、河村城の整備はやや遅れた元亀二年（一五七一）頃から開始されたらしい。具体的には深沢《ふかざわ》城（静岡県御殿場市）が武田家の拠点となったことにともない、三月十一日に普請《ふしん》が命じられている。しかしこの普請は不十分だったらしく半年後の九月二十六日にも追加の普請命令が出される。

この時の普請が完成したかは不明であるが、三国同盟崩壊にともなって開始された越相交渉が決裂し、武田家と再同盟におよぶと、国境に緊張をもたらす河村城は、その存在価値を減じる。史料にも河村城の語はみられなくなる。

この状況に反して、「新城」の語が天正十年（一五八二）頃の史料に登場する。時代は武田家滅亡から豊臣秀吉による小田原合戦の頃である。小田原の西側国境に緊張が高まった時期となる。この過程で河村口を固めるため従前の河村城の機能が再び必要になったと予想されるが、その城が「新城」と考えられている。語彙の背景には旧の河村城の対して新しい河村城という意が込められていたのだろう。新城には番に編成された軍勢が送られている。北条家独特の境界警固の方法で守られていたことも、新城が境目の城であることを裏付ける。

【遺構の概観】 城山の尾根を東西方向に普請が施されている。西端を本城郭と呼ぶ郭が占め、東方向に蔵郭・近藤郭・大庭郭の主たる郭が連なる。郭の名称は古図などを参照して付されている。これらの郭は堀切《ほりきり》で隔てられる。いずれも規模が大きく、遮断の意図が明確な堀切りといえる。しかし残念ながら郭間の連絡については虎口《こぐち》が確認できておらず、橋跡の遺構も確認できていない。そのため、構造の詳細が解明できていない。

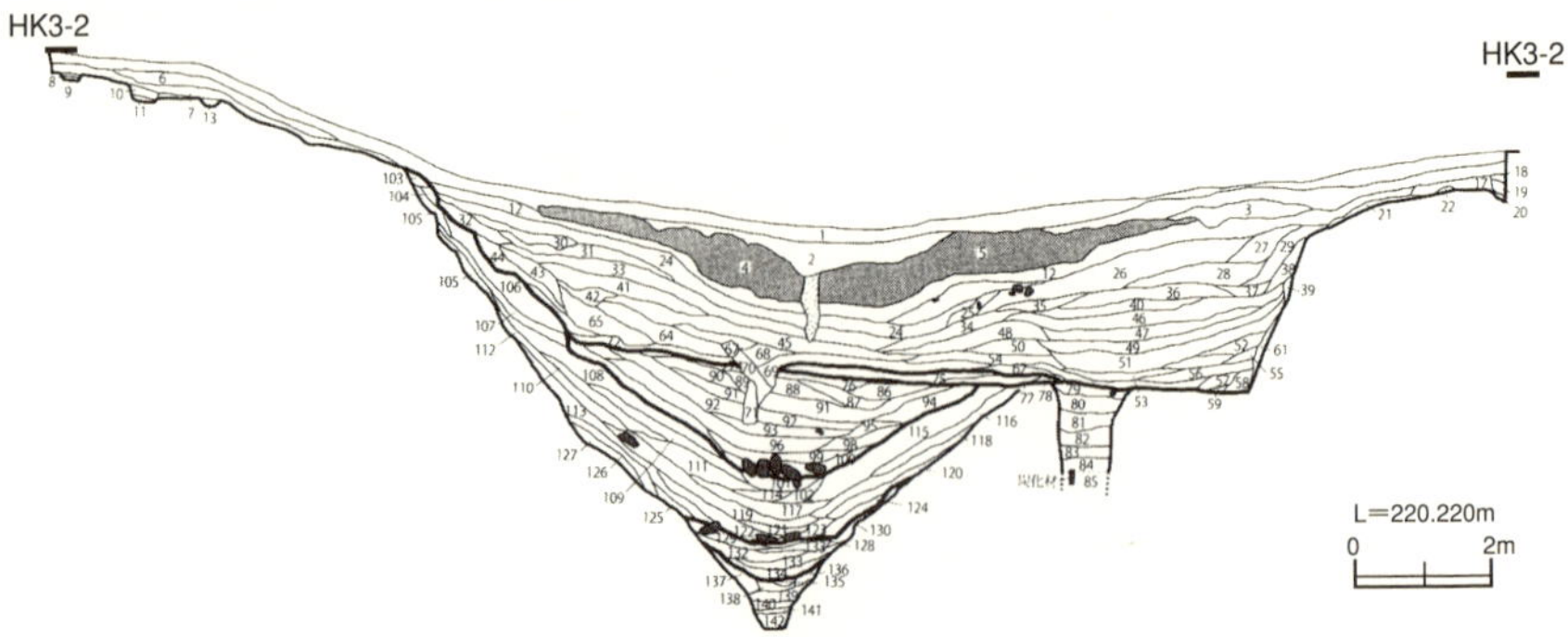

●—河村城、本城郭・蔵郭間堀切（『河村城跡』〔山北町教育委員会 2007〕より）

発掘調査を参考にして全体を概観すると、堀に特徴があることに気づく。本城郭とその北にある郭間の堀切や蔵郭・近藤郭間の堀切は障子《しょうじ》堀であることが調査によって確認された。障子堀は山中《やまなか》城（静岡県三島市）の調査で著名となったが、山中城と比較が可能な障子堀である。

　また本城郭・蔵郭間の堀切は、堀形も含め四回の薬研《やげん》堀があったことがわかった。断面図を見ると、最初にもっとも深い堀を普請し、埋没した状況を復旧するように掘り直して、堀切を維持していたことがわかる。この段階では橋はなく、遮断が意図されていたらしい。そして廃城となり堀切も破城となり、壊される。堀の斜面および蔵郭を切り崩して浅い箱堀状の地形とし、通行のための橋をかけていた。堀のメンテナンスや破棄がうかがえて実に興味深い。

　さて、河村城の遺構を代表する堀であるが、ある特徴があることに気づく。本城郭を中心とした大半の堀は堀切で、尾根を遮断する意図で普請されている。ところが、大庭《おおば》郭と近《こん》藤《どう》郭については、調査により横堀が検出された。横堀で郭を囲んでいる。本城郭周辺と大庭郭周辺は設計に相違があることになる。普請年代の相違を示しているのではなかろうか。

【一五世紀の山城】　平成十五～十七年（一九九三～五）にかけて、城跡の遺構の残存状況を確認する目的で試掘調査が行なわれた。出土する遺物は決して多くはないものの、大庭郭および蔵郭で陶磁器が検出され、その年代は一五世紀を示していた。このなかには最大七五メートルも隔てて接合される破片もあり、かなりの土量が移動していることもわかった。気になるのは、古文書で明らかになる一六世紀後半とは年代がずれることである。

　また河村城では炭化米などの炭化物も出土している。報告書によれば、蔵郭での試料からはおおよそ一六世紀末で文献資料と適合する年代を示していたが、大庭郭の試料からは一五世紀の年代が提示された。

このような発掘調査の結果から、河村城はおおよそ一五世紀に中心がある遺跡と判断されよう。

【年代の異なる二つの山城】河村城の歴史は実に豊かであり、発掘調査の結果も一面的には評価できない複雑な様相を明らかにした。判断が難しい状況ではあるが、大きな傾向が把握できるのではなかろうか。つまり大庭郭を中心とした一五世紀代と本城郭・蔵郭を中心とする一六世紀代である。あるいは時期を違えた二つの山城が隣接するという複合遺跡が、眼前にある河村城ではなかろうか。仮に前者を旧河村城、後者を新河村城と把握したとき、あるいは北条氏段階で古文書にみられる「河村城」「新城」の語彙はこの後者に妥当するかもしれない。つまり、元亀二年に河村の地に命じられた普請は後に呼称が定着する「新城」だったと考えられるかもしれない。ただし、まだ推測の域を出ない。

山北町教育委員会による調査が継続しており、今後も新たなる事実が提供されるであろう。そのなかで河村城の謎が解明されることを期待したい。 （齋藤慎一）

【参考文献】『河村城跡』（山北町教育委員会　二〇〇七年）

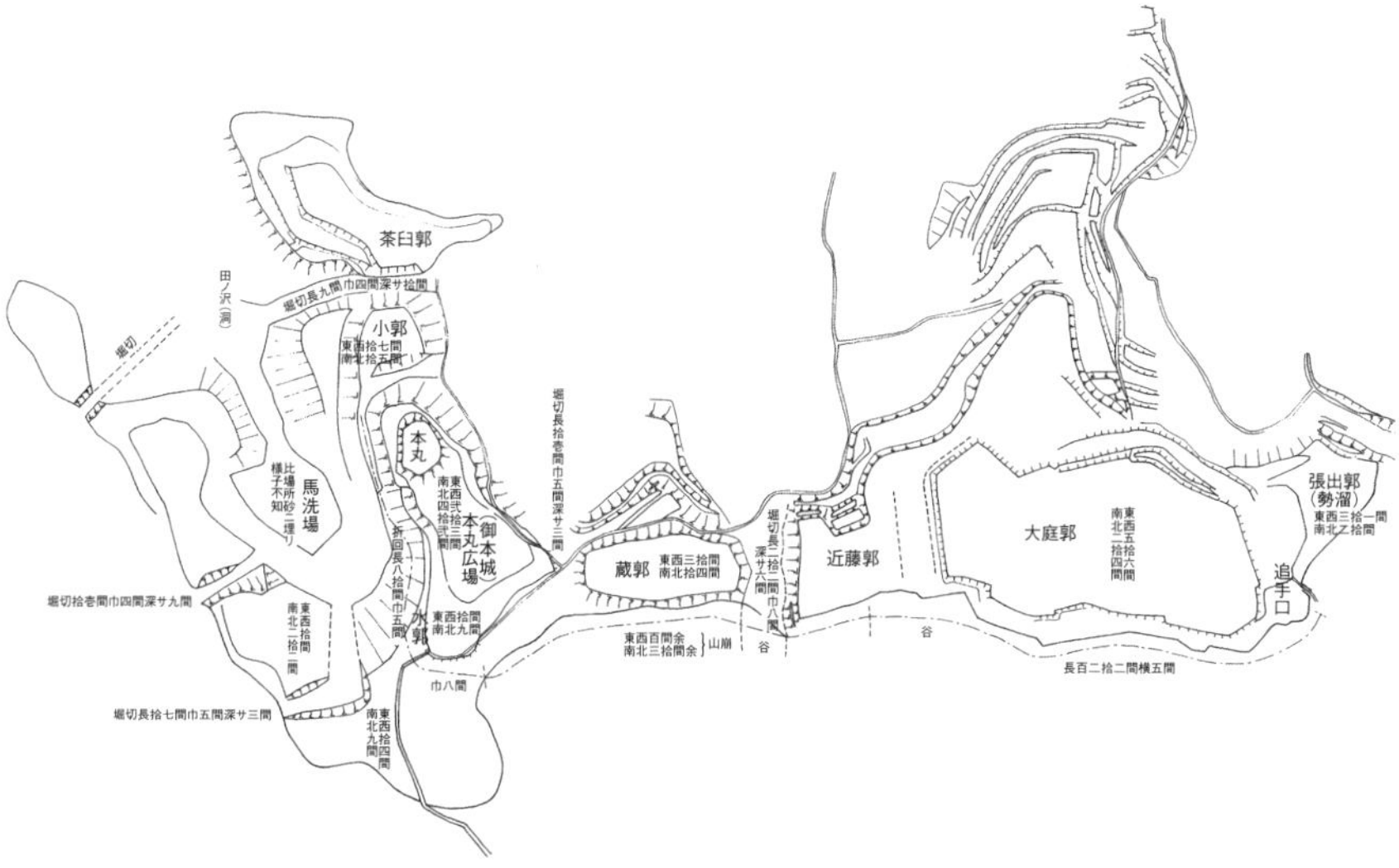

●—河村城現状遺構図（『河村城跡遺跡詳細分布調査報告書』〔山北町教育委員会 1996〕より）

●峠に築かれた大城塞

足《あし》柄《がら》城《じょう》

〔所在地〕神奈川県南足柄市矢倉沢足柄峠
〔比　高〕峠からは約一〇メートル
〔分　類〕山城
〔年　代〕一六世紀中葉～天正十八年（一五九〇）
〔城　主〕北条氏
〔交通アクセス〕足柄峠駐車場からすぐ

【足柄峠を守る城】　駿河国と相模国の国境に位置する、金太郎伝説でも有名な足柄峠。現在は、静岡県側からも神奈川県側からも車道が通っており、標高は七五九メートルだが車さえあれば誰でも気軽に訪れることができる。峠付近は公園となっており、富士山の絶景が楽しめることで知られているが、まさにそこが足柄城跡である。足柄峠は、群馬県と長野県の県境に位置する碓氷《うすい》峠《とうげ》とともに坂東への関門として古代以来有名で、古東海道（足柄古道）が通る交通の要衝である。

【足柄城の構造】　城跡は、足柄峠を中心に周辺の尾根・山にわたって築かれている。中心部は、尾根沿いの古道を取り込む形で築かれており、俗に「五連郭《ごれんかく》」と呼ばれる五つの郭から主に成り立っている。峠の頂上を本城（主郭）とし、西北尾根上に二の曲輪から五の曲輪まで大きな郭を配置しており、堀切や横堀で遮断されている。本城と四の曲輪には井戸・湧水があり、現在ものこっている。また、一部に石積みが確認されており、往時は石積みで固められた城であった可能性もあろうか。峠から派生する尾根上には猪鼻砦《いのはなとりで》をはじめとした多数の支砦も設けられており、さらに南西側の尾根伝いには浜居場《はまいば》城があるなど、峠を中心として大城塞群を形成している。

【足柄城の歴史】　足柄城がいつ築かれたのかは不明だが、戦国時代になってからと思われる。北条氏以前、大森氏の時代に築かれた可能性も捨てきれないが、足柄城が初めて文献史料に登場するのは、永禄十二年（一五六九）二月である。前年末に北条《ほうじょう》・今川《いまがわ》・武田《たけだ》の三国同盟が崩壊したことを受けて、武田信玄が駿河国駿東郡《すんとう》（現在の御殿場市や沼津市周辺）に侵攻したため、北条氏はその対策に追われていた。そこで北条氏は、「御国之御大事《おくにのごだいじ》」として小田原の石切職人を足柄峠に派遣し、家臣と相談して小屋を懸けて在番せよと命じている。おそらく、この時に本格的な築城が始まったものと思われる。つまり、直接的には対武田氏を目的として築城されたのが足柄城だと考えられるのである。その後、北条方の対武田氏拠点であった駿東郡の深沢《ふかざわ》城（静岡県御殿場市）が武田氏に奪われると、足柄城の重要性はますます高まり、元亀二年（一五七一）三月には河村《かわむら》城（神奈川県山北町）とともに普請《ふしん》が行なわれている。また、天正七年（一五七九）八月にも武田氏対策として修築が加えられていることが確認されている。

●—足柄城「本城」から富士山を望む

天正十年（一五八二）三月、織田信長により武田氏が滅亡すると、駿河は徳川家康《とくがわいえやす》の領国となる。武田氏滅亡は北条氏にとっても大きな脅威となり、北条氏はそれに対応して「足《あし》柄《がら》当番之事《とうばんのこと》」という「城掟《しろおきて》」を出して徳川氏との「境目《さかいめ》」に位置する足柄城の統制を強化している（後述）。その後も対豊臣戦を想定して修築が加えられ続けていたようで、天正十八年（一五九〇）の小田原合戦時には北条氏光《うじみつ》が在城していた。この時、足柄城は伊《い》豆《ず》山中《やまなか》城（静岡県三島市）などとともに小田原城を守る防衛線の一つとして機能することを期待されていたが、圧倒的な豊臣軍の攻勢の前に抵抗することなく開城したようである。その後のようすはわかっていないが、おそらく役割を終え、ほどなく廃城となったのだろう。

【足柄当番之事】　足柄城には、「足柄当番之事」と記されている「城掟」がのこされている。「城掟」とは、城内の維持管理方法や行動規範を定めた掟書で、北条氏や武田氏の城に集中して見られる史料である。文献史料の少ない戦国時代の城の実態を明らかにしてくれる大変貴重な史料であるため、これまでにも多くの城郭関係書籍で紹介されているが、ここ

●―足柄城実測図（『足柄城』より引用）

でもその内容を一部見てみよう（全文は【参考文献】のほか、『戦国遺文後北条氏編』など多くの史料集に収録されている）。

【草木採取のルール】　足柄城の「城掟」は、天正十年（一五八二）五月八日に、北条氏が足柄城に在番中の一族・北条氏《うじ》光《みつ》宛てに出したもので、条文は全部で一四ヵ条からなっている。まずは、草木の採取や山に関する掟を見てみよう。

足柄城の出入口は小足柄《こあしがら》口、猪鼻《いのはな》口、法経寺《ほうけいじ》口の三つがあったが、城内での生活に必要な草木を採取する際には法経寺口からしか外に出てはいけなかった。しかも、法経寺口から駿河国方面へと山を下りるさいには田畑を踏み荒らしてはならず、麓の駿河国御厨《みくりや》地域の人間と問題を起こさないようにと命じられていた。これは、足柄城がある山の部分は北条領だが麓の田畑は徳川領であるという認識によるものだった。このように、草木採取一つとっても、実に細かい規定がなされており、他領と問題を起こさないよう北条氏が細心の注意を払っていたことがわかる。戦国の「境目の城」の緊張感が実によく伝わってくる。

【城内の施設】　城内の郭の名前や設備についても記されているので、それを見てみよう。城外には「役所庭《やくしょば》」があり、玉《たま》縄《なわ》城主北条綱成《つなしげ》が一〇〇〇人を動員して普請をしていた。また、城内の「諸曲輪」には「はた板」＝板塀を巡らせることになっていたようで、そのための木材が搬送されていたこともわかる。さらに「安藤曲輪」なる郭があり、そこは足柄城のようすを見に行く時の陣所にするので、今ある陣所を壊して平らにするよう命じている。しかも、その郭内の二ヵ所に「矢倉《やぐら》」があり、そのなかに番衆を置いて陣所造りの時を待てとしている。この「安藤曲輪」がどの郭のことを指しているのか、地名ものこっておらず現在ではわからないが、矢倉が二つもあり、陣所としてある程度の人数を置くことができるほどの広さを備えた郭であることから、「五連郭」のうちのどれか一つのことを指すのかも知れない。この他にも、どこの郭かは不明だが「陣屋門」もあったようである。このように、足柄城にはさまざまな郭や施設があったことがわかる。いずれも現地比定が困難なのが残念だが、今後の調査により比定できれば、足柄城の研究は飛躍的に進むに違いない。

●―足柄城　第二郭と第三郭の間の堀切

【城とトイレ】　最後に、トイレについて記してある大変珍しい条文を見てみよう。「人馬《じんば》之《の》糞水《ふんすい》」については、番衆が手際よく処理することが大事である、たとえ一日二日在番が延びようとも、この一ヵ条だけはいい加減にしてはならないと厳しく命じている。多くの人や馬がいる城内での糞尿処理を怠ると、伝染病などの危険性も高まるため、こうした条文を設けていたものと思われる。尾根続きにある近くの浜居場城の「城掟」にもトイレにかんする条文があり、そこでは城内から遠矢を放って落ちた場所より外側に捨てるよう命じている。戦国城郭におけるトイレの実態を示す史料はこの二点しかなく、その意味でも大変貴重な史料である。

このほかにも興味深い条文がたくさんあるので、是非一読されることをおすすめする。「城掟」を読みながら現地を歩けば、戦国当時の姿がよりリアルに浮かび上がってくることに違いない。

（竹井英文）

【参考文献】『足柄城』（小山町教育委員会　一九八九年）、『小田原市史』別編城郭（小田原市　一九九五年）

●天下統一を阻む関東の巨城

小《お》田《だ》原《わら》城《じょう》

〔国指定史跡〕

〔所在地〕神奈川県小田原市城内ほか
〔比　高〕約一二〇メートル
〔分　類〕平山城
〔年　代〕不明（一五世紀か）
〔城　主〕大森氏―伊勢氏・小田原北条氏
〔交通アクセス〕「小田原駅」（JR線・小田急線・箱根登山鉄道・大雄山線）から徒歩一五分。西湘バイパス「小田原インター」・小田原厚木道路「荻窪インター」から五分

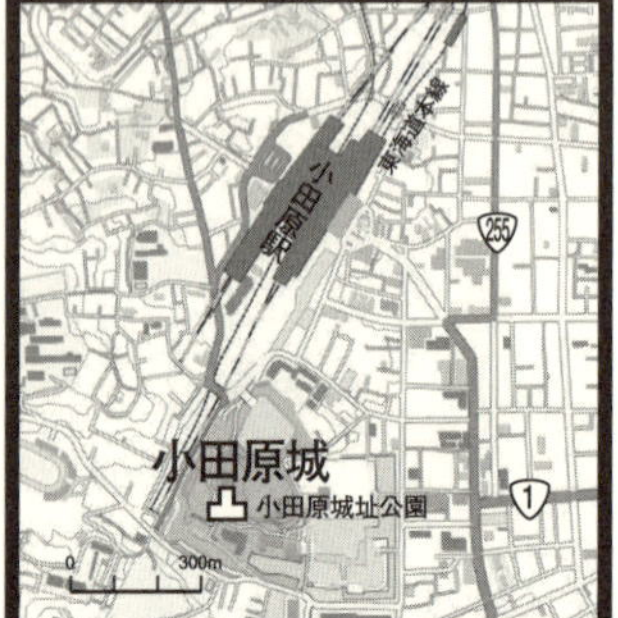

【風光明媚な関東の名城】 小田原城は、箱根《はこね》山塊より続く丘陵部に選地した城郭である。西には箱根の山並みを望み、東には肥沃な足柄《あしがら》平野が広がっている。また、北に丹沢《たんざわ》山塊、南には相模湾を配する風光明媚な城郭である。

小田原のシンボルとして聳える、昭和三十五年（一九六〇）復興の天守閣に登ると、遠く沖合には伊豆《いず》大島《おおしま》や利《と》島の島影が望め、東には江《え》ノ島や三浦《みうら》半島、房総半島までをも見渡すことができる（次頁）。

天文二十年（一五五一）に小田原城を訪れた南禅《なんぜん》寺の僧東《とう》嶺智旺《れいちおう》は、『明叔録《めいしゅくろく》』に「府中小田原に到る、町小路数万間、地一塵無し、東南は海なり、海水小田原の麓を遶《めぐ》るなり、太守の塁、喬木森々、高館巨麗、三方に大池有り、池水湛々、浅深量るべからざるなり」と記している。この記述から、小田原には塵一つない道路が整然と通り、町の麓にまで海が広がっていたこと、そして太守北条氏康の塁・高館（小田原城）は壮麗で、三方を池（堀）で囲まれていたことなどを知ることができる。

【小田原城の築城】 小田原城がいつ誰により築城されたのかは、定かではない。

小田原城の起源については、今のところ『鎌倉大草紙《かまくらおおぞうし》』の記事で、康正二年（一四五六）頃に「大森安楽斎《おおもりあんらくさい》父子は竹の下（静岡県小山町）より起て、小田原の城をとり立、近郷を押領」とあるものを初見とする。しかし、それ以前にも小田原城が立地する辺りを要害《ようがい》として利用していたことは間違い

●—小田原城城域図

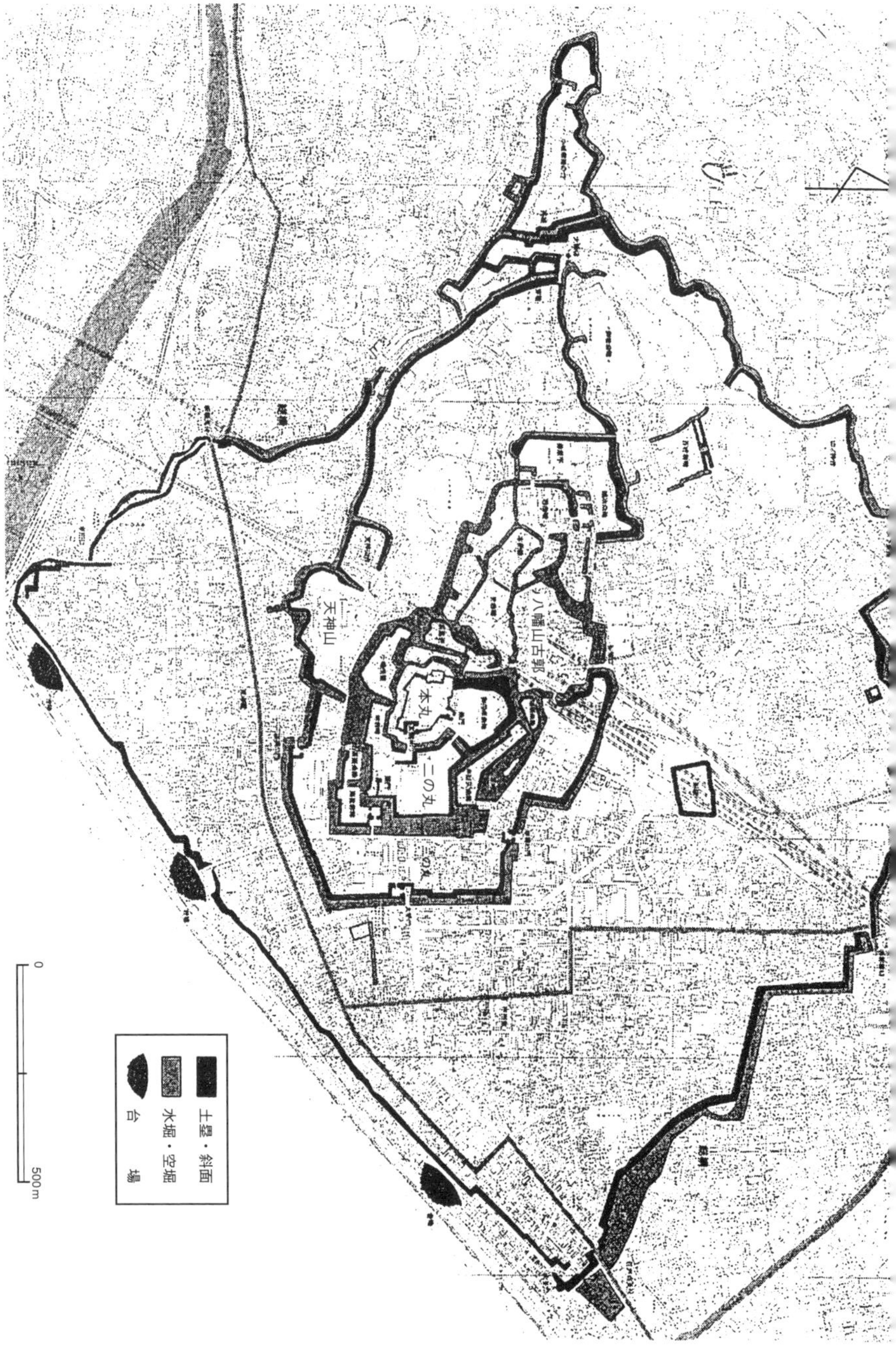

ない。

遡ることおよそ一〇〇年前。建武二年（一三三五）に、北条時行追討のために鎌倉へ向かう足利尊氏《あしかがたかうじ》・直義《ただよし》兄弟は、鎌倉へ向かう途中で小田原の上の山で野営している（「足利尊氏関東下向《げこう》・宿次注文《やどつぎちゅうもん》」）。この「小田原」とは、現在の小田原市南町から本町の辺りを指すものと想定され、「関東下向・宿次注文」に記された足利尊氏の行程から考えると、東海道沿いの前記「小田原」の山の手が候補地となる。すなわち、天神《てんじん》山丘陵・八幡《はちまん》山丘陵と呼ぶ、後の小田原城の一角を形成する丘陵上を要害の地として野営したと解釈することができよう。

なお、これまでに四〇〇ヵ所以上で行なわれている発掘調査成果においては、小田原城および城下周辺で一五世紀を遡る遺物の出土は希薄である。このような出土遺物の様相も、小田原城の歴史を考える手掛かりとなるが、文献史的にも考古学的にも小田原城の築城時期については不明な点が多い。

【小田原北条氏の関東進出】　小田原城を取り立てた大森氏は、扇谷上杉《おうぎがやつうえすぎ》氏の勢力として小田原城に拠っており、同じ扇谷上杉氏に組みする伊勢弥次郎《いせやじろう》も小田原城に籠城したことがあった。しかし、大森氏が山内《やまのうち》上杉氏へと転じたため、文亀元年（一五〇一）三月までに弥次郎の兄である伊勢宗瑞《そうずい》により小田原城は攻略された。伊勢宗瑞とは、いわゆる北条早雲《そううん》のことである。

宗瑞は小田原城攻略後も韮山城（静岡県伊豆の国市）を本拠とし、小田原城には嫡子氏綱《うじつな》が置かれた。そして、永正十五年（一五一八）に隠居した宗瑞の跡を受け（宗瑞は翌十六年没）、氏綱が家督相続するとともに小田原城は小田原北条氏の本城として位置付けられた。

なお、小田原の本拠化は、永正三年（一五〇六）に死去した氏綱母の菩提《ぼだい》を弔《とむら》うための伝心庵《でんしんあん》が小田原に建立され、永正十六年には雲見《くもみ》（静岡県松崎町）の土豪《どごう》高橋《たかはし》氏が結肌《ゆはだ》の儀（妊婦の着帯）・お産を雲見と小田原のどちらで行なうかを宗瑞に問い合わせている事例などが確認されることから、宗瑞存命中から進められていたと思われる。

小田原へと進出した伊勢氏は、両上杉氏などの勢力を排除しつつ、相模国内を治めようとする自らの正統性を主張するため、関東管領《かんとうかんれい》である上杉氏に対して鎌倉幕府執権《しっけん》である「北条氏」の名跡を名乗り、関東へと勢力を広げていったのである。

【小田原城と城主居館】　小田原北条氏一〇〇年の首府となった小田原城と城下とは、どのような姿であったのだろうか。発掘調査と近年の研究成果を中心にみてみよう。

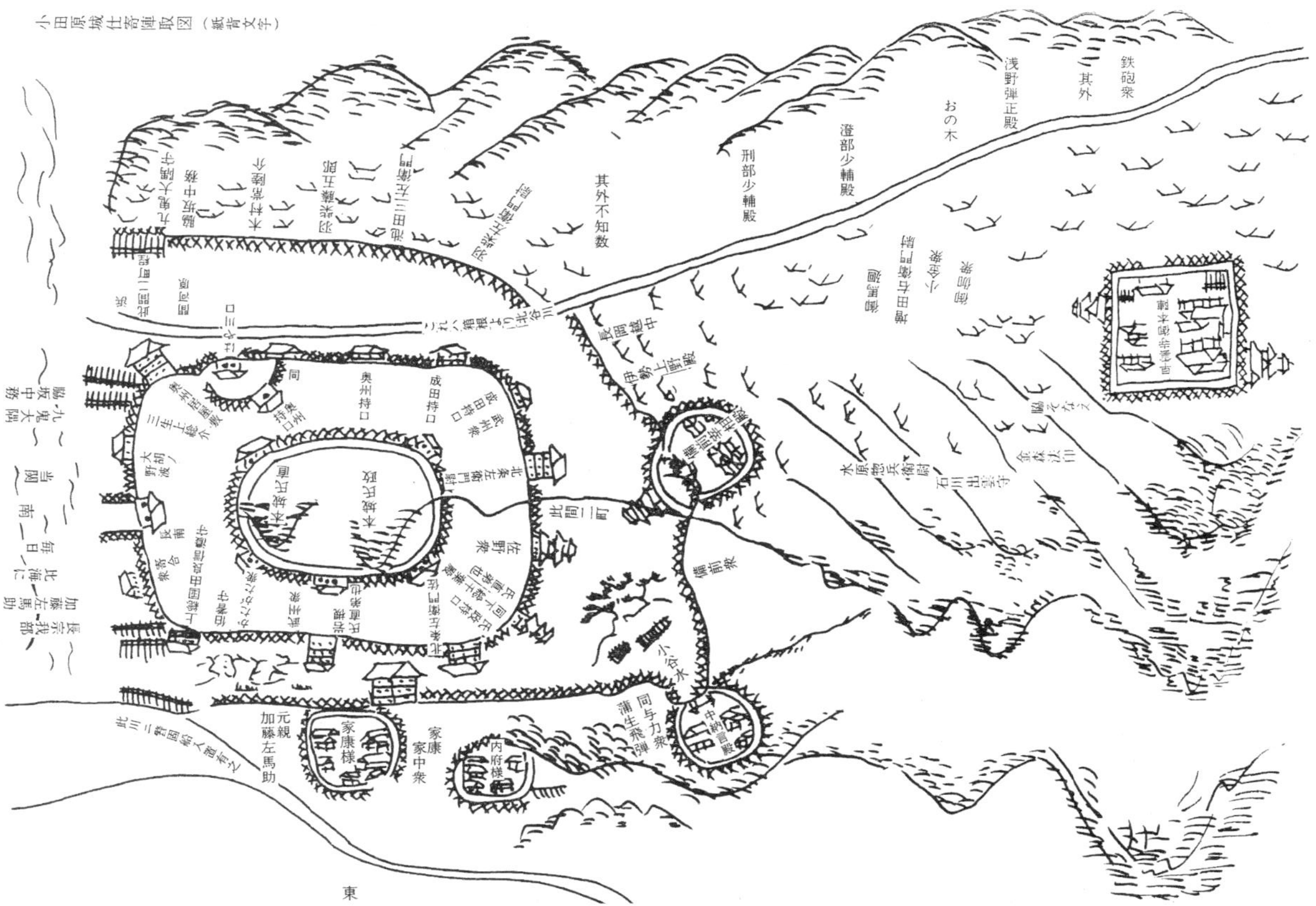

●—小田原合戦仕寄陣取図（山口県文書館所蔵（毛利文書837—1）、トレース図、『小田原市史』別編城郭より）

先に紹介した『明叔録』の記述からは、小田原城が三方を池（堀）で囲まれた要害であることをみた。大永二年（一五二二）、その堀の中で「北の堀の内」には、江ノ島弁財天が勧請《かんじょう》され、小田原城の鬼門《きもん》（北東）の鎮守とされている（『異本小田原記』）。したがって、この頃の小田原城の主郭は弁財天《べんざいてん》（近世弁財天曲輪）から見て南西に位置することとなり、当時の小田原城の主郭が八幡山古郭ではなく、近世の本丸周辺に位置していたことが想定できる。

一方で、丘陵部の八幡山古郭では、これまでに四〇ヵ所以上の発掘調査が行なわれているが、出土遺物の量は極めて少なく、天正年間（一五七三〜一五九二）を遡る遺物はほとんど出土していない。これは、現状の八幡山古郭の形成が天正年間まで下がる可能性を示唆しているとともに、八幡山古郭が通常の生活空間として用いられてはいなかったことを示していよう。

しかし、八幡山古郭が使われていなかったというわけではない。天正十八年（一五九〇）に豊臣秀吉と対峙した際に豊臣方で作成された「小田原陣仕寄陣取図《おだわらのじんしよりじんとりず》」には、本丸部分に「本城氏直《うじなお》」、八幡山古郭と思われる部分に「本城氏政《うじまさ》」と記されている（前頁）。このことから、天正八年（一五八〇）に隠居した氏政は、当主氏直とは居所を別にしていたものと考えられる。天正十八年の小田原合戦に際しても、氏直が七月五日に小田原城を出て秀吉《ひでよし》に降伏したのに対し、氏政は七日の徳川勢の入城を経てもなお城に留まり、家康《いえやす》の陣所へと赴くのが十日であった点からみても、氏直・氏政の居所が異なり、天正十八年の段階の小田原城には、近世以降に本丸として使われる場所と八幡山古郭の二つの主郭が存在したことがわかるのである。

また、低地部の景観については、さまざまな文書史料から推察することができる。連歌師《れんがし》宗牧《そうぼく》は小田原の氏康館を訪れた時のことを、『東国紀行《とうごくきこう》』天文十四年（一五四五）二月二十五日の記事に「君卓《くんたく》のかざられ庭籠《ていろう》の鳥、かずかずのおもしろさ、やり水のかけひ雨にまがはず、水上は箱根の水海よりなどき、侍りて、驚ばかりなり」と記している。つまり、氏康館の庭には、箱根の水海（芦ノ湖《あしのこ》）から流れる早川から引いた水が用いられているということであるため、水の流れを考えると氏康館の位置が丘陵上でないことは明らかである。そして、その居館には、永禄元年（一五五八）に古河公方足利義氏《よしうじ》を小田原に迎えた時の『鶴岡八幡宮社参記《つるがおかはちまんぐうしゃさんき》』の記述から、「会所」「寝殿」が備えられていたことがわかる。これらのことから、低地部に当主居館が存在し、その館とは「洛中洛外図」に見られるような「花の御所」的なものであった

●―発掘調査で検出された小田原城総構堀

と考えることができるのである。

【正方位に区画された城下町】　小田原城下には、『為和記《ためかずき》』の記述から、少なくとも氏綱亭・伊勢備中守亭・箱根別当長総（綱）亭などが存在し、冷泉《れいぜい》為和を迎えて歌会を催すに相応しい屋敷が林立していたことがわかる。ほかに、文献史料からは「奥州（氏照《うじてる》）屋敷」「山角上野介方《やまかくこうずけのすけかた》」「山中大炊助方《やまなかおおいのすけかた》」なども存在したことが明らかである。近年の発掘調査では、小田原城下各所で小田原城の縄張《なわばり》では想定できない位置で大規模な堀が検出され、場所によっては障子《しょうじ》堀が方形に巡る様相も確認されている。先の「奥州屋敷」の記述では堀が存在することも記されているため、このような事例を踏まえると、小田原城下には家臣が集住し、家臣が住まう方形居館が整然と林立していたのではないかということが想定される。

　そして、多くの居館を構える小田原の町は、正方位に区画されたプランを有していた。このことは、発掘調査で検出された堀や溝、道路状遺構の分析から確認されており、居館のみならず、町割りの構造も京都のような都市であったということができよう。

【天正十八年の小田原城】　上杉謙信《うえすぎけんしん》・武田信玄《たけだしんげん》の攻撃を籠城戦で退けた小田原北条氏は、豊臣秀吉との対立が明確な状況となった天正十二年以降、相次いで小田原城の改修を進めて

●―小峯御鐘台大堀切東堀

いる。その中で、小田原城の代名詞ともいえる総構《そうがまえ》も構築されることとなる。発掘調査で確認された総構堀は、幅一六・五メートル・深さ一〇・〇メートル、堀底に最大一・七メートルの高さの堀障子を持つ規模であり、このような堀と土塁が周囲九キロにわたって構築されていた。『北条《ほうじょう》五《ご》代《だい》記《き》』には、この総構を手本に各地の城郭で総構が採用されたことを示す記述があり、まさに小田原北条氏の本城に相応しい大規模な遺構であった。

しかし、近年の研究によると、総構の普請《ふしん》は天正十五年頃から行なわれたものと考えられている。つまり、総構に囲まれた小田原城の景観とは、実際のところ小田原北条氏の治世一〇〇年のうち、僅か三年程度の姿ということになる。

残念ながら、現在の小田原を訪れて総構の全貌や障子堀を見学できる箇所は少ないが、「山《やま》ノ神台東《かみだいひがし》」付近では、茶畑として土地利用された堀のラインを明確に確認することができ、「稲荷森《いなりもり》」では竹林の中にのこる堀の景観を観察することができる。また、総構堀と小峯《こみね》御《お》鐘台《かねのだい》大堀切《おおほりきり》西堀《にしぼり》が交わる場所では、壮大な堀の交錯を目の当たりにすることができるなど、見学ポイントは多い。

なお、総構ではないが、小峯御鐘台大堀切東堀は堀底を散策路として歩けるように整備されており、壮大な堀と土塁の規模を体感することができる（前頁写真）。これら各所では、堀底の凹凸から土橋や堀障子の存在を想定できる箇所もある。来訪者は、土造りによる東国中世城郭の集大成に相応しい景観を楽しむことができるであろう。

【小田原散策で見つける中世都市の姿】 現在の小田原では、丘陵部でこそ前述の堀・土塁などの中世城郭遺構を観察することができるが、低地部・城下町については関東大震災をはじめとする度重なる地震・火災の影響により、近世以前の建造物・構造物はほとんどのこっていない。そのため、小田原を訪れた人の多くは小田原では戦国時代の面影を見ることができないと思うであろう。しかし、足元に目を向けると、実は戦国時代の小田原の面影がそこかしこで観察できる。

低地部では、蓮上院《れんじょういん》裏および早川《はやかわ》口遺構に総構の土塁がのこり、土塁外側には総構堀の痕跡が確認できる。実は、総構堀の大半が、今も河川や暗渠《あんきょ》水路として観察することができるのである。また、現在も正方位に走る道路が数多くのこされており、これらの道路は戦国時代から用いられているものである。足下にのこる微妙な区画から、戦国期の小田原の姿を観察できることが小田原散策のポイントである。

さらに、街中には「町名保存碑」と呼ぶ明治八年以前の町名を継承するための石碑が各所に建てられており、そのなかには「欄干橋《らんかんばし》町（旧今宿）」「宮前《みやまえ》町」「一丁田《いっちょうだ》町」のように戦国期より名前が確認できる町名や、「山角《やまかく》町」「上幸田《うわこうだ》・下《しも》幸田」「安斎小路《あんさいこうじ》」などのように小田原北条氏家臣の名前に由来する町名もある。このように、地割りや旧町名の中に戦国時代の小田原の景観は生き続けている。

【二つの小田原城】 先に戦国時代の小田原城の主郭が二つ存在したことを述べた。

しかし、実は現在の小田原城でも二種類の小田原城を見学することができる。一つは、戦国大名小田原北条氏により築かれた中世小田原城である。もう一つが、石垣の上に天守閣が聳える近世小田原城である。この城は、寛永十年（一六三三）から春日局《かすがのつぼね》の実子、稲葉正勝《いなばまさかつ》が築城したものであり、稲葉氏三代・大久保氏九代を経て明治維新を迎えた。現在、小田原市教育委員会により随時整備事業が進められている。

近世小田原城の下にも中世小田原城の歴史があり、当時の縄張を伝える場所も多い。時代の積層を考慮し、城と城下を合わせて散策することにより、私たちの足下には関東の首府であった戦国時代の小田原の姿がよみがえるのである。

（佐々木健策）

【参考文献】 小田原市『小田原市史』別編城郭（小田原市　一九九五年）

●関白秀吉が築いた石造りの城

石《いし》垣《がき》山《やま》城《じょう》

〔国指定史跡〕

〔所在地〕神奈川県小田原市早川
〔比　高〕約三五メートル
〔分　類〕山城
〔年　代〕天正十八年（一五九〇）
〔城　主〕豊臣秀吉
〔交通アクセス〕箱根登山鉄道「入生田駅」から徒歩五〇分。ＪＲ東海道本線「早川駅」から徒歩六〇分。西湘バイパス「早川インター」から一五分、小田原厚木道路「荻窪インター」から二〇分

【石垣山、石垣山城】　石垣山城は、天下統一を目指す関白《かんぱく》豊《とよ》臣秀吉《とみひでよし》が、小田原北条氏を攻略するために築いた陣城である。文献史料上は、「石垣山」とのみ記される場合が多く、実は当時の城名は不明である。しかし、その規模は秀吉自身が「聚楽《じゅらく》又ハ大坂の普請《ふしん》を数年させられ候ニ不相劣様《あいおとらぬさま》ニ云々」と記すほどで、聚楽第・大坂城の普請にも劣らない本格的な築城であったことがわかる（次頁図）。まずは、「一夜城」とも呼ばれる石垣山城築城の経過をみてみよう。

【築城の経緯】　秀吉は、小田原城を本拠とする小田原北条氏を攻めるため、天正十八年（一五九〇）三月一日に京都を発した。二十九日には山中《やまなか》城（静岡県三島市）を落とし、四月六日には箱根《はこね》湯本《ゆもと》の早雲《そううん》寺に本陣を構えた。そして、即日石垣山（笠懸《かさがけ》山）に登って山内を検分し、ただちに築城を命じたという。

史料上、石垣山城築城に関する史料が見えるのは四月末からとなるが、二十八日には「御座所《ござところ》もはや石くみも、御てんも、らい月中にハいてき候ハんま、」と述べており、石垣・御殿も完成間近であったことがわかる。そして、五月十四日には「はや御ざところのしろも、いしくらてき申候間、大ところてき申、やかてひろま・てんしゆたて可《べく》申候」と、石垣《いしくら》の普請が終わり、台所も完成している様子がわかる。そして、広間・天守の作事に着手する段階となっていたこともうかがい知ることができる。

六月九日、東北の雄・伊達《だて》政宗《まさむね》が小田原に参陣。この時も

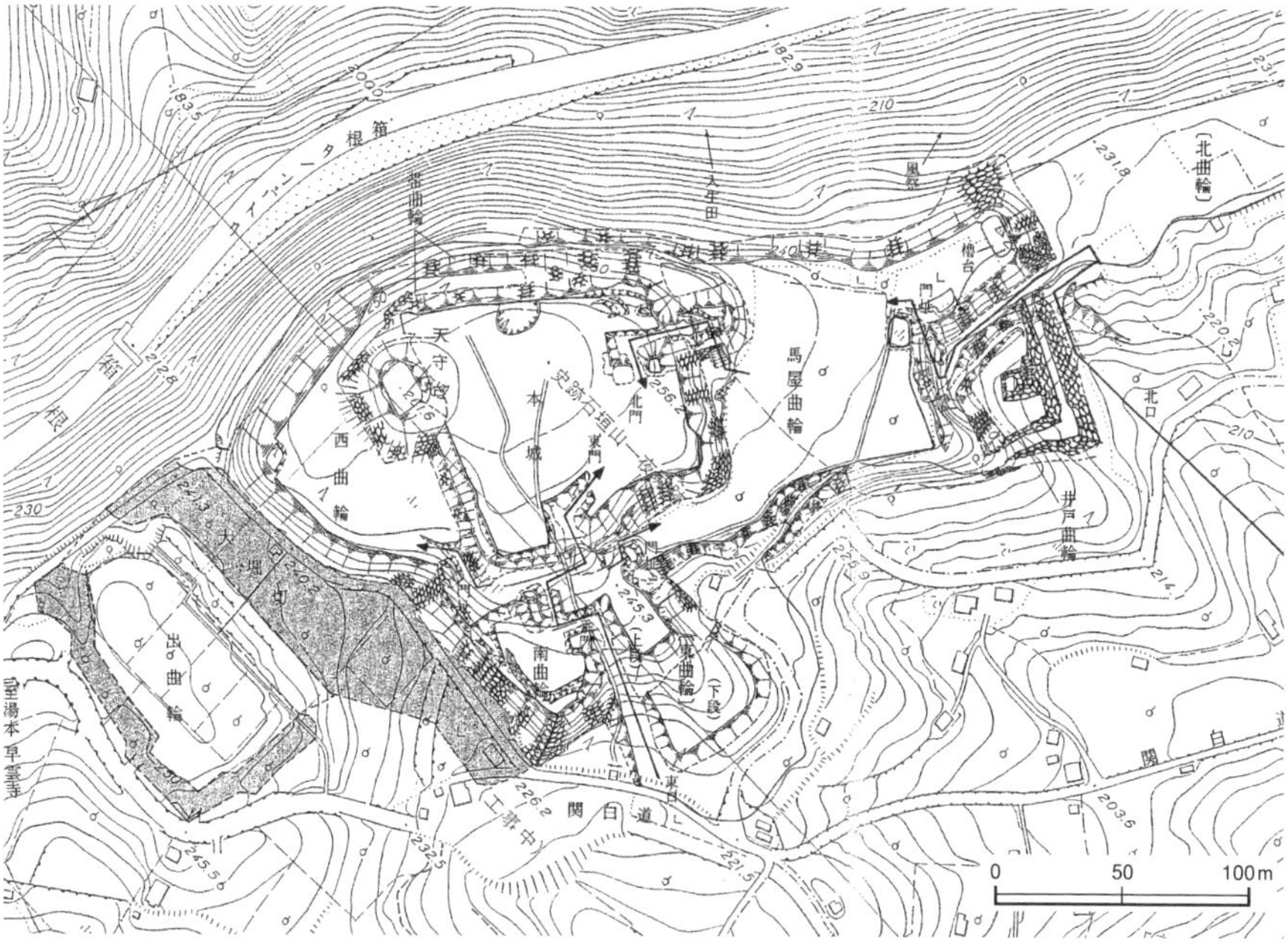

●—石垣山城城域図

石垣山の築城は継続中であったが、「木村《きむら》宇右衛門《うえもん》覚書《おぼえがき》（伊達政宗言行録《げんこうろく》）」には、面白いエピソードが掲載されている。九日に続いて翌十日にも伺候した政宗は、前日訪れた際には見られなかった白壁が完成しているのを目の当たりにする。そして、それを白紙が貼り付けてあるためと見破って秀吉を初めとする居並ぶ諸大名を感心させたという。塀・壁に白紙を貼って白土を塗ったように見せかけたとの話は、他の史料にも見られる逸話である。

そして、六月二十六日。秀吉は小田原城側の大樹を伐採させ、早雲寺から石垣山城へと本陣を移した。『北条五代記』によると、これを見た小田原勢は「かの関白は天狗か神か、かように一夜の中に見事なる屋形《やかた》出きけるぞや」と、肝を潰したという。

以上が石垣山城築城の経緯であり、突貫《とっかん》工事で塀・壁を造り上げているようすや、樹木を伐採して一夜のうちに城郭ができているように見せかけるという視覚的効果が、後に「一夜城」との伝説を生んだものといえる。実際の工期は八十二日であった。

【石垣】 石垣山城は、関白秀吉が築城した城郭であり、東国で始めて築かれた総石造りの城郭であった。しかし、戦国期の関東地方にも、新田《にった》金山《かなやま》城（群馬県太田市）・箕輪《みのわ》城（群馬

●―八幡山古郭東曲輪

県高崎市）・唐沢山城《からさわやま》（栃木県佐野市）・鉢形城《はちがた》（埼玉県寄居町）・八王子城《はちおうじ》（東京都八王子市）などのように、石垣を用いた城がなかったわけではない。小田原でも天正十八年に細川忠興《ほそかわただおき》に奪われた松山《まつやま》（富士山砦《ふじやまとりで》）には小田原北条氏が築いたとされる石垣が残存し、最近の発掘調査では小田原城でも八幡山古郭東曲輪で石垣が確認されている。

しかし、いずれも畿内・西国でみられるような高石垣ではなく、高さ・石のサイズともに小規模なものが多い。また、当時の関東の城郭に瓦葺《かわらぶき》を有する建物は少なく、石垣の上に瓦を乗せた白壁輝く石垣山城の姿は、関東の人々にとっては衝撃であったことであろう。

秀吉は、石垣山築城にあたり、近江国穴太《あのう》の石工（穴太衆）を用いている。七月十一日付けの文書には「穴太三拾五人返し遣わされ候」とあり、石垣山に穴太衆がいたことは間違いない。石垣山城の石垣は、いわゆる野面積《のづら》みで算木積《さんぎ》みもみられるが、石垣の裏込栗石《うらごめくりいし》が少ない点は特徴的である。一部に割り石も用いられているが矢穴の痕跡はなく、用いられている石の大きさは最大でも二メートル程度である。

石垣山城は近世には御留山《おとめ》となり、後世に手が加えられることなく今に伝えられた。天正年間の穴太衆による石垣が観察できる貴重な城郭である。

【石垣の石材】　石垣山城の石垣には、箱根火山のうち古期外《がい》輪山《りんざん》で採取される安山岩《あんざんがん》が用いられており、石材は石垣山周辺で採取されたことがわかる。時代が下がり、寛永年間（一六二四～一六四四）になると、この石垣山の南西斜面の露頭石材を江戸城用の石垣として多量に切り出していることなどは（早川石丁場群）、この山が豊富な石材の産地であったことを物語っている。

矢穴のない石垣山城石垣の石材に対し、江戸城用に切り出された石材には一〇センチ前後の矢穴が並んでいる。矢穴は、翌年から秀吉が築城する肥前名護屋城《ひぜんなごや》では多く確認されており、矢穴の有無が時期的な石材加工の画期を示しているのか、地域的・石工の相違によるものかは明らかではない。城郭史上の石垣山城の重要性がうかがえる。

【石垣山の縄張】　では、石垣山一夜城に登城してみよう。なお、ここで説明する郭の名称は、享保五年（一七二〇）に作成された『太閤《たいこう》御陣城《おんじんじろ》相州《そうしゅう》石垣山古城跡《こじょうあと》』による（次頁図）。

現在の石垣山城の入口である駐車場は、石垣山城の東側にある。現在、ここには早川石丁場群関白沢支群で出土した江戸城用の石材が移設されており、石垣山城の石垣と比較するためにも是非見学して欲しい。

『太閤御陣城相州石垣山古城跡』では、この駐車場のあたりより真っ直ぐに登る道が、「大手」とされているが、まずは左手に周り、南曲輪の隅石垣を左手に見ながら進んでみよう。南曲輪の石垣は、比較的良好に石垣がのこる場所のひとつであり、ここの隅石が石垣山城では最大級の大きさである。

●―南曲輪の石垣

現在の石垣山城を訪れて気付くのは、多くの石垣が崩落していることである。これは、大正十二年（一九二三）の関東大震災の影響によるものであり、被災以前には多くの石垣が旧状を留めていたと伝わっている。しかし、石垣の崩落箇所が各郭の隅部や虎口部分に顕著であるため、破城の可能性も指摘できよう。

崩落した石垣を眺めつつ登ると大手道に合流し、大手道は左へと続く。よく見ると足下には石積みの側溝も観察でき、門の跡とされる折れを抜けると南曲輪へと達する。南曲輪を抜け、左手に西曲輪を見ながら進むと本城へと達する。本城からは遠く小田原城の天守閣を望むことができ、眼下には広大な相模湾の海岸線が広がっている。

本城には、南西部に天守台とされる高台がのこる。関東大震災による崩壊により現在は小山のようになっているが、『太閤御陣城相州石垣山古城跡』には五〇間×三八間とあることから、かなりの面積を有していたことがわかる。また、周辺では瓦の出土が確認されており、瓦葺の天守が存在していたものと考えられる。

本城から北側の門を抜けると馬屋《うまや》曲輪へと出る。馬屋曲輪に降りたら、本城の石垣を観察しよう。本城北側の石垣は、一部崩落しているものの石垣山城最大の高さを有している。小田原北条氏が籠もる小田原城からは、おそらくこの石垣が正面として見えたことであろう。石垣は、一〇メートル以上の高さがあるが、よく見るとセットバックにより段を造り、構築されていたようである。積み上げられた石垣のみではなく、崩れかけた石垣から内部の構造が確認できるということも、石垣山城を訪れる楽しみの一つであろう。

馬屋曲輪を抜け、北へ向かうと先端には櫓台跡がある。この櫓台跡は西側を通る東海道（国道一号）を眼下に見下ろすことができ、谷を挟んで塔峰《とうのみね》城や富士山砦、右手には小田

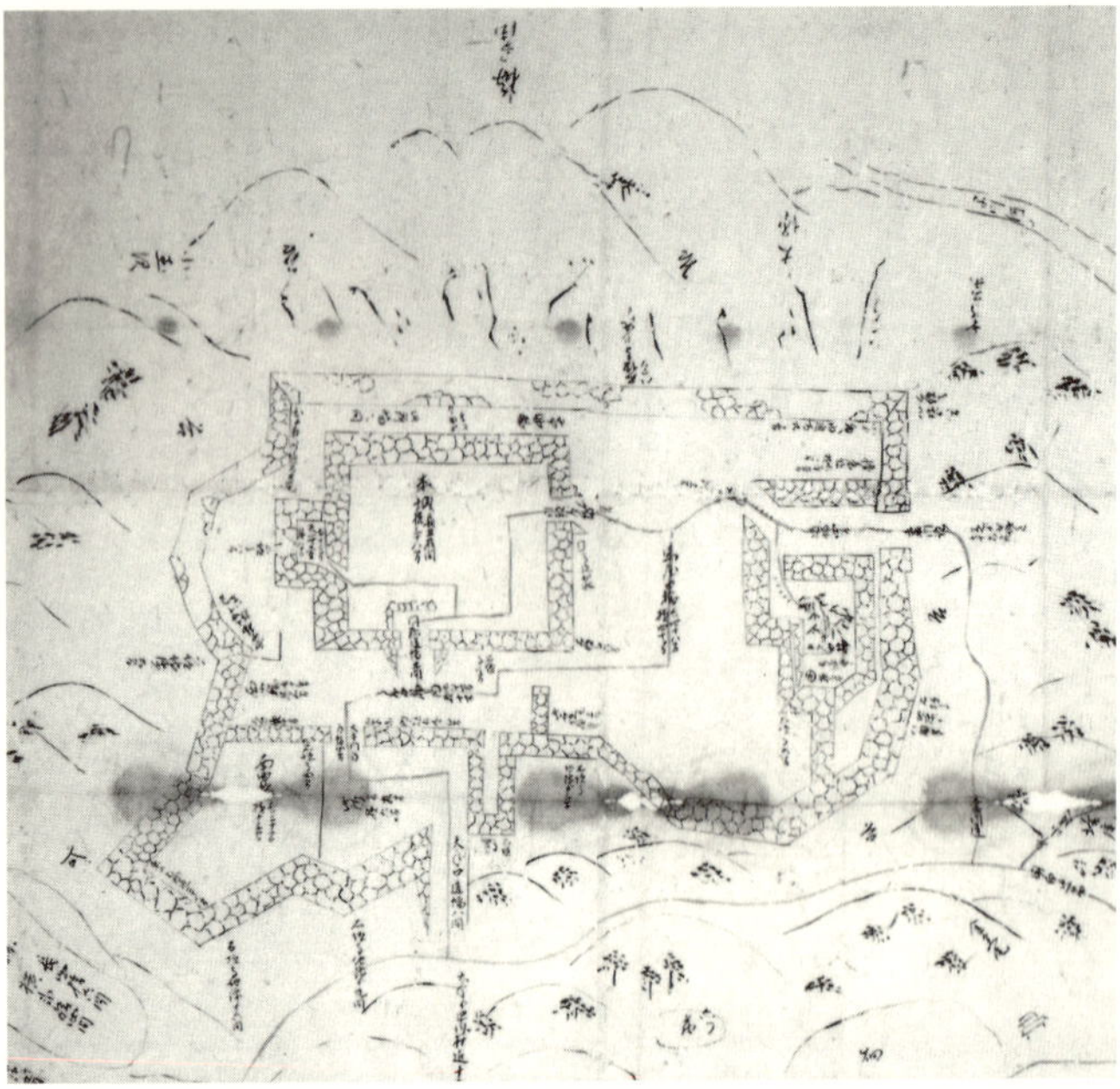

●—石垣山城絵図（部分、小田原市立図書館所蔵）

原城まで見渡すことができる。

そして石垣山城を訪れたなら、必ず井戸《いど》曲輪に寄ろう。井戸曲輪は、谷奥の湧水点に一〇メートル以上の高さで石塁を積み上げ、その石塁を堰《せき》として湧水を閉じ、貯水させた郭である。堰をなす北面と東面北側は内外両面ともに石塁となっており、他の面にも石垣がめぐっている。効果的に巨石を縦に用いている様子は、西国の城郭にも見られる様相であろう。本来の道筋は馬屋曲輪の北東から螺旋《らせん》状に降りるようになっていたと考えられているが、『太閤御陣城相州石垣山古城跡』にみえる道筋は現在の道筋と同じである。井戸曲輪北側の石垣も本丸北側の石垣とともに小田原城に対する正面

●—井戸曲輪の石垣

●―肥前名護屋城城域図（佐賀県立名護屋城博物館提供に加筆）

に位置し、小田原城の城兵を驚かせたことであろう。

【石垣山と肥前名護屋城】　豊臣秀吉が築いた陣城としては、石垣山城築城の翌年（天正十九年）から築城が開始される肥前名護屋城（佐賀県唐津市）との共通点が多くみられる。石垣山城と肥前名護屋城を比較すると、南曲輪＝弾正丸《だんじょうまる》、西曲輪＝二の丸、本城＝本丸（天守台《てんしゅだい》の位置も一致）、馬屋曲輪＝三の丸に該当する。井戸曲輪に該当するものは肥前名護屋城にはないが、三の丸に相当する同一ヵ所には井戸が確認されている。『太閤御陣城相州石垣山古城跡』には描かれていないが、石垣山城で北曲輪と想定する部分には東出丸があり、その縄張図を比べると、その類似性は明らかである。

肥前名護屋城の普請は、石田正澄《いしだまさずみ》の書状などから黒田長政《くろだながまさ》（一説に黒田孝高《よしたか》）・小西行長《こにしゆきなが》・加藤清正《かとうきよまさ》などが命じられたとされているが、石垣山城の縄張は誰が行ったのであろうか。先の三人は小田原合戦には参陣しておらず、黒田孝高のみその参陣を確認することができる。石垣山城の築城者は誰か？　石垣山城の謎の一つである。　（佐々木健策）

【参考文献】武谷和彦ほか『肥前名護屋城と「天下人」秀吉の城』佐賀県立名護屋城博物館特別企画展（佐賀県立名護屋城博物館　二〇〇九年）

●箱根の山に眠る謎の城

御《み》所《とこ》山《やま》城《じょう》

〔所在地〕神奈川県小田原市早川御所山
〔比　高〕約七五メートル
〔分　類〕山城
〔年　代〕不明
〔城　主〕不明
〔交通アクセス〕小田原からタクシーまたは車で箱根ターンパイクに入り「旧桜山駐車場」で下車、徒歩一〇分

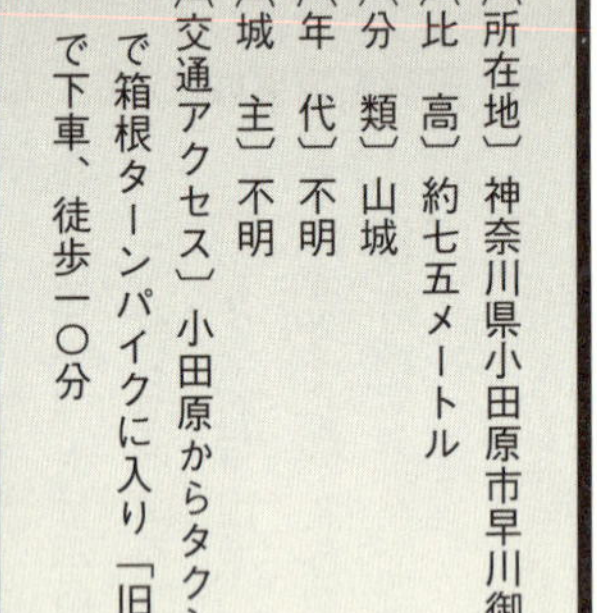

【謎の城】　小田原《おだわら》から有料道路・箱根ターンパイクに入り、八・八キロほど走ると、旧桜山駐車場がある。そこで下車し、道路反対側にある案内標柱を手がかりに山中を歩くこと約一〇分で御所山城に到着する。昭和五十九年（一九八四）に地元の研究者により発見されたが、その歴史は全く不明で、まさに「謎の城」である。しかし、その構造は非常に特徴的で、遺構も良好に保存されている。

【縄張の構造】　城跡のすぐ下には、秀吉が天正十八年（一五九〇）の小田原合戦時に使用したとされる「関白道」が通っており、この道を押さえるために築城されたことがうかがわれる。城跡は、主に東郭と西郭からなるが、一つの大きな郭の真ん中を土塁で区切ることによって分かれている。西郭西側には小規模ながら堀切も見られる。両郭ともに土塁で囲まれており、西郭の方が東郭より若干高い。東郭北側と西郭北側に虎口があるが、この城の特徴はなんといっても西郭の桝《ます》形虎口《がたこぐち》だろう。保存状況は極めて良好で、近隣城郭には見られない珍しい遺構である。

【歴史を探る】　では、この城の歴史はどのようなものなのか。これまでも、桝形虎口の存在や「関白道」との関係から、天正十八年（一五九〇）の小田原合戦時に豊臣軍によって中継基地として築城された可能性が指摘されている。現段階ではその可能性が高いと思われるが、桝形虎口の存在が必ずしも戦国後期のものとは限らないため、戦国時代初頭の小田原城主大森氏により築城された可能性もあるし、北条氏により築

城された可能性も大いにあろう。いずれにせよ、その歴史を物語るものは現段階では一切存在しない。この「謎の城」の歴史が解明される時はやってくるのだろうか。

（竹井英文）

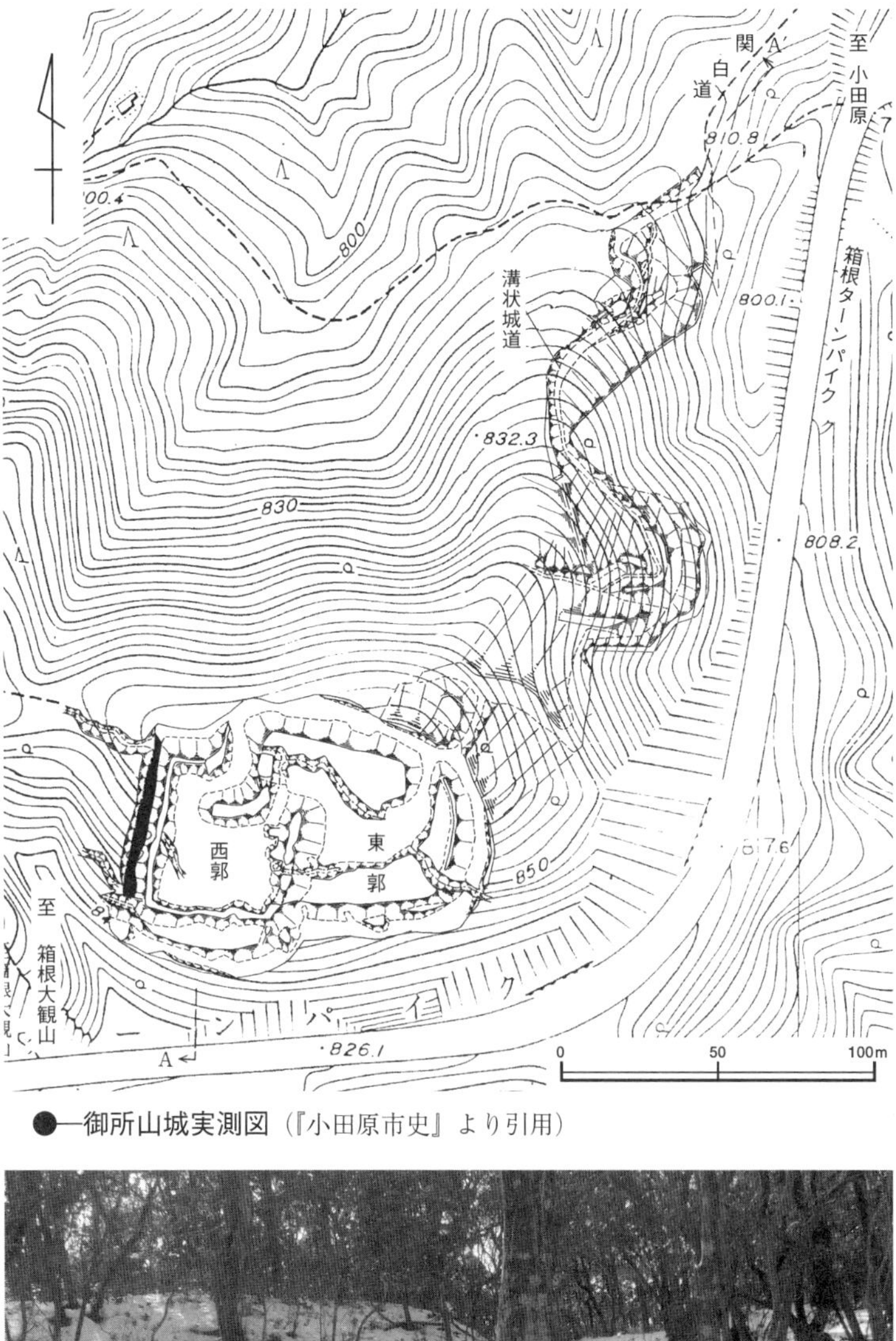

●―御所山城実測図（『小田原市史』より引用）

●―御所山城　西郭の桝形虎口

【参考文献】『小田原市史』別編城郭（小田原市　一九九五年）

●箱根の番所の要害

湯《ゆ》坂《さか》山《やま》城《じょう》

〔所在地〕神奈川県足柄下郡箱根町湯本
〔比　高〕一七〇メートル
〔分　類〕山城
〔年　代〕一五〜一六世紀
〔城　主〕—
〔交通アクセス〕箱根登山鉄道「箱根湯本駅」下車、徒歩三〇分

【箱根の山城】　江戸時代、交通の難所として知られた箱根。途中には関所が設けられ、厳しく出入りが取り締まられた。教科書にも記載された著名な歴史である。現代の箱根は交通の難所としてではなく、行楽地として広く親しまれている。

　箱根周辺において東海道と関連する城館として、とりわけ著名なのは山中《やまなか》城であろう。天正十八年（一五九〇）に豊臣軍の猛攻を請けて落城した北条方の城である。江戸時代の東海道は山中城を通過することから、近世東海道の整備も戦国時代にさかのぼることが明らかであろう。

　ところが山中城の歴史はさほど古くはなさそうである。同城から北方向へ谷を隔てた尾根筋に平安鎌倉古道と呼ばれる道がある。古道の山腹にある元山中は、山中城が築かれる以前の山中宿の場所とされ、中世文書にみられる水呑《みずのみ》の地名もこの場所に比定される。そしてこの古道の箱根《はこね》峠寄りには小さいながらも山城が発見された。平安鎌倉古道を押さえる目的の山城である。東海道は戦国時代のある時点で移設されたのだった。

【湯坂道の城館】　では東側はどうであろうか。中世の東海道は元箱根より鎌倉時代の磨崖仏《まがいぶつ》である六道《ろくどう》地蔵を越え、湯坂道という尾根道を箱根湯本《ゆもと》へと下る。

　箱根湯本の市街地からこの湯坂道を臨むと、あたかも駅に向けて突き出すかのように一本の尾根が迫る。その尾根の先端に湯坂山城がある。現在、ハイキング道は湯坂山城を串刺しにするようにまっすぐに通り抜ける。しかし構造を丹念に

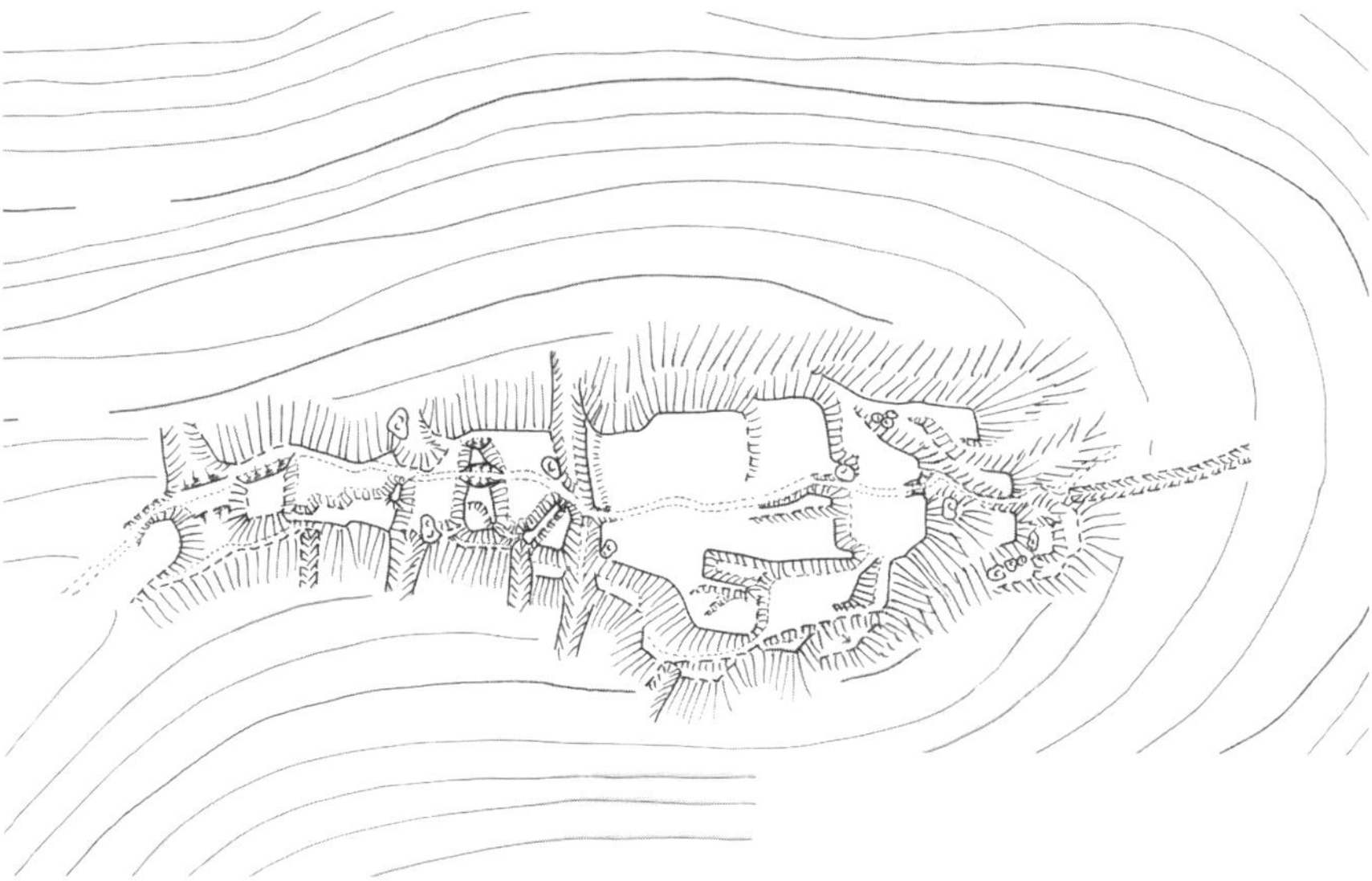

●―湯坂山城（小田原城郭研究会編『箱根をめぐる古城30選』（神奈川県新聞社刊箱根叢書⑦1987）所載図を参考にし、等高線等は国土地理院発行 1：50,000地形図「箱根」を基礎とした）

読み込むと、現道は中世道ではないことは確実である。尾根に普請《ふしん》された堀切が単純な尾根下りを阻止していることがまずわかる。そして城域の西側では城館構造と道の関係が観察される。道筋が郭の南側に設定されていた虎口《こぐち》を通過するように設計されていた。道幅は狭く、一人幅しかない。現状では虎口周辺は地形の改変が著しい。おそらく城が機能を終えた時、虎口を塞ぎ、土塁のような土盛りを行なって、旧道を封鎖したためであろう。

【箱根の関所】 湯坂山城について考古学的な調査は実施されていない。そして関連する古文書もみあたらない。そのため確定的な年代はわからない。おおよそ戦国時代の城館とするのみである。天正十八年の小田原攻めにさいして登場しない。さらに城館の規模を考えると大規模な戦争を想定した城ではないだろう。とすればどのように考えられるか。箱根の山路の入り口という位置を鑑み、関所のような交通監視を目的とした城館なのではなかろうか。

平安鎌倉古道の山城もおそらくは同じ機能であろう。ゆえに豊臣勢との合戦にさいしては山中城のような大規模な城館を必要とした。中世のなかで箱根にも関所が設けられたことが古文書に確認できる。そのような関所の機能との関連で捉えられる城館なのではなかろうか。

（齋藤慎一）

●相模国守護代上田氏の城

真《さな》田《だ》城《じょう》

〔所在地〕神奈川県平塚市真田天徳寺境内
〔比　高〕約一〇メートル
〔分　類〕平山城
〔年　代〕一五世紀後半
〔城　主〕上田氏
〔交通アクセス〕小田急線「東海大学前駅」下車、徒歩約一五分

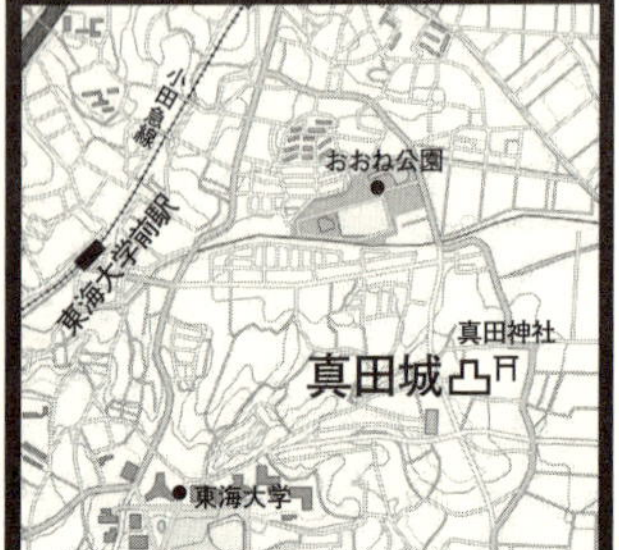

【出現した技巧的縄張】　平塚市の北部、小田急線東海大学前駅から歩いて一五分ほどのところにある天徳《てんとく》寺の境内が中心部である。一般的には、源頼朝《みなもとのよりとも》の挙兵に応じ石橋山《いしばしやま》の戦いで討死した佐奈田《さなだ》（真田）与一義忠《よいちよしただ》ゆかりの城として知られているが、その確証はなく、現存遺構はあくまで戦国期のものである。

　天徳寺境内周辺に土塁や堀の痕跡があるものの、残念ながらはっきりとした遺構はほとんどのこっていない。しかし、近年部分的に発掘調査が行なわれており、境内北側では数条の空堀《からぼり》と土橋《どばし》・虎口《こぐち》などが発見されている。とくに堀には随所に折りひずみが見られ、虎口は見事な横矢掛《よこやが》かりの構造となっており、技巧的な縄張《なわばり》だったことがうかがわれる。遺物が少ないため、これら遺構の年代比定は難しいようだが、一五世紀から一六世紀の遺物が出ているという。ちなみに、戦国期当時は「実田」の字が使われている。

【真田城の歴史】　扇谷《おうぎがやつ》上杉《うえすぎ》氏の重臣で相模国守護代の上田《うえだ》氏の城として築城されたと考えられ、相模国西部の重要拠点の一つであった。上田氏は、後に埼玉県吉見町の松山城主となることでも有名である。千葉県松戸市の本土寺に伝わる「本土《ほんど》寺《じ》過去帳」には、文明十八年（一四八六）六月十八日に「上田行尊霊《こうそんれい》相州《そうしゅう》サナタニテ」没すると書かれており、少なくともその頃には真田城は存在し、上田氏が在城していたことがうかがわれる。

　明応五年（一四九六）七月、扇谷上杉氏と対立する関東管《かんとうかん》

領《れい》山内上杉顕定《やまのうちうえすぎあきさだ》が相模国西部に侵攻してきたが、その時に「上田左衛門尉《さえもんのじょう》要害実田」が包囲されている。そして、永正元年（一五〇四）十二月、再び山内上杉顕定は相模に侵攻し、越後国守護代長尾能景《ながおよしかげ》によってついに真田城は落城した。

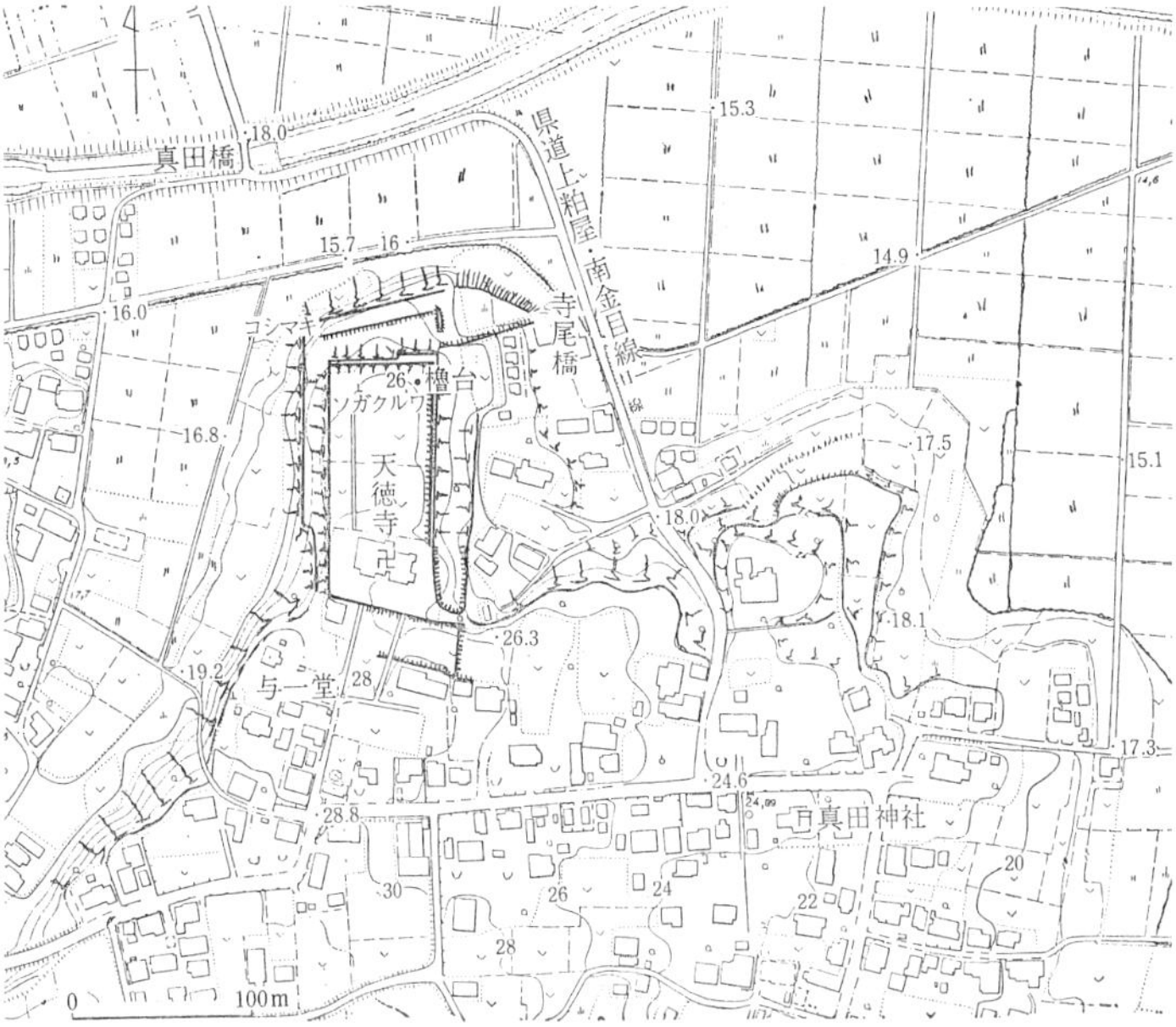

●—真田城要図（『日本城郭大系』より引用）

その後は文献史料に登場しなくなることから、廃城となったものと思われる。発掘調査で判明した遺構も、現段階ではこの頃のものと考えてよいのではないだろうか。

【上杉謙信と真田城】 時は変わって弘治二年（一五五六）、領国経営に苦慮した上杉謙信《うえすぎけんしん》が突如出家を宣言し、周囲を驚かせたことは有名である。その際、謙信がその理由を書いた長文の手紙がのこっている（『上越市史』別編一、一三四号）。そこには、謙信の先祖の武功が書きたてられているが、そのうちの一つに、謙信の祖父にあたる長尾能景が「椚田《くぬぎだ》・真田」を攻め落としたことが挙げられている。真田城は、先祖が武功を挙げた城として長く長尾家の記憶にのこり、それは謙信にも受け継がれていったのである。真田城は、まさに関東を代表する戦国前期の城といえよう。

（竹井英文）

●—真田城内にある天徳寺

【参考文献】齋藤慎一「南関東の都市と道」『中世東国の道と城館』（東京大学出版会　二〇一〇年）、『平塚市真田・北金目遺跡群発掘調査報告書4』（平塚市真田・北金目遺跡調査会　二〇〇三年）

●玉縄城を支える城から町村の城へ

大《おお》庭《ば》城《じょう》

神奈川県

〔所在地〕神奈川県藤沢市大庭
〔比　高〕約三〇メートル
〔分　類〕丘陵城郭
〔年　代〕一四七〇年前後期頃〜一五二四年頃
〔城　主〕扇谷上杉氏、小田原北条氏、町村の城
〔交通アクセス〕ＪＲ「藤沢駅」、ＪＲ「辻堂駅」、小田急「湘南台駅」からバス「城下」下車

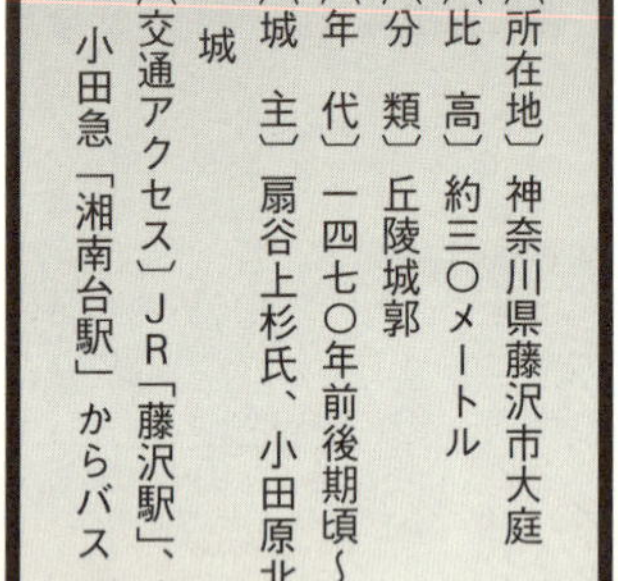

【大庭城の構造と系譜】　大庭城跡は、藤沢《ふじさわ》宿の中心部から北西約三・五キロ、引地《ひきち》川の湿地に突き出す舌状《ぜつじょう》台地の南側先端部に、一五世紀中頃に扇谷上杉《おうぎがやつうえすぎ》氏が築城した丘陵城郭である。後に小田原北条氏が一六世紀前葉に大規模に改修拡張した。比高差約三〇メートルほどの急斜面と周囲の低湿地を最大の防御としている。城域は南北約七〇〇メートル、東西約四〇メートルであるが、北側の外郭部の防御性は低い。現在、南半の約四五〇メートルが城址公園として保存整備されている。主郭は南先端で、北に向かってⅡ郭・Ⅲ郭・外郭を配置する。田中祥彦氏は、Ⅰ・Ⅱ郭が上杉氏の段階の城郭で、上杉氏関係の城郭に共通する形態と規模で、横浜市都筑区の茅ヶ崎《ちがさき》城跡に極似すると指摘する（二六八頁図）。段丘崖・丘陵崖を利用して、大きめの郭を三から四つ程度連ねる形態は、埼玉県嵐山町の菅谷《すがや》城跡、東京都調布市の深大寺《じんだいじ》城跡、茅ヶ崎城跡などの上杉氏関係の城郭に共通し、大庭城跡もこの系譜に属する。

発掘調査は一九六八〜七一年に五回実施された。Ⅰ郭の堀《ほり》切《きり》はⅠ郭の平面からマイナス五・四メートル、上幅七〜八メートル、Ⅱ郭の堀切は地表下マイナス五メートル、上幅一〇メートルであった。主郭を画する堀切は折れがなく、Ⅱ・Ⅲ郭の堀切はそれよりも大型で折れがある。堀切の折れとⅢ郭・外郭は北条《ほうじょう》氏による拡張改修であろう（二六八頁図）。虎口《こぐち》は、Ⅱ郭の北東隅にあり、斜面を登りながら二回折れてⅡ郭内に入る、かなり複雑な構造である（二六九頁図）。腰《こし》

郭《くるわ》は西側が幅も広くて発達しており、西側の防御性が高い。東側の虎口の位置と併せると、築城の主目的は、城の東側に位置する藤沢宿の防衛と確保であろう。藤沢宿は、東海道と江《え》ノ島《しま》道・津久井《つくい》甲州街道が交差する交通の要衝＝遊行《ゆぎょう》寺の門前町と宿場町で、相模国東部では鎌倉に次ぐ規模の都市・町場であった（湯山学、一九七九年）。

●―16世紀初頃の相模中央部～南武蔵の主要城郭分布図（大河内勉『玉縄城跡発掘調査報告書』1994年より加筆改変・引用）

【大庭城と玉縄城＝親子城郭論】 相模国中央部から鎌倉周辺は、鎌倉公方《かまくらくぼう》足利成氏《あしかがしげうじ》と幕府方の管領上杉《かんれいうえすぎ》氏の対立に始まる享徳《きょうとく》の乱（一四五五～八三年）の主戦場の一つとなった。杉山博氏は、大庭城の築城と廃城の時期と経緯について次のように推定している（『藤沢市史通史編』）。①相模守護・扇谷上杉氏の東相模支配の拠点として、文明年間初頃（一四六九年～）に築城され、家宰《かさい》・守護代太田資清《すけきよ》・資長《すけなが》（道灌《どうかん》）が大庭の地を支配した。②伊勢宗瑞《いせそうずい》（北条早雲《そううん》）は、岡崎城（伊勢原市・平塚市）に拠って相模中央部から東部と三浦半島を支配する扇谷上杉方の三浦道寸《みうらどうすん》を永正九年（一五一二）八月の「岡崎城の戦い」で撃破して住吉城（逗子市）に逐い、岡崎城、大庭城、玉縄城（鎌倉市）を接収した（『神奈川県史資料編』３下中世６５０４、『通史編１』／佐脇栄智）。③早雲は一五一六年七月に三浦新井《あらい》城の道寸を攻め滅ぼした。④大庭城はこれ以降、玉縄城が小田原城の重要支城として整備されるにつれて廃城された。

玉縄城は藤沢宿の中心部から北東約二・七キロの丘陵上に占地する。通説では、早雲が一五一二年十月に上杉氏と三浦氏を遮断するために築城したとされているが、これ以前に山内上杉氏方によって鎌倉を防衛するために築城された（玉縄城の項参照）。玉縄城は相武国境近くに突出した境目の城であり、軍事的緊張がもっとも高まった中で改修拡張されたことになる。

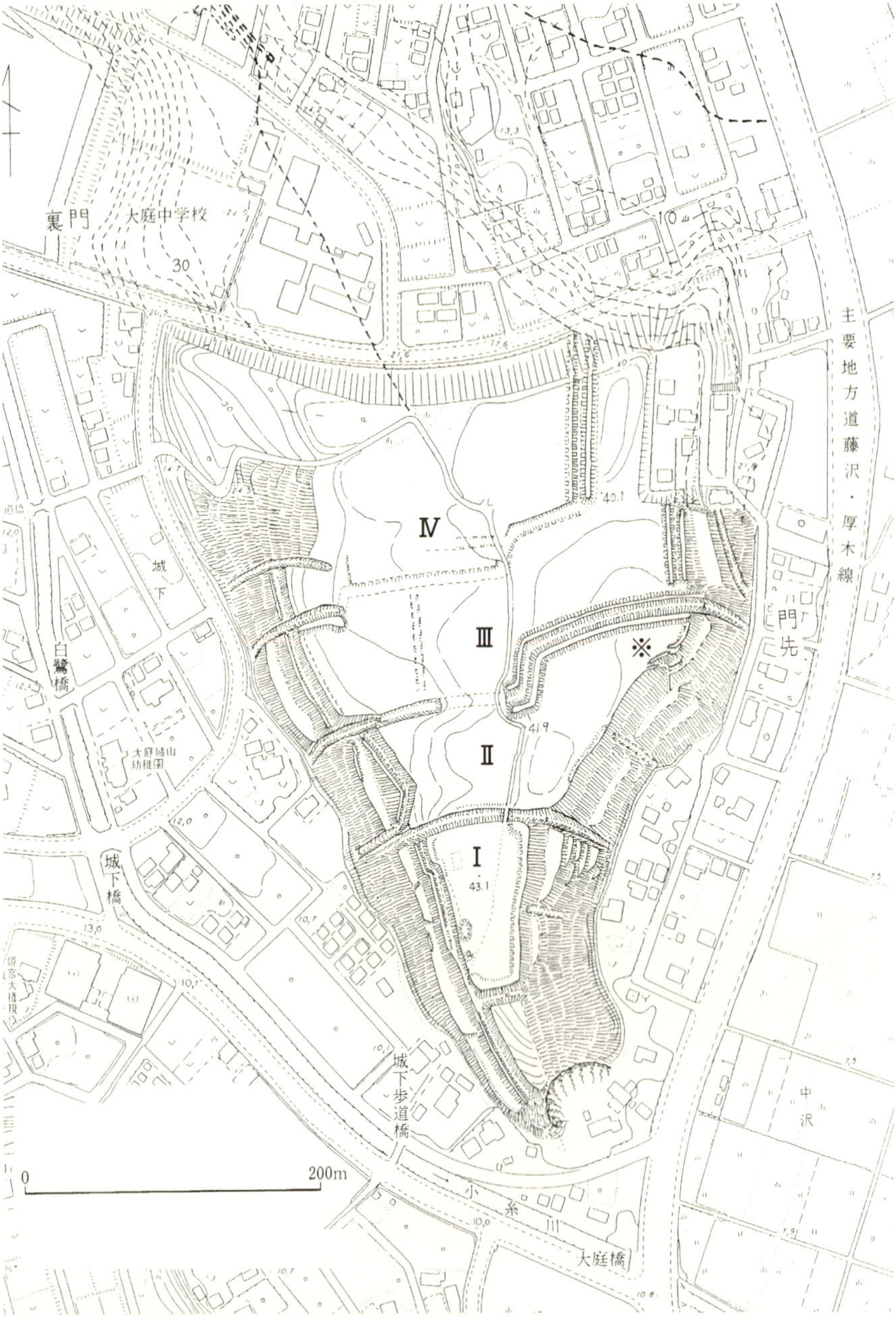

●―大庭城縄張図（田中祥彦『図説中世城郭事典』第1巻 1987年より引用）

城郭は改修・築城期間は防御力が著しく低下する。早雲は、改修途中の玉縄城を破られても、境川と引地川を防衛ラインとする大庭城でくい止める方策を講じたのではないだろうか。［まず先に親の大庭城を改修拡張して子の玉縄城をバックアップする→次に玉縄城を改修拡張する→お互いにバックアップしながら交互に改修整備する→玉縄城が整備拡充されてゆくと親の大庭城の必要性は減少する］。大庭城は、親が子供の成長とともに隠退するように、廃城されたのではなかろうか。このような城郭の親子関係は鶴見《つるみ》川沿いの親・茅ヶ崎城と子・小机城でも想定される。

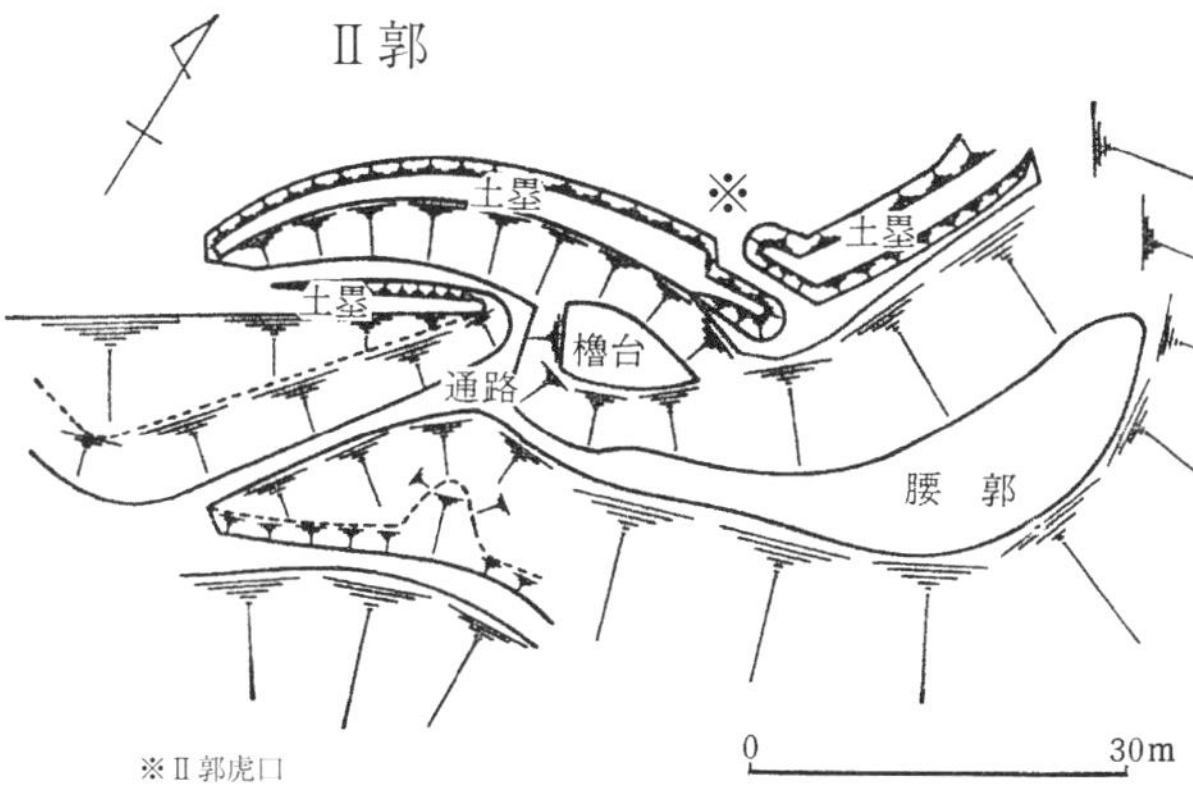

●—大庭城Ⅱ部虎口略図
（小田原城郭研究会『日本城郭大系』第6巻より引用）

大庭城は、①Ⅱ郭堀切に折れを加える改修拡張、②Ⅲ郭拡張、③外郭拡張の三段階の改修が推定され、外郭北西角の大門は西側住民収容のために最終段階に新設された。大庭城跡Ⅱ郭の虎口は、一五一六年に落城した三浦新井城の平入り虎口よりも発達した後出のタイプである。北条氏の国境境目が多摩川を越えるのは、一五二四年一月の江戸城奪取以降であり、大庭城はこれ以降に廃城されたと考えられる。

【廃城後の大庭城と藤沢宿】　北条氏は、他の戦国大名のように家中の内紛や家督相続を巡って内乱が起きたことがなく、本城の小田原城まで攻められた永禄年間の一五六一～二年の上杉謙信《うえすぎけんしん》、六九年の武田信玄《たけだしんげん》の侵攻以外は、相模国内が戦場になることはなかった。謙信と信玄は深刻な飢饉に対処するために、食糧を求めて関東に侵攻したと考えられており、特に謙信の侵攻は、相模国内がことごとく亡国になったといわれるほど深刻な略奪と人さらいの被害を受けた。戦国時代の城郭は、これらの危機から住民・領民を収容保護する避難所でもあり、領主は領民保護と徳治の義務を負い、領民はその対価として年貢と諸役を負担した（藤木久志、一九九五年）。北条氏は、相模国内では津久井城（相模原市）・玉縄城（鎌倉市）・三崎《みさき》城（三浦市）の三支城しか配置していない。この三支城だけでは領民の収容保護は無理である。住民・領民の避難所はどうなっていたのであろうか？

　下山治久氏は、城跡の使用について次のような興味深い指摘を行なっている（要約・傍線／伊藤）。①「（城跡は）城郭や寺社の構築材の材料の供給地、一朝有事《いっちょうゆうじ》の際の伝えの城、兵の集合場所、農民の避難場所として使われた。茅ヶ崎城のような大規模な城址では部分的に改築して砦や城塞として、普段は番兵を置く程度にして保存し、合戦の時には兵力を籠《こ》めて使用した」。②「戦国時代からある目的をもって、郷村内部の共有地として保存されてきた中世の城塞は、江戸時代には自然森林の保存地で、村落の入会地として長く保存され、旧領主に対する畏怖や尊敬の念から、田畑とせず共有の入会地として保存してきたものが多い」（一九九五年）。

　大庭城跡は江戸時代には藤沢宿の共有地であった。『新編相模国風土記稿』の高座《こうざ》郡藤沢宿坂戸《さかと》町の項には大庭城跡が同町の飛地内にあったとある。加藤徳右衛門氏の『藤沢郷土誌』（一九八〇年）の「藤沢の伝説と異聞」では、「大庭城跡は広漠百町歩に近き土地も時の移趨に藤沢宿の共有財産とはなりぬ（事情詳ならず）。斯くして明治六、七年の頃藤沢宿はこの共有地を売価千円を以て売買」したとある。大庭城跡は城郭建物が撤去された後も、土塁や堀などはそのままにのこ

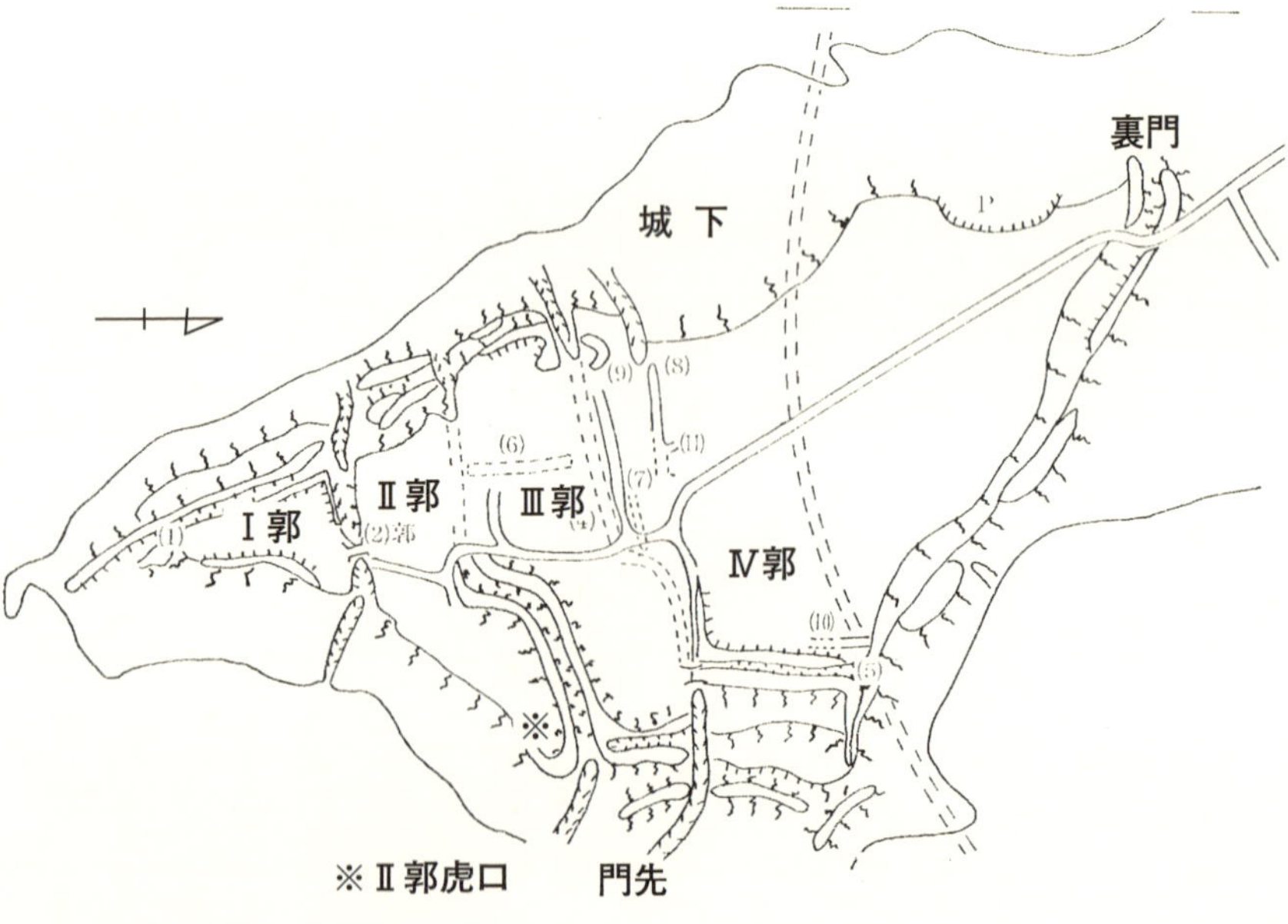

●—大庭城縄張図／全体図（奥田直栄『大庭城趾発掘調査概報』1968年より引用）

されて、藤沢宿町と大庭城跡周辺の住民の避難所、共有地として、共同管理されていたのであろう（藤木久志、二〇〇九年）。

【不明な戦国時代の城主名】

戦国大名は家臣団の身分秩序・序列の確立に腐心した。身分序列の重要な指標の一つが城持《しろもち》領主身分である。北条氏の場合は、伊豆・相模・武蔵国では、一族・姻族《いんぞく》と創業以来の重臣以外には城主身分を認めていない。支城に取り立てられなかった大庭城の城主名は不明である。城主名が伝承されていないことは城主不在の町村の城であったことを示す。北条氏は支城領制によって在地の築城権を厳しく制約した。大庭城跡は、北条領国の国境目が多摩《たま》川を越えた一五二〇年以降は、改修拡張を禁じられた住民の避難所としての維持管理のみを許されて存続したと推測される。発掘調査報告書によれば、堀跡では、土塁を突き崩したロームブロックは、堀底よりも若干上の自然堆積土層の上に堆積していた（奥田直栄）。このことは、大庭城跡の土塁と堀切は戦国期には破却されなかったことを示している。

（伊藤正義）

●—1980年代の大庭城の航空写真（東より。藤沢市役所ホームページより）

【参考文献】奥田直栄『大庭城址発掘調査概報』（一九六八年）、『藤沢市史通史編』（一九七二年）、湯山学『藤沢の武士と城』（一九七九年）、田中祥彦『図説中世城郭事典』第一巻（一九八七年）、下山治久『茅ヶ崎城址関係文献調査報告書』（一九九五年）、藤木久志『雑兵たちの戦場』（一九九五年）、『城と隠物の戦国誌』（二〇〇九年）

玉《たま》縄《なわ》城《じょう》

●鎌倉を守る北条氏の最初の支城

〔所在地〕神奈川県鎌倉市城廻
〔比　高〕約五〇メートル
〔分　類〕丘陵城
〔年　代〕一五世紀中頃～一五九〇年
〔城　主〕山内上杉氏、小田原北条氏、玉縄北条氏
〔交通アクセス〕ＪＲ「大船駅」からバス「清泉女学院」下車

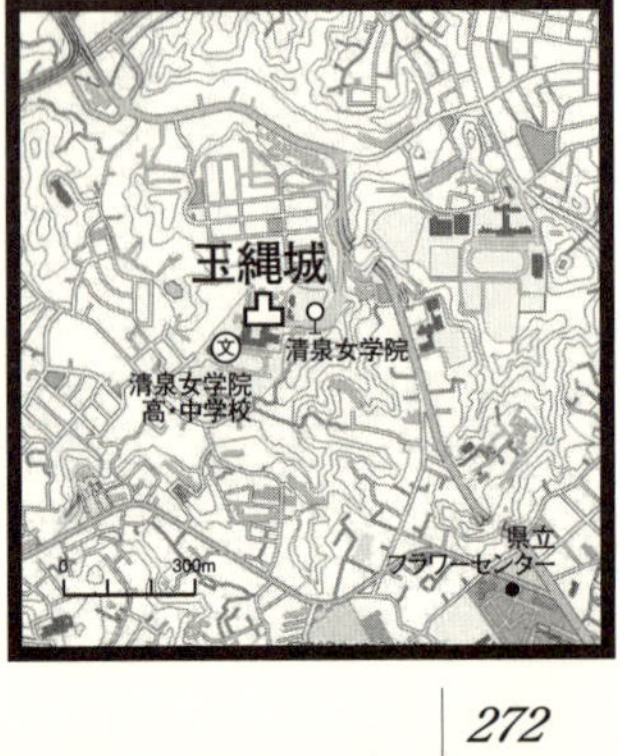

【玉縄城の構造と系譜】　玉縄城跡は、藤沢宿の中心部から北東約二・七キロ、境《さかい》川支流の柏尾《かしお》川沿い、ＪＲ大船駅西側の相模原《さがみはら》台地先端に、山内上杉氏が築いた丘陵城郭で、後に小田原北条《おだわらほうじょう》氏が最初の重要支城として拡張整備した。鎌倉鶴岡八幡宮《つるがおかはちまんぐう》から北西約五キロに位置する。通説では、江戸城の扇谷上杉朝興《おうぎがやつうえすぎともおき》と三浦《みうら》新井城の三浦道寸《どうすん》の連携を遮断するために、伊勢宗瑞《いせそうずい》（北条早雲《ほうじょうそううん》）が永正九年（一五一二）十月に築城したとされているが（赤星直忠、一九五九年）、最初の築城は一五世紀中葉頃で半世紀ほど遡る。

　北側から鎌倉に入る鎌倉街道の上道《かみつみち》・中道《なかつみち》・下道《しもつみち》はいずれも玉縄城付近を通過する。玉縄城はまさしく鎌倉の北側を扼する要衝であった。東西×南北約一・二キロの広大な範囲内に台地先端部の複雑な丘陵・谷地形を利用して多数の郭が展開していた。最高所は主郭の東側の諏訪壇《すわだん》で標高約八〇メートルを、次いで主郭が約六〇メートルを測り、この主郭部付近一帯が早雲による一五一二年の大改修の形態を留めていたと推定されている（二七三、二七四頁図）。現在、城跡一帯は住宅開発と学校建設によって遺構はほとんど失われてしまった。玉縄城跡では発掘調査で部分的に破城・破却の痕跡が確認されている（大河内勉、一九九四年）。下山治久氏は、早雲が扇谷上杉方として玉縄城を攻め落とした一四九四年に破却したと推定している（下山治久、一九九九年）。

　三浦氏は、南北朝期から室町期には鎌倉公方を支えて、一時期は相模国守護職に就いたが、三浦介高明《たかあき》は上杉禅秀《うえすぎぜんしゅう》の

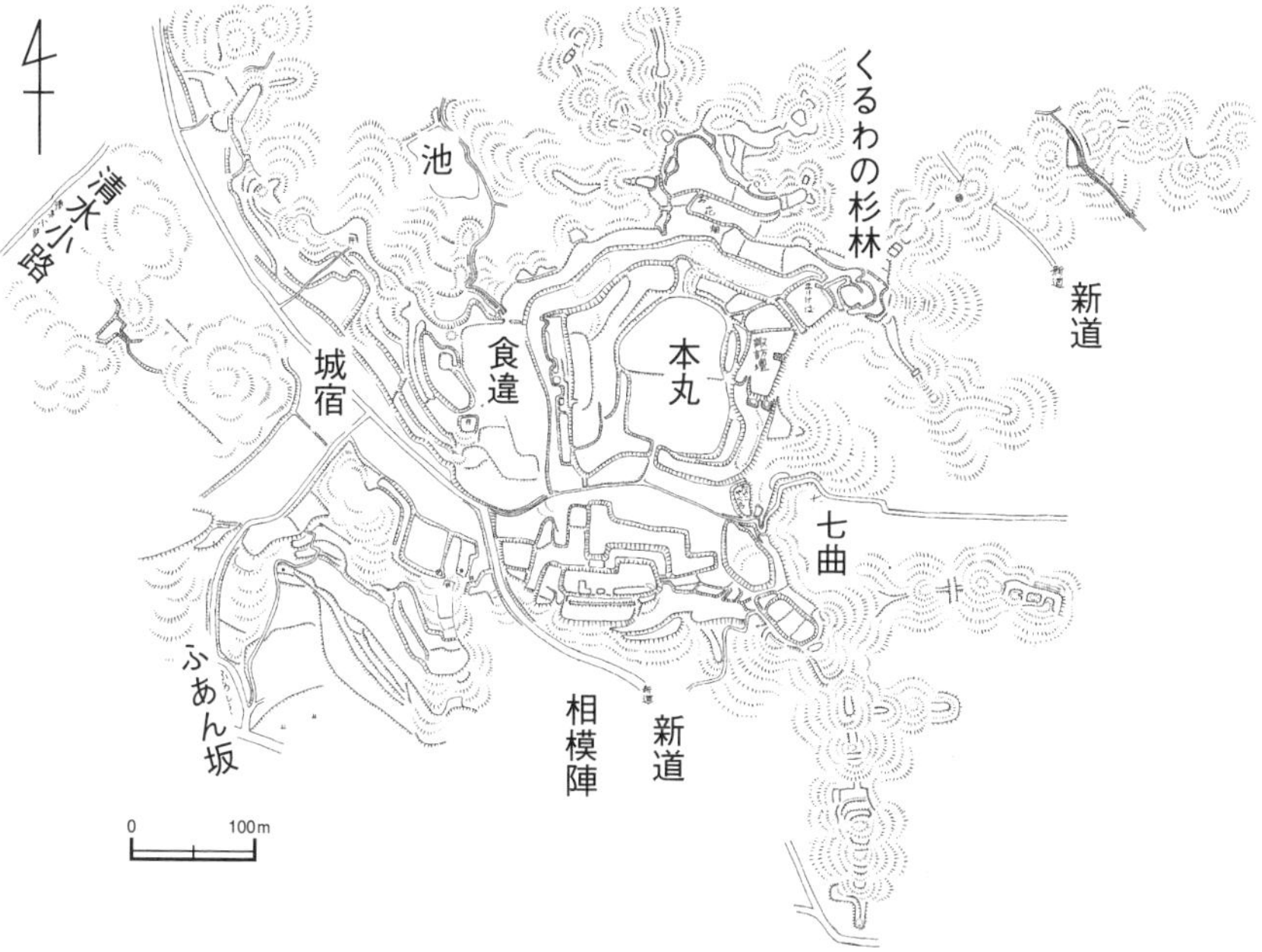

●—玉縄城縄張図（赤星直忠『鎌倉市史考古編』1959年より引用）

乱後の一四一七年に突然守護職を剥奪され、四八年以降は扇谷上杉氏が守護職を世襲した。三浦高救《たかひら》・義同《よしあつ》（道寸）父子は、管領山内上杉氏と扇谷上杉氏が争った長享《ちょうきょう》の乱（一四八七～一五〇五年）では、相模守護の扇谷氏から離反して管領《かんれい》山内《やまのうち》氏方として活躍した。三浦氏は、この争乱での勝利によって、扇谷氏領分とされていた三浦郡の自立を回復し、三浦介高救が岡崎《おかざき》城（伊勢原市・平塚市）に、庶子家の横須賀《よこすか》連秀《つらひで》が真田《さなだ》城（平塚市）に入り、扇谷上杉家の重臣として相模国中央部から三浦郡の支配権を確立した。岡崎城は、三浦道寸が一五一二年に早雲に敗れて退城するまでは、相模国中央部の三浦氏の支配拠点であった（鈴木かほる、二〇〇七年）。岡崎城は、三浦高救・義同（道寸）父子が城主であった一五〇五から一二年に落城するまでの間に、主郭を拡張整備して周辺部に各郭《くるわ》を追加造成・配置した。岡崎城跡の主郭は約一〇〇×七〇メートル、玉縄城跡は約一五〇×七五メートルで、大型の主郭の形態と周辺部の郭配置は双子《ツイン》のようによく似ている。玉縄城の基本形態は岡崎城と同じ上杉・三浦系統の系譜に属する（二七四、二七五頁図）。

田中祥彦氏は、南武蔵（多摩川以南の橘樹《たちばな》・都筑《つづき》郡／現在の川崎市・横浜市域）支配の支城＝小机城の旧地形を留めるＩ郭＝主郭は一五一二年以降の早雲による改修拡張、大規模に

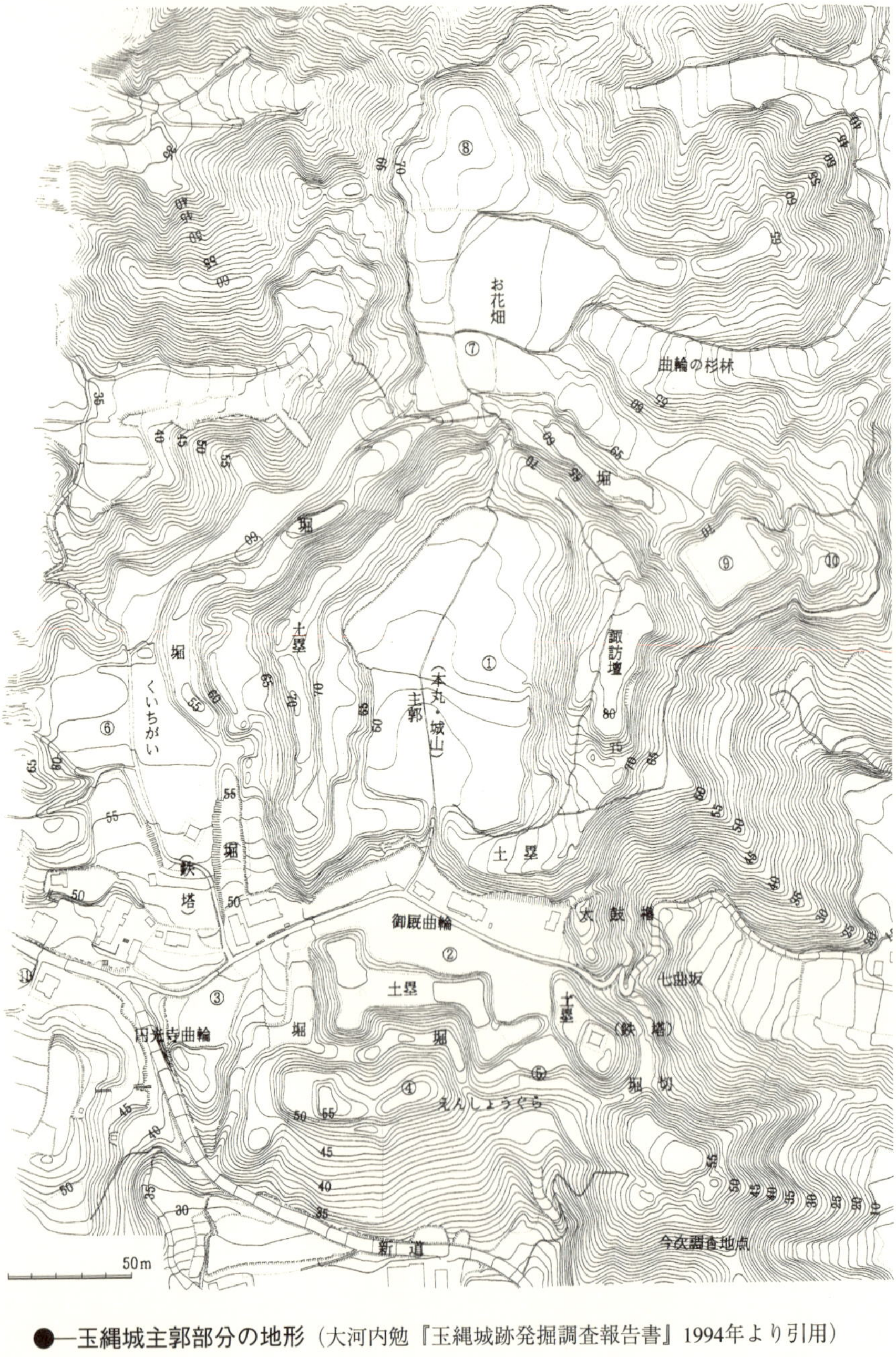

●—玉縄城主郭部分の地形（大河内勉『玉縄城跡発掘調査報告書』1994年より引用）

神奈川県

地形改変したⅡ郭は六九年の武田信玄《たけだしんげん》の侵攻後の武蔵国諸城の大改修によるものだと指摘する（『図説中世城郭事典』第一巻一九八七年）。岡崎城跡と玉縄城跡には小机城跡のような整った方形の大型の郭はない。玉縄城は、一六世紀前半頃には中心部の改修を終了した、小田原北条氏の支城群の中では古いタイプの城郭といえるだろう。

【玉縄城築城】「石川忠総留書《いしかわただふさとめがき》」（東京都『北区史』）には、両上杉氏の抗争が再発した長享の乱（一四八七〜一五〇五年）の際に、三浦道寸が管領山内顕定《あきさだ》に付いたのに対抗して、北条早雲は扇谷定正《さだまさ》に合力して明応三年（一四九四）九月十九日に玉縄城を落としたとあり、玉縄城には山内勢が在城していた（前掲鈴木）。杉山博氏は大庭城の築城時期を文明年間初頃（一四六九年〜）としている。大庭城は、藤沢宿町の確保と防衛を主目的に築城され、鎌倉の北側の出入り口、柏尾川の渡河点を守備する役割までは担えなかった。大船・玉縄一帯は、南北朝期から室町期の関東の争乱ではいつも争奪地＝ホットコーナーになった。玉縄城の築城時期を絞り込むのは難しいが、鎌倉の重要性からみて、大庭城の築城よりも若干先行する可能性が高い。文明年間以前の一五世紀中葉頃に、鎌倉の北側の出入り口を抑えて、鎌倉公方に圧力を掛けるために、関東管領山内上杉氏が築城したのであろう。

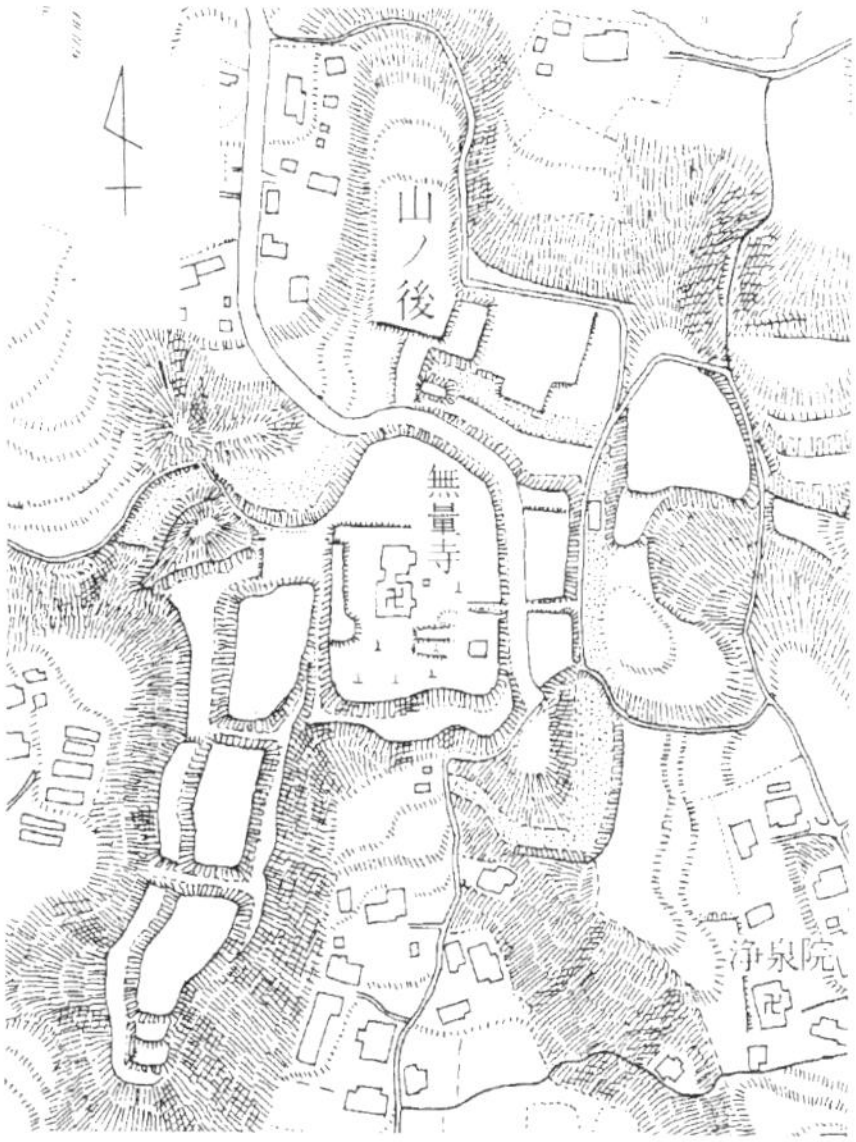

①岡崎城（伊勢原市・平塚市）

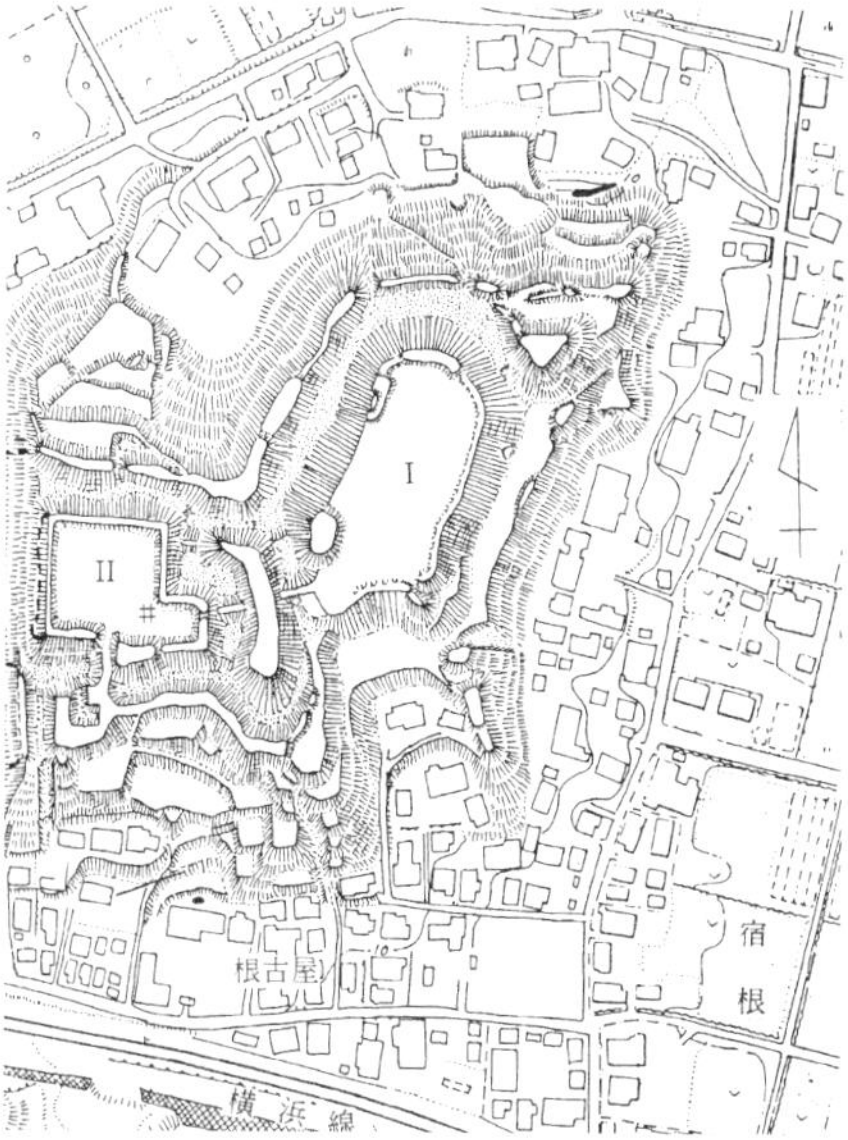

②小机城（横浜市都筑区）

●—岡崎城と小机城の主郭周辺部の比較（田中祥彦『図説中世城郭事典』第1巻、1987年より改変引用）

玉縄城跡と大庭城跡は直線距離でわずか六・七キロほどしか離れていない。伊礼正雄氏は、「大庭城といふまだ使用に堪へる立派な城郭があるのに、（早雲が／伊藤注）わざわざ一里と一寸《ちょっと》しか離れてゐないところに、新しい城を作ったのは、やはり常識的にも三浦氏に対する抑へといふ点が第一かと思ひます」（『藤沢市史通史編』一九七二年）と、余りにも大庭城に近接する玉縄城の築城（正しくは改修拡張）に違和感を示している。両上杉氏が共同で鎌倉公方成氏に掣肘《せいちゅう》を加えていた享徳の乱（一四五五〜八三年）の初頃は、関東管領山内上杉氏の玉縄城を扇谷上杉氏の大庭城がバックアップ・サポートする体制であったと解釈すれば、両城が近接することの違和感は解消する。また両上杉氏が対立した場合は、両城はお互いの境目の城になった。一五一二年以降に早雲が玉縄城を大規模に改修拡張した際も、大庭城が玉縄城改修をバックアップし、両城は交互に支援しながら改修拡張していたと推定される（大庭城の項参照）。早雲は、一六年七月に囲攻中の三浦新井城から反転して玉縄城に入り、新井城籠城《ろうじょう》の道寸《どうすん》救援に向かう江戸城主・扇谷上杉朝興《おうぎがやつうえすぎともおき》を撃破して、新井城の道寸・義意《よしおき》父子を自刃落城に追い込んだ。

【玉縄城主北条氏】　早雲は、一五一八年に伊豆《いず》韮山《にらやま》城（静岡県伊豆の国市）に隠居して嫡男・氏綱《うじつな》に家督を譲り、翌年同城で死去した。二四年までは多摩川以南の南武蔵は、北条氏と扇谷上杉氏の勢力が激突する紛争地域であった。氏綱が二四年に江戸城を奪取すると北条氏領国の国境境目は多摩川を越え、一九年頃に早雲の次男・氏時《うじとき》が初代玉縄城主に就いた。玉縄支城体制はこの頃に成立したのであろう。玉縄城は、小田原北条氏が最初に取り立てた支城で、鎌倉防衛と三浦半島を抑えるための拠点である。玉縄城の支配領域＝支城領は、相模国東《ひがし》郡（高座《こうざ》・鎌倉・三浦郡）と武蔵国久良岐《くらき》郡（横浜市南西部）であった。鎌倉は鎌倉代官の大道寺氏が配置され、一種の特別区とされたようである（前掲下山）。

氏時は三一年八月に没し、継嗣の男子がいなかったため、氏綱の次男・為昌《ためまさ》が二代目城主となった。三代目城主は四二年に為昌の女婿・綱成《つなしげ》が養子となって跡を嗣ぎ、以後、綱成の家系・玉縄北条氏が天正十八年（一五九〇）四月に豊臣軍の徳川家康《とくがわいえやす》に開城し降伏するまで玉縄城主を嗣いだ。東国武家政権の継承者を目指す氏綱は、二六年の里見氏の鎌倉侵攻によって焼亡した鎌倉鶴岡八幡宮の再建事業を三二年に着手した。同事業は三代目の氏康《うじやす》にまで引き継がれて四四年に完成した。玉縄城はこの一大難事業実施の主務支城となり、当主の氏綱はたびたび玉縄城に在城して、鎌倉へ工事の督励に赴いた（前掲下山）。Ⅰ郭・本丸跡からは富士山の絶景を望む

●—主郭付近空撮（南西より）
（1960年撮影、前掲『玉縄城跡発掘調査報告書』より引用。原版は清泉女学院発行の写真帳『玉縄城跡』）

●—玉縄城主・北条氏略系図（下山治久『北条早雲と家臣団』一九九九年より加筆引用）

玉縄北条氏　○歴代玉縄城主

- 伊勢新九郎盛時（北条早雲）
  - 氏綱
    - 氏康—氏政—氏直
    - ②為昌＝③綱成—④氏繁
      - ⑤氏舜
      - ⑥氏勝
    - 氏堯（小机北条氏）
  - ①氏時

ことができる。

【玉縄城と三崎城】　永正十三年（一五一六）七月に三浦新井城の道寸・義意父子が自刃落城した後も、城ヶ島に逃げ込み抵抗していた三浦氏分家の出口茂忠《でぐちしげただ》たちは、建長《けんちょう》寺・円覚《えんがく》寺住持の説得によって早雲に降伏帰属して三浦十人衆に編成され、後に三浦旧臣たちは三浦衆として玉縄城主の指揮下に置かれた（前掲鈴木）。氏綱は、房総里見家の内紛—義豊《よしとよ》と義《よし》堯《たか》の抗争に介入して、三三年に玉縄城主の為昌と水軍を派遣している。年次不明だが、為昌と小机城代の笠原信為《かさはらのぶため》は玉縄領久良岐郡と小机領橘樹郡の郡境を巡って相論している。三七年には神奈川郷（横浜市神奈川区）の代官夫役を巡って争っており、この頃は三浦水軍をもつ為昌が神奈川湊を支配していたのであろう（前掲下山）。四一年に家督を嗣いだ三代氏康は三浦郡を玉縄領から切り離して直轄領とし、四代氏政《うじまさ》は六七年に氏康の五男・氏規《うじのり》を三崎城主に任じた（山口博、二〇〇五年）。

（伊藤正義）

【参考文献】　赤星直忠『鎌倉市史考古編』（一九五九年）、大河内勉『玉縄城跡発掘調査報告書』（一九九四年）、下山治久『北条早雲と家臣団』（一九九九年）、山口博「三崎城」『戦国の魁　早雲と北条一族』（二〇〇五年）、鈴木かほる『相模三浦一族とその周辺史』（二〇〇七年）

新井城《あらいじょう》

●三崎城を守る海城から隠物の城へ

〔所在地〕神奈川県三浦市小網代
〔比　高〕約三〇メートル
〔分　類〕海城
〔年　代〕一五世紀中頃〜一五一六年
〔城　主〕三浦氏、町村の城
〔交通アクセス〕京急久里浜線「三崎口駅」からバス「油壺」下車

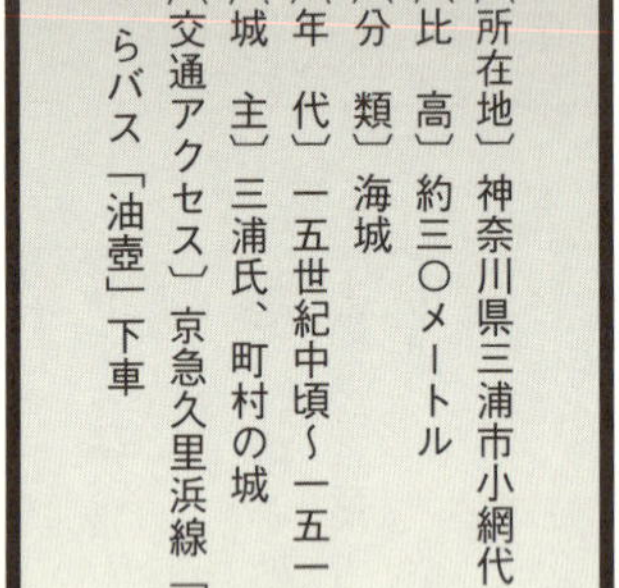

【新井城の構造と系譜】　新井城跡は、三崎《みさき》城跡の北西約二キロ、小網代《こあじろ》湾と油壺《あぶらつぼ》湾に挟まれ、北・西・南側崖面が切り立つ握《にぎ》り拳《こぶし》状の小半島の先端部に築かれた、三浦《みうら》氏の海城跡である。東端の手首部分の細く狭まる「引き橋」地名の所を堀切《ほりきり》で遮断している。三浦道寸《どうすん》・義意《よしおき》父子が永正九年から十三年（一五一二〜一六）まで、北条早雲《ほうじょうそううん》の攻城戦に耐えて籠城《ろうじょう》戦を繰り広げた激戦地、三浦氏滅亡の跡として著名である。一五一六年七月に三浦道寸の救援に向かった江戸城主の扇谷上杉朝興《おうぎがやつうえすぎともおき》は、北条方との玉縄《たまなわ》城の戦いで敗退し、兵糧が尽きた新井城は道寸・義意父子が自刃して落城した。

三浦氏の海城跡である三崎城跡は東側の一方、浦賀城跡は西側の一方が海に面する内湾に沿う丘陵上に築かれている。三方を海に囲まれた新井城跡は、三つの海城跡の中で最も防御性が高い。遮断性と防御力が優れる新井城は、三崎城防衛を第一目的として、三崎城よりもやや遅れて一五世紀中頃に築城されたと推定される。新井城跡の中心部分は観光施設建設によって旧状を留めていない。東大地震研究所がある「引き橋」の南側の一画と、東大臨海実験場がある南西側の主郭跡一帯が旧状を留めている。主郭跡は東西約一四〇メートル、南北約一六〇メートルで、北側正面の堀切と土塁は折れ技法を用いている。田中祥彦氏作図（『図説中世城郭事典』）では主郭跡の東側と西側に虎口《こぐち》が設けられている（二七九頁図）。一九五四年刊行の赤星直忠氏の『三浦半島城郭史』の説明図には折れのある東側の外桝形虎口《そとますがたこぐち》は描かれていないので、この

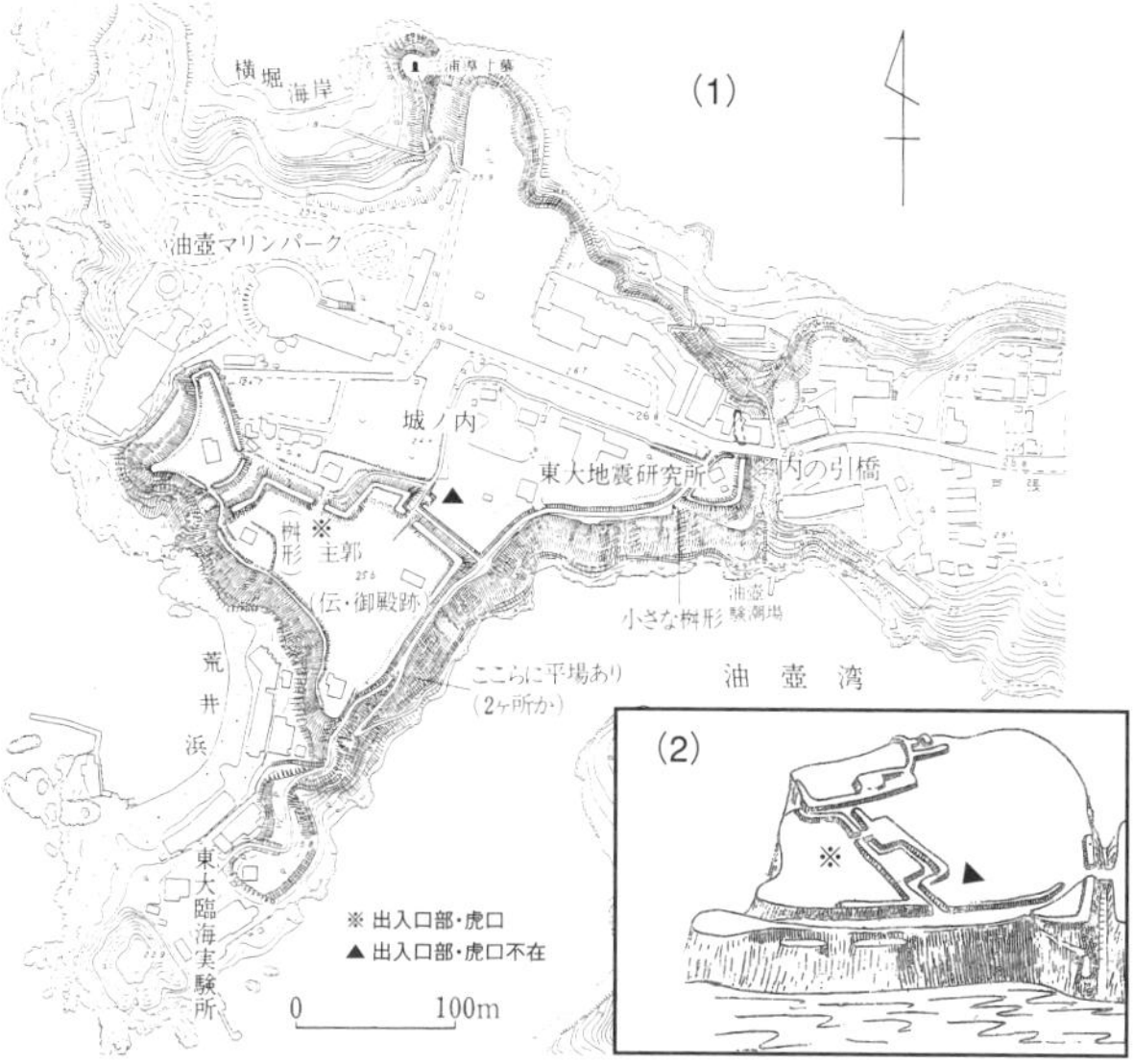

●—（１）新井城跡縄張図（田中祥彦作図（『図説中世城館事典』第一巻 1987年）より加筆引用）

●—（２）新井城説明（赤星直忠『三浦半島城郭史・上巻』1954年より加筆引用）

虎口は現代のものである可能性が高い。新井城跡の西側の主郭出入り口部は、平入りの極めて単純な構造で、二回折れてⅡ郭に入る大庭城跡の虎口よりも前出の古いタイプである（右図）。

田中祥彦氏は、新井城は、出隅《ですみ》・出桝形・折歪《おりひずみ》を用いていることなどから、一五二六年以降に房総の里見氏との抗争が激しくなってから、北条氏によって改修されたと推定している（前掲田中）。一五一二年以降に北条氏によって大規模に改修拡張された大庭城跡（藤沢市）のⅡ・Ⅲ・外郭の堀は、新井城跡と同様に折れ技法を用いている。堀の折れ技法は一五一二年頃にはすでに存在していた。一五二四年頃を境に改修拡張を停止したと推定される大庭城跡は、新井城跡よりも進化した後出タイプの虎口をもつ。新井城跡の虎口は一五二〇年代に廃城された大庭城よりも古い平入りタイプであることから、新井城が北条氏によって大規模に改修された可能性はない。早雲は、三浦道寸・義意父子の自刃の地で、怨念がのこる新井城の継続使用を忌避した。

【新井城と三崎城】 新井城と三崎城は、どちらが三浦氏の本城なのであろうか？ 三崎城跡の周囲には和田《わだ》義盛《よしもり》開基《かいき》と伝える光念寺《こうねんじ》、源《みなもとの》頼朝《よりとも》の別荘と伝える本瑞寺《ほんずいじ》（桜《さくら》の御所《ごしょ》）、見《けん》桃《とう》寺（桃《もも》の御所）など、三浦和田氏・佐原氏の由緒を伝える寺院が点在しているが、新井城跡周辺には由緒の寺院がない。新井城跡を囲む三方の海面は岩礁が多く、潮流と海底の岩礁を熟知していないと湾内に入ることができない。海側からの接近攻撃は困難で防御性が優れていた。新井城には良港が付属していなかった。港湾施設としては三崎城と浦賀《うらが》城の内湾の方が数段優れており、由緒の寺院が付属することからも三崎城の方が三浦氏の本城である。北条氏が三浦半島支配と江戸湾防衛のために取り立てたのは三崎城であり、早雲は三浦氏の本城＝三崎城を継承することによって、三浦郡支配権の正統性を獲得した。

下山治久氏は、「義同《よしあつ》（道寸）の居城は軍記物には新井城と見えるが、古文書では三崎城となっている」と指摘している（下山治久、一九九九年）。新井城の籠城戦説話のもととなった軍記物は『北条《ほうじょう》五代記《ごだいき》』である。作者は北条家旧臣の三浦浄心茂正《じょうしんしげまさ》（一五六五～一六四四年）で、祖父の出口茂忠《しげただ》は三崎城から城ヶ島《じょうがしま》に逃げ込んで抵抗していたが、新井城落城の後に早雲に帰属した。浄心は先祖の顕彰《けんしょう》と一族の鎮魂のために、新井城落城悲話を著述し、新井城を本城のように扱ったのである。新井城は、三崎城から二キロ程度しか離れておらず、三崎城に付属する外城《そとじろ》で、新井城合戦当時は「三浦氏の城」として三崎城の一部と認識されていたのであろう（鈴木かほる、二〇〇七年）。

【三浦氏家督・三浦介】　戦国期の三浦氏の家督・三浦介は錯《さく》綜《そう》している。三浦氏の当主・三浦介は、早雲との最終決戦に臨んで、必ず本城の主郭に入ったはずである。逆にいえば本城主郭に入った者が永正年間頃（一五〇四年～）の三浦介である。三崎城を守備したのは出口茂忠たちである。『寛政重《かんせいちょう》修諸家譜《しゅうしょかふ》』の三浦系図によれば、時高《ときたか》に実子が産まれたために養子の高救《たかひら》は扇谷上杉姓に復し、時高の実子高処《たかおき》が家督・三浦介を継承したが、高処が逐電《ちくでん》したために高救の子の義同が家督・三浦介を継承したとある。三浦氏の家督・三浦介は、本来は実子の高処の系統か三浦氏の血統に継承されべきるものであり、扇谷上杉氏系の義同がその地位を簒奪したことになる（前掲鈴木）。各種の三浦氏系図を比較すると、全ての系図が義同を三浦介としている訳ではない（土井淑輝、二〇一〇年）。扇谷上杉家と一体化した義同が、平塚市の岡崎城に拠って相模国中央部にまで支配圏を拡大した段階では、三浦半島の三浦氏旧領と家督・三浦介の地位は、三浦氏の血統の家系に返付されたのであろうか。当該期の三浦介は次頁系図のように継承されたと推測される。

早雲は、三崎城から城ヶ島に逃れて抵抗を続けていた三浦氏分家の出口茂忠をはじめ亀崎《かめざき》・鈴木《すずき》・下里《しもさと》・三留《みとめ》氏を、新井城落城後に三崎十人衆として帰属させた。建長寺《けんちょう》、円覚《えんがく》寺の住持が説得に当たり、旧所領はそのまま安堵《あんど》された。三浦氏有縁の塔頭《たっちゅう》のある両寺が降伏の扱いのために尽力した理由は、三崎城を守備した出口茂忠などの三浦氏の血統の方を、扇谷系の義同よりも三浦氏の正統と認識していたからであろう。三浦氏の有力分家で義同の舅《しゅうと》でもあった三浦（横須賀）連秀《つらひで》は、義同と袂《たもと》を分かって早雲に属しており、三浦氏一族の全てが義同に従って族滅した訳ではない。連秀は本領の横須賀《よこすか》郷を安堵され、後には玉縄城主北条為昌に付属して諸役免除の無役衆の筆頭となったが、三浦介の名跡復活が認められることはなかった（前掲鈴木）。

【その後の新井城跡】 新井城は永正十三年（一五一六）七月に落城した。早雲は三崎城を三浦郡支配と江戸湾防衛のために大規模に改修拡張した。里見氏の三浦侵攻は一五二六〜九〇年まで頻繁に繰り返された。新井城は三崎《みさき》城の北西に位置し、手前の諸磯の半島と城ヶ島が視界を遮るので、浦賀水道《うらがすいどう》を越えて来襲する里見《さとみ》水軍への監視所としては適さない。房総への出撃と江戸湾沿岸の防衛は三崎城と浦賀城が担った。

海賊衆の襲撃は、不意を突いて強襲上陸して、放火、略奪を行なうのが通常のパターンで、上陸時に迎撃されると敗退する。上陸した海賊衆の放火と略奪から食糧と財産を護る最も有効な手段は、港町・海村から離れた場所にそれらを保管（隠物《かくしもの》）することである。町場から離れ、遮断性に優れる新井城跡は、そのための施設、場所として最も適している。領民の生命財産の保護は領主の義務であるが、三崎城で全ての領民とその財産を収容保護できたはずはない。新井城跡は、大庭城跡と同様に領主の承認のもとで、三崎城を補完する避難所、隠物の場所として活用され続けたのではないだろうか（藤木久志『城と隠物の戦国誌』二〇〇九年）。日本各地の海村・海町には、大火の難を避けるために、集落から離れた場所に家財道具保管用の倉庫を設ける習俗がのこっている。離れた倉庫でも盗難の被害がないのは、強固な共同体意識が窃盗を厳しく禁じているからである。

（伊藤正義）

●三浦氏略系図（鈴木かほる『相模三浦一族とその周辺史』二〇〇七年を参考に作成）

◎三浦介共通　▲三浦介共通せず　※扇谷上杉に復姓　＝養嗣子

- 三浦介高明①
  - 時高◎三浦②
    - 高処◎④
    - ＝高救◎※③（実父 上杉持朝）── 義同▲⑤ ── 義意
  - 高信◎⑥（出口）── 茂忠⑦ ── 茂正（浄心）（『北条五代記』作者）

【参考文献】 田中祥彦『図説中世城郭事典』第一巻（一九八七年）、下山治久『北条早雲と家臣団』（一九九九年）、鈴木かほる『相模三浦一族とその周辺史』（二〇〇七年）、土井淑輝「戦国三浦氏系図と三浦介」『文化財学雑誌』第六号（二〇一〇年）

●三浦氏の本城から北条水軍の拠点へ

三《み》崎《さき》城《じょう》

〔所在地〕神奈川県三浦市城山町
〔比　高〕約三〇メートル
〔分　類〕海城
〔年　代〕一五世紀中頃〜一五九〇年
〔城　主〕三浦氏、小田原北条氏、北条氏規
〔交通アクセス〕京浜久里浜線「三崎口駅」からバス「市役所前」下車

【三崎城の構造と系譜】　三崎城跡は、三崎の町と港を見下ろす北条湾奥の西側の丘陵先端部に築かれた海城跡である。戦国期三浦《みうら》氏の本城の丘陵城郭を、三浦氏を降伏服属させた小《お》田原北条《だわらほうじょう》氏が水軍の拠点支城として大改修した。北西約二キロに三崎城の西側を守る新井《あらい》城跡が、北東約一三キロに江戸湾を抑える浦賀《うらが》城跡がある。現況は、小学校・中学校・市役所・公共施設の建設などによって旧状をほとんど留めていない。三浦市教育委員会の敷地と本瑞寺《ほんずいじ》・光念寺《こうねんじ》の周囲には、大規模な土塁の一部が遺っており、北条水軍の本拠地の大規模城郭の面影を偲ばせる。

赤星直忠氏の調査によれば、南東―南西が約六〇〇メートル、南北約三六〇メートルの範囲内に、I主郭を取り囲むようにⅡからⅤの大型の郭《くるわ》が取り囲み、6〜11の小中型の郭が各大型郭の出入り口部を固めている（仮郭番号／伊藤）。I郭の北端外側には北条氏特有の角馬出《かくうまだし》が付設されて北側の出入り口部を固めていた。I郭東角→Ⅱ郭→7郭が湾奥の港に至る大手口であるが、虎口《こぐち》は平入《ひらい》りの単純な形態である。7郭はⅡ郭の外桝形《そとますがた》で、Ⅱ郭西端にはI郭の外桝形跡が埋蔵されているかも知れない。大手ルートの桝形虎口は、天正十八年（一五九〇）の北条氏の敗北開城後に、豊臣《とよとみ》軍によって破却されたのであろう。北側から続く台地先端部の小高い丘の北側を掘り切り、深い谷地形を利用して大型の郭を配置する。斜面部に横堀《よこぼり》を多用する形態は、小田原北条氏系城郭の典型である。天正十八年に豊臣軍に敗北するまで、長期間にわたっ

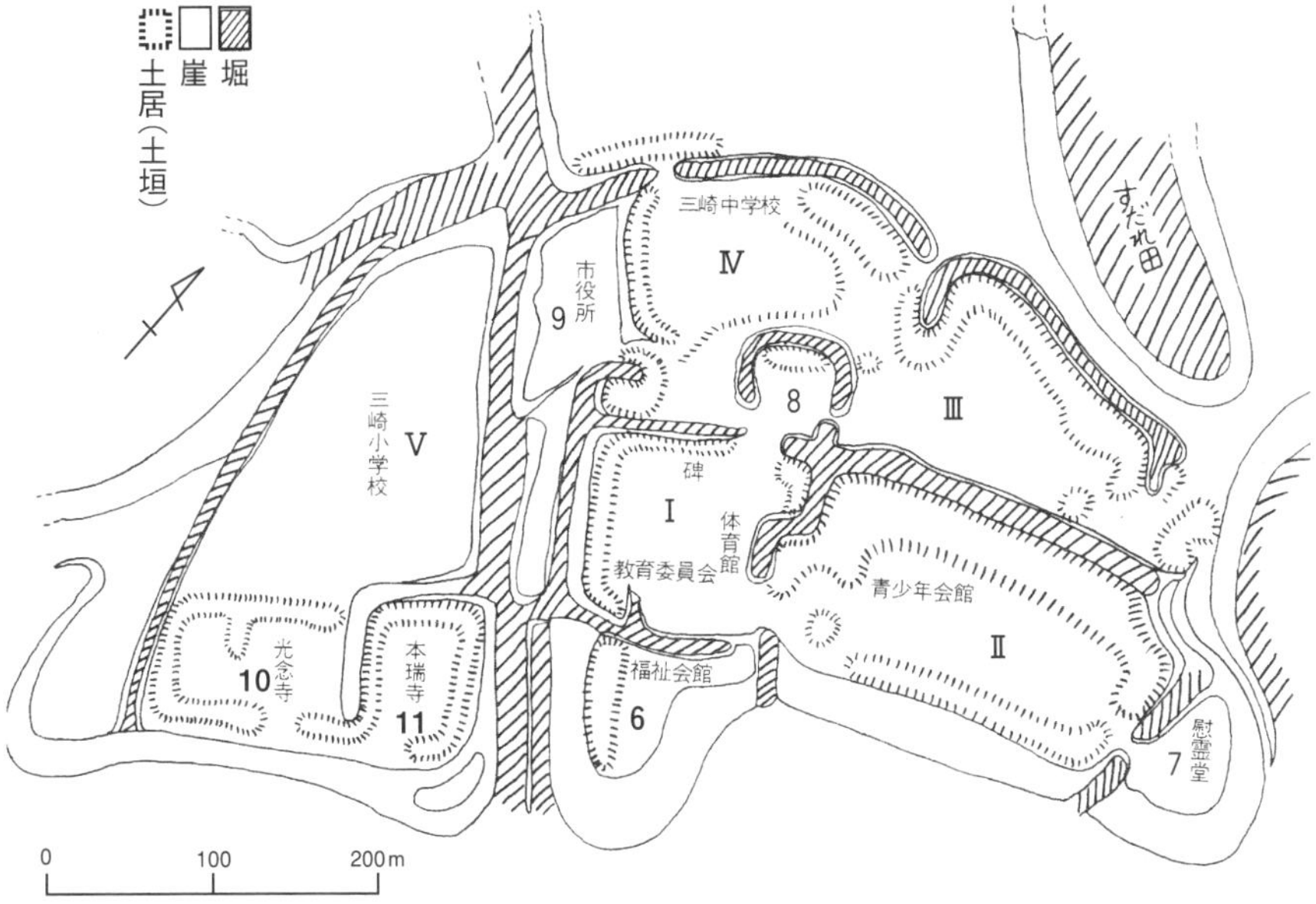

●―三崎城縄張図（赤星直忠『三浦半島城郭史・上巻』1954年より加筆引用）

て改修拡張が繰り返された、小田原北条氏の築城技術の粋を集めた城郭である。町場と重なっているために旧状が失われたことが惜しまれる（『三浦半島城郭史・上巻』）。

【三浦氏の没落】　三浦氏は、関東桓武《かんむ》平氏《へいし》の一族で、相模国第一の名族である。中小武士団が多い相模国では、群を抜く規模の豪族的武士団で、有力在庁の三浦介《みうらのすけ》を世襲した。一二世紀末の鎌倉政権草創期の第一の功臣で、和田義盛《わだよしもり》は侍《さむらい》所《どころ》別当《べっとう》（長官）に就き、鎌倉政権初期に絶大な勢力を誇った。しかし、建暦三年（一二一三）の和田義盛の乱、宝治元年（一二四七）の三浦の乱で北条氏との権力闘争に敗れ、衣笠《きぬがさ》大《おお》

●―三浦氏略系図

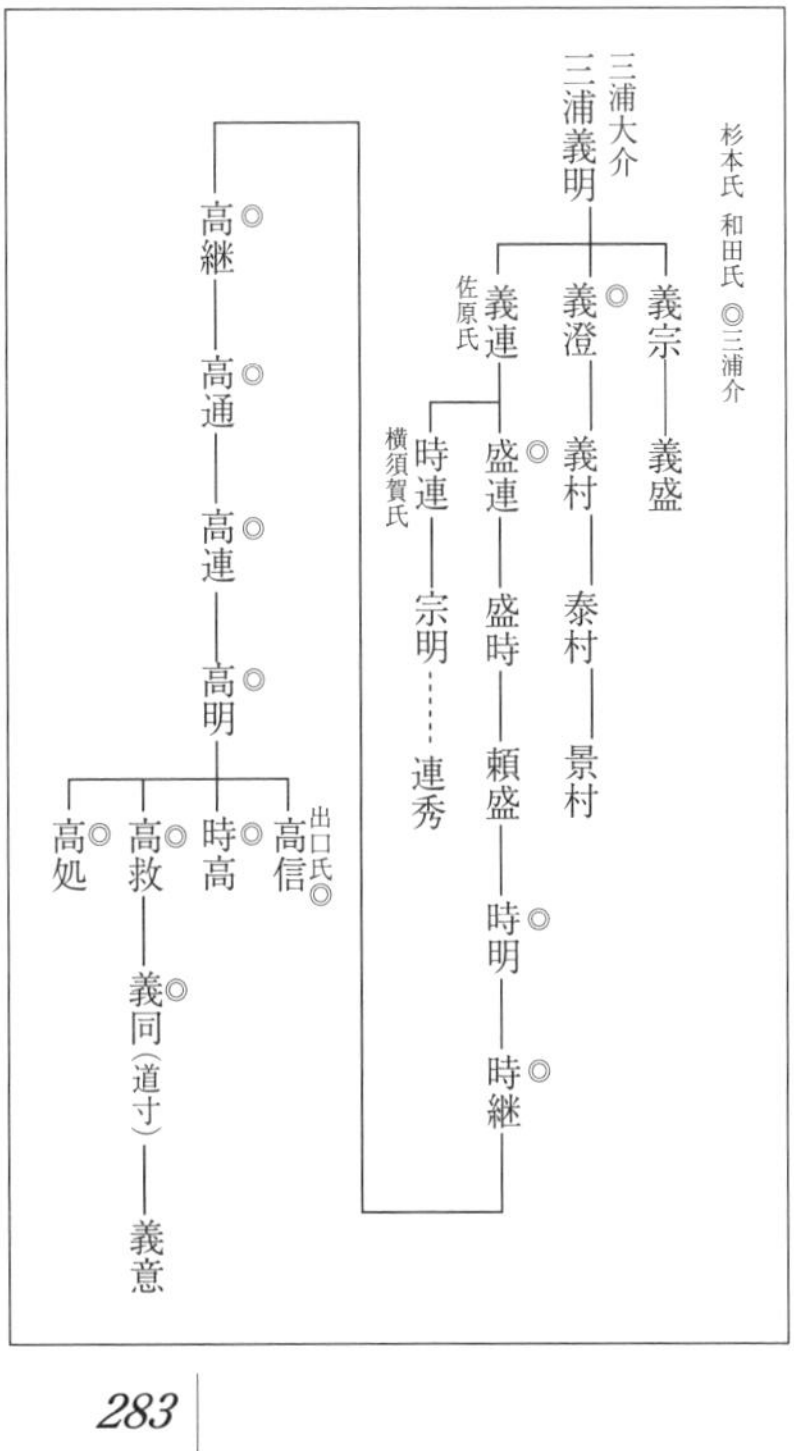

矢部《やべ》（横須賀市衣笠）の義澄《よしずみ》系統の本宗家は滅亡した。北条氏に味方した佐原盛時《さはらもりとき》が三浦介の名跡を嗣いだが、昔日の面影もないほどに勢力を減じた。盛時の子と孫の二代は三浦介の名跡も失ったようである。

三浦高継《みうらたかつぐ》は、南北朝の内乱で足利尊氏《あしかがたかうじ》方として活躍して、三浦介の名跡を復活させ、相模国守護職に就いた。前関東管《かんとうかん》領《れい》の上杉禅秀《うえすぎぜんしゅう》（憲氏《のりうじ》）が鎌倉公方持氏《かまくらくぼうもちうじ》に反抗した一四一六年の上杉禅秀の乱で、三浦高明《たかあき》は公方持氏方として戦ったが、一七年に守護職を突然剥奪され、これ以降三浦氏は守護職を回復することは無かった。

【三崎城の築城と改修】　三浦城跡内の光念寺は和田義盛が開基、本瑞寺は義盛が造営した鎌倉殿頼朝の三浦別業《べつぎょう》＝桜《さくら》の御所《ごしょ》の跡、城跡の北西約五〇〇メートルの見桃《けんとう》寺は桃の御所の跡と伝承されている。四代将軍藤原頼経《よりつね》は、三浦義村《よしむら》の経営でたびたび三浦別業に御遊覧した。鎌倉殿の別業跡は、三浦氏の栄光を物語る伝説と由緒の地であった。

三崎城の築城時期は史料がなく正確な時期は不明である。鎌倉周辺の大庭《おおば》城（藤沢市）が一四七〇年前後頃、玉縄城（鎌倉市大船）がこれ以前の一五世紀中頃の築城と推定されることからすれば、両城と同じ頃に三浦氏の館《たち》から城郭に改修拡張されたのだろう。扇谷上杉《おうぎがやつうえすぎ》氏から養子に入った三浦高《たか》救《ひら》・義同《よしあつ》（道寸《どうすん》）父子は、管領山内上杉《かんれいやまのうちうえすぎ》氏と扇谷上杉氏が争った長享《ちょうきょう》の乱（一四八七～一五〇五年）では、相模守護の扇谷氏から離反して管領山内氏方として活躍した。三浦氏は、この争乱での勝利によって、扇谷上杉氏を抑えて三浦郡の自立を回復し、三浦介高救が岡崎城（伊勢原市・平塚市）に、庶子家の横須賀連秀《よこすかつらひで》が真田《さなだ》城（平塚市）に入った。扇谷上杉家の重臣として、主家を抑えて相模国中央部から三浦郡の支配権を握り、相模国最大の勢力にのし上がった（鈴木かほる、二〇〇七年）。この相模国の実質的支配権を掌握する過程で、本城の三崎城、支城の新井《あらい》城・浦賀《うらが》城も拡張整備されたと推定される。ただし、三浦介高救は系図などでは新井城主と見え、義同（道寸）は早雲によって新井城で自刃落城に追い込まれており、父子は三崎城を居城にした形跡がない。相模国の支配権と守護職を実質的に奪った一六世紀初期の段階では、高救・義同父子は、扇谷上杉家の家宰《かさい》としての性格が強く、道寸は三浦介・当主の地位を直近の三浦氏の分家である出口氏に還付したのではなかろうか（前掲鈴木）。

【三崎城と新井城・浦賀城】　三崎城は、西側・相模湾側を新井城、東側を浦賀城で守り、前面を城《じょう》ヶ島《しま》が塞ぐので、極めて防御性が高い海城である。柴田龍司氏は、湾奥型の海城・三崎城は守備力優位、岬型の浦賀城は攻撃力優先であると指摘する（柴田、二〇〇八年）。早雲は一六年に新井城を落城させた後、江戸湾を渡海して千葉県茂原市周辺で活発な軍事行動を展開している（下山治久、一九九九年）。早雲は、三浦氏の本城・三崎城を三浦郡支配と江戸湾警備の拠点、道寸と袂《たもと》を分かって早雲に属した三浦氏旧臣の筆頭、横須賀連秀の浦賀城を房総攻撃の拠点とし、攻守のセットの海城として改修拡張整備した。新井城は西側の相模湾側の防備機能しかないので三崎城の出城に取り立てなかった。

【三崎城と玉縄城領】　三浦郡・三崎城は、氏康が四一年に玉縄領から分離して直轄領化するまでは玉縄城領に属し、三浦氏旧臣たちは三浦衆に編成された。横須賀連秀は無役《むえき》衆、三浦衆は半役《はんえき》衆で海賊衆として沿岸・海上警固役を負担した。里見氏の三浦半島への侵攻は一五二六～九〇年まで頻繁に繰り返された。氏政は六七年に伊豆韮山城主の氏規《うじのり》に三崎城主を兼任させた。四一年の直轄領化と六七年の城主兼務は、伊豆海賊衆の動員配置による水軍力の強化を目指したものであろう（前掲鈴木）。

　三浦市役所に登る坂道から富士山を垣間見ることができる。玉縄城の本丸跡からは富岳絶景が今も望める。伊豆・西相模出身の三崎城主・玉縄城主・北条氏の重臣たちは、富士山を望むたびごとに、早雲と祖先たちの創業神話・歴史を想い浮かべたに違いない。

（伊藤正義）

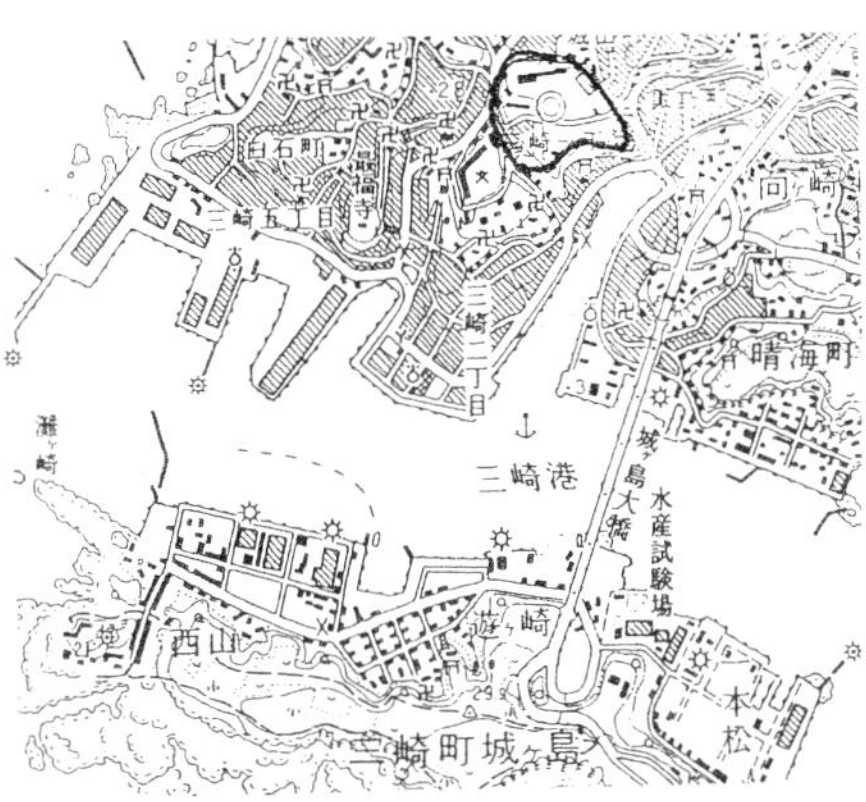

三崎城・湾奥（三浦市）

浦賀城・岬形（横須賀市）

●—本城・三崎城と支城・浦賀城の占地の比較（柴田龍司「海城の様相と変遷」（『中世城郭研究』第22号2008年）より加筆引用）

【参考文献】赤星直忠『三浦半島城郭史・上巻』（一九五四年）、下山治久『北条早雲と家臣団』（一九九九年）、鈴木かほる『相模三浦一族とその周辺史』（二〇〇七年）、柴田龍司「海城の様相と変遷」『中世城郭研究』第二二号（二〇〇八年）

お城アラカルト

「瓦・石垣・建物」

中井　均

　一六世紀に入ると信濃の松本周辺、美濃、北近江、南近江、西播磨、東備前、北部九州で城郭に石垣や石積みが導入される。こうした城郭の変化を一六世紀のうねりと呼ぶことができる。近年、関東でも後北条《ごほうじょう》氏と係わりのある金山《かなやま》城や八王子《はちおうじ》城で石垣の導入されていることが判明している。特にこうした関東の石垣はその基底部が一石分、前面に飛び出して築かれるという特徴が認められる。これを「アゴ止め石」技法と称している。また、鉢形《はちがた》城では土塁《どるい》の城内側に河原《かわら》石を五～六石積み、さらにそうした石積みを三段に段築した石積みが検出されている。これなども一六世紀後半の関東での石垣への対応として捉えることができよう。なお、同様の河原石を段築する工法が箕輪《みのわ》城からも検出されている。箕輪城は天正十八年（一五九〇）の徳川家康《とくがわいえやす》の関東移封にともない、井伊直政《いいなおまさ》によって近世城郭へと改修されており、検出された石垣もこのとき築かれたものと考えられるが、そこには織豊《しょくほう》系の技術というよりも、むしろ戦国時代の関東の技術がそのまま導入されたようである。

　このように普請《ふしん》と呼ばれる土木事業には一六世紀中頃にすでに石垣が導入されていたことが明らかになりつつあるが、瓦については石垣の検出された城郭でも出土しておらず、瓦の導入が石垣よりも後出することは明らかである。現在確認されているところ関東においては徳川家康の慶長八年（一六〇三）の江戸城の大改修にともない導入されるようである。江戸城では近年の発掘調査によって金箔《きんぱく》瓦も出土しており、家康は征夷大将軍の叙任にともない、江戸城を織豊系城郭に改修したと考えられる。

　建物に関しては後北条氏時代の小田原城内に天守が存在していたことを記した絵図がある。その構造や規模は不明であるが、少なくとも後北条氏も安土築城に誘発されて織豊系城郭のシンボルである天守を創出したようである。

歴女たちの城めぐり

「小田原城」

長谷川真里

戦国時代の終焉とともに廃城となった城跡に立つのが好きです。土と草と木だけの曲輪跡に立ち、そこで暮らした人達が何を思い、何を正義とし、どのようにして覚悟を決めていったのかを想像をするのは楽しいことです。

小田原《おだわら》城は江戸時代と戦国時代が渾然一体となった城。廃城中毒としては、もちろん北条《ほうじょう》一族の足跡をたどります。

八幡《はちまん》山へ続く坂道を登り始めれば、気分はまたたく間に戦国時代へと切り替わります。土塁《どるい》を駆け上ったり、驚くほど近くに見える石垣《いしがき》山に「こんな近くで大普請《だいふしん》をしていたのに気が付かないわけがないじゃない。早いうちに氏照《うじてる》・氏邦《うじくに》ペアで攻め込んで壊してしまえばよかったのに」などと思ったりしながら遺構を巡ります。

実は、私が小田原城で一番好きな場所は小田原城内ではなく、この石垣山から見る小田原城なのです。ここからは北条一族の本拠地すべてが見下ろせるのです。

石垣山城で、私はいつも氏政や氏照の身になって考えます。「何故こうなってしまったのか、何がいけなかったのだろうか」と。

伊勢新九郎《いせしんくろう》以来五代続いた華やかな一族は、日本中の戦国武将達に見守られながら戦国時代のフィナーレを飾りました。

北条最後の若き当主氏直《うじなお》は、小田原城開城からわずか一年余りで亡くなります。いつの時代でも、長く続いた家や組織を終わらせる最後のリーダーの勇気と辛さは計り知れません。氏直殿にそれほど思い入れはなかったのに、ある日、石垣山の山頂で相模の海を眺めていたら、開城時の氏直殿の気持ちが胸にぐわっと流れ込んできた気がしました。

四〇〇年前、一寸先の命さえ分からない時代でも、こんなに強く切なく生きた人達がいたのです。それは北条だけではなく、ここに集まった戦国武将や兵卒達も同じこと。アイデンティティを失いがちな今日の日本ですが、この国もまんざら捨てたものじゃない。そんな風に皆が感じてくれたらなあと思いつつ、今日も城跡を歩きます。

用語一覧

＊本書にかかわる専門用語で、特に重要なものについて、ジャンルにわけて解説する。
＊なお、用語は帰属する学問のあり方に規定されている。用語のもつ背景などを踏まえるために、来歴などを便宜的に学術概念・史料語彙・城郭用語・考古学用語・建築用語・地名と記載した。

1　城館の種類

戦国時代、多様な城館が設けられた。個々の城館を分析する際には、当該の城館がどのような機能をもったものなのかを分析する必要がある。現状は城館という枠組みのなかで細分するという手法がとられ、いくつかに性格分類がなされている。今後、他の時代や他地域との比較から軍事的な要素以外の視点からも、当該の城館を遺跡として基本的な性格が何であるかを分析する必要があろう。

本　城　〔城郭用語〕
領域支配のなかで中心となる城館をいう。本書のなかでは、小田原城のような城を指す。

支　城　〔城郭用語〕
領国支配を展開する際に、領域をいくつかに分割して行なうことがある。そのひとつひとつの単位を「領」と呼ぶことがあるが、その「領」の中心的な城館を、本城に対して支城と呼ぶことがある。八王子城・滝山城・鉢形城などがこれにあたる。

境目《さかいめ》の城　〔城郭用語〕
領域支配を行なう際に、領域の境目にさまざまな理由から城館を設置する。その城館を指す概念。足柄城のように大規模なものがある。

つなぎの城　〔城郭用語〕
本城と支城、支城と境目の城などと複数の城館を連絡する目的で設置された城館をつなぎの城と呼ぶ。狼煙《のろし》台などがこれにあたる。当初の深大寺城はつなぎの城であり、後に境目の城となった。

陣　城　〔城郭用語〕
合戦の際に設けられた臨時の城館をいう。史料語彙では付城あるいは陣とみえる。本書では、杉山城や石垣山城が事例である。

番　〔史料語彙〕

城館を管理する際、特定の城主を置かず、有期的な番役で行なうことがある。北条家の場合、境目の管理を番で行なう例が多い。河村城は具体的一事例である。

2　郭・曲輪

城館の空間のなかで、政治的・軍事的な目的および日常生活のために普請された場を構成する平場をいう。中心的な郭については当時においても「秩父曲輪」などと個別名称を付与することがあった。また史料では「廻輪」と記載される例がある。

主　郭　〔学術概念〕

城館のなかでもっとも中心となる郭をいう。江戸時代の城館では本丸や笠間城のような天守郭などがあたる。

中　城　〔史料語彙・地名〕

一四世紀から一六世紀の城館について、史料にみられるほか、地名としてものこる。主郭を示す子城《ねじょう》・実城《みじょう》・内城《うちじょう》や外城《とじょう》の語彙とともに使用され、三区画の中間に位置する郭を指し示す。実態については解明されるべき余地を多くのこすが、主郭に付属する郭と考えられる。岩付城に中城があったことは、記録から知られる。

外　城　〔史料語彙・地名〕

一四世紀から一六世紀の城館について、史料にみられるほか、鷲城のように地名としてものこる。主郭を示す子城・実城・内城や中城の語彙とともに使用され、三区画の外側に位置する郭を指し示し、外郭線と関連した内容をもつ。

惣《そう》構《がまえ》　〔学術概念〕

戦国時代の本拠の城館構造を示す語彙。郭群で構成され城館の中心部分に城下町を加えた全体を、堀・土塁・石垣などを線に普請して囲い込む。この構築物をいう。したがって都市構造を論じる際にも使用される。小田原城の外郭線は著名である。

堀の内　〔史料語彙・学術概念・地名〕

古くは中世成立期の武士の居館で方形居館を指す語彙と考えられたが、近年では再検討が行なわれている。

史料では「堀の内」「堀内」「堀之内」「掘ノ内」などさまざまに記載され、一三世紀から一四世紀前半に頻出し、文字通り堀に囲まれた空間を示す。開発との関連が考えられる語彙である。

武士の本拠地を示す場合もあり、在地領主の存在形態を考えるうえで有効な語彙である。しかし寺院などでも使用され、語彙の背景は一様ではない。また対象となる空間も広狭さまざまである。

実　城　〔史料語彙・地名〕

戦国時代の史料にみられ、城館の中心を指し示す。中城・外城などの語彙とともに使用され、主郭に相当する場合もある。また、城下を示す語などと対に使用され、城館の中心となる郭群の総体を指すと解釈できることもある。七沢城はその事例であろう。

根古屋《ねごや》・根小屋　〔史料語彙・学術概念・地名〕

山城の麓にある居住空間を示す。東国で使用された語彙で、地名の残存にも地域性がみられる。以前は城主の屋敷と考えられていたが、空間内部の構造については今後に課題をのこしている。

宿　〔史料語彙・学術概念・地名〕

中世を通じて交通の要地などにできる都市的な場を示す語彙として散見する。戦国時代には城下としての機能が考えられており、城館中心部との関係から、内宿・外宿などと表現されることもある。一般に宿は市と対置する語彙であり、市が定期的なものであるのに対し、宿は常置の町場と考えられている。万喜城や滝山城で当時の様相がよくわかる。

腰　郭　〔城郭用語〕

山城などで、主郭などの面積の広い郭に付属して、ゆるやかな斜面を削り込んで形成された細長い郭をいう。

帯　郭　〔城郭用語〕

腰郭と類似し細長い郭であるが、付属する主たる郭などとの間に横堀が普請され、形状が帯状になる。

削平地　〔城郭用語〕

郭の周囲に土塁を普請せず、地形を切り盛りして形成した郭をいう。

3　道

広い空間が群在する城館においても、その内部では決められた道筋が設定され、要所には門が構えられていた。城館構造を理解するうえでは、主郭と城外とがどのような道筋で結ばれていたかを解明することが重要となる。

大《おお》手《て》　〔史料語彙・城郭用語〕

城館の正面口をいう。特に門については大手門と呼ぶことがある。政治的・軍事的にも重要な道筋となる。城館の構造を解明するうえで、重要な糸口となる道筋。

搦《からめ》手《て》　〔史料語彙・城郭用語〕

一般に大手に対して背後の裏口を示す語。正面口以外にも城外と連絡する道筋を多数もつ。そのなかで特定の道筋を限定して裏口を搦手と呼ぶ場合がある。

土　橋　〔城郭用語〕

堀を渡る橋であるが、土で普請されたもの。考古学的には原地形の掘りのこしであるか、さらには積まれたものであるかが問題となる。積まれた場合、基礎構造がどのようになっているかが重要である。

木　橋　〔建築用語〕

堀を渡る橋であるが、木工事で建築されたもの。

戦時において取り外されることが想定されることがある。例えば、引《ひき》橋と呼ばれる橋があり、戦時においては橋桁《げた》をのこし、橋の板を郭内に引き込み渡橋を不能とする構造のものもある。

梯《かけはし》　〔建築用語〕

概観は木橋に似たものであるが、急斜面などに道を確保する場合に普請される。発掘調査で初めて利用が確認されるため、中世城館での発見事例は多くないが、潜在的には多くあったと予想される。具体的な事例としては金山城（群馬県太田市）での事例がある。

また細尾根に郭を設定する場合、郭の幅を広げる時に使用する事例もある。

梯（金山城）

4　塁・壁

郭が一定の空間として独立するためには、地形的に外側から隔絶していることが求められる。そのため、郭の縁に土塁などの構築物を普請したり、斜面を削土あるいは盛土して壁面を設ける。この普請ののこり具合が城館構造を理解するうえでの鍵となる。

なお、壁は土木工事によってできるものだけではなく、建築工事によってできる土壁などを示すこともある。

土　塁　〔城郭用語〕

郭の縁や仕切などのために、土を盛り上げてつくられた構築物。基本的に内側の裾に排水用の溝が掘られた。

古代においては築地塀のように水平堆積で構築されるが、中世城館の場合、外側に高く積み上げ内側に緩やかな形状で積み上げることが多い。

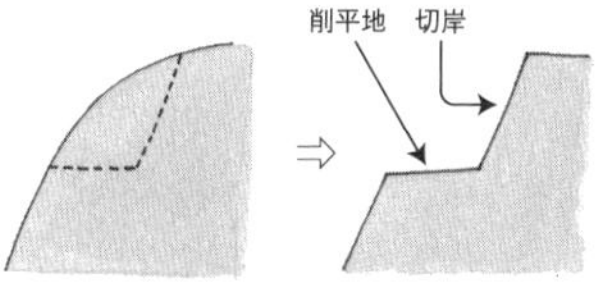

切《きり》**岸**《ぎし》　〔史料語彙・城郭用語〕

郭の斜面を削土あるいは盛土した壁面をいう。小糸城では岩盤を掘った切壁がみられる。一四世紀の古文書にも見られ

用語一覧

る語彙。

石　塁　〔城郭用語〕

土塁に対応して、石塁が用いられることがある。石垣とことなるのは、塁であることから、内側および外側の両面に石垣が普請されていること。

石　垣　〔城郭用語・考古学用語・建築用語〕

壁を石で積んだ構築物をいう。壁面を屹立《きつりつ》させられることから、軍事的な要求が考えられていたが、近年では象徴性を重視し政治的な意図を読み取ることも重要な視点となっている。考古学では石垣の要件として裏込《うらご》めの有無を条件とする場合がある。

城館における石垣の技術は、寺社に帰属する職人集団に由来すると考えられており、城館で石垣を使用し始めるのは関東地方では一五世紀後半が起源であろう。江戸時代に向けて構築技術が発展し、戦国時代末には裏込めがみられる。南関東では、石垣山城などで豊臣期の石垣が見られる。

小倉城石積み

石積み　〔考古学用語・建築用語〕

石が積まれた状態を概括する語彙。考古学では裏込の有無を指標として、裏込めがない普請について石積みと規定する場合がある。杉山城・小倉城・腰越城・千馬山城・花園城など、埼玉県の比企から秩父にかけて戦国期の石積みがみられる城館が集中的にある。

柵　〔史料語彙・建築用語〕

建築物の塀の一種。一四世紀の史料にもみられる。発掘調査の折りには郭の縁などに存在するかどうかが調査のポイントになっている。一般に、掘立柱《ほったてばしら》の穴が列をなすことが要点であるが、構造的には複雑な柵や壁ほど一列では自立が難しくなることから、控えが必要である。控えの空間やピットが検出されるかも重要な視点となろう。

横　矢　〔城郭用語〕

郭の縁が直線ではなく、クランク状に折れ曲がることがある。その形状をいい、横矢がかりあるいは折歪《おりひずみ》と呼ぶことがある。

郭の外側に迫る人、戦時においては敵兵、平時においては外部からの来訪者に威圧をかける目的で普請され、監視や飛び道具による攻撃を想定して普請されている。壁に単純にクランクを普請する場合もあるが、多くは虎口《こぐち》の側面に配置され、通行者を威圧・攻撃する。杉山城や滝山城では横矢の効果がよくわかる。

また近世城館においては、塁壁の美観の効果も意図した場合がある。

5　堀

郭の独立性を保つためなど、内と外の関係を際だたせるために、地面を線上に掘り込んで普請された構造物。

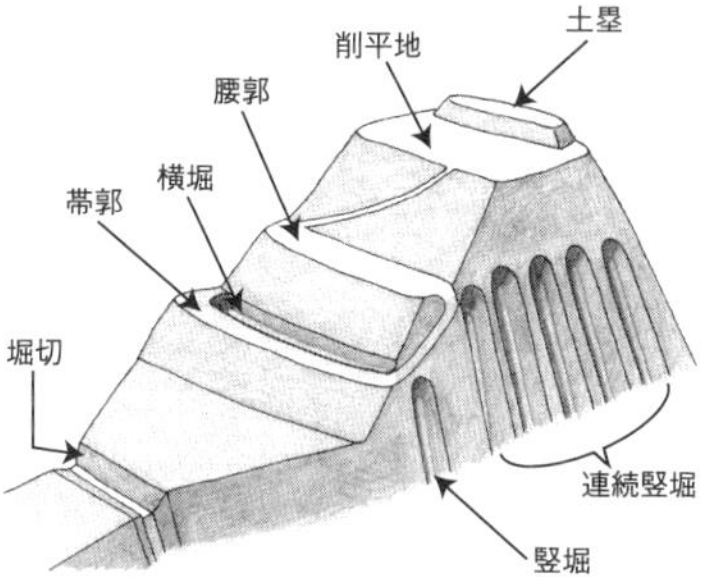

空　堀　〔城郭用語〕

一般に堀は水の有無によって水堀と空堀に対置されることが多い。水堀は基本的には横堀しかないので、中世城館において空堀は多様な堀の総称である場合もある。

水　堀　〔城郭用語〕

水をたたえた堀の呼称。堀内の水が湛水《たんすい》であるか流水であるかが視点となる。水堀の水は農作業における用水と関連し、領主の勧農とかかわる場合がある。また、井戸の代替施設である場合もある。

堀　切　〔城郭用語〕

山城などで、尾根の延びる方向と垂直に交わる堀。地形によって堀の長さに差がでる。通常は堀切の末端が竪堀に繋がるが、場合によっては切ったままの状態あるいは堀止の土塁を普請することがある。八王子城には規模の大きな堀切が各所に普請された。

横　堀　〔城郭用語〕

郭の側面に沿って掘られた堀で、地図で表すと等高線と並行に掘られる。

山城や平山城の場合、以前は北条家や武田家などの一部の戦国大名の特殊な技術であろうと想定されていたが、どのような場合に横堀が普請されるかは重要な検討課題であろう。

滝山城二の丸横堀

なお、北日本では、古代以来、横堀がある。滝山城・土気城では大規模な横堀がのこる。

竪《たて》堀《ぼり》　〔城郭用語〕

山などの斜面で、地図で表すと等高線と垂直に交わるように掘られた堀。基本的に山の斜面を平行移動させないように普請された施設。

ただし八王子城には石敷きの竪堀があり、道筋に使用するなど個別の機能もありうる。

連続堀　〔城郭用語〕

堀切・横堀・竪堀を連続して普請し、城館の防備を強化する方法。連続竪堀・畝型阻障などとも呼ばれる。緩やかな地形などに普請され、戦時においては敵方にとって厳しい障害物となる。

堀底道　〔城郭用語〕

本来、堀は人を拒絶するために普請されるものであるが、堀底を道底として利用する場合がある。その場合の道の形状をいう。滝の城ではその事例がある。

堀《ほり》留《どめ》　〔城郭用語〕

堀底内の通行を止めるため、堀底に土塁状の構築物を普請する。その構築物をいう。概観は土橋と極めて類似しており、頂上を通路としたかどうかが重要な視点。

畝　堀　〔城郭用語〕

堀内に連続して堀留が設けられる状態の堀。格子状に障害が設けられる場合、障子《しょうじ》堀と呼ばれることがある。山中城〔静岡県三島市〕で著名になった。当初は戦国大名北条家にかかわると考えられていたが、北条氏以前から存在すること、さらには地域的にも限定されないことから、普遍的に存在すると考えられるようになっている。

また、空堀だけでなく水堀も畝堀・障子堀である場合がある。近年では河村城でもその存在が明らかになった。

小金城障子堀

薬研《やげん》堀　〔城郭用語〕

堀の断面形状が、薬研のように逆三角形の形状を示す堀。堀底は狭くなるため、基本的には堀底道はない。

箱　堀　〔城郭用語〕

堀の断面形状が、箱形のように逆台形の形状を示す堀。

箱薬研　〔城郭用語〕

堀の断面形状が、薬研のような斜面で底部に平らな面がある形状を示す堀。堀幅が広い場合や堀底道を設定する場合などにこの形状となる。

6 虎　口

郭の出入り口に設けられた普請を伴った門。郭は柵・塀・壁・土塁などで周囲を囲まれるため、内外の出入りは虎口に限定される。そのため軍事的には防備に工夫することがある。また政治的には象徴的に飾られることが多い。

平虎口　〔城郭用語〕
道筋に折れなどをともなわず、想定される門扉が郭の壁面とがおおよそ一面になる形式の虎口。

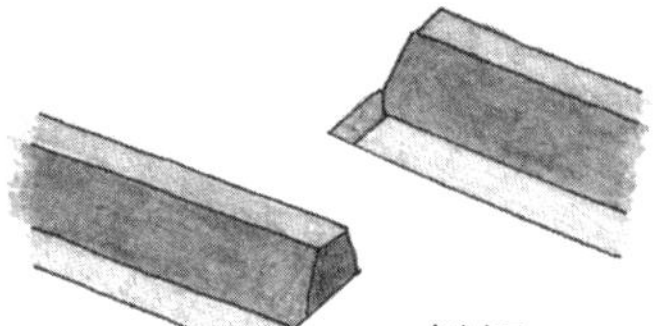
食違虎口

食違《くいちがい》虎口　〔城郭用語〕
門の左右にある郭の土塁などの壁や堀が、一直線上にならず、堀幅程度でずれる形で普請された門。ずれによって門扉付近で土塁上から監視や側面攻撃ができることを意図した。

桝《ます》形《がた》（門）　〔城郭用語〕
一定の四角の空間をもった虎口。道筋は空間内で一折れする場合が多い。門扉は空間のもっとも内側に設定されるのが通常であろう。近世江戸城は外側に高麗《こうらい》門、内側に櫓《やぐら》門を設定し、二重の門で独立した空間をつくっている。

外桝形（門）　〔城郭用語〕
桝形が郭の外側に付属し、三辺が付属する郭の外側に飛び出す形。くちばし型と呼ばれる形式もこの類型に属する。

外桝形門

内桝形（門）　〔城郭用語〕
桝形が郭の内側に付属し、一辺のみが付属する郭の外側に接する形。

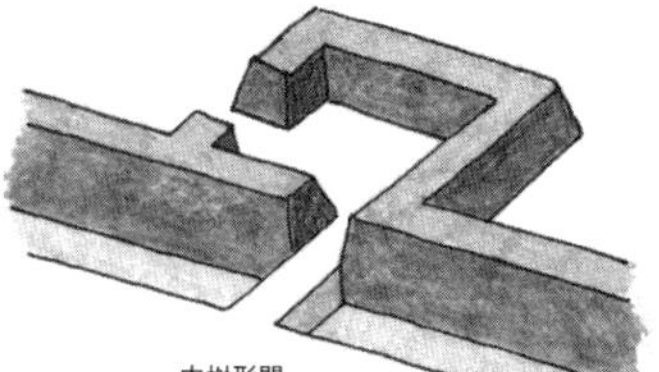
内桝形門

馬《うま》出《だし》　〔城郭用語〕
虎口を守るためにその外側に設定され、虎口と連結して機能し、外部にむけては一ヵ所ないしは二ヵ所の門をもつ空間。虎口と馬出との間には堀があり、橋で繋がれるのが基本。橋がない場合は外桝形（門）に分類される。
基本的に外側と接する三面すべてに堀があるものを指すが、切岸などの場合、馬出に準じて考えられることがある。

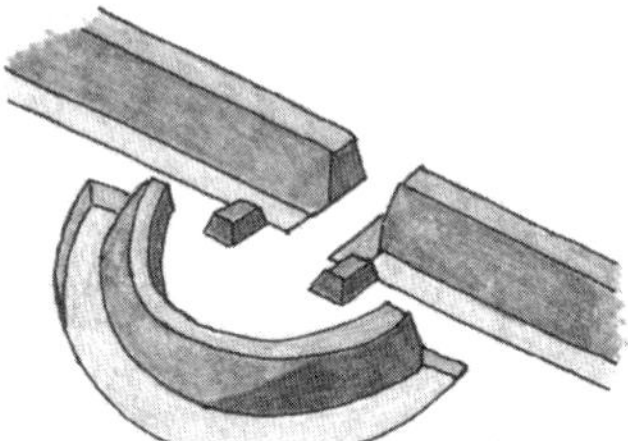
丸馬出

丸馬出　〔城郭用語〕
馬出の形状が半円形のもの。従前は戦国大名武田家独自の技法と考えられていたが、武田領国以外にもみられ、徳川家でも使用されたことが解明されている。発掘調査で名胡桃城で確認された。

角馬出〔城郭用語〕
　馬出の形状が四角形のもの。従前は戦国大名武田家の対比で北条家の技法と考えられていたが、北条家に限らないことが指摘されている。松山城で小型の角馬出がみられる。

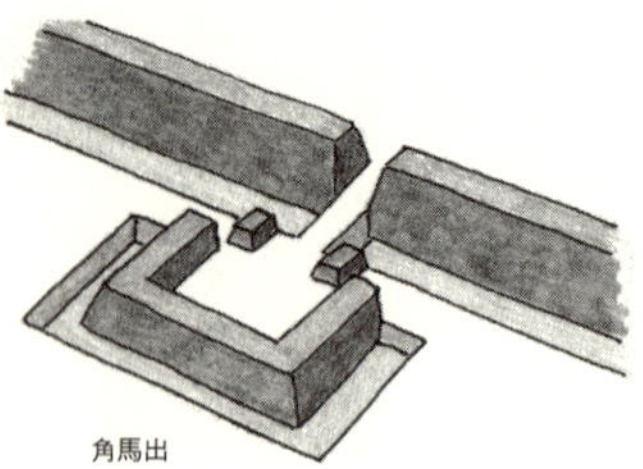
角馬出

大馬出〔城郭用語〕
　馬出の機能をもった大規模な空間。広島城では二の丸と呼称される。南関東地方では小田原城に存在したことが地図で明らかであり、鉢形城・滝山城では実際にのこっている。

7　建　物

　中世城館にはさまざまな建物があったことは間違いない。発掘調査でも建物跡が検出されることが多いが、江戸時代の城館の建物との連動や中世のなかでの変遷など追究すべき課題は多い。

礎石建物〔考古学用語〕
　礎石を配して建てられた建物。礎石は建物の重量に応じて必要となる。現状では瓦葺《かわらぶき》建物の普及に応じて広がったと考えられている。したがって中世城館内で礎石建物が存在した場合、その建物になんらかの特殊性があると考えられる。

掘立柱建物〔考古学用語〕
　中世城館の建物は基本的に掘立柱の建物である。間数や間尺などの差で比較し、建物の機能や年代がわかる場合がある。

矢倉・櫓〔史料語彙・城郭用語〕
　いわゆる郭の縁辺に構築された櫓で、南北朝時代にもその語がみられる。絵画資料などから井桁《いげた》に組んだ櫓などが想定されているが、考古学的には具体例が乏しい。

8　出土遺物

瓦〔建築用語・考古学用語〕
　中世の関東平野でも寺院建築に瓦が葺かれる事例はあるが、中世城館では基本的に瓦葺の建物は存在しない。瓦葺建物の普及は織豊政権による城造りの広がりを示すと考えられている。

貿易陶磁器〔考古学用語〕
　中国や朝鮮半島など東アジアからもたらされた陶磁器。青磁・白磁・染付《そめつけ》（青花磁器）などがある。これらの中には日常の雑器として利用される品もあるが、威信財と呼ばれ権威を示す高級品もある。

瀬戸美濃産陶器〔考古学用語〕

瀬戸・美濃地方で焼かれた陶器。中世初頭から操業する。一四世紀に大きな画期があり、碗や皿などの日用雑器を中心とした製品をつくる。東海より東の地方に搬出され、遺跡の年代を決める重要な遺物である。

常滑《とこなめ》産陶器　〔考古学用語〕

常滑半島で焼かれた陶器で、甕や壷、捏鉢《こねばち》を中心的に生産した。壷や甕は長く使われる傾向があるが、捏鉢は瀬戸産擂《すり》鉢が関東にもたらされる以前は主力の鉢であった。

かわらけ　〔考古学用語〕

地元で焼かれる素焼きの皿。今日、神前の儀礼でも使用されるが、中世でも儀礼や宴会などで使用された。一般の集落からの出土は少なく、権力にかかわる遺跡で出土する。

（齋藤慎一）

執筆者略歴

浅野晴樹（あさの　はるき）	1954 年生まれ	埼玉県立歴史と民俗の博物館
阿諏訪青美（あすわ　はるみ）	1972 年生まれ	横浜市歴史博物館
石川安司（いしかわ　やすし）	1958 年生まれ	ときがわ町教育委員会
伊藤正義（いとう　まさよし）	1950 年生まれ	鶴見大学文学部教授
梅沢太久夫（うめざわ　たくお）	1945 年生まれ	埼玉県文化財保護協会副会長
落合義明（おちあい　よしあき）	1967 年生まれ	大東文化大学文学部教授
栗原和彦（くりはら　かずひこ）	1963 年生まれ	朝霞市立図書館北朝霞分館主任
齋藤慎一（さいとう　しんいち）	別掲	
佐々木健策（ささき　けんさく）	1974 年生まれ	小田原市経済部小田原城総合管理事務所
滝川恒昭（たきがわ　つねあき）	1956 年生まれ	千葉県立船橋二和高等学校教諭
竹井英文（たけい　ひでふみ）	1982 年生まれ	東北学院大学文学部准教授
田中　信（たなか　しん）	1959 年生まれ	川越市教育委員会
谷口　榮（たにぐち　さかえ）	1961 年生まれ	葛飾区産業観光部観光課
土井義夫（どい　よしお）	1947 年生まれ	八王子市郷土資料館
遠山成一（とおやま　せいいち）	1954 年生まれ	千葉県立四街道高等学校教諭
外山信司（とやま　しんじ）	1958 年生まれ	千葉城郭研究会・千葉歴史学会会員
中井　均（なかい　ひとし）	1955 年生まれ	滋賀県立大学人間文化学部教授
中山文人（なかやま　ふみと）	1961 年生まれ	松戸市立博物館
野口浩史（のぐち　ひろし）	1974 年生まれ	（公財）神奈川県公園協会
長谷川真里（はせがわ　まり）		会社員
松岡　進（まつおか　すすむ）	1959 年生まれ	東京都立篠崎高等学校教諭
村上伸二（むらかみ　しんじ）	1961 年生まれ	嵐山町教育委員会
峰岸純夫（みねぎし　すみお）	別掲	
森田真一（もりた　しんいち）	1974 年生まれ	群馬県立歴史博物館
八巻孝夫（やまき　たかお）	1948 年生まれ	中世城郭研究会

編者略歴

峰岸純夫

一九三二年、群馬県に生まれる
一九六一年、慶應義塾大学大学院文学研究科修士課程修了
現在、東京都立大学名誉教授

〔主要著書〕
中世の東国—地域と権力　中世災害・戦乱の社会史　新田義貞　中世東国の荘園公領と宗教　足利尊氏と直義　太平記の里—新田・足利を歩く

齋藤慎一

一九六一年、東京都に生まれる
一九八九年、明治大学大学院文学研究科博士後期課程中退
二〇〇一年、史学博士（論文　明治大学）
現在、（公財）東京都歴史文化財団江戸東京博物館学芸員

〔主要著書〕
中世東国の領域と城館　戦国時代の終焉　中世武士の城　中世を道から読む　中世東国の道と城館

関東の名城を歩く　南関東編
埼玉・千葉・東京・神奈川

二〇一一年（平成二十三）八月十日　第一刷発行
二〇二一年（令和　三　）四月一日　第四刷発行

編　者　峰岸《みねぎし》純夫《すみお》
　　　　齋藤《さいとう》慎一《しんいち》

発行者　吉川道郎

発行所　株式会社　吉川弘文館
郵便番号一一三—〇〇三三
東京都文京区本郷七丁目二番八号
電話〇三—三八一三—九一五一〈代〉
振替口座〇〇一〇〇—五—二四四番
http://www.yoshikawa-k.co.jp

組版・製作＝有限会社　秋耕社
印刷＝株式会社　平文社
製本＝ナショナル製本協同組合
装幀＝河村　誠

ISBN978-4-642-08057-6

峰岸純夫・齋藤慎一編　三県の名城六四を紹介！　A5判・二八〇頁／二一〇〇円

関東の名城を歩く 北関東編

茨城・栃木・群馬

◎既刊

飯村　均・室野秀文編　六県の名城一二五を紹介！　A5判・平均二九四頁

東北の名城を歩く 北東北編　青森・岩手・秋田　二五〇〇円

東北の名城を歩く 南東北編　宮城・福島・山形　二五〇〇円

福原圭一・水澤幸一編　名城五九を上・中・下越と佐渡に分け紹介。　A5判・二六〇頁

甲信越の名城を歩く 新潟編　二五〇〇円

山下孝司・平山　優編　名城六一を国中五地域と郡内に分け紹介。　A5判・二九二頁

甲信越の名城を歩く 山梨編　二五〇〇円

中澤克昭・河西克造編　名城五九を北信・東信・中信・南信に分け紹介。　A5判・三一二頁

甲信越の名城を歩く 長野編　二五〇〇円

吉川弘文館
（価格は税別）

日本城郭史

齋藤慎一・向井一雄著

四六判・五〇八頁／四二〇〇円

環濠集落から近世城郭へと、時代と共にいかなる変遷を遂げたのか。「軍事」と「日常」の二つの視点から実態を探り、都市空間論まで踏み込んで解明。北日本や琉球、アジアの視野も踏まえて検証した新たな〝城〟の通史。

中世武士の城（歴史文化ライブラリー）

齋藤慎一著

四六判・二二四頁／一七〇〇円

「城」とは何か。土塁と堀に囲まれ、もっぱら〝戦争〟の場と捉えられてきた中世の城や館は、じつは〝政治的〟〝日常的〟な場でもあった。武勇ではなく安穏を求めた社会の現実を踏まえ、中世の城の新たな実像に迫る。

戦国の城の一生 つくる・壊す・蘇る（歴史文化ライブラリー）

竹井英文著

四六判・二二四頁／一七〇〇円

戦国期の城は、いつ誰の手で築かれ、いかに使われて廃城となったのか。築城技術やメンテナンス、廃城後の「古城」の再利用など、史料を博捜し読み解く。「城の使われ方」から戦争や城郭の実態を考えるヒントを与える。

（価格は税別）

吉川弘文館